经济法与电商法

剖析

王景河 著

吉林大学出版社

图书在版编目（CIP）数据

经济法与电商法剖析 / 王景河著． —长春 ：吉林
大学出版社， 2018.8
ISBN 978-7-5692-3203-5

Ⅰ．①经… Ⅱ．①王… Ⅲ．①经济法－研究－中国②
电子商务－法规－研究－中国 Ⅳ．① D922.290.4

中国版本图书馆 CIP 数据核字（2018）第 217186 号

书　　　名：经济法与电商法剖析
JINGJIFA YU DIANSHANGFA POUXI

作　　者：王景河　著
策划编辑：邵宇彤
责任编辑：李潇潇
责任校对：李晓溪
装帧设计：优盛文化
出版发行：吉林大学出版社
社　　址：长春市人民大街 4059 号
邮政编码：130021
发行电话：0431-89580028/29/21
网　　址：http://www.jlup.com.cn
电子邮箱：jdcbs@jlu.edu.cn
印　　刷：定州启航印刷有限公司
开　　本：787mm×1092mm　　1/16
印　　张：18
字　　数：400 千字
版　　次：2019 年 3 月第 1 版
印　　次：2019 年 3 月第 1 次
书　　号：ISBN 978-7-5692-3203-5
定　　价：68.00 元

内容简介

　　本专著是作者多年从事电商专业教学和科研所有成果积累的汇集，也是作者多次从事"经济法与电商法"课堂教学经验的概括总结。全书分为两大部分：经济法剖析和电商法剖析。本书通过 11 章 49 节的内容，借助较丰富的案例，系统地剖析了经济法与电商法相关知识和理论。在论述经济法与电商法的相关知识基础上，通过具体的实际案例剖析了相应章节的知识点，体现了理论与实践相结合的研究理念，落实了"学而为用"的教研指导思想，促进了读者对各章理论知识的认识和理解，它是国内第一本从案例剖析的角度来研究经济法与电商法的书籍。

　　本专著以社会发展、时代进步为背景，关注到我国经济快速发展的特点，重视互联网时代的新变化。在我国即将完成电商法的立法过程前提下，针对不同领域的电商法问题提供了相应的解决方案。通过具体的措施解决了当今社会各界对经济法与电商法认识中的偏差问题，使读者更好地认识和理解经济法与电商法在经济发展中的作用。学习掌握和运用经济法与电商法相关知识，能够帮助企业、政府及消费者维护自身的合法权益，规避和降低各种法律风险，创造出更大、更多的经济和社会价值。

　　本书内容丰富、信息量较大，涉及经济和电商的许多领域。既可以作为电商专业的本专科教材和教学参考书，也可以作为相关专业的教材和教学参考书，如经济、贸易、管理、信息技术、计算机、法学等。从事电商实务或研究工作的人员可以将其作为法律工具书或参考读物。

目 录

第一篇 经济法剖析

第一章 经济法总论

第一节 经济法与经济政策

一、经济法

（一）经济法的定义

经济法是指改善当代国家在宏观调整、规划现代市场的不断探索中，有关各种社会问题的法律条例的集合。

（二）经济法的体系结构

经济法是各种类别的、各种层面的关于经济部门构成的一个有机联系的整体。一般情况下，经济法应该由以下几方面构成：

（1）对企业的组织和管理实行的办法；

（2）管理企业市场的方法；

（3）调节控制国民经济；

（4）保障社会的需求。

（三）经济法的基本特征

（1）可以协调统一市场经济；

（2）在市场调节中的稳定性；

（3）经济法在组成和内容上的综合性；

（4）经济法确保约束和发展的功能一致；

（5）经济法有专门的针对和提高效益性的作用；

（6）经济法是奖励和惩罚相结合的法律。

（四）经济法的基本原则

（1）优化社会资源的配置；

（2）国家可以适量地进行干预；

（3）保持民主和公平的经济；

（4）经济效益原则；

（5）要保持经济的持续发展。

二、经济政策

（一）经济政策的定义

经济政策指的是国家或者政府部门制定的为了满足就业情况、生活水平、经济发展、收入与支出平衡等，提高国家的经济发展和社会福利的相关解决办法。

（二）经济政策的分类

国家的经济政策有宏观和微观之分。宏观上的政策有财政、货币和收入等；微观上的政策包括保护环境制定的政策等。

三、经济法与经济政策的关系

1. 经济法体现经济政策。

2. 经济政策不能代替经济法。

3. 经济法和经济政策在制定的本体和过程、方式方法、稳定性、调整和适用范围上有所不同。经济政策是由国家政府根据不同的职权来制定的，而经济法是国家的立法机关按照相关的法律程序制定的；经济政策一般是政府相关部门的决定、通知、纲领性文件，或者领导人讲话、报告等，而经济法通常采用制定法的形式；经济政策具有较大的及时性和灵活性，而经济法具有较大的稳定性和长久性。经济法的调整和适用范围包括因经济政策的实施而产生的经济关系。

四、现实意义

我国正处于并长期处于社会主义初级阶段。我国的经济法在宏观上控制着国家的经济发展，有民法平衡市场与经济发展的关系。目前我国大力弘扬构建和谐社会，大力倡导发展市场经济。在转型时期，市场机制并不健全，商家投机取巧、牟取暴利的意识形态依旧严重。此外，消费者自我维权意识很不到位。消费者在主张"假一赔十"时，商家会以种种理由推脱责任，消费者最终放弃可以依法主张的索赔权利。

法律规定不完善，司法步调不统一，处罚力度不严厉。能够影响与约束商家不诚信行为的因素有道德氛围的熏陶、教育的影响、个人的自律等，然而这些都不涉及国家强制力，唯有法律才是这些欺诈行为最大的克星。为了使消费者有个良好的消费环境，国家对市场进行了一系列的调查和调控，国家对消费者利益的保护一般是通过国家机关的职权活动而实现的，即立法保护、行政保护和司法保护。① 立法保护是立法机关通过消费者保护法的制定、修改、颁布、废止等立法活动来保护消费者的利益。② 行政保护是行政机关通过行政执法和监督活动对消费者权益进行的保护，主要通过抽象行政行为和具体行政行为来维护消费者的权益。③ 司法保护是司法机关通过审判活动维护消费者的合法利益。

同时，国家对经济的调控也要掌握一定技巧和分寸，包含四个方面：经济朝着健康的方向稳定提高；提高人民的就业情况；让商品价格保持稳定；平衡国际方面的收入支出。通过实行各种不同的针对宏观经济的调整方法，统一管理安排，使我国经济向更好的方向快速发展。我国的经济总体的调控基础是保障国民经济发展，同时还提出了有重大历史性突破的观点，即可持续发展。既要提倡人与自然和谐发展，也要保证人与社会环境和谐发展，只有做到人与环境的协调平衡，才能使人类保持可持续发展。

⊕ 案例 1-1

国美电器

2006 年夏，国美收购了永乐电器公司。自黄光裕因违法犯罪被逮捕以后陈晓临危受命，在 2009 年成为国美电器总裁并任董事会主席。2008 年，国美电器的资金周转面临很严峻的挑战。国美为了解决这个问题，引用了贝恩资本。陈晓又跟国美的老员工之间实行股权激励政策，来巩固自己的地位。国美还实行了高管奖励制度，其中部分员工可以用 1.9 港元的优惠价格购买国美新发行的股份。陈晓要在国美控制两千多万股份，但是遭到了黄光裕的强烈反对。之后国美召开了股东会议，会议讨论认为贝恩投资高管中的三个人应该成为国美的董事，但是这个提议遭到了黄光裕的强烈反对而且以大股东的身份否决了这个提议。按照签订的合同，假如贝恩投资没有进入董事会，国美电器就是违反了约定并且需要赔偿二十多亿元的违约金，这直接影响各位股东的自身利益。黄光裕坚持要求国美电器召开董事会，撤销主席陈晓和执行董事的职位，然后自己担任国美电器的董事会主席。这遭到了董事会的反对，并将黄光裕告到了当地的法院，要求黄光裕赔偿违约金。这件事情导致两方人员关系彻底破裂。

【评析意见】

以上案例的解决办法是，国美电器发布公告，宣布陈晓继续担任董事会主席。但是被黄光裕削弱了他在董事会中的地位，黄光裕还是国美电器最大的股东，在国美的权力还是很大，双方有得有失。陈黄双方的权力争夺总算有了很好的结局。

"国美案"留给我们一些值得思考的问题。《公司法》中提到公司的权力机关是股东大会，并且股东大会要对公司的董事会负责。此法律还确立了股东大会的职权和董事会的职权（《中华人民共和国公司法》第二章第二节第三十八条、第四十七条）以及公司章程。在陈晓与黄光裕的股权对决中又涉及经济法中的证券法问题。

【几种观点】

1. 职业经理人到底为谁服务

陈晓作为国美的职业经理人，在此次事件中，受到了不知情的民众的审判，给他冠上了背叛的头衔。《中华人民共和国公司法》第三十七条、第三十八条提到了关于股东大会和董事会的权利。在上市公司里，企业的所有权与管理权是分开的。股东的权利跟企业经营管理的权利不同，企业所有股东由董事会来负责管理，公司的股东不可以管理经营公司，就算是公司最大的股东也不能管理公司的经营。换句话说，公司收获的利益与股东的利益没有直接联系，董事会不但要负责公司所有股东的利益，还要负责整个公司的经济利益。《中华人民共和国公司法》第五十条提及公司设立的企业经理人、企业的经理要对企业的所有董事负责，可以实行管理的职责，包括领导企业经营管理的发展，领导实行董事会讨论决定企业的各项决策。国美电器作为一个上市公司，包括陈晓在内的管理层应该对企业的董事成员负起责任，同时董事会也要对企业所有的股东负起责任。因为陈晓是国美电器的职业经理人，所以在法律上不需要忠诚于黄光裕，但是陈晓一定要对国美电器的所有董事及所有的持股股东负起责任。

2.黄光裕作为国美公司大股东能否罢免作为公司董事会主席的陈晓

根据法律规定，通过召开股东大会，商讨事宜，并且参加会议的股东通过表决，有一半的股东支持就可以罢免更换陈晓的董事会主席的职位。虽然黄光裕是国美电器最大的股东，在国美电器中占有大部分的股份，但他没有罢免公司董事的权力。要想罢免陈晓的职位，还要召开股东大会，并得到公司一半以上股东的支持才能罢免公司的董事会成员。

3.陈晓推出股权激励事件，无须规避

证监会、国资委、财政部、人民银行及商务部等五部委发布的《关于上市公司股权分置改革的指导意见》第10条指出，完成股权分置改革的上市公司可以实施管理层股权激励，上市公司管理层股权激励的具体实施和考核办法，以及配套的监督制度由证券监管部门同有关部门另行制定。

陈晓在员工中实行股权激励的政策来提高企业的经济发展，这是为了员工和公司的共同发展，所以不需要回避。如果要在公司高层中实行这个政策，则具体方案可以在董事会提出，但是决策的执行必须由拥有最高决策权的股东会的各位董事共同决定。如果由企业的各位董事商议决策的这个鼓励方案符合国家的法律要求，也按照公司规章要求来制定，制定的过程合理合法，那么，这个决策就没有任何违法的地方。

4.国美监事会及独立董事失声

在国美电器有专门负责监管和监督的监督机构，这个部门能起到平衡股东董事会之间权利利益的作用，还可以监管公司的董事会成员，起到保护各位股东权力和利益的作用。《中华人民共和国公司法》第五十四条明确规定了监事会应该行使的职责和权力。监督企业的董事会成员、企业的高级职员在公司工作时做了哪些事情，如果违反了公司规定或者触犯了法律法规，无论公司的董事成员还是高级员工都可以免除他们的职务。在这次国美事件中，国美电器的监事会没有起到监管的作用，在事态发展到非常严峻的地步下，一直没有发声，连负责监管企业制度而成立的专门董事会也没有做出任何声明。说明国美的监事会并没有在此次事件中起到任何作用。因为黄光裕没有提前了解企业监事会对于规避风险的意义，导致最后只能通过获得大量国美企业的股份来证明自己的地位。

5.董事会否决股东大会决议的问题

在国美召开的董事会上黄光裕对贝恩投资三个非董事提出了反对，同时也拒绝接受在股东大会上讨论的决策，最终三位非执行董事没有通过董事会的任命。之后陈晓作为国美董事会主席又紧急召开了股东大会，在这次股东大会上否决了上一次的投票结果，再次让贝恩的三名董事成为国美董事。这个决策变化成为国美权力之争的一个标志。我国《公司法》中明确规定，在股东大会上的决策一定要得到参加股东大会一半以上股东的支持，也就是说，根据我国的《公司法》规定，国美电器的股东会是不可以认命三位非执行董事的。在企业没有特殊规定的情况下，董事会没有否决股东大会决策的权力，如果想否决其法律效力，就要通过法律诉讼。《公司法》中也有这样的规定，如果股东大会决策的问题不符合法律的规定，决策的结果就是无效的；如果有不符合法律要求或者决策讨论的问题结果不符合公司的规章制度的，股东可以在决策提出的六十天以内，向法院提出取消这个决策。

6.公司法与公司章程问题

公司的规章制度指的是按照法律要求公司规定企业名称、办公地址、经营范围以及企业管理制度等各项条款的基本说明。在没有违反《公司法》的情况下，可以优先使用公司的规章制度。国美事件中，在董事会上改变股东大会决策出来以及在股东中实行股份激励政策是不是正当的行为，要看国美具体的规章制度有没有这种规定。

7.增发授权带来的股权对决

增发授权涉及《证券法》，提前增发可能会带来法律风险，它将摊薄所有现有股东的股权比例。根据我国《证券法》《公司法》的规定，如果公司想要发行新的股份，就一定要符合一些基本要求：在发行新股之前上一次已经发行的股份都筹齐了，时间已经超过了一年；企业已经连续三年盈利，还能支付企业股东合理的股份，以当年利润分派新股，不受此项限制；企业已经连续三年没有错误记录其财务文件；企业预测的利润要超过银行存款的同期利率。到目前为止，增发新股可以提高上市公司的股票融资方法。但是增发新的股份对新股东有利，会导致老股东的股份财富转向新股东。所以，国美大部分老股东还是选择撤销增发。

【总结】

国美事件要尊重国家的法律规定和公司的规章制度。这场权力争斗得到的最重要的结论是不能让法律和公司的规章制度输，市场经济要遵循秩序规则，不能盲目乱套。如果不遵循市场制度和公司的规章制度，就不会存在经济的公平。

案例 1-2

红木家具厂

周某系一红木家具厂业主。2006年11月27日，吴某与周某签署了购买家具的合同条款。这个合同中约定，吴某从周某那购买21件用红酸枝制造的家具，其中包括沙发跟茶几、木质床和床头柜、饭桌和几个椅子、用于放衣物的衣柜、梳妆台和座椅，此套家具总价值七万余元。合同中关于违约责任的划分是：家具使用红酸枝制作，家具是真材实料的，如果是假的将赔偿十倍的价值。吴某购买家具以后将家具送至专业的鉴定中心鉴定。根据专业的鉴定结果，此家具有部分材料不符合红酸枝的条件。吴某得知后将周某告到了法院，向法院提出要按照之前合同条款中的假一罚十，要求周某赔偿其相当于家具价值十倍的价款。

【评析意见】

此事件中包含了两个有互相关系的重点。第一个是双方签订的合同中要求用红酸枝木制造，但是生产家具的供应商按照行业的惯例，这次售出的家具有部分材料不是红酸枝，这个行为是否属于违约行为呢？这批出售的家具是否符合合同规定的假货呢？第二个重点是，买卖双方在签订的合同中提到的假一罚十条款是否符合法律规定呢？这个约定与《消费者权益保护法》第四十九条、《合同法》的规定该怎么进行调整？

这个事件中，卖方既然已经签订了合同，约定这批家具是用红酸枝制造的，买方就认为这些家具都是由红酸枝制造的。如果生产者在生产这批家具时使用了其他材料，则应该在买方购买前提前通知。虽然卖方周某称，这种家具部分地方不用红酸枝制造是这个行业的惯例，但是这种行业惯例只是一种生产上的习惯，这种习惯也是没有任何法律效力的。各个行业的惯例可以对这个行业的生产销售产生约束力，但是并不能适用在消费者身上。所以这种行业习惯没有法律效力，对于不是该行业的人来说是陌生的，这种行业习惯不能作为法律的依据，否则就违反了法律的公平原则。

周某作为案件的被告，其所作所为已经违法了，但是属于比较轻的违约。《合同法》第一百一十一条规定，遇到轻微违约，可以采用维修、更换货物、重新制作、退回货物、降低货物的金额等约定救助方法。原告吴某提出的周某应当按照约定支付相当于家具价值十倍的价款，这个赔偿金额不符合我国法律规定的损坏货物的双倍赔偿。即使是最严重的违反约定的行为也不需要如此巨额赔偿，这个赔偿要求是没有任何法律依据的，因此吴某提出的赔偿家具价值十倍的价款不予支持。另外，在此案件中，假一罚十这个条款是否有法律效力，可能出现两种解决办法。第一种情况：原告吴某在周某那购买的家具的材料不符合合同的规定，在双方签署的合同中约定了假一罚十这个条款，周某应该履行这个义务，按照约定向吴某支付相当于家具价值十倍的价款。第二种情况：被告周某提出，吴某在购买这套家具的时候，他已经跟吴某说过这个家具有其他部分的辅助材料，不是全部由红酸枝制造的，而吴某仍然购买该家具，因此自己不应当加倍赔偿。尽管做出了"假一罚十"的承诺，但这"属于显失公平的民事法律行为"，显失公平的行为是可以通过向人民法院诉讼要求更改的民事行为。

【几种观点】

1.假一罚十通常是供应商为了跟购买方达成交易，防止对方违约造成损失而约定的违约责任，但是这种约定属于显失公平的民事法律行为。这个合同中假一罚十的条款与《合同法》第一百一十四条中关于违约金赔偿问题的规定相违背，合同中的这项约定是可以向人民法院起诉进行变更的。

2.《消费者权益保护法》第四十九条的规定是关于合同双方如果一方违约，根据法律要求对其进行的惩罚赔偿办法。我国工商行政管理总局也做出了明确解释，如果买卖双方之间有约定合同，或者卖方已经向买方做出了约定，此项约定是对买方有利的且符合法律的规定，卖方就要按照合同上的约定条款执行。但是如果合同的内容不利于消费者权益还违反法律规定，就不能按照合同执行，不能损害消费者的权益。因此按照该规定，吴某提出的赔偿家具价值十倍的价款应予以支持。

3.根据《消费者权益保护法》的规定，进行赔偿商品的双倍价值是违约救济的一种例外情况，属于比较严厉的惩罚赔偿的方式。这种惩罚性的赔偿一般是对普通的违反约定的行为的一种补充，它不是对没有违反约定的买方起到最低保护的作用，我们要谨慎和适度地使用惩罚性赔偿。上述案件中的十倍赔偿属于无理要求，尽管这个要求是双方约定的，也不能适用。

【处理结果】

对于本案所涉"假一罚十"的约定，应当认定其法律性质为"经营者邀请消费者共同约定的一种违约金的支付办法"。由于根据《合同法》规定，像这种情况，赔偿的金额远远超过货物本身价值的，可以诉请人民法院判决减少赔偿金额，让赔偿金额更合理。上述案件要求赔偿货物本身价值十倍的约定，显然是不合理的。卖方周某可以向人民法院申请仲裁来减少赔偿的金额，根据实际的商品价格来进行赔偿，买方吴某提出的十倍赔偿没有任何法律依据。

【法律依据】

《中华人民共和国合同法》规定，当事人应该按照当时的约定进行赔偿，履行违反约定的责任。如果双方没有明确约定违约责任，根据《合同法》也不能明确责任的，则受害方可以按照违约的轻重和损失的多少，让对方承担相应的责任。《合同法》还规定，如果一方违反约定的违约金没有超过商品实际的损失，另一方可以诉请人民法院判决增加违约金；如果违约金要远远超过商品实际的损失，另一方也可以诉请人民法院判决减少违约金。

《中华人民共和国消费权益保护法》第四十九条规定，经营者提供商品或者服务，造成消费者或者其他受害人人身伤害的，应当赔偿医疗费、护理费、交通费等为治疗和康复支出的合理费用，以及因误工减少的收入；造成残疾的，还应当赔偿残疾生活辅助具费和残疾赔偿金；造成死亡的，还应当赔偿丧葬费和死亡赔偿金。《中华人民共和国合同法》第六十条规定，当事人应当按照约定全面履行自己的义务。

第二节　经济法的理念和原则

一、经济法的理念

（一）经济法理念的概念

理念是一种具有理想性、永恒性的，在精神上给予支持的范型，理念在西方哲学中有很重要的位置。理念这个词语第一次出现在古希腊文中，原来的意思是看见的东西，具体指的是形象。在通常的认识中，理念指的是在追求梦想和在实现梦想的过程中使用的各种方式的基本观念。理念不仅是人们在追求梦想的途中的基础观念，还包括人们在实现自己梦想的各种途径中的基础理念。

德国著名学者认为法律的理念就是实现正义的途径。中国著名学者李双元提出，法律理念是在宏观上整体认知和建设以法律为原则的发展法律法规的一种认知。中国著名学者史尚宽提出，决策和使用法律的原理，就是我们所说的法律理念。其还提出，法律理念是法律的最终方向和方式的指导手段。因此，法律的理念指的是人们认识到的法律的基本原则和在实现法律的过程中的基本想法。法律的基本原则要连贯各种法律，人们要创新法律和法律追求的目标。到底经济法的理念是什么呢？经学者共同研究，有以下几项解释：经济法理念简单地概括了经济法现象的总体品质和内在相互的关联；经济法理念是一种关于经济法目标的追求和信念，人们可以通过此项法律实现更为理想化的生活条件；经济法理念要求人们对经济法的规定采取理性的方式了解与追求，这是经济法的第一基本要求；经济法理念指导了经济法的思想、创立了经济法的精神和经济法的基础，使经济法在内涵上更深入、更有文化。我们要以理念和理念的概念为基础，研究两者的内容，延伸两者的关联，理解其中的关系，再根据经济法的实际现象，得出结论：经济法的理念指的是经济法的原则基础和实现其目标的过程的基本原则。经济法理念属于基本观念，任何理念都是一种基本观念，基本观念是一种意识形态，然而意识形态又存在于上层建筑中。经济法理念不同于其他的基本观念，它是人们通过经济法原则的一种基本观念，是实现经济法目标的一种基本观念。我国学者还提出，经济法理念要融会贯通经济法中。

（二）经济法理念的内容

理念的形成是内容意义由浅入深的一个循序渐进的过程，经济的发展需要结合实际情况，将初步构想的体系化视为理念，这个可以表现出它在现实经济发展中的意义和要实现的目标，这本书是部门法理念的基础。虽然这个基础理念是有缺陷的，但随着时间的变化，理论也不断地优化、完善和深入，最终形成符合逻辑、有利于实际生活发展的最终理念。

在各自不相关的法律部门中适用的经济理念是不同的，不同的理念观体现了不同法律部门的本身属性的特点。例如，民法的基础是以人为本，维护人民的基本权利；行政法的基础是国家，维护国家的基本权力；经济法的基础是社会，维护社会的基本权力。这些理念观念在经济学界得到了一致认可。在法律促进经济快速发展的过程中，既包括由个人到社会的一些资本主义国家的理念观念，也包括由国家到社会转变的一些社会主义国家的理论观念，忽略在社会意识中存在的各种问题，这些观念的变化体现出理念的殊途同归。以社会为基础，以国家根本为基础，以个人利益为基础是更符合现代实际的法律基础的理念观念。以不同本位为基础理念的法律对各自不同的主体的行为要求也不同。在以国家利益为基础的情况下，这个理念最主要的是义务；在以个人利益为基础的情况下，这个理念主要强调的是人民的各自权利；在以社会利益为基础的情况下，这个理念对其的要求是责任。我们通常说的以权责为基础指的是当今的社会是以法为基础的社会，不仅要让个人、社会和国家的发展权利得到充分的认可，还要对它们实行管理和约束，法律一定要严惩所有滥用职权的行为。我们将以法律权利为基础的这种行为归纳为以承担的义务和享有的权利为基础。

在狭义上，经济法理念要以社会基本利益为部门法最高的精神基础；在广义上，经济法理念的基础是狭义上的内容，经济法通过完成社会的本质正义感，保障整体社会经济达到可持续发展；经济法的根本要求是民主、自由、公平地建设一种部门法，维护市场经济秩序。

二、经济法的原则

（一）经济法原则的概念

部门法的原则包括了经济法原则，同时也可以将经济法原则作为部门法律来使用，其中包含两大部分：一是既适用于其他法律部门也适用于经济法的法律原则，如诚实信用原则既适用于民法，也适用于经济法；二是只适用于经济法而不适用于其他法律部门的法律原则。

我们讲经济法原则，主要指后一种法律原则。经济法原则与经济法价值既有联系也有区别，经济法价值是确立经济法原则的客观依据。另外，美国法学家麦考密克关于法律原则与法的价值的描述是："法律原则是规则和价值观念的汇合点。"法律原则与法的价值的区别也是明显的，具体反映到经济法上主要在于：

第一，经济法的基础原则作为经济法政策的原则与保障，经济法的价值将实现经济法政策作为一直坚持的方向。

第二，经济法本身的价值表明了经济法的内在精神和宗旨，相较于经济法基本原则，其更为抽象和一般。

（二）经济法原则的分类

经济法原则可以分为基本原则和局部性原则、普遍性原则和特有原则、公理性原则和政策性原则等。其中最重要的是第一种分类。经济法基本原则涵盖整个经济法部门，是该部门所有法律规范都需要贯彻的，也是经济法从立法到实施全过程都需要贯彻的。经济法局部性原则仅仅在经济法的某个分支领域贯彻，或者只在某个阶段贯彻。

（三）经济法基本原则的确立

第一，协调经济原则。国家为调整和管理经济制定了市场管理法，其中包括反垄断法等法律法规。这些所谓的"国家之手"，在社会经济发展关系中起到了调整国家经济发展，组织优化企业的发展结构的作用。要按照经济法的客观规律进行整改，能意识到经济客观条件的变化与国际经济变化，能更灵活地调节经济法，更主动地整治经济法。

第二，效率公平原则。通过对经济学的了解分析，一般情况下是不能同时兼顾效率和公平的。颁布和实施一项经济法政策要同时看重公平和效率。经济法就是采取法律途径来保障国家和国民经济发展的公平和效率，使两者在经济法中保持一致，可以通过其中一方来促进另一方的发展，在整体的经济发展中兼顾两者的发展。

第三，利益兼顾原则。通过解决以下的各种情况来落实兼顾利益的发展。要正确看待和解决国家和企业存在的利益问题，要解决国家和劳动人员存在的利益问题，解决企业和劳动人员存在的利益问题，解决中央政府和地方政府存在的利益问题。经济法主要的作用是巩固国家社会经济发展的总体利益，还要将公司、地区、劳动者之间的利益兼顾，提高社会经济的发展。

第四，可持续发展原则。我国要实行现代化建设就必须做到经济的可持续发展。所以，经济法一定要保证经济的可持续发展，要往长远的经济发展考虑，不能只局限于眼前的利益。

三、实现意义

（一）经济法理念的意义

要结合实际发展，将经济法理念进行深入的研究讨论，要将经济法理念深入贯彻到经济发展中。经济法理念在理论和实践上都有重大的意义。

第一，加深理解和切实实施经济法。

人们通过在现实中实行经济法，从感性阶段发展到理性阶段，才慢慢形成经济法基础原则和实现经济法的方式方法的基础理念。这种观念也是经济法的基本理念。经济法理念融汇在经济法中，体现了经济法的基本精神，表明了经济法的基本本质，也是经济法的灵魂。通过深入了解经济法理念，能更好地确定创新的制度，能更快找到行之有效的经济法措施，让人们能更好地理解经济法。通过正确了解经济法理念，可以让人们更快找到正确的方法，按照要求和经济发展情况实行经济法，让经济法的道路朝着正确的方向越走越远。

第二，健全经济法制，推动经济法的制度创新。

经济法的实行是要提前于对其的认识。国家现有经济法中有一部分是不准确的，说明在经济法中融汇的理念也有部分是错误的。所以，对现有经济法的制定全面分析，对经济法中存在的问题总结经验教训，对经济学的制定继续改良优化，完善经济法理论。我们要在不断实践中加深对经济学的认识，不断了解新的问题。我国的经济法具有稳定性，在经济法的创新改革中经济法理论起到关键作用。努力完善优化正确的经济法理念的实用性，使经济法在创新上越来越顺利。

（二）经济法基本原则的意义

前文提到的四个基本原则是一个统一存在的相互联系的整体，起到分配经济主体利益的作用，承接了我国经济调整的全过程，对经济发展起到了重要作用。

第一，通过确立基本原则，加强了经济法成为一种独立法律的地位，优化了经济法的内容，可以更好地抵制影响经济法的理论。

第二，经济法制度要求的根基是通过以上原则确立的，对以后制定新的政策和彻底了解经济法有强烈的指引作用。经济法原则的确立会使整个国家的经济发展得到很大好处。

✚ 案例 1-3

原告某建陶公司与被告某环保设备科技公司签订买卖合同一份。合同第十条载明了结算方式：定金30%，每到一台设备全部材料及配件五日内再付设备价款的50%，安装验收合格后五日内再付本设备款的10%，调试验收合格后五日内再付本设备价款的10%。第十一条约定了违约责任：设备性能达不到合同要求买受人有权退货，卖方退还买受人全部款项并支付全部款项30%的违约金，延期交货每天卖方支付买方一千元的违约金，买受人不按合同约定支付款项每天支付卖方1 000元违约金。第十二条约定本合同自定金到账之日起生效。合同签订后，原告按约定向被告支付15.6万元的定金，但被告不仅逾期供货，而且到货设备及配件未按合同约定履行，至起诉仍有两台套主设备未到货。原告认为被告已构成严重违约，不仅使原告无法实现合同目的，而且造成巨大经济损失。原告请求解除合同，被告应双倍返还定金及货款26万元，赔偿损失4万元，并向被告返还不合格产品。

【几种观点】

对于因被告违约引起的赔偿问题，有两种不同意见：

第一种意见认为，应当适用定金罚则，当一方已经收取定金，但未履行协商好的义务时，应该返还双倍的定金。

第二种意见认为，不宜适用定金罚则，应根据合同中双方约定的违约责任承担赔偿责任。

【评析意见】

赞同第二种意见，理由如下：

1. 原告有权拒绝被告履行要求。买卖合同签订后，原告按照合同约定将定金15.6万元支付给被告，被告将设备及配件发给原告。经原告通过表面检查，被告提供的设备达不到合同约定的标准；被告虽然不认可其工程师在函的复印件上签字，但通过双方的来往函可以看出，被告的工程师确实来到原告处，可以认定在函的复印件上的签字就是工程师所签，也可证实被告提供的设备达不到合同约定的标准，发送的设备配件不完全，系违约行为，应负部分违反约定的责任。合同第十条约定每到一台设备全部材料及配件五日内再付本设备价款的50%，这说明被告先履行发货义务，原告再履行付款义务。由于被告提供的设备达不到合同约定的标准，原告有权拒绝履行义务。

2. 原、被告签订的合同应予解除。合同约定的四台设备组成一条生产线，由于其余两台设备未到位，被告已发送的两台设备无法进行安装，仍闲置在原告的厂区内。从被告发给原告的函可以看出，被告欲变更买卖合同的约定，对未发的设备让原告到被告厂区验货，否则对未发的设备作为原告自动放弃处理，被告将把这批设备发给别的厂家，但原告不同意变更原合同内容，原告要求严格按原合同履行。鉴于本案的实际情况，在原告提起本案的诉讼时，合同的履行期限已经超过，且双方当事人已以实际行为表明不再履行合同，故买卖合同已无履行的必要，当事人期待通过合同而达到交易目的已无法实现。原告要求解除双方签订的买卖合同，理由正当，应予支持。

3. 被告应双倍返还定金及货款，赔偿损失。《中华人民共和国合同法》第一百一十五条规定，定金罚则适用于债务不履行的情形，本案中，被告已履行部分义务，只是履行的义务达不到合同约定的标准，本案不宜适用定金罚则。不适用定金罚则并不意味着违约方不需承担责任，对于违约造成的对方损失仍应予以赔偿。合同第十一条约定："设备性能达不到合同要求买受方有权退货，卖方退还买受人全部款项并支付30%的违约金。"根据该条款的约定，原告要求退回达不到合同标准的设备，理由正当，应予支持；被告应予退还原告支付的货款15.6万元，并承担相应的违约责任。按照《中华人民共和国合同法》第一百一十四条第一款的要求，双方应按该合同中约定的计算方法计算违约金。被告应向原告支付30%的违约金，即4.69万元（15.6×30%），故被告应支付给原告违约金4.69万元。

第三节　经济法的实现机制与责任制

一、实现机制

（一）经济法实现的定义

经济法在实施上是需要被遵循、适应社会并且在社会发展中逐渐满足的流程和方式方法；经济法确定的目标、用处在社会经济中得以实现。

（二）经济法实现的要素

1. 立法

相关司法部门制定经济法的过程和结局就是立法，这与制定经济法相辅相成，要有司法权力机关起拟、审核、表决、通过、实行、优化、终止等要求规范的经过和结果。

2. 执法

通常说的执法是指法律适用于行政上和一些可以自治的企业。

如何完备制定法律是相对的，这就要求国家的自治团体、司法机关以及经济管理机关等把主观能动性充分发挥出来。在实施经济法的过程中，国家司法机关和经济管理机关强调执行义务的同时，要重视加强相应的制度建设和提高其执法水平。

3. 守法

在一定程度上法律文件必须公开，这是法的实施的前提条件。法只有得到社会成员大范围内的认可，才可以得到非常有效的实施。相关利益主体参与和共同决策的特性，在经济法规则的形成过程中被更多体现出来，所以，在立法过程中，应该公布草案、群众意见要积极征询，司法机关和管理机关在执行过程中的操作规程应该对大众公开，以接受大众的监督。经济法治水平及意识在全社会得到普遍的提高，并且让每个社会成员将守法潜移默化到自觉性，这是经济法守法的最高境界和最终目的。

（三）经济法实现的机制

1. 诉讼机制

（1）国家的公诉和私诉

根据法律法规对一定国有资产占有、管辖，甚至管理经营的国家机关，因为自身的权益被损害而诉诸法院，以寻求法律的帮助和救济，这就是国家民事私诉。在自己的职责范围之内政府等公共管理机关，借用国家或者政府的名义，针对违法的人和事提起民事诉讼，其中包括"官告官"，这就是民事公诉。

（2）群体诉讼

经济社会化直接导致当事人的利害关系的利益化和群体化冲突，从而引起群体化保护的权益诉讼机制。

群体诉讼机制突破了特定当事人诉讼结构，不仅社会价值与个人价值的协调统一得到关注，还为实现私权提供了手段。除现行的代表人诉讼制度要完善之外，社会团体诉讼机制和"他益私诉"机制也应该建立健全。

（3）当事人诉讼

当市场活动主体的合法权益受到损害的时候，可以提起民事诉讼、行政诉讼维护自己的权益。违宪审查制度建立的情况下，可以提起宪法诉讼。建立抽象行政行为的诉讼和"民告官"的民事诉讼是需要值得关注的。

2. 社会自治性实现机制

在最大范围之内、最高层次上面，国家权力以及部分法律功能被社会自治所取缔，这是社会化的结果之一。

在社团章程的全部范围之内，自治组织享有管理协调与其成员等相关事务的权利，可以决定和裁决其成员之间的纠纷问题。现代社会在法律和公权力方面，介入社会自治是非常有必要的。我国的社会团体不要把自己的作用夸大，要把社会自治能力得以弘扬。

3.公共经济管理机关的执法

公共经济管理机关具有准立法权，是一种事先、事中、常态的经济法实现机制。这是所谓的第四种权力载体。公共经济管理机关根据法律法定职权对违法行为严格查处，既有经济法的特点，也具有行政执法的一般性。行政执法的经济法特性更加明显，即具有突出的自由裁量度、政策性、准司法性。先前公共经济管理机关执法的形象是一味强权，现在融入了民主和争取社会成员认同的因素，一改常态。

4.经济法律关系的责任或后果形式

各种各样的法律责任围绕着特定功能的综合和创新，这才是经济法律关系的责任，而不是独立的经济法律责任。经济法的实体关系可以对应行政责任、刑事责任和民事责任等。经济法律关系还可以有诸如自治团体对其成员的能力罚、信誉和声望、资格罚等相关专业性及社会性责任，引咎辞职等宪政责任，这些别的法也都存在，不是经济法所独有。除了否定性责任形式之外，现代法还有三种后果形式，分别是奖励性、肯定性和孤立性，法律关系可以用积极的方式实现。

（四）经济法实现机制的意义

1.恢复、纠正和弥补市场功能的不足

从经济法的内容、规范市场主体、反对和限制垄断、促进自由市场竞争、建立竞争秩序的规则等看，都是为了弥补和纠正市场机制的缺陷和不足，并非完全摆脱市场监管。

国家干预市场监管的目标和任务，一是恢复的功能市场，保证市场机制功能所需的条件，如反对和限制垄断、建立公平竞争秩序规则等；二是正确的结果，建立和完善社会分配和社会保障制度，这是最主要的市场机制的作用，经济法的公平和正义价值得以充分地体现出来；三是弥补市场的缺陷，如社会公共产品扩大范围的提供，调控宏观经济等。经济法作为国家干预经济的基本法律形式，主要是为了维护和促进市场机制，改进其目的和作用。必要的有限的国家干预措施必须遵守"符合市场"的原则，这也是经济法律机制的困境。

2.加强政府经济管理部门的宏观经济管理

我国作为已经初步建立了社会主义市场经济体制的国家，政府经济管理具有自己的特殊性，通过经济法各部分的整合，可以更好地服务整个市场的运作。

首先，政府经济管理是满足社会化大生产的客观要求。社会主义生产是建立在机器大生产基础上的社会化生产，社会分工的发展使生产者之间形成了一种相互依赖的关系，一个产品的生产往往是由跨行业、跨地区、跨国家的几百家企业共同协作配合加工完成的。

其次，政府经济管理是现代市场经济发展的内在要求。理论和实践都证明，所有的现代市场经济都是由政府管理、调控的市场经济，完全自由放任的市场经济根本不存在。

此外，政府经济管理是我国基本国情和经济发展的迫切要求。一方面，我国是实行公有制和按劳分配为主体的社会主义国家，同时，经济发展水平有着相当大的差距是我国地区、城乡之间共同面对的问题，通过加强经济管理来兼顾公平和效率，这是政府的首要任务；另一方面，需要相对比较长的时间去建立完善市场体系和市场机制，这是因为我国市场发育不算成熟导致的。政府要做到，积极有效地促进市场发育，很好地维护市场秩序，要努力克服不完善的市场带来的消极作用。而经济法的实现机制就能很好地减缓这一弊端。

3. 在机构改革上推进了政府治理

在机构设置和机构改革的过程中，地方政府因为法制还不健全，存在着一些不可约束的随意性。机构设置浮动空间很小，并且机构改革之后很难去巩固。在职能界定上，部门的权重和利益会因为领导喜好的改变而改变。加强监管意识和完善法制化的核心目标是，在政府机构中合理设置执行权和监督权、平衡决策权，实现三者相互制约。而经济法实现机制的出现，将会有效改变这一现状。

4. 预防和制止垄断行为，保护市场公平竞争

经济法运用国家干预经济的方式，保持各社会主体之间的利益冲突相互协调。在自由放任的市场调节机制下，由于市场失灵会出现供求总量及供求结构失衡、社会分配不公及社会公害、缺乏社会保障等；而国家干预经济就是通过规范市场主体、市场规则、保持总量及结构平衡、消除或减少社会公害、建立和健全社会分配制度及社会保障制度，形成良好的经济秩序和社会秩序，保证经济效益与社会效益的协调。其主要表现为：一是社会公平与安定得以实现需要积极的社会政策协调社会的平衡；二是保持各种所需的制度条件，使市场机制更具效力。

5. 保障社会主义市场经济健康发展

经济法的内涵一直在丰富，如《中华人民共和国反不正当竞争法》为保障社会主义市场经济健康发展，鼓励和保护公平竞争，制止不正当竞争行为，保护经营者和消费者的合法权益而制定。通过健全和完善市场规则，即健全和完善市场准入规则、市场竞争规则和市场交易规则，有利于维护良好的市场秩序。

✚ 案例 1-4

原告 A 公司是浙江省某市一家经营房地产建筑项目的有限责任公司，2009 年该公司依法受让取得"大华"商标（在第 37 类房屋建筑）。2010 年原告登录赶集网站时发现呼和浩特市出现了与原告同名的建筑业企业 B 公司。原告认为被告 B 公司与其同属建筑业行业存在着相互竞争，使用相同名称足以让消费者产生混淆与误认，以侵犯了原告的商标权并构成不正当竞争为由，向呼和浩特市中级人民法院提起了商标专用权侵权之诉。请求法院判令被告停止使用含"大华"文字的企业名称，同时判令被告赔偿原告损失人民币 50 万元。

【评析意见】

本案是将他人注册商标用作企业字号使用而引发的企业名称权与商标权纠纷案件。商标的主要功能在于识别商品来源以区分于同类商品，这也是法律保护的本旨。商标之侵权判断亦在于争议商标的使用是否会导致消费者对商品来源的混淆和误认。《商标法》是确认商标专用权，规定商标注册、使用、转让、保护和管理的法律规范的总称。它的作用主要是加强

商标管理，保护商标专用权，促进商品的生产者和经营者保证商品和服务的质量，维护商标的信誉，以保证消费者的利益，促进社会主义市场经济的发展。2014 年 5 月 1 日起，新《商标法》实施，这次《商标法》的修改体现了商标注册的便利化，加大了对知识产权的保护。

【几种观点】

本案中，被告的行为不构成对原告商标权的侵犯。

1. 被告营业执照上载明的经营范围仅为土地整理、基础设施建设投资，而原告商标注册证上的核定服务项目第 37 类：建筑施工监督、建筑、采矿……可见两者提供服务的渠道与方式不同，服务项目既不相同也不类似，故被告不满足在相同或近似的商品或服务上使用这一侵权要件。

2. 被告在企业名称、牌匾等使用方式上并没有将"大华"二字从企业名称中割裂开来脱离名称而醒目使用，其使用合乎规范且没有使相关公众产生混淆与误认。因此，依法不构成侵权。企业名称不正当竞争纠纷本质属于侵权责任法的范畴。我国侵权责任法中明确表示将过错作为侵权责任的构成要件。因此，在没有明确的法律规定的这种特殊情况下，该类型的侵权行为需侵权人主观上具有过错。本案中，被告 B 公司使用"大华"作为商号有其合理原因，不存在故意和过失。具体理由如下：

首先，根据民事诉讼法证据"谁主张、谁举证"的原则，原告有义务举证证明被告将"大华"作为企业名称的商号使用构成不正当竞争是明知侵权而故意为之。遗憾的是，原告对此并未举证。

其次，原告与被告的位置相隔甚远，被告系呼和浩特市人，以原告目前的知名度，被告在原告起诉之前完全不知道原告公司的存在也是情理之中。鉴于被告的名称系在呼和浩特市工商行政管理部门依法核准后使用，且使用中并无违法或不当，故被告的企业名称专用权应同样受法律保护。

综上，被告主观上既没有"搭便车"的故意，原告也没有举证证明其将业务扩展至内蒙古地域范围内。被告目前亦没有对外开展接洽过任何业务，因原告的证据不能证明其在内蒙古地域范围内的知名度，因此，被告亦不存在所谓的"傍名牌"之嫌。同时，被告也不存在理应知道原告的企业名称而不当加以注册的过失。故被告的使用行为完全合法，并无过错。被告的行为不具备造成或足以造成相关公众的混淆和误认的客观要件，而是否足以造成混淆误认是认定企业名称侵权行为的必要要件。

具体到本案，通过原、被告双方的举证可以看出，原告所出示的企业法人营业执照上载明的经营范围为房屋建筑类承包工作，而调取的被告企业登记信息中明确载明，被告虽为建筑业，但是其行业代码为铁路、道路、隧道和桥梁工程建筑，其业务范围仅为土地整理与城市基础设施建设投资。可见，两者所经营的业务不存在混同。同时，年检情况亦能证明被告自 2010 年 12 月 1 日成立至今净资产、年营业额、税后利润均为零，亏损高达 15 万元人民币。被告提交的纳税申报表同样证明了每月零报税。试问一个成立至今未进入实体运营的企业如何同原告构成所谓的"不正当竞争"，在未对外接洽任何业务的情况下，如何导致相关公众的混淆与误认？鉴于原告未能对此进行任何举证，而证据是被告所提供的，由此可以证明，被告使用企业名称的行为目前不会对相关公众的误认和混淆产生影响，所以原告对被告指控达不到成立的标准。原告没有任何依据地要求被告赔偿五十万元人民币侵权损失费，同时原告还要对自己的主张产生不利的影响承担后果。根据《商标法》第五十六条规定，原告不能证明其自称的因被告商标侵权行为受到的损失，被告提交的财务报表等资料可以充分表明其尚未进入实体运营，更谈不上给原告造成损失。综上，代理律师认为被告的行为既没有侵犯原告的商标权也没有构成不正当竞争，原告的索赔于法无据。

二、经济法责任

（一）经济法责任的定义

经济法学术界通过经济法权利义务断定经济法责任。经济法的主体对其违反经济法义务或者经济法规定使用不正当的权利，接受并承担的法律后果，就是经济法责任。

（二）经济法责任的原则

经济法责任的基本原则指的是规范和指导经济法立法和经济法责任实现的、贯穿经济法运行全过程的基本准则。经济违法与经济法责任相当原则、公正原则、平衡原则和责任法定原则是经济法责任的基本原则。

1.责罚相当原则

责罚相当原则是指惩罚的轻重由过错的大小来决定。根据过错的大小对社会带来的危害程度，以及有关法律法规的规定来追究违法人员的经济法责任。

2.公正原则

自然公正的理念是公正原则的根源。公正原则有两个基本内涵：一是要求所有经济管理机关及其工作人员在处理任何国家行政事务时，都必须严格按照法定职责、权限和程序办事，不得超越权限，滥用权力；二是任何公民违反法律法规都应当受到公正的处罚。

3.平衡原则

平衡是经济法的基本理念之一，经济法责任的目标之一在于维护国家的总体经济平衡。经济法责任的平衡性主要体现在三个方面：一是确立管理主体之间权力配置的平衡；二是维护管理主体和管理受体间权利义务的平衡；三是由以上两个平衡所达到的国家市场经济体系的良好运行。

4.归责原则

归责原则又称归责原因，是指违法者要承担不利的法律后果的原因，要追究相关的违法主体的法律责任的原因。这其中涉及归责的确定性、正当性和合理性。

5.责任法定原则

根据法律规定来判定责任的程度和范围，就是我们所说的责任法定的原则。法律强制实施的保障以经济法责任作为坚强的后盾，市场经济主体的人身和财产利益有着密不可分的联系，所以强调责任的法定的刻不容缓。

（三）经济法责任的具体形式

1. 宏观调控和市场管理主体的经济法责任形式

（1）国家决策失误赔偿

国家宏观调控失误导致决策失败而造成的损失，有要求赔偿和不要求赔偿两种观点。对赔偿持否定态度的观点是，国家权力机关制定的法律的执行者是司法机关，而立法机关是权力机关，所以，立法机关的立法赔偿责任是没有办法判定的。持肯定态度的观点是，一些义务和相对应的责任国家必须要承担，这是法制社会最基本的特点。市场主体合法权益因为国家的决策失误才造成损失，所以赔偿是应该的。

（2）停止、纠正或撤销违法的宏观调控和市场管理行为

在进行市场管理和宏观调控过程中，国家因为一些失误，可能一次做出不合时宜的行为，应该及时停止、立刻纠正或随时撤销。《国务院关于禁止在市场经济活动中实行地区封锁的规定》（2001年5月1日）第17条规定："实行本《规定》第4条第1项至第7项所列的行为以外的其他地区封锁行为的，由省、自治区、直辖市人民政府组织有关部门进行查处，分别对限定措施、关卡、歧视性收费项目、价格或收费标准、歧视性技术措施、歧视性待遇予以撤销或消除障碍。"予以撤销就是国家（政府机关）应当承担的经济法责任形式。

2. 经营者的经济法责任形式

（1）惩罚性赔偿。《中华人民共和国消费者权益保护法》第55条规定了双倍赔偿制度："经营者提供商品或服务有欺诈行为的，应当按照消费者的要求增加赔偿其受到的损失，增加赔偿的金额为消费者购买商品的价款或接受服务的费用的三倍。"惩罚性赔偿是经济法责任的承担方式，该项制度从维护社会整体利益的高度来惩罚违法者，它不再是单纯补偿受害人的损失，还具有强烈的维护社会公益的倾向。以维护社会公共利益为中介来促进一种普遍、持续的个体利益最大化的实现，体现了经济法社会本位的理念。关于惩罚性赔偿还有一个数额或者倍数如何确定的司法实践问题。笔者坚持高额惩罚。

曾发生的一起超市搜身案，其发生地在上海，受害女青年在一审的判决是赔偿二十万元人民币，其结果引起很大反响。二审改判赔偿一万元，其结果对社会造成极其差的负面影响。因为处罚力度不够强势，经营者有恃无恐，下一次消费者的权益会继续被践踏。在这里，笔者不是推崇高额的精神赔偿，而是换种方式维护消费者的权益，比如成立一个专用基金。在本案件中可以延续一审的判决，赔偿二十万元人民币，一部分是受害人获赔，剩余的一部分作为专用基金，在某些特殊情况下，这些基金可以用于救济（如无法查明侵权者、侵权者赔偿不能等）和适当弥补司法执法成本。成立基金的做法有三个好处：① 侵权经营者因为高额的惩罚得到警戒；② 受害人的损失得到补偿；③ 社会公共利益得到了维护，执法的效率同时也得到提高。

（2）资质减免。资质减免使其失去活动能力，是对经营者的一种重要惩罚。国家针对违法主体资格，做出减损或免除的惩罚。例如，我国《产品质量法》第五十七条有所规定。

（3）信用制裁。《北京市工商行政管理局市场主体不良行为警示记录系统管理办法》第2条和第3条规定：各类企业凡是选择在北京市开展市场活动的，外国企划代表机构、自然

人、个体工商户、社会团体、事业单位等企业的行为，致使交易对象有严重损害的、市场经济秩序被严重扰乱的、交易的安全被严重危害到的，警示记录不良行为的管理系统中都会记录在案。经济法的责任之所以包含信用制裁，因为市场经济就是信用经济，对经营者最大的惩罚就是对其信用进行制裁。

（4）责令停产、转产。

（5）限期整顿或责令整顿、改正。

（6）产品召回。

（7）颁发禁止令。

（8）肢解或分割。

这种方式在反垄断法中存在。在 19 世纪末 20 世纪初，美国曾依据《谢尔曼法》对美国石油界的大企业进行了肢解。这种责任方式也是一种典型的经济法责任方式。

（9）列为市场禁入者。

（四）经济法责任制的意义

1.论证经济法责任的独立性

深入研究经济法责任对于科学构建经济法责任制度系统，论证经济法责任的独立性，确立经济法的独立法律部门地位具有非常重要的理论意义。而经济法责任研究，其难点和重点在于经济法责任的独立性。对经济法责任独立性的研究及其相关制度的构建，事关经济法作为部门法的独立地位和经济法体系范畴的完整性，也关系到经济法是否能够得到充分有效的发展。而经济法责任独立性的关键在于准确把握经济法责任与其他法律责任的区别。应该说，经济法责任的独立性，正是通过考察经济法责任体现出来的。

2.协调经济法责任和其他法律责任之间的关系

更深一层去研究经济法责任，对在经济法体系中，科学协调经济法责任与其他法律责任的关系是非常有利的，有利于建立起更加有效的程序来保障经济法责任制的实现。尽管"法律制度必须唯一地甚或广泛地作为规则统治的制度来运作，远不是一个必然的真理"，但是就法律制度本身完善来说，则是必需的。

3.明确经济管理主体责任与义务

经济法区别于其他部门法的关键是，其调整对象是在国家调节社会经济过程中发生的各种社会关系。它是在国家调节社会经济关系过程中产生，并因国家调节而起；它必以国家一方为主体，另一方主体主要是企业等民间社会经济活动主体。一般而言，任何一种法律关系的双方都既有一定的权利又有一定的义务，在义务主体不作为或不正当作为时，而产生责任，调节主体也应承担相应的经济责任，便是经济法责任区别于其他法律责任的关键点，也即经济法责任独立性的要点。然而，理论界对此研究并不充分，立法实践和司法实践对于经济法管理主体的责任追究更难以实现。因此，深入研究国家在经济法责任中的必然性及其实现方式，是实现经济法责任的必由之路。

案例 1-5

2013 年 11 月 26 日，高通公司通过媒介发布，公司已经接到中国国家发改委的通知。这个消息称，往后的工作重心将积极配合发改委对本公司进行反垄断相关调查。高通表示本公司没有违法垄断法的任何规定。高通的反垄断调查由发改委从 2013 年 11 月开始，发改委曾经对高通北京和上海分公司进行了突击性的搜查，对手机制造商、芯片制造商和其他相关企业进行了调查。2014 年 2 月 19 日，因为高通涉嫌滥用无线通信标准，对高通有关价格问题进行调查，这一消息得到发改委价格监督和反垄断局局长许昆林的证实。虽然高通正面临着中国发改委对其调查，但是为了稳定局面公司还是对外发布声明称自己的业务完全合法，同时对发改委的调查极力配合。在调查之前，《中国日报》援引发改委官员的表态称，高通存在垄断的大量证据已经被发改委牢牢掌握。

对高通的调查与中国即将推出 TD-LTE 的服务有着或多或少的联系。曾经参访到的高通内部人士表明，在中国市场高通总部管理层有自信获取 4GTD-LTE 专利费用。伴随着 4G 网络在中国开始启用，预期 2014 年在中国市场的专利授权会超过预期。高通之所以被发改委进行反垄断调查的最根本原因是，在 4G 专利授权上高通拥有不可比拟的强势地位。因为手中拥有的通信领域核心专利非常庞大，每年专利授权上面的盈利占据着高通总收入的四分之三。特别是在 4GTD-LTE 网络这个领域，核心专利的拥有者少之又少，而高通就是其中之一。通过统计 Strategy Analytics 数据就能显示，高通的市场份额在 2013 年 Q2 全球蜂窝基带芯片市场上达到了 63%。

记者走访国内的多个手机厂商了解到，目前已经上市或即将上市的 4G 手机采用高通芯片的厂商占了绝大多数，高通对于这些选择自己公司的芯片的厂商，给出的专利授权费相对比较高。手机厂商人士透露，一台手机的售价，厂商获利很少，而产品近 20% 的利润被高通拿走。

发改委在 2014 年 7 月确认高通垄断这一事实，高通的销售数据是否真实也正在向中国公司进行调查，美国高通公司总裁德里克·阿伯利就反垄断调查有关问题到国家发展改革委交换意见并接受调查询问。国家发改委非常重视高通反垄断的调查，花费了大量的人力物力，派出 80 个工作人员组成庞大的工作团队，大量的资料被封存起来，高通以及高通的客户都要接受相关的调查。许可费率高出正常标准是高通的问题，在 WCDMA、LTE 等标准中的专利高通已经调整，份额开始有所下降，但是 CDMA 的标准依然延续并按其进行收费。在 4G 标准制定的过程中，中国 IT 企业积极参与，从而使很多核心专利被获取，但是以高通为首构造的体系中体现不到这种价值。专利许可费累计不超过产品售价的 10%，这是业界人士达成的共识。其中 5% 都被高通一家所占有。2013 年，243 亿美元是高通芯片和许可费的总收入，而其中一半以上都是中国带来的，总收入的 30% 是许可业务收入，而 70% 却都是利润所占的比重，是芯片业务的两倍。通过了解，依靠低廉的价格隔断其竞争对手从中获取机会，依靠芯片市场垄断地位，高通可以搭售专利赚钱。这是高通的精明之处。处于低端的厂家只有同意高通的专利费要求，才能购买高通芯片，高端手机才能生产。为了交叉许可，高通还专门搭建专利平台。一方面，面对交叉许可的专利持有者高通却不缴纳费用。中国手机厂商远比三星、诺基亚等公司的许可费标准高出很多，这明显带有歧视性色彩。另一方面，高通向客户提供没有法律纠纷的"安全"产品。依靠和其他专利持有者的专利交叉许可，高通通过整合相关的专利，专利纠纷才能避免。其他芯片生产商则难以匹敌，自然高通的芯片受市场的欢迎程度更高。大概近十年的时间，在欧美韩日及印度等地，高通专利许可模式与芯片销售模式屡次受到质疑，知识产权和反垄断的纠纷不断出现。

案件结果：持续一年有余的高通反垄断案终于尘埃落定。中国反垄断第一大案中高通认罚 60 亿元。

【评析意见】

对于 CDMA、WCDMA、LTE 无线通信标准，高通公司具有必要专利许可市场和基带芯片市场的支配地位，实施了滥用市场支配地位的行为，主要表现在三个方面。

1. 没有正当理由搭售非无线通信标准必要专利许可

在专利许可中，非无线通信标准没有正当理由搭售必要专利许可。性质不同的无线通信标准必要专利与非无线通信标准必要专利，高通公司进行区分的同时还分别对外许可。高通公司利用在无线通信标准必要专利许可市场的支配地位，将非无线通信标准必要专利许可进行搭售，我国部分被许可人被迫从高通公司获得非无线通信标准必要专利许可。

2. 在基带芯片销售中附加不合理条件

高通公司将签订和不挑战专利许可协议作为我国被许可人获得其基带芯片供应的条件。如果潜在被许可人未签订包含以上不合理条款的专利许可协议，或者被许可人就专利许可协议产生争议并提起诉讼，高通公司均拒绝供应基带芯片。由于高通公司在基带芯片市场具有市场支配地位，我国被许可人对其基带芯片高度依赖，高通公司在基带芯片销售时附加不合理条件，使我国被许可人被迫接受不公平、不合理的专利许可条件。

3. 收取不公平的高价专利许可费

高通公司要求我国被许可人将持有的相关专利向其进行免费反向许可，拒绝在许可费中抵扣反向许可的专利价值或提供其他对价。高通公司对我国企业进行专利许可时拒绝提供专利清单，过期专利一直包含在专利组合中并收取许可费。此外，对于曾被迫接受非标准必要专利一揽子许可的我国被许可人，高通公司在坚持较高许可费率的同时，按整机批发净售价收取专利许可费。这些因素的结合导致许可费过高。

【几种观点】

1. 以不公平的高价销售商品或者以不公平的低价购买商品

高通公司反垄断案件由国家发改委负责调查，说明高通公司主要涉及的是有关价格的垄断行为。高通公司在特定市场具有垄断地位已经是不争的事实，高通公司有没有滥用这种垄断地位将是调查的重点。从媒体披露的情况来看，高通的情况主要涉及我国《反垄断法》第十七条第一项规定的价格垄断行为：以不公平的高价销售商品或者以不公平的低价购买商品。

以高价不公平的方式销售商品。高通公司对中国手机厂家向按销售额收取提成费，以至于高通公司 49% 的收入都取自中国企业。根据媒体消息，除了要求中国企业购买其芯片等产品，高通公司被指要求中国企业在购买其芯片等产品之后再交一定数量的专利费。根据专利法的权利用尽原则，产品已经投放市场，他人在购买之后无须经过专利权人许可就可以使用、销售等，既不侵犯专利权，也不用缴纳专利费。高通公司要求中国厂家缴纳高额专利费明显违反了我国《专利法》的规定。

以不公平的低价购买商品。高通公司通过格式合同的方式要求中国企业无条件把自己的专利授权给高通使用，这种条款明显不公平。作为一个具有垄断地位的企业，用这种不公平的、无代价的方式获取中国企业的专利，应该属于以不公平的低价购买商品，属于一种滥用垄断地位的行为。基于高通的这种垄断地位，这种协议会让大部分中国手机企业的专利无偿地流入到美国一家公司手里，这对于中国政府来说也是非常不愿意看到的。不得不说的是，价格垄断中的价格是否属于不公平的高价或者不公平的低价，如何进行判断不仅是法律的问题，还与一定的经济原理和计算方法有关系，到目前为止我国对此还没有特别细致的规定。

2. 高通遭调查背后的"三重逻辑"

（1）垄断之问

高通在中国之所以能够取得成功，是因为与中国利害相同、关系密切。中国联通的CDMA建设成了高通CDMA成为全球三大主流标准之一的关键推动力，这也是中国进入WTO的一次中美国家利益交换。如果没有中国率先建网，CDMA标准可能只会在韩国建设，很难与欧洲主导的WCDMA抗衡。在CDMA成功的基础上，高通更进一步，大量收购和自研WCDMA专利、TD专利、LTE专利，并积累了强大的芯片设计能力。

中兴、华为等中国电信设备厂商迅速崛起，成为全球五大设备商的第一名和第五名，在高通的芯片采购中占据了近半壁江山。中兴、华为、酷派、联想、TCL、小米、魅族、OPPO等手机厂商崛起之后，又成为高通手机芯片的主要采购商，占据高通芯片销售的三成以上。综合算起来，2013年财报显示，高通全球总营业收入249亿美元，中国市场营业收入约为123亿美元，占比约49%——高通和中国已经是血脉相连。相应的，高通的市值也超过常年位居芯片市场第一的Intel，成为全球芯片市场的王者。直到今天，高通在移动芯片市场上已经高居第一，在CDMA、LTE基础专利方面有着不可逾越的地位。

高通垄断了吗？滥用垄断地位了吗？按照Strategy Analytics统计，如果按照出货量算，2013年Q2全球蜂窝基带芯片市场上，高通达到63%、联发科占据13%、Intel占据7%，位居第四的展讯、第五的博通基本可以忽略不计。这样的地位接近于垄断，但是又不能由此判定为垄断。主要的争议点在于高通是否滥用了自身的垄断地位，特别是对专利权的滥用。在高通前三季度247.7亿美元收入中，75.5亿美元来自技术许可，占其利润的七成，全球绝无仅有！非常值得关注的是，手机厂商就算已经购买了高通的芯片，还要为此额外付出2%～3%的专利费，而联发科等芯片厂商也需要额外给高通付费。这里面存在较大的争议，也是此次反垄断的主要着力点。

（2）竞争之问

在TD-LTE方面，专利权本来就较为分散，自主知识产权并不意味着百分之百的自主。按照ETSI（欧洲电信标准研究所）数据，高通在LTE核心专利方面大约占比14%～15%，华为、中兴分别占据约 9%、7%。如果只计算 TD-LTE，中兴、华为、大唐占比应该显著高于 LTE 总专利占比。

然而，尽管高通优势不是很明显，但是仅仅这些就足以压制其他手机厂商。中国企业要想发展海外市场，随时有可能会遭到高通诉讼。

由于联想、酷派、小米这些公司本身的专利其实是很少的，相比于华为公司，它们所要承担的风险更大。问题的焦点就是高通公司通过自己的专利压制中国手机事业发展。因此，想要达到双方都满意只有一个办法，那就是高通对 TD-LTE 的收费必须低于 CDMA 和 FDDLTE。

（3）安全之问

我们都知道，IT 市场内的八大金刚：IBM 是 IT 服务领域，微软是操作系统，Google 是搜索领域，Intel 是 PC 芯片领域，高通是移动芯片领域，Oracle 是数据库，EMC 是存储领域，思科是电信领域的第一名，而且每个领域都是寡头甚至垄断地位。加上此前的棱镜门，其潜在的安全隐患确实存在，这是国际政治里不可避免的考虑因素。

对于高通和 Intel，我们没有证据证明其参加了"棱镜计划"，并且我国也没有很好的厂商去替代它们。高通代表了美国硅谷的不屈的创业精神，犹太人精明的头脑，美国企业的竞争与政治相结合，美国的霸权以及难言的运气。因为硅谷的不屈的创业精神，高通才能从落后走向成功，将二战时出现的军事方面 CDMA 技术推向商业。因为犹太人精明的头脑，他们紧抓机会，让 CDMA 成为主流。由于有效的法律作为保障，高通才可以将收购的专利为自己所用，并压制其他厂商的发展。因为美国霸权，他们漫天要价，使一些国家不得不建设 CDMA 网络……作为企业，高通也是成功的典范。在美国芯片市场存在极大的竞争，但是在移动芯片领域，高通遥遥领先。对于高通垄断，从政治角度去看似乎不是很适宜，除非掌握了准确的证据。从专业模式探讨似乎更加具有逻辑性。

✛ 案例 1-6

2002 年 3 月发布了《关于印发电力体制改革方案的通知》（国发〔2002〕5 号），通知表明，要设立国家电力监管委员会，并且由国务院授权，根据法律统一对全国的电力进行监管。电监会的成立是我国经济向政府职能转变的重要措施，是我国电力工业由传统管理到依法监督的一个转变。做出这些措施主要是因为改革开放后，电力事业迅速发展，原有的管理模式已经不再适用，满足不了新的要求。2002 年，我国电力容量为 3.53 亿千瓦，发电量为 16 400 千瓦时。我国的发电量和容电量已经超过很多发达国家并且继美国之后，成为世界第二名。我国是一个电力生产消费的超级大国。我国电力事业发展很快，东北、华北、华中、华东、西北、南方和川渝有七个跨省电网，并且通过三峡工程，"西电东送"将不再是梦想。2005 年，除了偏远地区，全国基本实现电网联网。在用电量和容电量发展的同时，电力事业的生产和投资也发生变化。1995 年后，地方、外商、私人等不同的投资主体投资发电领域，电力投资呈现多元化的局面。

电监会的主要职责有：① 对全国电力进行监管，电力监管实行统一标准，对国家进行垂直领导。② 监督服务政策是否有效实施，负责电力市场信息发布。③ 对电力市场运行进行有效监管，电力市场秩序更加规范，保证竞争公平性；输电、供电进行监管。④ 对电力监管法律进行制定或者提出修改建议。⑤ 对市场进行调查，提出合理电价建议；对电价进行监督；对辅助服务的收费标准进行有效的监管。⑥ 参与电力发展规划改革，制定适合市场的好的设置方案。⑦ 根据国务院部署安排，进行电力体制改革，对深化改革提出建议。⑧ 对电力市场、电力企业进行法律监管，违法违规行为要处罚。⑨ 颁发业务许可证，管理电力业务，保证电力行业不出现破坏环境的事件。⑩ 对电力安全进行全面监督管理，制定事故处置的预案，建立应急处置的制度。⑪ 承办其他国务院交办各种事项。

　　2005 年 2 月 15 日起，国务院发布《电力监管条例》，于 2005 年 5 月 1 日实施。当前，投资和价格监管由发改委负责；财务规则和成本由财政部负责；国有企业由国资委进行监督。这种不良的现象导致政策制定和监管混乱，投资监管和规划审批融合，职能配置发生重叠，影响政策的实施，不利于电力事业的发展。为了改变现状，电监会与财政部、世界银行对中国电力监管机构能力建设这一课题进行研究。结论为：必须赋予电监会更加完整的职能，价格、质量、投资等方面的监管要重新回归于电监会。

　　【评析意见】

　　这个案例研究的是电监会的职能。随着我国经济改革发展，政府的职能或进行调整，一些专门的经济管理机构就从传统机构脱离出来，如银监会、保监会、证监会、电监会。大多数人认为，监管是根据局部的个体进行调整的，与政府的宏观调控是相对应的。监管的主要对象是该行业中的管理部门，横向方面有环境保护、反垄断、消费者权益等，纵向方面有交通文化、能源、体育等。监管的客体是该领域中的特定行业，或者是使用了某种资源，为企业或者个人提供特殊资源。监管的最终目的就是增加公众以及私人利益，避免损害。

　　电监会的设立是让市场经济向政府职能转变的重要措施，是我国电力工业由传统管理模式走向依法监管的标志。但是，新的监管部门的产生将原有政府部门的一部分职责划分出来，新旧职责交叉使得政府在电力监管的权责上出现混乱、冲突的现象。

　　【几种观点】

　　1. 双责制在一定程度上造成电监会和国务院相关机构权责交叉

　　双责制是指国家机关和相关的工作人员，都承担相应的法律责任。在电力监管上存在双责制，会造成国务院相关部门对电力监管有一定权利和义务，电力监管部门也有一定的权利和义务，两者交叉形成干扰。

　　2. 原有的电力管理体制的落后以及市场经济的发展迫切需要一个专门的管理机构监管我国的电力市场的发展

　　数据表明，从 1970 年开始，发达国家在基础设施中通过良性竞争提高效率。在英国，四大基础产业像煤气、自来水、电信、电力设置专门机构，并配有专门的大臣担任总监。例如，电力行业在技术上电力是系统的，在经济上有时具有垄断意义。电力系统主要由四部分组成，即发电、输电、配电和售电。发电厂将其他能源通过科学手段转化成电能，电网将电能进行输送，传送到用电设备，这就是电能产生到消费的一般流程。为了保证生产和消耗是平衡的，这四个环节就需要协调。在经济上，电力事业的投资巨大，资本回收周期很长。大的公司把小的发电站和用电户连接起来，以此来降低投入。在我国，2002 年的电力体制改革方案中"厂网分开""竞价上网"成为新的改革目标。"厂网分开"就是将发电和电网两种业务进行划分再重组。华能集团成为独立的发电企业，其他由国务院进行授权然后经营。电网方面，国家电网和南方电网相继成立。国家电网按照国有独资的形式进行设置，国家计划实行单列模式。国家电网根据区域负责组建华北、东北、西北、华东和华中五个区域公司，并且对西藏的电力企业进行代管。南方电网是由广东、海南等电网资产和云南、贵州、广西的电网资产构成，根据所占有的比例不同，控股方组建南方电网。我国采用政企合一、垂直垄断的管理体制。电力部门是电力行业的管理者，同时也是电力事业的垄断者。2002 年设立的电监会，是我国垄断电力产业而设立的第一个标志性的监管机构。电监会根据区域设华北、东北、西北、华东、华中、南方六个监管局，然后监管局在各城市安排监管专员。这种独立监管新机构的设立，打破了之前行政审批方式和分散的管理体制，根据国家授权对行业逐步实现更加统一、更加专业化的监管。

3. 类似电监会这样的监管机构的设立方式使得国务院部、委与直属机构、直属事业单位的界限变得更加模糊

现阶段，电监会等其他监管单位暂时定位为"事业单位"。它是指国家性的、公益性的。通常是国家机关或者组织利用国有资产而产生的单位，主要做教科文卫方面的工作。严格意义上，事业单位没有处罚的设定权和规章的制定权。2003 年的《国家电力监管委员会职能配置内设机构和人员编制规定》中，电监会有"行政执法"的职能，有规章的制定权、处罚权、行业规划权、市场管理权。这让监管机构有立法、行政以及准司法等多种功能。

4. 将质量监管和改革的主要责任配置到政府部门或者独立监管者，以协调我国监管机构和部委关系

电监会官员呼吁监管机构与现行部委职能有交叉和冲突，如发改委关于价格和投资、国资委关于国有资产和人事管理。当然，工商、海关、环保、卫生、外汇等各个行业的职能管理，也涉及专业监管部门。学者研究发现，政府管理体制的改革出现"分散化公共治理"模式，区分政府部门的主要要素包括：① 管理独立性；② 财政与人事控制不同；③ 治理结构不同。所以，政府大多建立中央一级主要监管监督机构，其职责就是负责监管协调和管理。这可以成为协调我国监管机构和部委关系新的思路。

第二章 经济法主体制度

第一节 经济法主体制度概述

一、经济法主体的含义

经济法主体有两个基本含义。其一为经济法律关系的主体，是指经济法律关系的参加者，即在经济管理、维护公平竞争、组织管理性的流转和协作等法律关系中依法享有一定权利、承担一定义务的当事人。其二为根据经济法的主体制度成立的主体，如中国人民银行。

二、经济法主体的种类

经济法律关系的主体大致可以分为经济管理主体和经济活动主体两类。经济管理主体主要是指依据宪法和行政法设立的国家机关，也包括根据经济法成立或经依法授权承担一定管理职能的特殊企业或公司等组织。经济活动主体主要是指依民法、经济法、行政法设立，直接从事生产、流通、服务和经济协作的组织和个人。

三、经济责任制

经济法上的经济责任制是指在公有制主导的经营管理中，企事业机关单位及其内部机构、成员因角色设置及其实现，而相互承担义务和相应地享有权益的经济法律关系或制度。它是责权利效相统一原则在经济法等各项制度中的具体体现和保障。一般经济责任制，是指由法律一般地规定经济法律关系当事人之间的权利义务关系，普遍适用于某一类主体或关系，对于法律不做规定的细节或实践中出现的具体问题，通过经济管理主体、经济活动主体和司法机关的日常活动加以解决的责任制形式。特殊经济责任制，是指由个别契约、章程或专门法规等规定某种具体的责任制关系。据此，将当事人依法可以享有的权利义务、职权职责等，通过一定的合法形式予以明确，加以具体落实。

✚ 案例 2-1

甲、乙 1989 年结婚，于 1990 年生一女。甲在某工厂工作，并签订一份劳动合同。1991 年甲不幸去世。留下 5 000 元存折一本。

【分析】

法律关系的构成包括主体、客体（物、行为、精神财富）和内容（法律上的权利义务）。

（1）甲、乙婚姻法律关系。主体：甲、乙。客体：夫妻权利义务所指的对象，如相互扶养的行为。内容：婚姻法中规定的夫妻之间的权利和义务，如同居的义务、扶养的义务等。

（2）甲、乙父母与子女法律关系。主体：甲、乙与女。客体：父母子女权利义务所向的对象，如抚养和赡养行为。内容：主要是抚养和赡养的权利义务。

（3）甲与工厂的劳动法律关系。主体：甲和工厂。客体：劳动行为。内容：劳动者和用人单位之间的权利和义务。

（4）乙和女之间的继承遗产的法律关系。主体：乙和女。客体：五千元。内容：《继承法》中规定的继承人之间的权利义务。（注意：甲已死亡，不能成为法律关系的主体）本案的法律事实有：向婚姻登记机关登记行为、女的出生（事件）、签订劳动合同的法律行为、甲的去世（事件）。（注意：甲的去世使婚姻和劳动法律关系消灭，但产生继承法律关系）

案例 2-2

康宝消毒柜向国家专利局申请外观设计，并获得外观设计专利权。1995年，甲、乙两厂生产的消毒碗柜的外观设计与康宝消毒柜的相似。康宝消毒柜公司则向法院起诉甲、乙两厂，要求他们停止侵权，并赔偿损失。

【分析】

法律关系有：康厂与国家专利局之间的专利申请关系；甲、乙与康厂的侵权法律关系；康厂与甲、乙之间产生的诉讼法律关系。

法律事实有：专利申请法律行为，甲、乙的专利侵权违法行为（违法行为也是法律行为的一种）；康厂向法院提起诉讼的行为（即起诉）。

案例 2-3

1993年3月，某县石料厂向当地工商行政管理部门申请开办环球建材公司，经批准后，石料厂实际没有投入资金。环球建材公司与外单位签订了许多合同，收取对方的预付款作为周转资金。经营不到2年就因难以清偿债务而停业，许多债权单位起诉，要求环球建材公司承担经济责任。

【分析】

环球建材公司不应当承担经济责任。因为该公司虽经登记获得营业执照，但由于其缺乏必要且独立的财产，不具备法人资格，不能作为经济法律关系的主体从事经营活动，也就不能独立地承担经济合同纠纷的法律后果。石料厂应当承担环球建材公司的债务，因为环球建材公司是石料厂申请开办的，系法人的分支机构。

依据法律规定，应由作为经济法律关系主体的法人承担公司这种行为导致的法律后果，也就是环球建材公司涉及合同的债务应当由石料厂承担。

第二节　经济法管理主体

一、经济法管理主体的概念与类别

（1）在经济法律关系中承担管理职能的当事人，也就是经济法律关系中的经济管理主体。以宪法和行政法为依据设立的，根据宪法和行政法来明确其职能、隶属关系、任务、性质等，承担执行、协调、决策以及监督等经济管理职能的组织或者机构；也包括由国家或法律授权、承担某种政府的或社会的经济管理职能的其他组织。

（2）经济法管理主体的类别有：

①政府及其管理部门；

②各级人民代表大会及其常务委员会；

③特殊企业；

④经授权的其他组织。

二、经济法管理主体的职权

经济管理主体在经济法律关系中依法享有和行使的权利称为经济管理主体的职权。从理论上或者原则上来讲，经济管理主体的权利义务、职权职责是统一的。

案例 2-4

1996 年 5 月 1 日至 2002 年 2 月 21 日，经国务院批准，中国人民银行连续降低存贷款利率，具体如下：

1996 年 5 月 1 日，存款利率平均降低 0.98%，贷款利率平均降低 0.75%；

1996 年 8 月 23 日，存款利率平均降低 1.5%，贷款利率平均降低 1.2%；

1997 年 10 月 23 日，存款利率平均降低 1.1%，贷款利率平均降低 1.5%；

1998 年 3 月 25 日，存款利率平均降低 0.18%，贷款利率平均降低 0.60%；

1998 年 7 月 1 日，存款利率平均降低 0.49%，贷款利率平均降低 1.12%；

1998 年 12 月 7 日，存款利率平均降低 0.5%，贷款利率平均降低 0.5%；

1999 年 6 月 10 日，存款利率平均降低 1%，贷款利率平均降低 0.75%；

2002 年 2 月 21 日，存款利率平均降低 0.25%，贷款利率平均降低 0.5%。

这些政策对于拉动消费、缓解通货紧缩、刺激经济发展等发挥了不同程度的作用。2002 年之后，中国的房地产行业在前一轮利率杠杆的推动下迅猛发展，全国各地的房地产开发大张旗鼓地进行，带动了原材料价格的飞速上涨，资源浪费现象相当普遍。由于较低的银行存贷款利率，大量资金从银行涌向房地产市场，房价一路飙升。房价的飞升又吸引了大批的投机分子带着大量的热钱投入到房市中去，房价大大超出了普通老百姓所能承受的范围。中国人民银行利用其利率调整权提高银行存贷款利率，给过热的房地产市场降温。

具体如下：

2004 年 10 月 29 日开始，金融机构存贷款基准利率上调，同时允许人民币存款利率下浮并放宽人民币贷款利率浮动区间。一年期贷款基准利率上调 0.27%，现行的 5.31% 提高到 5.58%，金融机构一年期存款基准利率上调 0.27%，由现行的 1.9% 提高到 2.25%。其他贷款利率、各档次存款利率也做出相应调整，而短期上调的幅度没有超过中长期。

2006 年 4 月 27 日，金融机构存款基准利率上调 0.27%，由现行的 5.58% 提高到 5.85%。其他各档次的贷款利率得到相对应的调整。个人住房贷款的基准利率 5 年期以上的由 6.15% 提高到 6.39%，个人能享受到最优惠的下限利率由 5.508% 提高到 5.751%，中国人民银行在 2007 年 9 月 14 日宣布，自 9 月 15 日起决定，人民币存贷款基准利率上调。这是央行 2007 年以来第五次加息。根据决定，自 2007 年 9 月 15 日开始，金融机构一年期贷款基准利率上调 0.27%，由 7.02% 提高到 7.29%；相应的，其他各档次存贷款基准利率也做出调整。个人住房公积金贷款利率相应上调 0.18%；一年期存款基准利率上调 0.27%，由 3.60% 提高到 3.87%。

【分析】

在传统非强调可持续发展的观念下，经济发展把环境自我调节能力的有限性和资源的稀缺性彻底忽视了，由此而存在的低产出、高投入的粗放式经济增长方式，造成了十分严重的局面，环境逐渐恶化、资源开始面临枯竭。国家处在市场经济社会当中，经济法是对"市场失效"领域行使经济管理职能之法，以促进经济整体健康、协调、稳定、发展作为自己的责任。国家从整体掌控上能够将社会发展的眼前利益和长远利益、局部利益和整体利益进行全面系统的考量，社会发展的质量不断提高，可持续立法理念贯彻始终。利率调整既是中国人民银行所享有的法定权利，又是其一项法定义务。中国人民银行有权利也有义务根据经济运行状况适时调整利率，维持和促进宏观经济的协调运行。1992 年以来，国民经济发展速度较快，但一些宏观经济指标趋于恶化，通货膨胀的问题日益严重。为此，在国务院决定和实施其他宏观调控行为的同时，中国人民银行先后几次提高存贷款利率。

1994 年以来，宏观经济形势趋向另一面，通货紧缩日益明显。为此，中国人民银行根据宏观经济的新形势，特别是货币供应量 M1、消费价格指数 CPT 和其他相关宏观经济指标及其走势，经国务院批准，连续实施了 8 次降低存贷款利率，从而及时地遏制和减缓了通货紧缩的形势，增强了国民经济的协调性。2001 年以来，宏观经济形势好转并进而出现过热的情况，中国人民银行再次挥动利率杠杆，两次提高金融机构贷款利率，促进了国民经济的良性发展。经济法对国家和政府经济管理行为的规定，既是经济法管理主体的权力，同时又是其职责。这种权责统一性确保了经济法可以实现国民经济的可持续发展，同时也确定了可持续发展原则成为经济法的一项基本原则。

案例 2-5

在全国人民代表大会上，通过人大代表们多次提出的议案，2001 年初，九届全国人大农业与农村委员会牵头，连同有关部门一起进行《农业机械化促进法》的调研论证，并开始布置工作。在十届全国人大农委成立之后，进一步进行起草工作。《农业机械化促进法》，在2003年6月被列入常委会年度立法计划。2003年8月经十届全国人大农委第三次全体会议审议后，原则上通过了《中华人民共和国农业机械化促进法（草案）》。2003年12月28日，全国人大农委第四次全体会议再次审议通过形成了提请常委会审议的《中华人民共和国农业机械化促进法（草案）》。于2004年6月25日，经十届全国人大常委会第七次、十次会议两次审议，《中华人民共和国农业机械化促进法》被表决通过了。同日，由国家主席以第16号《中华人民共和国主席令》公布，于2004年11月1日起施行。

【分析】

《中华人民共和国农业机械化促进法》（以下简称《农业机械化促进法》）是经济法类的法律，因为该法的立法实旨、立法精神以及绝大多数核心的法律规范都体现了经济法的特征。《农业机械化促进法》是属于经济法门类下的宏观调控法律制度，以该法的制定作为个案可以比较形象地展现经济法的制定程序，体现出经济法制度的基本原则。根据我国的宪法、立法的有关规定以及立法惯例，经济法的制定一般须经过经济法律议案的提出和审议、经济法律草案的起草和提出、经济法律草案的审议和通过以及经济法律的颁布和生效。

（一）经济法律议案的提出和审议

法律议案的提出是立法程序的第一步。所谓法律议案，是指提交会议讨论而被列入议程的立法建议。对法律议案而言，关键在于法律议案的提案权，不是所有任何人和任何机关都有权提出法律议案的。在提出法律议案后，立法机关要根据议程的安排进行审查和讨论，议案有可能被否决，也有可能被采纳。被通过的立法议案要根据议案的具体情况做下一步工作。经济法律议案是法律议案的一种。根据宪法规定，享有立法提案权的主体有全国人民代表大会常务委员会、国务院、中央军事委员会、最高人民法院、最高人民检察院、全国人民代表大会各专门委员会、全国人民代表大会的一个代表团或者三十名以上的代表、全国人民代表大会常务委员会委员长会议以及十名以上的常务委员会组成人员。就《农业机械化促进法》的制定而言，其立法程序是由全国人大代表在全国人民代表大会启动提案。据统计，九届全国人大以来，先后有481名代表提出14件议案，建议制定促进农业机械化发展的法律。例如，在九届全国人大四次会议上，就有李水怀等31名代表，黄水光等35名代表，王玉林、董世明等3名代表，祖丽菲娅·阿不都卡德尔等31名代表建议制定《农业机械化促进法》（第264、418、495、598号议案），祖丽菲娅·阿不都卡德尔等31名代表建议制定《农业机械化法》（第621号议案）。

（二）经济法律草案的起草与提出

法律草案是提交给有权立法的主体审议和表决的规范性文件，法律草案和法律议案不是一个概念。法律草案的起草主体范围很大，其不仅可以由有关国家机关负责起草，甚至可以由立法机关授权的专家学者组成的起草小组起草。

近年来，我国经济法律的起草较多地发挥了法律专家的作用，往往将一些重要法律委托法学家组成起草小组负责草拟，有的同时组成两个专家起草小组，或一个专家小组和一个政府机关小组并存。在法律起草工作中引进竞争机制，有利于提高法律草案的质量，防止片面性。现在，我国还经常将法律草案通过各种途径予以公布，向全社会征求意见，再根据反馈信息修改法律草案，力求达到最佳的立法效果。经济法律草案起草完毕，有权提出法律草案的机构或人员根据法律规定向国家立法机关提交该草案，使该草案列入立法机关的会议议程，成为立法机关进行审议的对象，这一过程称为经济法律草案的提出。

就《农业机械化促进法》的制定而言，根据人大代表的法律议案，全国人大农业与农村委员会牵头，会同有关部门负责法律草案的起草工作。经过反复论证和多次修改，在深入调查研究和广泛征求各方意见的基础之上，在 2003 年 8 月召开的全国人大农委第三次全体会议审议后，原则上通过了《农业机械化促进法（草案）》。为确保立法质量，在听取有关方面对草案的意见的基础上，起草小组又逐条仔细研究，并对草案进行了修改，再次审议通过是在 2003 年 12 月 28 日召开的全国人大农委第四次全体会议上，形成了提请常委会审议的《农业机械化促进法（草案）》。

（三）**经济法律草案的审议与通过**

经济法律草案的审议是指立法机关对列入议事日程的法律草案按照法定程序进行审议和讨论。根据我国法律的规定，审议向全国人民代表大会常务委员会提交的法律草案，由委员长会议或先由各专门委员会讨论后交委员长会议决定是否列入常委会的议事日程。常委会对列入议事日程的法律草案，在审议讨论时先由提案人做草案说明，由常委会分组讨论，最后交常委会会议讨论。法律草案一般应经过三次常委会会议审议后再交付表决，即所谓的"三审制"。但列入常务委员会议程的法律草案，各方面意见比较一致的，可以经两次常务委员会会议审议后交付表决。立法机关在审议法律草案后，对法律草案是否通过做出表决。如果立法机关对法律草案审议后正式表决通过，该经济法律草案就成为法律，这是经济法律制度程序中具有决定性意义的一步。就《农业机械化促进法》的制定而言，2004 年 2 月 26 日，《农业机械化促进法（草案）》曾由全国人大农业与农村委员会提请十届全国人大常委会第七次会议进行了首次审议；2004 年 6 月 21 日，十届全国人大常委会第十次会议再次审议《农业机械化促进法（草案）》。草案的二次审议稿根据一审时委员们的意见做了相应修改，已基本可行；二次审议时，委员们意见已比较统一。2004 年 6 月 25 日，十届全国人大常委会第十次会议表决通过了《农业机械化促进法》。

（四）**经济法律的颁布和生效**

经济法律获得立法机关通过后，须由有关机关或人员依法定程序公之于众，并宣布法律正式施行的日期。按照我国法律的规定，国家主席根据全国人大及其常委会的决定，以中华人民共和国主席令的方式公布法律，公布在《中华人民共和国全国人民代表大会公报》上。法律的颁布并不等于法律的生效，从理论上至少可存在以下几种情况：一是生效时间与公布时间一致；二是规定在公布后一段时间生效；三是在公布后一定情况发生时生效；四是规定不同地区有不同的生效时间。实践中，以前两者的生效方式较为常见。就《农业机械化促进法》的制定而言，2004 年 6 月 25 日，国家主席发布《中华人民共和国主席令（第十六号）》颁布《中华人民共和国农业机械化促进法》，并规定该法于 2004 年 10 月 1 日起施行。

在《农业机械化促进法》的制定过程中，体现了经济法制定的基本原则，即社会主义市场经济体制原则、法制统一原则、科学民主原则以及学习外国经验与适用本国国情相结合原则。比如，《农业机械化促进法》总则第三条中规定要充分发挥市场机制的作用，促进农业机械化的发展，就体现了该法坚持社会主义市场经济体制原则。再如，1970年、1953年韩国、日本分别制定了《农业机械化促进法》，采取强有力的扶持措施对农业机械化，这符合世界贸易组织的相关规则，也是发达国家的通行做法，因此我国在制定《农业机械化促进法》过程中借鉴一些发达国家的经验，这体现了学习外国经验与适用本国国情相结合的原则。

第三节　经济法实施主体

经济法实施主体是指在经济实施活动中享受权利、承担义务，具有主体资格的个人或组织。经济法实施主体种类很多，企业为主体。

一、企业的概念

一切从事生产、流通或者服务活动，从谋取经济利益为目标的经济组织被通称为企业。"一种资源配置的机制"是企业本质，它能够降低整个社会的"交易成本"，实现整个社会经济资源的优化配置。这是现代经济学理论中的企业。

（一）企业的分类

（1）按照投资经营的逻辑，可以将企业分为传统的典型企业和非典型企业。传统的典型企业根据投资者的财产责任形式不同，可以分为个人独资企业、合伙企业和公司企业。而非典型企业则包括国有企业、合作社和社会性企业。

（2）根据所有制的不同，企业可以分为私营企业、集体所有制企业、全民所有制企业、外商投资企业。

（二）企业的作用

（1）社会生产和流通的直接承担者。在社会经济活动过程中，都是企业完成和承担生产和流通。社会经济活动会因为脱离了企业而中断或者停止。国家的人民物质生活水平的不断提高、经济实力的不断增长，受企业的经济效益和生产状况直接影响。

（2）社会经济技术进步的主要力量。在经济活动中，企业通过生产和经营活动，创造和实现社会财富在竞争中是先进生产工具和先进技术积极的采用者和制造者，整个社会经济在客观上不断推动技术的进步。所以，在社会经济生活中企业发挥着至关重要的作用，是最重要的市场主体。

（3）市场经济活动的主要参加者。企业的生产和销售活动使市场经济活动得以顺利进行，市场脱离了企业的生产和销售活动，就变成了无本之木、无源之水。所以，整个市场经济的发展受企业的生产和经营活动直接影响。

二、公司制度概要

（一）公司的界定

公司是指依法定程序设立，以营利为目的的社团法人。按股东对公司债权人所负的责任可分为无限公司、有限公司、两合公司、股份公司等。《公司法》规定，依照该法在中国境内设立的有限责任公司和股份有限公司被定义为公司。公司是企业的一种形式，它也属于企业的范畴。企业不一定是公司，企业是一个大概念，除公司外，还包含独资企业和合伙企业。

（二）公司的分类

（1）按照股东的责任范围对公司进行分类，可以分为无限公司、两合公司、股份有限公司、股份两合公司和有限责任公司。

（2）按照股东间的信用基础是信任关系还是投资关系，可分为人合公司、合资公司和人合兼资合公司。

（3）按照公司之间控制与被控制的关系，可分为母公司和子公司。

（4）根据公司间管辖与被管辖的关系，可分为总公司和分公司。

（5）根据公司适用法律的性质和范围来划分，可分为普通公司和特殊公司。

（6）根据公司的国籍来划分，可分为国内公司和外国公司。

案例 2-6

1998 年 3 月，王、李二人在某区以夫妻的名义注册房地产开发公司，注册资本为 500 万元人民币。1998 年 5 月，王某将公司分别转让给任某、张某和赵某三人。受让协议是张某以自己和其他二人的名义签署的，股权转让协议是王某以自己和妻子的名义签署的。根据股权转让协议，任某和赵某二人各为 150 万元，各占 3%，张某的股权份额为 200 万元，占 40%。但是由于张某等实际并未按协议记载支付价款，只是向王某交付了若干手续费，而王、李注册的公司也没有实际出资。

公司转让之后，按章程规定，张某作为公司的大股东，担任其执行董事和总经理，负责公司的具体经营。通过张某多方努力活动，为公司取得了某地 37 000 平方米的安居工程建设项目的开发权。在承建项目的过程中，张某以个人名义向公司投资 180 万元，为了推动工程进度，甚至通过负债方式去经营。如果按照正常计划进行，在 2001 年年底工程就能完工。虽然没有实际向公司投资的赵某、任某两位股东，却一直以公司名义对外活动。因为经营中存在纠纷，导致股东之间的矛盾放大。2000 年 12 月张某以公司名义，向某市中级人民法院提起诉讼，要求赵某、任某二股东必须履行出资义务，否则其他投资者代替二人职位，股东资格取消。

【分析】

处理本案应该从以下几点考虑：

第一，公司应予撤销。根据《公司法》第二百零六条的规定，公司设立过程中有法定的"情节严重"的行为的，应予撤销。而本案即为情节严重，表现在：其一，公司没有出资，所以设立时为空壳公司；其二，公司转让之后，实际只有一个人是出资者和签名者，而且实际出资只有 180 万元，离法律规定的 500 万元的额度还有相当大的差距；其三，企业要坚守不能违反法制的原则；其四，公司得到重组之后，将难以执行公司法的相关规定。

第二，责任追究。公司在撤销之后，将会依法追究所有股东（登记时的签名股东以及目前的在册股东）的责任。公司所有债务的清偿方式可以用在建楼盘的拍卖款或变卖款；达不到清偿债务的时候，连带责任由所有股东一起承担。

第三，程序。出资争议是本案的诉由，但是其本质是公司的性质问题。根据 1994 年 3 月 10 日最高人民法院《关于企业开办的其他企业被撤销或歇业后民事责任承担问题的批复》，受理法院应提请核准该登记企业为法人的工商行政管理部门吊销其企业法人营业执照。工商行政管理部门不予吊销的，法院可依法进行撤销。

第三章　宏观经济管理法

宏观经济管理是指国家及其管理组织为实现经济和社会发展目标，运用经济管理的各种手段，对国民经济总体发展及其经济总量变化进行综合性和全局性的系统管理。它是一个国家中央政府遵循自然规律和经济规律，运用经济、法律和必要的行政手段，从系统、综合和全局的角度对于现代市场经济的运行和发展的总体指导和调控。我国宏观经济管理的主要目标是促进经济增长，增加就业，稳定物价，保持国际收支平衡。在社会主义市场经济体制和法制环境逐渐完善的条件下，宏观经济政策与经济社会发展规划（战略、规划和计划）是实现我国宏观经济管理目标和任务的两大主要调控手段。

宏观经济管理法是指国家相关部门为了落实宏观经济管理的执行和效果而制定的各种法律法规的总称。本章只探讨规划和产业政策法、财税法律制度和金融监管法律制度。

第一节　规划和产业政策法

规划和产业政策法首先应对规划和产业政策做恰当定位，其次应通过实体、程序的规范和司法审查对政府行使规划和产业政策的行为加以必要约束。规划和产业政策法是规范和保证国家规划和产业政策的法律，基本可归为经济法范畴。我们以国家"一带一路"倡议为例探讨规划对经济所产生的影响。

✚ 案例 3-1

"21 世纪海上丝绸之路"和"丝绸之路经济带"是"一带一路"的简称。它将借助既有的、行之有效的区域合作平台，充分依靠中国与有关国家既有的双多边机制。"21 世纪海上丝绸之路"和"丝绸之路经济带"是习近平在 2013 年 9 月和 10 月分别提出的战略思想。它借着古代"丝绸之路"的称号，举着和平发展的旗帜，希望能共同创建出经济互相融合、政治互相相信、文化互相包容的命运、责任和利益共同体。

【评析意见】

我国对外开放战略的转变可以靠"一带一路"倡议思想实现。这一构想已经引起了国内和相关国家、地区乃至全世界的高度关注和强烈共鸣。这一伟大构想有着特别深远的重要意义，它产生了十分强大的作用。中国和其他国家甚至全世界都对此产生了巨大兴趣。

共建"一带一路"将为世界和平发展增加新的正能量，它符合国际社会的基本利益，凸显人类社会美好追求和共同理想，是全球治理新模式和国际合作的积极探索。目前，中国经济和世界经济密切关联。中国将构建全方位开放新格局并且深度融入世界经济体系，即一以贯之地坚持对外开放的基本国策。中国愿意在所能接受的范围内承担更多的责任义务，为人类和平发展做出巨大的贡献，所以为了加深和扩大中国的"对外开放"建设，同时增强亚洲、欧洲、非洲和世界各国的互利互惠的合作，我们要发展"一带一路"建设。据新加坡东亚研究所所长郑永年说，丝绸之路不仅是中国古老文化的一部分，也是当代中国文化在国际政治舞台上复兴和自信的有效方法，是大国崛起所依靠的时代精神。

一、"一带一路"的时代背景及共建原则

（一）时代背景

当今各国面临的发展问题依然严峻，世界正在发生着复杂深刻的变化，多边投资贸易规则和国际投资贸易格局酝酿深刻调整，世界经济缓慢复苏、发展分化，国际金融危机深层次影响也将继续呈现。共建"一带一路"致力于维护开放性世界经济和全球自由贸易体系，具有十分开放的相互合作精神，也赶上了世界多极化、文化多种多样、经济进行全球化、社会信息化的潮流。共建"一带一路"将共同打造包容、开放、普惠、均衡的区域经济合作架构，它的目的是加强资源高效利用、经济自由流动和推动市场深层次融合，推进各国之间经济政策实现统一，希望各国之间可以达到水平更高、范围更广、层次更深的合作。

共建"一带一路"致力于希望实现沿线各国之间多元化的可持续发展，使亚洲、欧洲、非洲大陆及附近海洋联系紧密，建立沿线各国互相联系、互相合作的伙伴关系，并且创建覆盖面广泛的网络通信系统。"一带一路"的互联互通项目将扩大市场并加强人们的消费和投资，满足人们的创业和就业需求，沿线各国发展能充分实现对接，沿线各国人民也可以进行文化交流，促使各个国家人民之间互相尊重、互相交流，共享平安富贵、安宁和谐的生活。

（二）共建原则

（1）合作保持开放性。与"一带一路"有关的国家、其他国家和国际之间都可以参与进来，让大家共同享用合作成果，所以其仅基于但不限于古代丝绸之路的范围。

（2）应该遵守联合国宪章的宗旨和和平共处五项基本原则，就是指尊重各国主权和保证领土完整、互相不干涉内政，互不侵犯、平等互利、和平共处。

（3）坚持互利共赢。突出各方创意和智慧，兼顾各方关切和利益，寻找合作最大公约数和利益契合点，各尽所能、各施所长，把各方潜力和优势充分体现出来。

（4）坚持和谐包容。要尊重各国之间的道路选择，我们要讲文明，有一颗宽容的心，包容不同的文化，求同存异、共同繁荣、和平相处。

（5）加强市场流通。在发挥好政府作用的基础上，充分发挥各类企业的主体作用和市场在资源配置中的决定性作用，遵守国际通行规则和市场规律。

二、"一带一路"的构架思路

（一）思路新图

（1）中心线：连云港—郑州—西安—兰州—新疆—中亚—欧洲；

（2）中线：北京—西安—乌鲁木齐—阿富汗—哈萨克斯坦—匈牙利—巴黎；

（3）南线：泉州—福州—广州—海口—北海—河内—吉隆坡—雅加达—科伦坡—加尔各答—内罗毕—雅典—威尼斯；

（4）北线A：北美洲（美国、加拿大）—北太平洋—日本；韩国—日本海—扎鲁比诺港（符拉迪沃斯托克、斯拉夫扬卡等）—珲春—延吉—吉林—长春—蒙古国—俄罗斯—欧洲（北欧、中欧、东欧、西欧、南欧）；

（5）北线B：北京—俄罗斯—德国—北欧。

（二）构架思路

"一带一路"不仅是增进信任理解、加强和平友谊和各方交流之路，也是促进共同发展、完成共同繁荣的合作共赢之路。中国政府希望大家能够互相包容、互相理解、互相学习、加强合作、互利互赢。全面加强合作，打造出互相理解的文化、经济交融、政治上互相信任的利益、责任和命运共同体。

"一带一路"中间广大腹地国家经济发展潜力非常大，一方面是发达的欧洲经济圈，一方面是活跃的东亚经济圈，贯穿了亚欧非大陆。从中国沿海港口过南海到印度洋扩展至欧洲，是21世纪海上丝绸之路的重点方向。

根据"一带一路"走向，海上重点以港口为节点，陆上依靠国际大通道，以重点经贸产业园区为合作平台，通过沿线中心城市，达成与新亚欧大陆桥、中国—中亚—西亚、中蒙俄、中国—中南半岛等国际经济合作，共同打造安全高效的运输通道。要加强孟中印缅、中巴的合作，它们与推进"一带一路"建设关联密切，与它们合作进步更大。

"一带一路"建设努力实现区域基础设施更加完善，互联互通达到新的水平，高效安全的海陆空通信网络基本完成；高标准自由贸易区网络基本完成，投资贸易便利化水平进一步提升，政治上的可信度更高；经济密切联系，文化交流广泛，各国人民之间友好相处，不同文明互鉴互荣是各国之间开放性合作的伟大愿望，需要各国手拉手前进，朝着和谐安全、互惠互利的目标共同努力。

（三）"一带一路"的合作重点

政策沟通、贸易畅通、设施联通、民心相通、资金融通是沿线各国资源的主体内容，据有经济互补、合作空间和潜力很大的特点。

1.政策沟通

"一带一路"建设应该加强政策沟通，加强政府间的合作与沟通交流，促使政治上互信互利，将彼此利益融合，全面达成合作新共识。根据经济发展战略，各国之间可以充分交流探讨协商解决合作中存在的问题，共同拟定规划措施来推进区域合作，同时也为大型项目的实施提供政策支持。

2.设施联通

"一带一路"建设应优先保证基础设施互联互通。沿线国家应该加强技术方面的联系，共同加强建设国际重点通道，一步步形成基础设施网络，将亚洲以及欧、非之间联系起来，同时需要尊重相关国家主权和安全。在建设中要充分考虑气候变化的影响，增强基础设施绿色低碳化运营和建设管理。比如，先进行交通基础设施的关键工程，打通缺失路段，再与之配套加强交通管理和道路安全防护。通过使全程运输过程协调统一，促进国际多种方法运输的有机联合，这样可以使运输规则更加明确，国际运输也更加方便。同时，口岸基础设施建设也应加强，增加海上航线和班次，打通陆水联合运输通道，加快港口合作建设，使海上物流合作更加信息化。增强航空基础设施水平，拓展建立民航全面合作的机制和平台。

加强能源基础设施的联合合作，保证输气、油等管道的运输安全，积极开展区域电网升级改造，加强输电通道与跨境电力建设的合作。一起提高国际通信互联互通水平，加强通信无线网络，如跨境光缆的建设，保证信息通畅。建设洲际海底光缆项目并且完善空中（卫星）信息通道，加快推进双边跨境光缆等建设，扩大信息合作与交流。

3.贸易畅通

投资贸易合作应该重点研究如何使投资贸易更加便利，如何才能改善各国之间的经营环境，如何才能降低投资风险。与沿线地区和国家一起创建自由贸易区域，让大家放心合作，将这块合作"蛋糕"做得更完美。这些是"一带一路"建设的重点内容。沿线国家应加强信息交流、互帮互助、互相监管的合作关系和检验检疫、标准计量、统计信息等方面的多种形式的合作，加快《贸易便利化协定》的颁布进程。加快边境口岸"单一窗口"建设，减少通关资金，降低边境口岸通关设施的条件，增强通关能力。使供应链更加安全与方便地进行合作，可以通过国际互联网的筛查，推进跨境监管程序协调。减少不是关税的风险，使技术性贸易措施的透明度更高，使贸易更加自由与便利，贸易结构更加完善。扩展贸易领域，使贸易收支平衡，还可以创新贸易形式，发展跨境电子商务等方法，使服务贸易促进体系更加完美。同时扩大和巩固传统的贸易形式，加大力度建设现代服务贸易。增强投资便利化，消除投资壁垒。将贸易和投资有机结合起来，以投资带动贸易发展。保护投资者的合法权益，加强双边投资保护协定、避免双重征税。

加大传统能源资源的勘探开发，如油气、煤炭和金属矿产等。加大可再生、清洁能源的合作，如核水风电、太阳能等，推动能源资源尽快转化加工，形成能源资源合作上下游一条龙服务的产业链。拓宽互相投资的领域，如大力开展农林牧渔业、农产品生产加工及农机等领域的合作，可以进行海水养殖、水产品加工、远洋渔业、海洋生物制药、淡化海水、海上旅游和环保产业等领域的合作。加强工程服务和能源资源深加工技术合作。促进新开发产业之间的合作，利用互利共赢、优缺点互补的原则，加大沿线国家在新生的信息技术、新生能源、生物、新材料等产业领域的合作力度。加强创业投资合作，使产业链分工格局更加清晰明了，鼓励构建生产、研发和营销体系，提高区域产业的竞争力和配套能力，推动上下游产业链和关联产业共同发展。促进区域服务业加快发展，扩大服务业相互开放，加大产业的群体发展，鼓励共同建设境外的经济贸易合作区，探索新型投资贸易模式，如跨境经济合作区等多种产业园区。在投资贸易中要体现出生态文明，保护生物多种多样和生态环境，积极应对气候变化，建立一条"绿色"的丝绸之路。

中国鼓励本国企业与沿线国家合作，进行产业投资和基础设施建设。中国希望企业能够按照当地的原则进行经营管理，帮助当地发展经济、改善生活、提高就业率、主动承担起社会责任这个重担，并且加大保护生态环境和生物多样性的力度。

4. 资金融通

资金融通可以加强金融合作，推动亚洲货币稳定、信用、投融资体系建设，这是"一带一路"建设的重要支撑。推动亚洲债券市场的发展和开放，扩大沿线国家双边本币结算的范围、互换和规模。加快组建丝路基金，以银行授信、银团贷款等方式开展多边金融合作，可以深化上合组织银行、中国—东盟银行联合体务实合作。鼓励在沿线国家使用所筹资金，中国境内有条件的金融企业和机构也可以在境外发行人民币和外币债券。通过双方签署监管合约，一步步在区域内形成高效率的互相监督管理机制。征信机构与管理部门和评级机构之间也应该进行跨境合作交流，发挥好各国主权和丝路基金的作用，"一带一路"重点项目建设也包括社会和商业性股权投资基金。

5. 民心相通

民心想通就是发扬和传承丝绸之路友好的合作精神，开展各国人民之间的文化交流、各国人才之间进行交流并积极探讨学术问题、鼓励青年和妇女之间交往、媒体和志愿者服务等。这既是"一带一路"建设的社会根基，也巩固了双多边合作的民意基础。中国为开展合作办学，增加相互间留学生数量，每年向沿线国家提供大约一万个政府奖学金的名额。各个国家的文化交流非常广泛，每年互相举办文化年、电影节、艺术节、图书展和电视周等活动，并且一起进行广播影视剧精品的翻译和创作，申请和保护世界文化遗产。国际精品旅游线路和旅游产品是丝绸之路独具一格的特色，大力扩展旅游规模、互相举办旅游推广周、宣传月活动，使各国游客签证更加便利，加大 21 世纪海上丝绸之路邮轮旅游合作力度。扩大传统医药领域的合作，为有关国家提供医疗和应急医疗援助，在主要传染病领域，如残疾人康复、妇幼健康和结核、疟疾及艾滋病，进行务实合作。大力发展沿线国家举办重大国际体育赛事，加强体育文化交流。国家之间对于传染病疫情信息的沟通、专业人才培养方面的合作也应该加强，共同处理突发公共事件。利用已有资源大力开展大家共同关心的领域，如创业培训、青年就业、职业技能开发、社会保障管理服务等。加强主要党派、立法机构和政治组织的密切往来，充分发挥议会、政党交往的桥梁作用。促进科技人员的沟通与合作，一起攻克重大科技难题，建立各种实验室（研究中心）机构，一起加强科技创新。开展人文城市交流合作，各国重要城市之间和平友爱相处，起到模范带头的作用。

为促进沿线贫困地区改善生活条件，可以加强普通群众的交流合作，在基层民众中大力开展多种公益慈善活动，如减贫开发、教育医疗、生态环保和生物多样等。积极运用网络平台，利用新媒体工具，加强文化传媒的国际交流合作，打造和谐的舆论环境和文化生态。

三、"一带一路"倡议的重要意义

(一)重要意义

"一带一路"倡议构想有着极其深远的重要意义,产生了巨大效果。同时也意味着我国对外开放实现战略转变。

第一,"一带一路"倡议意味着我国对外开放区域结构的转型。大家都知道,1978 年召开的党的十一届三中全会开启了中国改革开放的历史征程。从 1979 年起,先后建立了五个经济特区,开发和开放了十四个沿海港口城市,建立了很多的特殊政策园区,相继开放了十三个沿边城市、十八个内陆省会城市和六个沿江城市。但是在一定程度上造成了东、中、西部的区域失衡。目前,我国对外开放的地理格局发生了巨大的变化,"一带一路"中"一带"起源于西部,然后通向西亚和欧洲。同时,东部地区形成连片式的"自由贸易区",也加大了对外开放的力度。

第二,"一带一路"思想使经贸机制成功转型,促进了国际经贸间的合作。WTO 是一种国家经贸机制,2011 年,中国加入了世界贸易组织,这在一定程度上打破了一些国家对中国经济的封锁,对我国经济的方方面面都产生了巨大影响。

据资料统计,目前我国已经有约 32 个自贸区,几乎都处于"一带一路"沿线上。因此,实施"一带一路"倡议,中国的自由贸易区战略也会得到发展。

第三,"一带一路"思想使中国要素流动成功转型。根据数据显示,1979—2012 年,中国共引进外商投资项目 763 278 个,实际利用外资总额达到 12 761.08 亿美元。这是因为在改革开放初期,中国十分贫穷,我们需要借鉴别国的技术、资本和管理模式。所以,要先引进外资。对于中国的经济建设,这些外国资本和外资企业起到了很大作用。换句话说,这是一次国际性产业转移,主导方是发达国家。现在,我国已经有了经济输出的能力,但是技术仍然需要改造和国外投资。据统计,2014 年末中国已经成为输出大国,对外投资高达千亿美元。"一带一路"倡议通过"五通",可以把中国的生产要素,特别是剩下的优秀产能传送出去,恰好顺应了中国要素流动新趋势,将中国的发展果实分享给沿"带"沿"路"的发展中国家和地区。

第四,"一带一路"思想转变了中国与其他经济合作国家的结构模式。在改革开放的初期,中国是欧、美、日等发达国家最大的投资区域,所以,中国开始以发达国家和地区为主进行经济交流。如今,中国的经济需要全面升级改革。长期发展建设必然会形成产能,它们需要出路,但是当今世界上还有许多发展中国家有着当初和中国一样的难题。为顺应中国产业技术升级的需要,通过"一带一路"建设可以帮助这些国家进行一些基础设施建设,如桥梁、道路、港口等,还可以帮助其发展一些基础产业,如家电、纺织服装,甚至汽车制造、电力等,提高其生产能力和经济发展水平。

(二)"一带一路"建设面临的新机遇

众多国家和地区都实行"一带一路"的建设,众多产业和巨量的要素调动之间也能体现出来,因此这是一个宏伟的战略构想。

首先，产业创新产生新的机遇。产业创新包括产业转移和产业转型升级，它可以产生巨大的利润。中国的一些优质过剩产业随着"一带一路"倡议的实施将会转移到其他地区和国家。在国内，有过剩的产业不必过于忧虑，因为随着市场供求的变化，也许会在其他国家被合理利用，从而实现资源的充分利用。再比如，一些产品由于成本价过高而失去了竞争力，也许会在其他国家重新有了竞争的资本。技术改造、品牌树立、研发投入等都会给投资者带来很多机会。

其次，金融创新也会带来新的机遇。大量的资金需求只能靠金融创新来解决，但是足够的资金流是"一带一路"倡议实施的先决条件。

为解决资金困难，我国已经发起设立"丝路基金"和"亚投行"，但是沿"带"沿"路"地区和国家也会用很多新的金融措施，如设立各种类型的基金、发行各种类型的证券和创新金融机制等。

第三，机遇由区域的创新来获得。一个国际性区域经济的范畴就是"一带一路"的范畴，不同国家和地区的区域创新必将随着"一带一路"倡议的实施得以实现。每个创新都蕴涵着无限的机遇，包括区域产业战略选择、区域间合作方式、发展模式、区域经济的技术路径等。

（三）"一带一路"倡议实施过程中应注意的问题

我们要有一定的风险意识，未雨绸缪，"一带一路"倡议的实施有机遇也有挑战。

第一，那些不富裕国家的资源开采项目是初期投资的重中之重。最近几年，中国对外国的投资超过了外国对中国的投资，随着经济实力不断变强，中国将投资放在了发展中经济体。中国"走出去"已经不再局限于大宗商品的发展范围，而是扩大到了承建实行竞标国家的基础设施建设。尽管"一带一路"沿线发展中国家需要我国的对外投资，但是很多因素会让投资风险加大，如政局混乱，理念存在差异。因此，对所投资国家的法律环境、政治格局等要非常了解，在投资之前对可能发生的风险要准备解决办法，这样才能保证"一带一路"倡议顺利实施。

第二，"一带一路"倡议实施中的任何创新都需要高度警惕那些潜在的风险，尤其以金融为主的虚拟经济创新蕴含的乘数式风险是最大的潜在风险。

第三，我们要明白中国的产能过剩不是绝对的，要想实施"一带一路"倡议必须与国内经济状况相适应。我国在基础设施建设方面很有发展空间，但不能盲目地向其他国家进行投资，这可能导致产业"空洞化"和"挤出效应"。

第二节　财税法律制度

财政法是调整国家财政收支关系的法律规范的总称。以下引入营业税增值税、跨境电子商务税、电子发票应用三大案例进行探讨。

案例 3-2

营业税和增值税是我国两大主体税种。营改增在全国推开大致经历了三个阶段。2011年，经国务院批准，国家税务总局和财政部联合发布将营业税变更为增值税试点方案。从2012年1月1日起，在上海部分现代服务业和交通运输业进行营业税变更增值税试点。自2012年8月1日起至年末，国务院将扩大营业税变更增值税试点至八省市；2013年8月1日，"营改增"范围扩大至全国试行，将广播影视服务业纳入试点范围。2014年1月1日起，交通运输业已经全部是增值税，而邮政服务业和铁路运输业刚开始进行更改。国务院在2016年3月18日召开的国务院常务会议决定，自2016年5月1日起，中国将大范围推开营改增试点，让房地产业、建筑业、生活服务业、金融业全部纳入营改增试点，至此，营业税退出历史舞台，增值税制度将更加规范。这是自1994年分税制改革以来，财税体制的又一次深刻变革。截至2005年12月，营改增累计实现减税6412亿元。

【评析意见】

形成完整的征收链，将"增值税链条"全都纳入增值税的领域，这是"营改增"的最终目的。消除重复征税，减少偷税漏税，提高增收率。

一、营业税改增值税

（一）营业税改增值税的概念及适应范围

"营改增"是在部分现代服务业和交通运输业范围内实行的营业税变更增值税情况。从2012年1月1日起上海市部分现代服务业和交通运输业实施"营改增"试点，到9月1日起北京等八个省市地区都有了试点，再到2013年8月1日起全国实行。国家将"营改增"分成了三部分：第一部分，建立"营改增"试行地点。我国将第一个试行地点安排在上海，在2012年1月1日开始试行。第二部分，选择某种行业进行试行。"7·25"国务院常务会议决定，将在2013年从有很大影响力的六个部分现代服务业以及交通运输业开始试行。第三部分，将全国范围内的营业税消灭。根据预期目标，十二五（2011—2015年）期间就能够将"营改增"在全国实现。在原有的增值税率基础上，新增11%和6%两个低税率档次。17%税率将用于有形动产业服务，而11%税率适用于交通运输服务业，6%的税率适用于其他部分现代服务业，3%的增值税适用于小规模纳税人应税服务。"六加一"模式是营改增的适应范围，就是现代服务业的六个行业和交通服务业，其中信息技术服务、研发和技术服务、物流辅助服务、鉴证咨询服务、文化创意服务和有形动产租赁服务属于现代服务业范畴；陆路运输服务、管道运输服务、航空运输服务和水路运输服务属于模式中的交通服务业。企业最关心的是营业税变更增值税后自身的经营利益能否增加，企业运营能否更加快速。

（二）营改增对企业的财务状况的影响

企业利润的变化和利润不见时，企业生产的动力是营改增对企业财务情况和经营结果的影响。其中主要是财务会计核算，所谓利润的计算方式就是企业在生产经营中所获得的收入，用此来减去企业在日常运行所花费的金额，而企业从中获取的盈利总额才是企业最关切的利润形式。企业利润核算也会受到营改增的影响，主要表现为以下几点。

1. 对确认企业销售收入会有一定影响

在营改增之后，企业会按照不包括增值税的情况下进行销售收入确认。因为营业税属于价内税的范围，而增值税属于价外税的范围，此种状况带来会计利润的减少。虽然企业产品的价格没有发生改变，但是会使企业总体收入减少。

2. 对企业销售方面的税金产生影响

企业的营业税会减少企业利润总量，因为其采用"营业税及附加"的形式进行会计核算。然而就企业的增值税而言，不对企业的利润总量产生影响是由于相关会计核算区并不当成本看待。因此，在营改增之后，企业的利润额会产生影响，包括进行纳税业务的核算和税收的金额会较之前有很大区别。

3. 流转税发生变化

营业税变更增值税后，与之前营业税不同的是，纳税人可以不花费进项税额，能有效地降低流转税及有关的附加情况。营业税还会出现多次纳税的情况。

4. 对企业税负的影响

调整我国的产业结构达到结构性减税，降低整个社会的税负是这次营改增政策实施的目的。虽然结构性减税能够达到减税的目的，但是对部分企业还达不到，不减反而增加，如物流业就是一个特例。货物运输服务和装卸搬运服务的税率从 3% 调整为增值税的 21%，上调幅度大，但是其真正可抵扣项目少。实施试点，企业税负增加幅度较大。从大的方面来讲，"营改增"对于社会经济的发展有积极作用。增值税优于以流转额为基税的营业税，导致物价下降，刺激消费需求，都归功于社会再生产环节的税负下降。长久来看，这种改革能使各项产业的协作能力增强，促进更改产业结构，提高企业整体经济收益。

（三）企业应对营改增的对策

一些企业是服务类业务和销售类业务的混合体，没有实行营改增时，服务类业务属地税管辖，开服务类发票；销售类业务属国税管辖，开增值税发票。划分很明确。但是营改增以后都归国税管，在购买物品后，仅限增值税的发票怎样归类区分成了问题。在汽车修理后，会计核算是作为销售业务抵扣还是服务业务抵扣？因此，具体做到以下几点，企业才能做好日常的会计核算工作。

（1）营业税较为简单，"营改增"对试点企业的会计核算提出了新要求，采用抵扣模式相对于试点企业来说，是整个会计核算体系的变更，核算要求提高，涉及科目增多。所以，为了防范新的增值税制的风险，企业需要合理增加会计人员储备，提高其业务水平和专业素质，深刻领会"营改增"的各项政策。

（2）在新旧制度交替之时，企业应密切关注财税部门的相关政策动态。近年来，国家及地方发布了营业税减免的政策，促进文化企业发展。"营改增"后，更改了很多与文化企业营业税相关的差额征收、税收优惠、征管措施等规定，企业应及时核对企业自身信息，完成申请工作或相应的备案，享受最大限度的政策优惠，从而减少企业税负。

（3）紧密结合所在产业的特色，有针对性地扩大税收抵扣范围。企业应对产业在营改增之后可能出现抵扣的项目和带来赋税增加方向进行有针对性的测算和评估。关注对经营有着重要影响的项目能否归入可抵扣的项目之中，取得这些项目的票据是否合法有效以便抵扣，这些都是在税收政策允许的范围内进行的。

（4）"营改增"要求试点企业规范发票管理制度。增值税发票管理分为小规模纳税人和一般纳税人两种形式。只用一种普通发票的小规模纳税人，与其营业税和发票管理状态下的情况基本一致。但是对于一般纳税人，则有普通发票和专用发票两种，税务部门对其使用范围有专门的规定；增值税发票限额与营业税有差别，普遍发票限额较低。一般来讲，新认定的增值税一般纳税人的发票限额远远低于服务业务的限额水平，仅为十万元。而申请大额发票会对开展业务造成不便，需要较长时间。因此，财务人员要认真做好发票的管理工作。

（5）有效算出由于改革之后企业利润和服务价格受到的改变，还要有相对应定价和措施。企业要关注在目前的税收制度下竞争对手和自身的差异，微调营销策略或价格，保持和增加竞争优势。变化是常态，企业要在变化中抓住机会，创造优势。

案例 3-3

2013 年 6 月，为了改良电子商务的发展环境，协调税收部门进行税收管理工作，北京在京东开展发票工作（京东是当时电子商务行业的领头羊）。那时电子发票只限于北京地区的消费者，而且是购买音响和书籍方面。同年 10 月，京东在北京地区正式启动并推广到全部商品上的电子发票服务。2013 年 12 月，推出可以进行报销的电子发票。2013 年 10 月，在南京的苏宁易购开始使用。与此同时，小米也引入"电子发票"项目，成为第二家北京市具备开电子发票的试点，并于 2014 年 2 月 12 日开始试行开具电子发票。与京东的区别是，小米的服务用户包含了全国的消费者。

我国税务总局于 2013 年 4 月推出了新的政策，都是关于电商贸易发票管理的。2014 年 3 月 6 日北方晨报报道，人大代表陈乃科称我国的 C2C 电商存在很多漏洞，逃税交易、未注册经营等使行业竞争加强，市场没有了正常的秩序。只有抓住"鼓励"和"公平"这两名词，才能更好地制定电子商务方面的税收政策。

【评析意见】

由此可以看出政策对电子商务纳税的必要性，电子商务不断扩大，对于传统意义上的商业打击沉重，对当前税收环境产生了影响。目前，关于电子商务税收方面有许多积极设想，电子商务税收政策相关的法律制定也正在实施，说明我国正在逐步实施电子商务税收政策。

二、电子发票应用

（一）国内现行的税收征管政策分析

1. 税收征管的登记制度分析

随着电子商务的发展，纳税登记制度是对传统税收打击最大的方面。许多电子商务企业严重制约了电子商务交易的税收，增加了税款的流失。因为没有人在网上交易后，主动进行交税。

2.税务的盘查制度分析

关于税收的盘查是非常必要的。有关部门在税收盘查的时候失去了盘查的基础性数据，因为互联网上的交易是可以根据个人意愿来进行修改和删除的。

（二）国内电子商务企业在税收方面存在的某些问题

1.消费者消费习惯问题

多数店家在消费者不主动要发票的时候，不会主动提供。我国消费者在消费的时候没有要发票的习惯（包括网购），有时候消费者会欣然接受店家提出不给发票就有适当优惠的要求。

2.经济贸易的主体难以明确问题

如今，电子商务使用网络进行，网上交易没有有效办法确定是个人还是企业，也没有办法区分交易人的真实信息。尽管法律法规中规定了网上交易要进行交税，但是很多人利用此漏洞进行企业的经济往来。利用网络的虚拟性，将 B2B 的交易模式隐藏在 C2C 的交易模式之下。

3.营业额难以明确问题

政府部门在监督核对方面产生巨大困难。因为在电子商务中，经济贸易不会留下痕迹，同时计算机技术对交易双方的交易额和信息都采用更加严密的加密技术。

（三）电子发票案例分析

在开具发票的问题上存在两种现实情况：

第一种情况就是报销问题。如今大多数单位不把电子发票作为报销的凭证，也根本不接受电子发票。电子发票不是书面形式，所以它能打印很多次。既不能保证打印不失败又不能强制性要求只打印一次，这是企业不认可电子发票的主要原因。所以，我国相关机构只有将电子发票的防伪等方面做得严谨，才能让电子发票的实行畅通无阻。

第二种情况就是大众化的电子发票使网络营销的优势降低，无形当中使电子商务的价格优势大打折扣，因为部分商家会将电子发票等一系列成本放到消费者身上。这打击了电商商户的积极性，减缓了我国电子商务的发展速度。

（四）关于电子商务税收对策分析

1.强化消费者税收意识

让每个人都有税收的觉悟，必须得加大力度，发布税收政策信息、增加电视的新闻曝光率，让电子商务纳税融入人们的意识里，这样才能全面实施电子商务的税收政策。同时为了避免不法商贩为免开发票行贿消费者的事件发生，提倡大家在购物后索要发票，提高索要发票的意识。

2.确立"谁来收""收谁的"的问题

从根本上来讲，要想解决"谁来收""收谁的"问题，就要关注纳税主体的不确定等问题，才能做好电子商务的税收。结合我国的情况，凡是在我国境内进行贸易活动都需要纳税，优先行使地域管辖权，从而解决"谁来收"的问题。为避免地区收税时发生冲突，应明确规定，凡在当地区域注册的电商个人或企业都需要向当地缴纳税款。

3.研发电子商务税收体系

我国相关部门应尽早研发适合电子商务行业的税收系统，才能有效避免营业额不透明现象的发生。同时，要想避免税款流失，就要用电子技术对所登记的电商在网络上进行监督，预计营业期间的获利情况。要想让电子发票发展的空间更加广阔，还要解决避免多次打印发票的问题。在此期间还要大力宣传，告知这种发票的真实性已经得到了保障。

（五）拟定健全的电子商务税收机制

1.网上申报纳税登记制度

只要在网上开展业务，电商就要向有关管理部门进行登记。电子商务部门主要办理相关信息的填写和网络支付账号的记录工作。

2.借助第三方平台进行交税

通过第三方支付平台收税是电商企业和个人进行网络交易的重要途径，能够实现缴税的便利快捷。数据的精准是由于第三方能够有效获得企业或个人的进入和支出金额，并且根据之前登录的账号直接扣除，收取税额的效率能够大大加快。

（六）建立合理的优惠补助政策

许多个体电商经营者退出电商行业的原因是电子商务税收和电子发票的出现使电商行业的利润被一压再压。在实行税收政策的同时采取相应的优惠政策，才能够挽留住电商。例如，2012 年 7 月，重庆市加大力度，宣布只要申请成功的电子商务企业在规定期间减少税务的征收，而且给予金融方面的支持和财政的补给。

✚ 案例 3-4

跨境电商就是为消费者提供全球采购服务的网络平台。天猫、京东、苏宁易购、顺丰优选等都为消费者提供跨境网购的服务。近些年，我国跨境电商交易发展迅速，根据中国外经贸企业服务网统计，2015 年我国跨境电商交易规模为 5.2 亿元人民币。

财政部、海关总署、国家税务总局在 2016 年 4 月出台了跨境电商税制改革的政策（简称"税改"），税改中规定个人一年交易的金额不能超过 20 000 元，进口商品一次不能超过 2 000 元，在限值以内的零售进口商品暂免征关税，进口环节消费税、增值税应按纳税额 70% 收取。但是超过了所规定的额度，或者一个商品的价格完税后还超过了 2000 元，这就需要全额收取。行邮税率由 10%、20%、30%、50% 改为 15%、30%、60%，同时，之前 50 元以下行邮税免征也改为了照常征收；个人年度交易限值 1 000 元改为 2 000 元，并且增加了年度累计限值为 20 000 元。以食品为例，一盒 300 g 的费列罗榛果巧克力约 102 元，买了 4 盒为 408 元，税制改革之前，税费为 40.8 元，不足行邮 50 元的征税限额，于是就没有税费。然而，税制改革之后，新的税费为 48.52 元，这样，消费者承担的商品价格就上升了，消费者的海淘成本便增加了。

【评析意见】

2016 年，我国针对跨境电商实行了新的关税政策，新的政策对于电商企业既有利也有弊，应分析电商税制改革利弊影响，从而为我国电商企业的发展提供意见建议。在新税政下，电商企业要努力降低成本，树立自己的品牌。

三、跨境电商税制改革

（一）跨境电商税制改革对企业的影响

我国实行新的税制以后，部分跨境购的产品价格将会上升，消费者购物成本上升，从而影响消费者购物的积极性，阻碍跨境电商的发展。

关税的变化确实会对我国电商企业产生影响，尤其是跨境购产品的价格方面。目前，我国的跨境购以个人代购和电商平台购为主，因此主要从个人代购和电商平台购两方面来分析跨境电商税改对于我国电商业的影响。

新税改的目的是鼓励跨境电商的健康有序发展，让个人代购通过转向做电商平台来发展跨境购。所以，新税改实行以后对于个人代购是不利的，对于跨境电商来说利弊兼有。部分商品的提价会减少一部分消费者，但是国家以法律文件的方式明确了跨境电商的合法性，税改让跨境电商生意更公平。

从案例中的税制比较可以看出，个人行邮税的上升幅度大于电商平台税率的上升幅度，电商平台的征税税率为 11.9%，而行邮税率最低是 15%，这样会在很大程度上促进个人代购转向更加专业的电商平台。

跨境电商提价商品会影响消费者的积极性，从而减少跨境购物，这对于跨境快递的发展是不利的。跨境电商，提价是不可避免的，因为现有的电商纯利润很低，但是税改之后，母婴、食品、化妆品增值税增加幅度接近 12%，甚至超越 30%。企业要想维持原有的利润，就必须通过涨价的方式。一般商品的价格将会上调至少 15%，部分商品上调甚至 50%，这对于跨境电商来说是一个很大的挑战。因为以往跨境电商是以价格便宜来吸引消费者的，现在失去了这一优势，许多中小跨境电商很难在这次洗牌中生存下来。

但是，并不是所有商品在税改之后都会提价，一部分产品的价格则会下降，如电器类、个人洗护类等，分别降低了 8.1%、38.1%，这对于消费者来说是有利的，会带动我国跨境电商的发展。同时，我国跨境购潮已经出现，外国产品已经在中国赢得了部分消费者的青睐，占据了一定的市场份额，这部分消费者对于商品的价格不敏感。所以，税改的实行对于一些缺乏价格弹性的产品影响不大，电商企业反而可以在价格提升中提高利润率，这对电商企业是有利的。

我国跨境电商实行新税政以后，市场竞争更加规范，更加有利于企业的公平竞争。但是，商品价格上涨、企业成本增加是企业要面临的首要问题。

（二）针对正反两方面影响对企业的发展提出建议

我国跨境电商发展还处在初级阶段，新税制实行之后，企业为了维持市场份额会增加运营成本，政府要在跨境电商基础设施上给予帮助，降低企业的成本，积极支持跨境电商的发展。同时，政府还要从法律方面保障跨境电商的权利，使电商企业能够集中精力开展跨境电商业务。

电商企业要降低运营成本，尤其是物流方面的成本，实施智能仓储，提高运营效率，将大数据、云计算和物联网技术运用到电商运营中去；针对商品价格上涨的问题，电商企业应该建立品牌，提供差异化的服务，为消费者提供替代品的购买服务，通过品牌的建立来应对世界范围内的竞争。

第三节　金融监管法律制度

《人民银行法》《商业银行法》《银行业监督管理法》《证券法》《外资金融机构管理条例》《保险法》等法律法规构成了我国现行的金融监管立法，其中均规定了金融监管问题。这些立法中存在着众多原则性规定，缺乏实际可操作性，而且监管内容简单化，滞后于金融业发展现状。随着金融创新的不断推进，对一些新兴的金融业务、金融产品还缺乏相应的法律规制，改革和发展的重大决策和立法的结合问题也都没有彻底解决。从现行法律的整体结构上看，规章比重过大，实施起来缺乏权威性。在实践中还存在着法律、法规重复立法和法律之间相互冲突的现象，这些都影响到监管的效率和社会公平的实现。

以下案例正是由于金融监管法律方面的漏洞与缺失导致的。

➕ 案例 3-5

广发银行票据风险事件

案件发生在 2015 年 8 月 18 日，广发银行佛山分行与中原信阳分行起息了一笔期限为两个月的买入返售业务，金额为 9.275 716 158 亿元，截至 2015 年 10 月 19 日，涉及票据达九十八张。在起息日，广发银行佛山分行从光大银行取得票据，并将款项 9.21 亿元经中原银行信阳分行、廊坊银行、库车国民村镇银行、恒丰银行至光大银行。返售到期，该笔票据由晋商银行买断托收，返售环节由广发银行佛山分行市场部员工于 2015 年 10 月 19 日将该批票据送给晋商银行；晋商银行在收取该行送达的票据后将款项 9.23 亿元划拨给通化农商行，通化农商行在收到款项后，划拨给库车国民村镇银行。但款项划至库车国民村镇银行后，库车国民村镇银行只将 4.63 亿元划付给廊坊银行，廊坊银行收到款项后，并没有划付给中原银行信阳分行，最终导致广发银行佛山分行该笔票据业务回购逾期。

【评析意见】

本案是一起票据风险事件，广发银行表示，广发银行始终坚持依法合规经营，本次事件是由于外部同业在票据交易中的不规范行为所导致，广发发现风险情况后第一时间启动紧急追收机制，全方位抓紧清收。截至 2016 年 7 月 22 日，广发银行佛山分行已经收回 5.2 亿元的现金，剩余约 4 亿元的资金仍在全力追收。

根据一名靠近广发票据事件经办人的知情人士透露，广发银行佛山分行确实爆发了票据风险事件，但细节与上面所述有所出入。此人表示，该事件实际上是同一班人操作，广发银行出现了两单票据风险事件，其中一宗交易对手为中原银行信阳分行，在当地监管部门的协助下，最终被化解，资金已悉数追回。而另外一宗，交易对手为晋商银行，目前仍有资金在追讨中。在晋商银行的交易中，甚至出现票据中介私刻晋商银行公章等违规情况，整个交易中，广发银行的交易对手及关联人可能涉及刑事犯罪。

【几种观点】

1.本案牵扯6家中小银行，其中多家成"过河桥"

这是一起实际交易发生在广发银行佛山分行与中原银行信阳分行的业务，其他多家银行在中间充当了通道。这些银行之间的交易目的主要在于层层背书，腾挪信贷额度。其中，卖票行和"过桥行"之间签署了买断卖断协议，"过桥行"和出资行之间签署了买入返售协议。

这是票据业务中常见的一种方式。一是通过通道银行背书，让不满足大银行需求的票据"洗白"。二是腾挪信用额度。例如，股份制银行甲不允许贴村镇银行乙开出的票，但可以贴城商行丙的票；而城商行丙可以贴村镇银行乙的票。而此时就会找来城商行丙在当中当通道行。

村镇银行或农信社往往成为第一道直贴行，若干城商行和股份制银行会成为在当中捞通道费的"过桥"方，最后，有高风险的商票破门流入大银行，交易中还可能涉及买断卖断、远期买回、免追索、"阴阳合同"、假公章、逆流程等，形成复杂交错的利益和风险链条。

2.神秘中介：挪用资金流入股市

通过层层银行通道，广发银行佛山分行的这笔钱到底哪里去了？一位熟知内情的人士透露："被挪用，进入股市了。"

这与此前案发的"农行票据窝案"等票据风险事件几乎如出一辙。股灾之前，票据市场生意极为火爆，不少资金借道票据进入市场。但在暴跌中，通过票据套利进行场外配资的风险非常大，资金链出现断裂。在票据业务更为红火的江浙地区，不少银行中招。银行承兑汇票期限多为半年，自年中就已断裂资金链，在票据到了兑付期的时候最终"纸包不住火"了。这是票据风险事件不断爆发的主要原因。

值得注意的是，主导广发票据的一个重要角色——票据中介丰联公司，正是来自江浙地区。经过进一步调查广发票据事件发现，广发银行与中原银行之间票据交易由一家名为丰联金融的票据中介进行撮合。上文提到的多家"过桥行"也为该票据中介找来的通道。

这家公司在这一连串的交易中，控制了3家中小银行。一些票据中介承包、控制部分城商行、农商行的票据部门在业内并非个案。该公司除了从事票据中介业务，在股市行情好时，同时拥有一家配资公司。广发银行这笔钱，正是被挪用以补仓，但最终因为股市的下跌出现资金链断裂。据靠近广发经办人员的知情人士透露，与丰联金融相关联的票据风险事件，中招的除了广发银行，还有另外两家股份制银行。

票据中介控制部分银行同业业务部的说法得到了业内人士的认同。从广发票据事件看，中介至少应该控制了通化农商的同业账户，可以直接进行资金的操作，最终导致资金被挪用。这种情况在当前票据大案中常见。

3.金融行业漏洞导致票据风险事件集中爆发

自农行北京分行爆发39.15亿元票据窝案后，中信银行兰州分行爆出9.69亿元票据无法兑付，天津银行上海分行票据买入返售业务发生 7.86 亿元风险资金，龙江银行发生冒名办理贴现 6 亿元，宁波银行爆出三笔票据违规，涉及金额 32 亿元……粗略统计，从已公开的票据事件看，票据涉案资金已经超过 100 亿元。其中，农业银行、天津银行的风险点主要出在票据转贴现过程中的"丢票丢钱"，即两家通过买入返售业务得到票据，然而在票据到期之前被挪作。宁波银行则是在开展票据业务检查过程中，发现深圳分行员工违规办理票据业务，共涉及 3 笔业务，此次商票为某上市公司旗下企业，由于金额巨大且发生逾期，所以宁波银行选择了报案。报案后，企业将钱兑付，银行没有损失。而中信银行的票据风险出在开票环节，据公开资料称，有犯罪嫌疑人与中信银行工作人员同伙，利用伪造的银行存款单等文件，以虚假的质押担保方式在银行办理存单质押银行承兑汇票业务，并在获取银行承兑汇票后进行贴现。银监会曾通报了一起不法分子冒用龙江银行办理商业承兑汇票贴现、转贴现风险事件。该假票案目前已知涉及商业承兑汇票 9 张，金额合计 6 亿元。

这几笔风险事情普遍存在操作风险，涉及的都是纸票，大部分问题出在同业账户上，涉及银行内控的问题。部分银行的一二级分行在其他银行开立同业账户从事业务，行内可能并不知道，银行的资金就这样通过同业账户划转到企业里，内控环节没有触达到同业账户，甚至票据被提前挪用都不知晓。

2014 年以来，银行在信贷扩张的冲动下，为规避信贷规模监管而发明了各种票据转贴现，从而导致银行间票据业务量迅速飙升。所谓的转贴现是指商业银行在资金临时不足时，将已经贴现但仍未到期的票据，转卖给其他商业银行或机构，以取得资金融通。如果这种转贴现的业务发生在商业银行和央行之间，则称为再贴现。

2015 年之前，商业银行转贴现业务的交易对手主要是农信社。因为按照新的会计准则，银行票据买断、卖断和回购业务分别记录在不同的会计科目下，虽然不同银行具体的处理方式不同，但大致的思路是回购只占资产规模，不占信贷规模，买断进入银行的资产负债表，占用银行的信贷规模，而卖断之后，该笔票据可以从"票据融资"科目中扣除，进而"出表"。

部分地区的农信社依旧沿用旧的会计处理方法，票据卖断和票据回购业务在会计处理上混为一谈，将票据"卖断"变为"回购"出去，都可以在"票据融资"科目下扣除。

典型的"商业银行 + 农信社"模式是：卖断 + 逆回购 + 远期买断。当银行信贷规模超标时，商业银行先将票据卖断给农信社，再从农信社逆回购买入票据，该笔交易计入"买入返售"科目，不再"进表"。而农信社也不愿到期来办理"托收"，所以在回购到期后，商业银行再从农信社买入票据托收，于是，这笔票据对应的信贷规模就凭空消失了。

在业内，票据业务有信贷规模调节器之称。当信贷规模过多时就卖出票据，当信贷规模不足时就买入票据。结合银行的流动性资金和自身的票据持有量，大致可分为以下几种情况：当银行有规模无资金时可以做卖出回购；无规模有资金的可以买入返售；有规模有资金的可以做转贴现买入票据；无规模无资金有票的可以做转贴现卖出票据腾出信贷空间。在票据风险集中爆发的背景下，监管层接连出手，银监会发布《关于票据业务风险提示通知》；央行和银监会联合下发《关于加强票据业务监督促进票据市场健康发展的通知》（126 号文）；

银监会城商行部已经对地方银监局发放《关于对城商行票据业务风险进行排查的通知》（城市银行部〔2016〕52号）。

根据126号文件，会有一系列的办法控制可能造成风险的做法。比如，开户银行必须通过大额支付系统向存款银行一级法人进行核实；不得出租、出借账户，严禁将本银行同业账户委托他人代为管理；不得利用贴现资金借新还旧，调节信贷质量指标；不得发放贷款偿还银行承兑汇票垫款，掩盖不良资产；禁止离行离柜办理纸质票据业务；严禁银行与非法票据中介、资金掮客开展业务合作；禁止无背书买卖票据等。

通过人行的大额支付系统的确认，可以保证同业账户的开户行为是银行行为，而不是银行里面某个人的行为，等于从源头上控制同业账户的风险。

集中爆发的票据风险事件，令长期存在的票据乱象浮出水面，而其背后是票据金融功能被异化。据悉，原本作为银行信用与企业商业信用有机结合的企业融资工具，票据的融资功能为中小企业提供了便捷的融资渠道以及低融资成本的资金，在一定程度上解决了中小企业融资难的问题。但事实上，票据已经从支付工具变成了套利工具。当前票据行业中通过抽屉协议、代理代持、资管转移等方式腾挪贷款规模，虚增存贷款规模、减少资本占有的问题非常严重。

4.票据业务存在大量问题

银监会办公厅内部通报了对于同业票据业务的检查结果，主要存在五大问题：违规授权分支机构开展同业业务、分支机构违规对外签署合同、违规保管实物票据、违规开立同业账户、违规进行资金划付。该通报称，2016年以来，银行业金融机构同业票据业务案件频发，涉案金额巨大，社会影响恶劣。案件主要反映出部分机构同业业务专营部门制改革不到位、同业票据业务风险管理薄弱。

问题一，违规授权分支机构开展同业业务。对不能通过金融交易市场进行电子化交易的同业业务，总行专营部门违规进行转授权，委托分支机构代理开展非操作性事项。

2014年5月，银监会下发《中国银监会办公厅关于规范商业银行同业业务治理的通知》（即银监办发〔2014〕140号，下称"140号文"），要求银行同业业务实行专营部门制，业务权限上收至总行，同业业务专营部门以外的其他部门和分支机构不得经营同业业务。

2016年4月18日下发的《上海银监局办公室关于票据业务风险提示的通知》（沪银监办通〔2016〕90号，下称"沪90号文"）中，更是对同业业务和分支机构的违规转授权进行具体规定。某银行在沪分行除接受总行同业专营部门委托，代理其市场营销和询价、项目发起和客户关系维护等操作性事项之外，不得开展任何同业业务项下的相关活动，也不得与总行在沪非持牌机构等非本机构管理员工签订劳动合同。

问题二，分支机构违规对外签署合同。同业业务专营部门开展业务时，使用分支机构公章、以分支机构名义对外签署合同，由分支机构承担法律主体责任。该问题同问题一，要求严格落实同业业务专营部门制，同业业务专营部门以外的其他部门和分支机构不得经营同业业务。

问题三，违规保管实物票据。银监会发现，未严格执行票据实物清点交接登记、出入库制度、票据转贴现，买入返售（卖出回购）交易双方未在交易一方营业场所内逐张办理票据审验和交接，导致票据提前出库，票据资金同时悬空。

2016 年 5 月 3 日，央行在其官网公布了央行和银监会联合下发的《关于加强票据业务监管促进票据市场健康发展的通知》（银发〔2016〕126 号，下称"126 号文"）也强调了上述问题。"沪 90 号文"中更是要求上海各银行要对所有票据开包检查，严禁通过中介等非交易对手人员送票、取票。

未对票据进行审验也是导致爆发"一票多卖"的原因。据公开资料，"农业银行 39 亿元票据案""中信银行 9.69 亿票据案"以及"天津银行 7.86 亿票据案"就是这样的问题。

大致过程是，A 银行以卖出回购方式与 B 银行（买入返售）做了一笔 1 个月的纸质票据转贴现业务。按规定 A 银行应将票据交给 B 银行保管 1 个月。但 A 银行为了获取更多资金，没有把票交给 B 银行或者提前取出，将同一批票据卖出回购给 C 银行（买入返售）2 个星期。那么，如果交易到期后，A 银行未能及时回款赎回票据，就会发生违约导致案发。

2015 年上半年股市行情较好，许多票据中介铤而走险，通过一票多卖的方式获取更多短期资金流入股市。但是随着股市下跌，这些钱无法回本，资金链断裂，导致案发。

问题四，违规开立同业账户。开户银行未通过大额支付系统向存款银行一级法人进行核实，导致不法分子冒充银行人员，利用虚假资料，开立虚假账户进行同业业务往来。

因为许多中小银行没有能力开发系统接入央行的电票系统，所以使用大银行提供的央行电票代理接入系统，但是因为开立同业账户核实不严，导致了虚假账户的同业往来。近期爆发的电票大案，就存在同业账户开立审核不严的问题。

问题五，违规进行资金划付。票据转入行未将资金划入票据转出行在人民银行开立的存款准备金账户或转出行在本行开立的账户，导致资金流入由票据中介掌控的票据转出行在第三方银行开立的账户。

"126 号文"与"沪 90 号文"都曾提到严格要求资金划付。

该通报文件要求严格落实"140 号文""126 号文"的要求，银行要在"两个加强，两个遏制"回头看中自查同业票据业务，各地银监局也要加大检查和督查工作。

5. 票据风险案件频发的原因

截至目前，2016 年度频发的票据风险案件累计涉案金额已达人民币 88.7 亿元。票据风险频发，除不法分子牟取私利以及纸质票据带来的天然操作风险的显性原因外，其背后的隐性原因值得我们深思。

从理论上来说，票据业务作为银行信用与企业商业信用的有机结合的企业融资工具，其贴现金融功能为中小企业提供了便捷的融资渠道以及低融资成本的资金，在一定程度上解决了中小企业融资难的问题，起到了支持实体经济发展的作用。但从实际操作层面上，票据业务其利息收入、非利息收入以及其影子银行的金融功能属性被过分利用，从而导致金融风险积聚，操作风险、道德风险、外部勾结风险尤为突出。

票据金融功能大行其道，票据市场愈发复杂化。银监会下发的《中国银监会办公厅关于票据业务风险提示的通知》（203 号文）中指出，商业银行票据业务存在通过票据转贴现业务转移规模，削减资本占用、利用承兑贴现业务虚增存贷款规模、贷款与贴现相互腾挪，掩盖信用风险、创新"票据代理"规避监管要求等，票据的金融功能被发挥至淋漓尽致的地步。票据清单交易作为票据一种过分利用的融资功能尤为突出，甚至有时还会出现"一票多卖"的现象，票据逐渐演变成金融机构间信用拆借的工具。由于票据业务的创新涉及更多的交易主体，其交易方式也趋于复杂化。票据的转让往往经历层层转让、层层背书，越来越多的金融机构涉水票据市场，使得票据市场越来越复杂化。

商业银行为何偏爱票据业务？从商业银行频发的票据案我们看到，一边是中小企业融资难困境，一边是票据大案的接踵而至。从规避监管的角度出发，贷款规模限制与资本金占用是商业银行重点关注点。而票据在削减资本金占用以及转移信贷规模方面的优势，颇受商业银行欢迎。另外，商业银行签发承兑汇票，要求企业缴纳50%保证金，而该保证金在一定程度上相当于一笔存款，有助于优化银行存款指标。从规模扩张的角度来说，在当前激励竞争环境追逐利润的背景下，商业银行规模扩张的欲望强烈，票据业务的特性使得其成为规模扩张的途径之一。而票据资产占用商业银行信贷规模，在一定程度上促使其金融创新规避监管。

随着票据案频发，纸质票据电子化以及各种电子规避操作风险的方式的呼声越来越高。抛开纸质票据带来的天然操作风险，以及不法分子牟取私利的冲动外，其背后深层原因还体现在如下三方面：首先，随着票据市场的发展，其交易主体呈现多元化趋势。随着市场的快速发展，相关监管机制未与之匹配，存在一些监管或法律漏洞，而票据中介对于某城商行票据案的贡献尤为突出。其次，票据业务多元风险交错，催生不同作案形式。参与主体的增多以及融资功能的过度挖掘，使得票据市场风险不断累积，而多元风险的交错催生出各种作案形式。最后，票据业务交易获利盛行，监管难度加大。这种各种主体参与的交易使得监管难度加大，增加了票据业务的风险。另外，商业银行票据风险频发引发我们对商业银行操作风险管理能力以及相关配套制度完善以及执行情况的思考。

6.事件反思：建立统一的票据交易平台，提高员工自身修养

筹备已久的上海票据交易所2016年12月8日正式挂牌，这项金融市场的基础设施建设，是我国票据市场的新起点和新的里程碑。有了全国统一的票据交易平台，有利于完善票据市场法规制度，推动票据业务创新，防范票据市场风险，促进货币市场和资本市场协调发展。票据市场在快速发展过程中也存在市场透明度低、交易效率不高、基础设施发展滞后、部分金融机构内控薄弱以及票据中介风险累积等问题。由于纸质票据受到实物交割、保管等限制，票据的供求信息、交易价格等都处于区域分割状态。近年来，银行票据业务风险暴露频繁，各地银监局公布的1 535万元罚单中，涉及票据违规的罚款金额高达924万元，占比接近六成。从这个意义上来说，上海票据交易所的诞生，恰逢其时。

央行副行长潘功胜在启动仪式上强调，这个票据交易平台是全国统一的。具体来讲，首先它是全国的，不是区域的；其次，它是统一的，不是割裂的。它将有利于进一步完善上海的金融基础设施布局和要素市场构成，促进全国票据行业资金、数据信息、人才、业态、创新等各方面向上海集聚，提升上海国际金融中心的功能和国际影响力。启动仪式过后，各个

银行纷纷通过交易平台完成不同类型的业务。工商银行完成首单票据转贴现交易、浦发银行完成首单质押式回购交易、民生银行完成首单商票交易等。与此同时，对于激发银行转变票据经营模式，更好支持实体经济发展，也大有裨益。

另外，银行员工都应该加强自身修养，提高合规意识，在工作上要对分管的工作以合规、合法为基础，在生活上坚持做到廉洁自律、以身作则，严格要求自己。

第四节　对外贸易管理法律制度

对外贸易法律制度是指一国对其外贸活动进行行政管理和服务的所有法律规范的总称。一国的外贸法律制度是其为保护和促进国内产业，增加出口、限制进口而采取的鼓励与限制措施，或为政治、外交或其他目的，对进出口采取鼓励或限制的措施。它是一国对外贸易总政策的集中体现。对外贸易法律制度的范围包括关税制度、许可证制度、配额制度、外汇管理制度、商检制度以及有关保护竞争，限制垄断及不公平贸易等方面。

我们以海信商标被抢注事件为例，重点讨论对外贸易法律制度中的商标保护。

✚ 案例 3-6

海信公司商标被抢注事件

1992 年海信集团创设了"海信 /HiSense"商业标志并在中国提出注册申请，该商标于 1993 年 12 月 14 日获得注册，同年开始正式作为商标和商号使用。1997 年 6 月 19 日，为了规范"HiSense"商号的使用，集团专门下发了《关于规范使用企业英文名称的通知》，明确规定集团及各子公司的名称中字母组合均为"HiSense"，并附有中英文对照表。1999 年 1 月 5 日，"HiSense/ 海信"商标被中国国家工商总局商标局正式认定为驰名商标。在"海信 /HiSense"商标被中国国家商标主管机关认定为驰名商标后的第六天，即 1999 年 1 月 11 日，博西公司（博世—西门子）即在德国申请"HiSense"商标注册，指定商品为第 7、9、11 类，于 1999 年 2 月 25 日获得注册（注册号 39901013）。博西公司以此为基础，分别进行了欧盟注册（注册号 01230895）和马德里协定 / 议定书国际注册（注册号 717960）。博西公司抢注的"HiSense"商标，与上述海信的驰名商标"HiSense"和英文商号"HiSense"连字母的大小写都完全一样。

2002 年年底开始，海信集团与博西公司就此商标抢注和转让问题的解决正式进行磋商。

对于抢注事件，海信从一开始就采取了协商姿态。海信于 2002 年底致函博西公司联系注册商标的转让事宜，后者也于 2003 年 3 月 28 日做出了答复，同意将其注册在"蓝色电器"的"HiSense"注册商标权转让给海信。

2004 年 2 月 19 日，博西公司给海信正式确认转让价为 4 000 万欧元。

【评析意见】

本案是博西公司恶意抢注海信商标引起的纠纷案例，本案主要涉及有关商标权的法律。

《中华人民共和国商标法》第三章第三十二条规定："申请商标注册不得损害他人现有的在先权利，也不得以不正当手段抢先注册他人已经使用并有一定影响的商标。"该条款为了维护诚实信用原则，对已经使用并有一定影响商标予以保护，以制止恶意抢注的行为，是对商标注册制度的有效补充。

我国商标法在 1993 年进行了第一次修正，其中第二十七条第一款规定：已经注册的商标，违反商标法禁用条款或者是以欺骗手段或者其他不正当手段取得注册的，当事人可以请求国家工商行政管理总局商标评审委员会（下称商标评审委员会）裁定撤销该注册商标。1993 年，我国第一次修订的商标法实施细则第二十五条列举了商标法第二十七条第一款所指的"以欺骗手段或者其他不正当手段取得注册"的行为，其中包括"违反诚实信用原则，以复制、模仿、翻译等方式，将他人已为公众熟知的商标进行注册的"行为。2001 年，我国商标法进行第二次修正时，对这种行为的规制分别转化上升为第十三条关于驰名商标的保护条款和第三十一条对在先使用并有一定影响的商标进行保护的条款。2001 年我国商标法进行第二次修正增加这一条款也是我国加入世界贸易组织而遵守和履行国际公约义务的需要。2013 年，我国商标法进行第三次修正时，继续沿用了 2001 年我国商标法的立法体例。

有关国际公约的规定：

根据保护工业产权巴黎公约：第六条之二（商标：驰名商标）的相关规定：

（1）商标注册国或使用国主管机关认为一项商标在该国已成为驰名商标，而另一商标构成对此驰名商标的复制、仿制或翻译，用于相同或类似商品上，易于造成混淆时，本联盟各国应依职权（如果本国法律允许），或应有关当事人的请求，拒绝或取消该商标的注册，并禁止使用。商标的主要部分复制、仿制驰名商标或是导致造成混淆，也应适用。

（2）自注册之日起至少五年的期间内，应允许提出取消这种商标的请求。允许提出禁止使用的期限，可由本联盟各成员国规定。

（3）对于依恶意取得注册或使用的商标提出取消注册或禁止使用的请求，不应规定时间限制。

第八条（厂商名称）厂商名称应当在本联盟所有国家受到保护，没有申请或注册的义务，也不论其是否为商标的一部分。

1999 年 9 月 20 日至 29 日，在日内瓦召开的保护工业产权巴黎联盟大会和世界知识产权组织（WIPO）大会第三十四届系列会议上，通过了"保护驰名商标联合建议"，该建议是 WIPO 为适应工业产权发展而首次确立的保护驰名商标国际协调的共同标准。

该文件第 2 条关于对某商标是否在某成员国为驰名商标的确定，之二（相关公众）明确规定：

（1）相关公众应包括，但不必局限于：

①使用该商标的那一类商品和（／或）服务的实际和（／或）潜在的顾客；

②使用该商标的那一类商品和（／或）服务的经销渠道中所涉的人员；

③经营使用该商标的那一类商品和（／或）服务的商业界。

（2）如果某商标被确定至少为某成员国中的一部分相关公众所熟知，该商标即应被该成员国认为是驰名商标。

（3）如果某商标被确定至少为某成员国中的一部分相关公众所知晓，该商标可以被该成员国认为是驰名商标。

（4）即使某商标不为某成员国中的任何相关公众所熟知，或所知晓，该成员国亦可将该商标确定为驰名商标。

而中国和德国均属于世界知识产权组织和巴黎公约成员国，因此，中国商标主管机关认定的具有独创性且有重大商业价值的驰名商标，在德国同样应当受到尊重。

【几种观点】

1. 海信已经是国内外知名企业，商标的重要性不言而喻

三十五年来，海信抓住了中国改革开放的良好发展机遇，在高起点技术引进的同时，强化企业自主研发，企业参与国际竞争的综合竞争实力不断提高。距离现在已快三十年，1992年海信集团销售收入仅4亿元，2004年实现销售收入273亿元，规模扩大了60多倍。海信目前拥有南非、匈牙利、巴基斯坦等多个海外生产基地，布局成海信的全球主导产业格局。

从国内构建工业格局到海外跑马圈地，技术创新实力的提升加速了海信产业扩张、规模提升以及主流产业的全球布局；技术孵化模式带来的"根深蒂固"和"枝繁叶茂"，加快了全球产业规模的提升和国际化市场拓展。依靠清晰的目标市场战略和产品战略，欧洲、美国、澳洲、中东、南非、东盟等区域和国家已经成为海信重要的战略市场，在匈牙利、南非、阿尔及利亚、巴基斯坦等地，现代化生产基地的建设使海信品牌在当地更具竞争力。如今，海信变频空调在欧洲、PDP/LCD等平板电视在欧美、CDMA手机在东盟的销售量都得到了快速的增长。

2. 商标"HiSense"的诞生与发展，显示其是海信集团的重要财产

1993年以前，海信集团公司的前身青岛电视机厂使用的商标是"QINGDAO"（青岛）。随着企业规模不断扩大，产品门类不断增加，因企业名称中的行业特征太具局限性，青岛电视机厂这个企业名称已不能适应多门类产品开发的需要。另外，"QINGDAO"作为客观存在的地名，作为商标使用也缺乏显著性，不利于品牌传播，且不能扩大使用范围。正是基于这种情况，早在1987年就曾经公开征集过新的商标设计方案，结果没有如愿。1991年，当时的企业领导高瞻远瞩，毅然决定要创设一个全新的商标，既能用作产品商标，又能使用于企业名称，做到企业名称与主商标的统一。为此，公司在企业内部通过厂报面向全体职工发出征稿启事，号召职工以主人翁的姿态给自己的企业和产品起一个好名字。经过一段时间的征集、选评，最终确定企业总工程师钱钟毓设计的"海信""HiSense"作为企业的中英文商标，企业也为此对商标设计人进行了物质奖励。

确定商标名称以后，立即办理了"HiSense""海信"商标在9类商品的注册申请手续，中国商标局确认的申请日为1992年10月15日，该中英文商标由于是独创商标，显著性极强，顺利通过审查。商标局于1993年9月14日发布公告，3个月异议期满后被核准注册。

当时之所以只申请了 9 类商品注册，是因为中国商标法规定，商标注册范围不能超出企业核定的经营范围。随着海信集团的成立，公司的经营范围已涉及电子、信息、第三产业等领域，为了实施对"HiSense"商标全方位的保护，海信集团于 1994—1997 年向中国商标局提交了"HiSense"商标在所有商品及服务类别的注册申请，这些申请均顺利通过审查和异议程序，均被核准注册。

"海信""HiSense"于 1993 年 4 月 6 日开始正式作为商标使用；1993 年 12 月，青岛市经委批准以原青岛电视机厂为核心层企业成立海信集团公司，企业名称由青岛市工商局核准并登记。此后，海信集团公司及其投资设立的公司全部使用"海信""HiSense"作为商号，所有产品均使用中文"海信"及其英文"HiSense"商标。

海信集团自从启用"HiSense""海信"商标和商号以后，随着企业的健康发展，宣传力度也不断加大，企业知名度得到迅速提升，"海信""HiSense"商标、商号被国内外消费者所熟知。在 1997 年 6 月《中国消费者报》举办的商标、徽标标识有奖竞猜活动中名列榜首，HiSense 商标认知率高达 83.02%。1998 年 4 月 8 日，海信集团公司这一企业名称正式由中国国家工商总局核准，从而确认了海信（HiSense）作为知名企业商号的法律地位。根据中国《企业名称登记管理规定》以及《企业名称登记管理实施办法》的有关规定，一个企业在符合"字号驰名""经济活动性质分别属于国民经济行业五个以上大类""注册资本 1 亿元以上或者是企业集团的母公司"等条件下，才能报国家工商总局核准企业名称，才能被核准使用不含行政区划名称、不含行业特征用语的企业名称。由此可见，此时的海信集团公司已经被国家企业登记主管部门确认为一家大型的、跨行业的、跨地区的全国著名企业。

1999 年 1 月 5 日，"HiSense""海信"商标被中国国家工商总局商标局正式认定为驰名商标，实际上是对"HiSense""海信"品牌知名度、美誉度和价值的认可，其凝聚了成千上万海信人多年的心血和汗水。

如果当年抢注时，博世—西门子就提出了这样一个商标设计，至少还可以说有点新意。然而，事实是直接剽窃、抄袭了当时海信已经在 40 个国家和地区注册并广为使用的"HiSnse"在德国抢注。从"HiSnse"被正式认定为驰名商标，到在德国提起注册申请，只有区区 6 天时间，再加上其他因素影响，其抢注的时间之紧迫也就可想而知，显然已经没有时间再考虑变通设计问题。

3. 海信与西门子彼此熟悉，且有交往，抢注于法不容，于理不合

1999 年以前，即使是在欧洲，海信（HiSense）也已经名声远扬。这从有关欧洲和国际性媒体的报道可见一斑。1995 年 12 月，《欧中经贸》的"明星企业"就有专栏做过《青岛海信是中国电子行业中的佼佼者》的报道；1998 年 2 月 15 日的《欧洲时报》也有关于"1998 海信国际新技术交流和新产品订货会"的报道。1997 年 7 月 30 日的美国《华尔街日报》，题为《中国企业在合并中寻求发展》的文章，对海信（HiSense）收购三家电视机厂做了报道（转引自 1997 年 8 月 9 日的《参考消息》）；1996 年 7 月 13 日的《CHINA DAILY》题为《TV producter plans advance soverseas》的文章和 1997 年 4 月 20 日《CHINA DAILY》题为

《HiSense survives challenges》的文章都对海信的相关情况做了报道。以上三篇文章都使用了"HiSense"这一名称。

1995年，海信集团的ISO9001国际质量体系就是由德国莱因公司组织审核的，并于1996年1月18日颁发了证书。由此可见，HiSense商标在德国也并不是无人知晓。

博世—西门子公司在华经营活动可以追溯到1937年。该公司自称"博世于20世纪80年代中期伴随着中国的改革开放再次进入中国市场至今，我们已凭借高达六亿多美元的总投资额及两位数的年均发展速度成为在华跨国企业的成功典范。博世在中国的历史可以追溯到1909年。今天8590余名中国员工遍布在不同的经营领域内"。

1998年9月，西门子公司将海信作为重要的用户，正式邀请海信的相关技术专家参加其在新加坡举行的专业会议，并承担全部费用。直到2002年，海信还在某些领域与西门子有业务上的往来。在中国市场上，海信在全国各大中城市，都设有自己的营销分公司，产品销售网点遍布全国各地。自1995年以来，几乎在中国各地的家电与电子商场，都可以看到"HiSense"与"SIEMENS"同台竞争。长期以来，海信与西门子（包括博世—西门子）同处以一个商业圈内，大家彼此非常熟悉，对于各自的商号和主要商标不可能不知晓。

上述情况清楚地表明，早就进入中国市场的德国博世—西门子公司、西门子公司，事实上和海信同处于一个商业圈，并且有过业务往来关系，不可能不知道中国电子百强名列前茅的海信集团和其驰名商标。西门子与海信彼此熟悉且有商业业务，却直接抢注海信商标，严重违反诚实信用的原则，为法律不容，为商界不齿，与其所标榜的企业理念相去甚远并使其成为一种公众欺骗。

4. 迫不及待地抢注行径

1992年，海信集团创设了"海信/HiSense"商业标志并在中国提出注册申请，该商标于1993年12月14日获得注册，同年开始正式作为商标和商号使用。1997年6月19日，为了规范"HiSense"商号的使用，集团专门下发了《关于规范使用企业英文名称的通知》，明确规定集团及各子公司的英文名称中字母组合均为"HiSense"，并附有中英文对照表。1999年1月5日，"HiSense/海信"商标被中国国家工商总局商标局正式认定为驰名商标。

然而就在"海信/HiSense"商标被中国国家商标主管机关认定为驰名商标后的第六天，即1999年1月11日，博西公司在德国申请"HiSense"商标注册，指定商品为第7、9、11类，于1999年2月25日获得注册（注册号39901013）。博西公司以此为基础，分别进行了欧盟注册（01230895）和马德里协定/议定书国际注册（注册号717960）。博西公司抢注的"HiSense"商标，与上述海信的驰名商标"HiSense"和英文商号"HiSense"连字母的大小写都完全一样。

这是典型的"完全无差别的复制"。西门子公司采用直接抄袭、复制的拙劣手段抢注他人商标，不仅表明其行为属于典型的恶意抢注，而且属于典型的抄袭、剽窃行为。

5. 抢注商标的本质与目的

博西公司一方面大举进入中国市场，一方面在欧洲抢注中国的驰名商标，其用意在于阻止中国的竞争对手进入欧洲及其他相关区域，转让费定为4000万欧元，已充分表明该公司故意通过商标抢注设置贸易壁垒的真实用意。在 10 月 20 日的谈判中，海信方面非常明确地表示，"HiSense"既是海信的商标，也是海信集团及所属企业的企业名称（是最具显著性的商号），不论谁抢注了海信的商标，也不可能因此而禁止海信使用自己本来的企业名称，这既是法律规定的一项义务（真实地表明其产品来源厂商），也是海信的企业名称权利。如果任凭抢注者滥用该商标，其结果必然导致公众对于"西门子""博世—西门子"与"海信"的混淆，是对消费者的不诚实甚至是公然欺骗，这决不应该是一个标榜以诚信为理念的企业所为。

据商务部门的有关考察资料得知，博世—西门子公司除了在德国商品检测基金会 2000 年第六期商品检测杂志刊载的题为《节约支出耗费时间》的洗碗机检测报告上首次提到"HiSense"字样，以及在德电器批发商 telering 营销有限两合公司网站上依稀看到"HiSense"在洗碗机上的使用情况以外，在专业电器商场，对德国公司生产的冰箱、洗衣机等家用电器逐一了解的结果是，均未发现使用"HiSense"标识。其公司 2003 年年度报告、其他对外公布资料及网站均未将"HiSense"列入其商标之中。在西门子、博世 2004 年洗碗机产品目录中，也没发现带有"HiSense"标识的产品。销售人员认为，该产品可能不属于一般的产品系列，只能直接向厂家订购。

西门子抢注海信商标，一口要价四千万元，但是既不正式作为商标使用，也不作为自己的品牌精心培植、宣传和维护。在双方就商标权属进行谈判的过程中，竟然以所抢注商标在德国科隆起诉，其试图进行商标讹诈的主观恶意非常突出。由此进一步看出，西门子抢注商标的本质和目的就是敲诈。

6. 对外贸易中商标保护的重要性反思

入世后的中国市场已经成为国际市场的重要组成部分，中国企业正在越来越多的场合面临国际竞争对手的打压，知识产权、技术标准、反倾销等已经成为新贸易保护主义的常规手段。随着中国企业国际化发展战略的逐步实施，外国公司采用规避法律的方法，在海外抢注中国知名商标甚至是驰名商标的方式设置贸易壁垒，以制造中国品牌进入该国家和地区市场的障碍，或者借机敲诈。这种新动向不仅企业界值得关注，而且中国知识产权界有关部门也值得关注与研究。海外恶意抢注中国的知名商标，不仅是对中国品牌国际化的障碍，而且是对现代国际市场竞争秩序的严重威胁。

我们首先以理论为切入点，然后根据相对应的法律，采取有效的措施，让这种藐视法律、置信用原则于不顾的行为彻底杜绝。

第四章　市场规制法与市场准入法

第一节　市场规制法概述

一、什么是市场规制

市场规制法就是调整市场规范制度所采取的法律规章制度。详细地讲，国家行使权力，由国家直接对市场进行干预，包括更改市场的构成、加强市场行为的规范性、能够有效维持市场的秩序，实现公平竞争而实行的有关各种经济关系的法律条例的总称。经济法的基本原则是建立在市场规制法的基本原则之上的，所以说市场规制法也是经济法的重要分支。

案例 4-1

1989 年国务院明确规定，政策性的亏损是由国家给补助的，且在款项没有下拨之前，有关部门是不可以对企业提起诉讼的。所以某镇上的供销社认为，他们向银行借的贷款340 万元，是 30 多年以来国家对经济体制不断改革逐渐累积下来的，银行不可以现在向法院提起诉讼。但是法院认为国务院下发的是党政文件，而其发生的案件是民事案件，根据《民法通则》规定，供销社应在六个月内将贷款全部还给银行；供销社不服判决，所以继续提出上诉，但最终结果与之前一致，当事人对法律的正义产生了怀疑。经济法理论过于轻视，司法机关在行使权力时，不会将经济法放在心上，很容易将一个典型的经济案件发展为民事案件。

市场规制法同样是理论性较轻，虽然上述案例仅仅是冲击微观市场，但是在加入 WTO后，理论性较差对于国家、社会以及个人的影响性都是很大的。

（一）市场规制法的概念

市场规制法的形成，是市场经济发展所产生的。"私权至上""契约自由"在自由市场经济时期，成为法的精髓所在。自由的扩张形式使人们被利欲冲昏了头脑，在自私地牺牲别人时在其中获利。制定市场规制法，保持市场经济的秩序，制定市场调节民商法，都是使主体的利益得到充分扩张。市场规制法作为一个现代化法的理论，是建立在市场经济基础之上的，出现在垄断市场成为国家干预市场的情况下。我国所称的国家干预市场，在美国叫作反托拉斯法，英国叫作限制性商业行为法等，在每个国家的叫法都不一样，但是所实施的内容都基本相同，干预的对象也是一样的。市场规制法包括了调整国家的权力，对商业的管制。市场规则法可分为4层意思：

1. 市场规制法是经济部门法

市场规制法是国家进行市场干预所制定的法律。公法和私法区分很简单，国家干预的公法体现了市场、国际和国家的调节，也正是所谓的三元调节机制。市场也是属于经济的范畴，为了有效制止经济权利被随意利用，为了维护市场的秩序而制定。国家对限制性商业的行为与其他的法规的调整在方向上有很大的差别。

2. 经济分析法学是市场规制法的理论工具

市场规制法不仅要有个前瞻性的基础，是有关经济分析的，不能偏离主题，而且执法也要在这个前提之下进行，司法也是如此。

3. 契约自由制度是市场规制法的制度基础

虽说商业惯例能够将市场经济的价值最大化地实现，但是对于不正当的商业惯例，还是需要国家进行干涉解决。契约自由制度没有实现的经济是不能够被称为市场经济的。计划经济时期的经济管制思想，是不能直接转移到市场规制中的，也不能将契约自由不合时宜地使用，更不能肆意抵消市场规章制度。

4. "限制性商业惯例"是市场规制法调整的主要内容

使用限制性商业惯例管制，是救济市场失去控制，达到市场干预的主要目的。在市场交易中，恶意阻止或者是妨碍他人参加竞争，都是限制性商业惯例的行为。由于契约自由，有些商业惯例是受法律保护的，商业惯例能够促使交易完成。但是部分商业惯例已经不合法，所以随着市场经济的发展，将逐渐被限制。

（二）市场规制法的特征

市场规制法是属于经济部门的法，也是经济过于发达的体现。它的产生是契约自由制度和民法较好的体现。市场规制法是无法代替契约自由的，只能是采用补救的方式进行，用此办法来维护市场正常的秩序。市场规制法的特点有以下几点：

（1）其中最突出的特征就是，对限制性商业惯例的管制以及规范。除此之外的其他行为，即使发生在市场运行中，也不是市场规制法所管制的范围，当然，非法经济行为也是不在范围内的，更何况也不属于市场范畴。国家对其管制是为了避免主体经济被肆意使用，维护正常的市场秩序，让所有的交易行为正常进行。市场规制法和宏观调控法的调整对象是有差别的，经济促进中的法的调整对象同样也有区别，而且它们的区别，完全是本质上的。

（2）市场规制法的调整方式具有准司法的性质。市场规制法实行的手段比较强硬，在实行的过程中，国家有一定的威力，而且对象选取也有一定的局限性。无论启发性还是自律性，市场规制法的特征都是非常明显的。

（3）在市场、国家和国际的调节下，市场规制法无论在理论上还是法治构架上都有了比较成熟的发展，权威性强、精炼的队伍形式、广阔的机构是形成的执法司法在法治构架中的体现；完备的经济部门法，在理论上得到完好的体现。

（4）国家对市场的干预是市场规制法的显著特征。国家管理经济职能也有自身的特点，市场规制法也有不平等的一面，所调整的法律关系是命令与服从的关系，而不是权利与义务的关系，有时还包括管制和被管制的关系。虽然在调整的过程中，市场行为、市场契约会被破坏，但是市场秩序没有被破坏，关乎到了大局利益。

二、市场规制法的基本要素

（一）规制对象

1.市场主体及行为

市场主体不可能是所有的人，进入市场主体是要有一定要求的，是受到社会、经济等原因限制的。市场主体是经过严格监督和确认的，在宏观意义上分为一般资格和特殊资格。所谓一般资格又叫必备资格，是一般民事主体能够进入市场必须具有的资格。所谓特殊资格是从事各种交易的资格，包括进行特定项目、地域和场所的竞争。具备特殊资格就一定有一般资格做基础，但是具有一般资格的不一定有特殊功能，一般资格就是基础。市场规制法所要规制的重点对象是企业。市场规制法也有一定的价值，体现在引导市场需要的主体在固定的时候接受企业的形态，包括企业内部所实行的政策，与此同时杜绝违法行为，让企业明确什么做法是法律不允许的，什么做法是可以做的。

2.市场客体

市场客体是构成市场的物质基础，所谓市场客体就是生产要素和产品。生产要素和产品统称为市场配置资源。资本、劳动力和信息等都属于生产要素的范畴；物质产品和知识产权属于产品的范畴。市场客体是社会公共利益的载体，在日常行为活动中，争夺市场客体成为各种冲突的导火索。所以能够将市场客体进行合理的配置，将市场主体的利益适当平衡，有效维持交易行为，都是市场规制法应尽到的义务。

3.市场载体

市场载体是供市场主体进行交易的场所。它具有十分重要的作用，能够使商品流通更加方便快捷。一种手段决定着市场主体运营的情况，是决定流通水平高低的主要因素。规制市场载体是必不可少的步骤，主要有如下方面：一是场内交易的管理。不仅交易场所的经营范围、交易方式和程序要受到限制，二期一些特定项目的交易只能在规定的交易场所中进行，不允许场外进行交易，不能投机取巧。二是交易场的布局。主要就是利用国家产业、环境等，事先想好商业网点如何布局，并据此来控制商业网点的规模、数量、业务范围和区域结构。三是交易场是如何构成的。要求交易场必须有技术、组织并达到其应该有的水平。据此来判断交易场所的类型，并且清楚地知道其等级。

（二）规制主体

规制主体的意义是依据法律法规，有一定的经济职权，对市场活动进行管理的社会实体。规制体制主要由两方面构成，包括行政性和非行政性规制主体。行政性规制主体指工商行政管理、质量技术监督、资格认证、卫生、检疫等部门。非行政性规制主体主要有行业协会、商会、消费者协会等社团和会计师、资产评估、律师事务所等经济鉴定机构。全方位立体地对市场进行管理。

要完成这项工程，就需要以上部门进行合理分工、大家共同协作、共同进步。使自己的职责最大化地被利用，完成宪法和法律规定的任务。

（三）规制手段

结构规制与行为规制。前者主要是控制者市场的结构，防止市场支配过于集中，以免失去平衡的规制。

联合规制与单独规制。前者重点在于不同的规制主体间可以进行相互合作与协调，后者主要指经过特别定制的规制主体完全不与其他人合作，自己单独实施规制。由于规制对象特别复杂，改变极小的部分就会影响整个大局，因此同一个规制对象有很多主体，它们不仅对各自的区域起作用，二期也有交叉重叠的部分。

普通规制与特殊规制。前者是在发生一般情况时所采取的措施，后者是在发生特殊情况时所采取的措施。一般情况下，主要使用普通规则，特殊规则起辅助作用。

积极向上的规制与极其消极的规制。积极向上的规制通过制定实施交易和竞争中具体的运用规则，从正面引导市场主体合法经营；消极的规制是通过制定实施交易和竞争中禁止使用的规则，从反面发现市场主体任何不恰当的行为并及时制止和改正其错误。

三、市场规制法的体系构成

（一）市场规制相关法

（1）合同法；

（2）知识产权法；

（3）企业法；

（4）侵权行为法等。

市场规制法并不是特立独行的，一部分与相关法律重叠，在设计市场规制法体系的结构时，学界看法不一。

（二）市场规制一般法

（1）反垄断法；

（2）市场准入法，如企业登记法等；

（3）合同规制法；

（4）反不正当竞争法；

（5）消费者权益保护法；

（6）质量规制法，如产品质量法、标准化法等；

（7）中介服务规制法，如广告法、拍卖法等；

（8）价格规制法，如价格法、反暴利法等。

（三）市场规制特别法

（1）劳动力市场监管法；

（2）房地产市场监管法；

（3）金融市场监管法；

（4）电信市场监管法等。

四、市场规制法的原则

（一）规制公平原则

在制定、实施市场规制法规范时应该以公平为基本准则，通过矫正合同法、商法的公平价值观念，均衡实现形式、实质、机会与结果公平。

（二）规制法定原则

市场之间要依法竞争。规制市场竞争行为的主体、权利和程序等。如果不在法律范围内，任何组织或个人不能干预市场竞争。

（三）规制绩效原则

最大化地规定规制主体、权利、行为方式和行为程序的市场规制法规范和在制定前进行预期效果的设想、在制定后达到预期的绩效。

（四）规制适度原则

规制适度主要有适应市场的"法度"、追求经济和社会共同发展的"绩效之度"、均衡达成形式与实质公平和机会与结果公平的"公平之度"。在法律范围内制定和实施市场规制法，以保证绩效的最大化和公平化。这是制约规制、节制规制权利受限的一种手段。

（五）国家干预适度原则

国家干预适度原则，就是指国家进行经济干预方法要适当，不能超过一个度量，要从社会公益的角度掌握恰当的尺度。适度原则中的适度如何来形容呢？它是十分抽象的，并不是十分死板的可上下调节的一个度量。国家干预适度原则，重点就是国家干预，而干预适度则是经济长期发展的必胜法宝。发展市场经济中，世界各国尤其是发达国家十分重视国家干预。因为各国的基本国情、发展情况、所处时代和环境的不同干预的出发点也不同，但最终目的都是通过对国家的适度干预来调节市场机制。

（六）社会公益原则

社会公益原则是指国家可以干预市场经济生活，但要以社会公益为出发点。换句话说，在社会公益的基础上，国家可以干预市场，调整市场结构，使市场行为更加规范化；维持市场秩序，使竞争更加公平。社会公众的利益是至高无上的，一切行为、价值判断都应该把社会公众利益放在第一位，同时应当贯穿整个市场法律的编制过程。任何行为都不能违反法律。以社会整体效益为重，并不断取得效益一直都是市场规制法的目标。

（七）保护公平竞争原则

保护公平竞争原则是指国家要创造一个公平竞争的环境，使大家在与外部环境进行竞争时没有后顾之忧，能积极地参与到市场经济中。保护公平竞争原则不是毫无根据设立的，是在市场规制法发生危难时，弥补市场的不足、使民法调整市场经济关系不再局限的过程中确立的。随着现代经济越来越繁荣，保护公平竞争原则也有了新的发展。市场竞争理论和实践越来越完善，保护公平竞争不是要完全没有垄断现象发生，而是要将它的发生控制在一个大家能接受的范围内。

五、市场规制法的价值与宗旨

公平价值：指市场规制法能否增进社会公平，或者增进的程度有多大。它的特殊性就在于侧重实质和结果公平。

效率价值：指市场规制法不但可以提高资源配置效率，而且可以促进技术进步。

秩序价值：指市场规制法可以恢复、维护和增进市场秩序。

（一）市场规制法的价值表现

市场规制法是国家对市场进行管理的法律依据，具有联系市场经济各种要素的作用。表现为：建立公平的竞争规则；维护交易秩序；对市场主体筛选、淘汰；通过不允许竞争、限制或承认，为自由进行市场竞争创造条件；通过辨别哪些是正当竞争和不正当竞争，让大家了解不正当竞争的表现形式，制止不正当竞争行为，维护市场竞争秩序，保护各个商家的合法权益；通过让消费者更好地实现其权利，保证消费者的权益不受损害，而良好的自由、公平的市场竞争秩序是最恰当的方法。为了更好地保护消费者，形成有效保护消费者的结构，使消费者更加放心。规范政府行为，依法管理市场。

（二）法治经济的必然要求

现代市场经济推崇法律，运用法律实现经济运行的宏观调控和微观调节，市场方面也必须依法制定管理措施，同时，要求与整个社会生活的法治化相契合。只有这样才能使市场规则更加完美，才能更好地维护市场秩序同时也更加规范化，保障市场能更好地运行，促进经济和社会朝着大家期待的美好方向发展。市场规制属于市场经济，是市场经济的外在补充手段，所以必须依靠法律。市场规制只有严格遵守法律，给予个体自由，给予充分尊重，认真规约自我，才能与市场经济科学恰当的要求相符合。

（三）市场规制法的宗旨

（1）初级宗旨：通过对不恰当和垄断行为的制约，市场规制关系不断调整，公平的竞争社会环境，市场加快配置资源，经营者和消费者的合法权利得到保护。

（2）终极宗旨：解决个体盈利和公共社会利益的矛盾。不要害怕市场失灵，要有战胜它的决心，促进经济持续稳定增长，实现经济和社会一起进步、互帮互助和协调发展。

六、市场规制法与相关法律的关系

（一）市场规制法与宏观调控法

市场规制与宏观调控是一种法律法规，可以使政府经济行为更加规范，其产生具有同源性，在调整对象上具有同质性，在价值目标上具有一致性。但两者还是存在不同的：一是市场规制法的可调节性比宏观调控法强很多；二是市场规制法主要在微观领域发挥作用，宏观调控法主要在宏观领域发挥作用；三是市场规制法重点约束市场主体，宏观调控法重点约束政府；四是市场规制法主要运用义务性规范和禁止性规范，宏观调控法侧重运用授权性规范等。

（二）市场规制法与民商法

市场规制与民商都是一种法律，可以规范市场行为。但二者是有区别的，前者是用经济法维护整体平衡和自由公正的社会经济秩序，后者是用民商法规范市场主体自由竞争和交易。民商法以私法为主，坚持"个人本位"；市场规制以公法为主，坚持"社会本位"；民商法确认市场机制，是一种正当的行为；市场规制法想办法拯救"市场失灵"，可以限制不正当的行为；民商法的授权性、任意性规范比市场规制法多；市场规制法的义务性、强行性规范比民商法多。

（三）市场规制法与行政法

其不同点是：一是侧重点不同。行政法侧重于行政主体和行为规范，市场规制法侧重于行政相对人和市场行为规范。二是调整范围不同。市场规制法不仅调整市场规制关系，而且调整市场关系、行政规制关系、非行政公共规制关系。而行政法只调整行政规制关系。三是法律属性不同。市场规制法是公法为主、私法与公法相混合，而行政法是公法。四是目的不同。市场规制法主要管理市场秩序和社会公益，而行政法主要管理行政秩序和国家利益。

第二节　反不正当竞争法

一、不正当竞争法的概念

近年来，我国市场经济飞速发展，市场体系越来越完善，市场竞争更加激烈，一些新的不正当竞争行为逐渐暴露出来。相比较而言，《反不正当竞争法》规定的行为、执法手段和法律责任不太适应现实的社会经济生活，通过实施暴露出一些问题，如不可操作性、查验处罚力度还不够大，从而正常的市场经济秩序被打乱。正当的竞争有利于社会主义市场经济朝着人们所期待的健康方向发展，实现资源优化配置，然而市场经济自身存在的弊端又为不正当竞争的产生和发展提供了温床。不正当竞争严重扰乱经济秩序，冲击社会公德，因此，为了维护社会主义市场经济秩序，鼓励和保护大家进行公平竞争，保障广大消费者的合法权益，使消费者放心买卖，规范竞争行为、禁止不良竞争是十分有必要的。随着我国市场经济的发展，新形势下出现了一些新情况和新问题，如互联网公司在抢夺网络资源时所发生的不良竞争。这些不良竞争行为严重扰乱了社会主义经济秩序，严重危害广大消费者和经营者的合法权益，冲击社会公德。面对愈演愈烈的形势，来自法律的监管效力却日趋薄弱。

我国第一部《反不正当竞争法》自 1993 年 12 月 1 日起施行。如今已不能较好地适应市场经济的发展变化，且对一些不正当竞争行为不能进行有效认定和合理解决。因此，加强对该行为的深入研究并配合法律制度的完善，已势在必行。加强对不正当竞争行为的研究，有利于鉴定什么样的行为属于不正当行为；有利于为日后相关法律制度的完善提供重要参考，更好地满足社会大力发展进步；加强对不正当竞争行为的研究十分必要，它能够使市场竞争秩序更加公平合理，保证社会利益。

不正当竞争行为是指经营者采取违反公平、诚实信用等大家一致认可的商业道德的手段，进行违规操作，损害其他经营者的合法权益，进而扰乱社会经济秩序，这是一种十分可耻的行为，应该被社会所摒弃。

二、不正当竞争行为分类

（一）仿冒行为

反不正当竞争法的仿冒行为，是指经营者使用与他人商业标识相同或近似的商业标识，致使与他人的商品（包括服务）或者营业活动产生混淆，减损他人商业标识的市场价值的行为。

《反不正当竞争法》第五条规定仿冒行为具体包括：假冒他人的注册商标；擅自使用知名商品特有的名称、包装、装潢，或者使用与知名商品近似的名称、包装、装潢，造成和他人的知名商品相混淆，使购买者误认为是该知名商品；擅自使用他人的企业名称或者姓名，引人误认为是他人的商品；在商品上伪造或者冒用认证标志、名优标志等质量标志，伪造产地，对商品质量做引人误解的虚假表示。其中第二项知名商品特有的名称、包装、装潢是实践问题较多，并且也是不正当竞争法调整保护的重点。因此，在《不正当竞争若干解释》十九条规定中，第一、二、三、四、五、七条对构成仿冒知名商品特有的名称、包装、装潢的不正当竞争行为："知名商品"的认定，"特有的名称、包装、装潢"含义，"造成和他人知名商品相混淆"的判断等核心要素，参照商标的相关规定进行了具体解释。认定商品是否属于"知名商品"一直是司法中较难把握的问题，本次解释既概括定义了"知名商品"的含义，又规定了人民法院认定知名商品的具体方法和标准。其中，否定了实践中采用"反推原则"直接认定"知名商品"的做法，即不能仅依商品名称、包装、装潢被他人擅自相同或近似使用，足以导致购买者误认，就直接反推认定为知名商品，从规定原告对商品知名程度的举证范围看，知名商品应从个案角度进行综合判断；明确了知名商品知名度具有地域性，不要求在全国范围知名。在后使用者不同地域范围内善意或恶意使用的法律后果不同，为平衡在先知名商品使用者和在后善意使用者的利益，可以要求在后善意使用者附加区别性标识；界定"特有"是指区别商品来源的显著特征，具有显著性和区别性是认定"特有"的关键。此次，《不正当竞争若干解释》排除了通用称号、仅直接表示基本特征的名称、自身或实质形状等缺乏显著特征的名称、包装、装潢具有特有性，但与《商标法》对应，仍有限肯定了部分通用标识经使用取得区别特定商品的"第二含义"，可以认定其具有特有性给予保护，并承认他人在一定条件下使用此类标识的正当性而作为限制；扩大"装潢"含义，服务性经营的整体营业形象可以认定为"装潢"。从狭义字面理解，商品装潢通常仅指具有识别或美化等功能作用的商品外在装饰，但从《反不正当竞争法》立法本意看，服务性经营中，独特风格的整体营业形象只要具有区别服务来源的显著特征的商业标识作用，也应纳入"装潢"的范畴予以保护；明确"足以使相关公众对商品的来源产生误认"既包括实际的混淆，也包括可能的混淆，商品来源的误认是指经营者许可使用、关联企业关系等特定联系的误认；规定在相同商品上使用相同的商品名称、包装、装潢，"应当视为"足以造成和他人知名商品相混淆，但未涉及跨种类商品使用的认定情况；立足于国内企业名称的登记管理实际和国际条约中关于厂商名称保护的需要，将企业名称在狭义解释的基础上界定为"企业等级主管机关依法登记注册的企业名称，以及在中国境内进行商业使用的外国（地区）企业名称"，同时把保护范围有限扩大到具有一定市场知名度、为相关公众所知悉的字号或笔名和艺名；列举属仿冒行为的"使用"情形，尤其是将"用于商品交易文书，或者用于广告宣传、展览"认定为非法使用的范围内，对于解决愈发突出的会展中涉及的知识产权和不正当竞争保护问题具有积极意义。

（二）虚假宣传行为

虚假宣传行为是指利用广告或其他途径，以虚构或歪曲事实等误导性方式，对商品做出与实际情况不符的宣传。《反不正当竞争法》第九条第一款"经营者不得利用广告或者其他方法，对商品的质量、制作成分、性能、用途、生产者、有效期限、产地等做引人误解的虚假宣传"是关于禁止经营者不正当竞争行为中虚假宣传行为的规定。《不正当竞争若干解释》第八条规定了引人误解的虚假宣传行为具体包括：对商品片面宣传或对比，将未定论事实作为定论事实或以歧义性语言进行宣传等足以造成相关公众误解的行为。从司法解释的规定看，"引人误解"和"虚假宣传"是认定此类不正当竞争行为的关键要件。要强调的是，根据立法本义对"虚假宣传"的理解应侧重于宣传中表述事实与实际事实状态的不一致，就事实认知程度而言，除确定为真伪外，尚有真伪待定的情况，因此，对虚假宣传行为的认定不能限于"虚假"的字面含义，仅对事实真伪进行判断，否则将导致法律保护范围的缩小。

（三）侵犯商业秘密行为

《反不正当竞争法》第十条规定，经营者不得采用下列手段侵犯商业秘密：以盗窃、利诱、胁迫或者其他不正当手段获取权利人的商业秘密；披露、使用或者允许他人使用以前项手段获取的权利人的商业秘密；违反约定或者违反权利人有关保守商业秘密的要求，披露、使用或者允许他人使用其所掌握的商业秘密。第三人明知或者应知前款所列违法行为，获取、使用或者披露他人的商业秘密，视为侵犯商业秘密。本条所称的商业秘密，是指不为公众所知悉、能为权利人带来经济利益、具有实用性并经权利人采取保密措施的技术信息和经营信息。

（四）商业诋毁行为

根据《反不正当竞争法》第十四条规定，商业诋毁行为是指经营者捏造、散布虚伪事实，损害竞争对手的商业信誉、商品声誉的行为。此次，《不正当竞争若干解释》对商业诋毁行为的人民法院的管辖和损害赔偿额的确定办法做出具体规定。

✚ 案例 4-2

2010 年，腾讯公司推出了新版"QQ 医生"软件并随后升级为 QQ 电脑管家，以酷似 360 杀毒软件的功能与 360 公司抢夺安全软件的市场份额。对此，360 公司先后发布软件"隐私保护器"和"360 扣扣保镖"，对腾讯 QQ 聊天软件进行抵制。10 月 14 日，腾讯公司以奇虎 360 不正当竞争为由，将其诉至法院，要求赔偿其损失和公开化的道歉，同时 360 公司停止侵权的行为。在 11 月 3 日晚，腾讯公司对外致公开信，QQ 软件将不能在安装 360 安全软件的电脑上运行，即所谓的"二选一"。而到了晚上 9 点又宣布可以同时使用，此后不久将扣扣保镖软件悄悄地从官网下线。公安部和国家工信部开始展开调查，在一系列探讨和问询后，下达了行政命令，要求双方放弃纷争，封锁并不得散布此事的新闻和讯息。

对此案的审理分两个阶段。2010 年 4 月 26 日，北京市朝阳区法院进行了一审宣判。法院认定北京奇虎科技有限公司等三个被告不正当竞争，判令其停止发行使用涉案的"360 隐私保护器"V1.0Beta 版软件，连续 30 日公开消除因侵权行为对原告造成的不利影响，并且赔偿损失 40 万元。因不满一审判决，360 公司向北京市第二中级人民法院提起了上诉。2011 年 9 月 29 日，北京市第二中级人民法院经过审理后认为，本案一审判决认定事实清楚，使用法律正确，审判程序合法。360 对 QQ 软件涉嫌"偷窥用户隐私"的描述缺乏法律依据，依法予以驳回，并维持原审判决。自此"3Q"大战告一段落。

【分析】

本案中，腾讯公司与 360 在竞争中有明显的商业诋毁行为和附加不合理条件变相限制交易行为。360 公司推出的隐私保护器称"某聊天软件"在未经用户许可的情况下可能偷窥用户个人隐私文件和数据，针对性较强地对 QQ 软件进行攻击，是明显的商业诋毁行为。接着推出的扣扣保镖，通过与腾讯 QQ 的谐音，破坏 QQ 软件的公认安全性，以达到排挤并独占市场的目的。与此相对，腾讯公司通过要求其所有用户对 QQ 软件和 360 安全软件进行"二选一"，与 360 公司展开竞争。据统计，腾讯公司自宣布此项措施后，360 安全软件的卸载量高达 2 000 万，给 360 公司造成巨大损失。腾讯公司的行为属于明显的附加不合理条件和变相限制交易的行为。

据我国《反不正当竞争法》第六条规定："公用企业或者其他依法具有独占地位的经营者，不得限定他人购买其指定的经营者的商品，以排挤其他经营者的公平竞争。"本案中腾讯公司和 360 公司通过利用其市场支配地位，实施直接和变相限制交易，都明显构成了不正当竞争。通过分析腾讯公司与 360 公司的不正当竞争行为并结合我国的《反不正当竞争法》，可以看出，法律中只对经营者的商业诋毁和变相交易行为进行了明确的规制，并明确阐明了违反者所应承担的法律责任，却对商业活动的重要参与者消费者只字未提。不正当竞争行为不仅会直接侵害作为竞争对手的经营者，还会对消费者造成二次侵害，因此，应该加强对消费者权益保护的重视程度，并在立法中予以体现。

综上，《反不正当竞争法》对知识产权的保护有两方面：一方面，为了防止当事人只注册不使用以达到垄断的目的，当事人在行使知识产权权利时，必须服从反不正当竞争法如商标法、专利法等确立的总原则。另一方面，在知识产权领域发生的侵权行为仅靠知识产权法中专利法、商标法、版权法等专门法的保护是远远不够的，还有一些不在知识产权法保护范围，或与知识产权专门法调整原则不符，不便调整的。

三、针对当前存在的问题提出完善对策

（1）在《反不正当竞争法》的执法主体及适用主体中，通常将经营者规定为侵权人。不

正当竞争行为的制造者除了经营者之外还可以为：利益相关人、经营者的雇员以及政府所属部门。以上不正当行为的制造者，都应该受到《反不正当竞争法》的管制。目前，我国反不正当竞争法的执法效果很不乐观，因为其主要的执法机构是我国工商行政管理部门。但我国工商行政管理部门的执法能力极为有限，而较高的行政执法权力是作为反不正当竞争执法机构的必要条件，因此为了提高我国工商行政管理部门的执法效果和执法能力，应该赋予其一定的权利。

（2）当前的经济环境比较复杂，人们必须界定好不正当竞争行为的范围。为了使不正当行为的概括更为合理，更加适用当前的经济环境，我们不妨重新界定不正当行为。《反不正当竞争法》第二条第二款对不正当竞争行为做出了如下表述，即："本法所称的不正当竞争，是指经营者违反本法规定，损害其他经营者的合法权益，扰乱社会经济秩序的行为。"然而对于这项规定的认识有较大争议，有观点认为该项条款过于法定主义，对不正当行为的界定实行很模式化。建议可以增设一些新的条款适应现实生活中存在的较为复杂和难以预料的不正当竞争行为，同时可以设置一个兜底条款。

（3）在对违规经营者的处理中，反不正当竞争法多为对经营者行政责任的处罚。应加大行政执法的实施力度。可以用民事责任与行政责任并存的方式对违规经营者进行罚款处理。根据所规定的责任体系逐步完善法律责任制度，应该高度重视法律责任，加强对违规者民事责任的处罚，让其在无利可图的情况下还要付出违规应有的代价。采取以行政处罚为主，民事救济为辅的原则。除行政处罚和民事处罚外，也应加大对违规者的刑事处罚。可以借鉴外国先进的立法与司法制度的经验，完善我国的刑事责任制度，对垄断行为以及情节严重的不正当竞争行为通过刑事责任在竞争法中的设立予以严惩，最大效用地发挥刑事责任制度的威力。只有这样从民事责任、行政责任、刑事责任三大层面科学合理地构建我国的责任制度，才能切实保护好正当竞争行为。应该针对我国《反不正当竞争法》中存在的突出问题进行完善，提出有效科学合理的应对措施。及时制止并严惩不正当竞争行为，并鼓励公平竞争行为，只有这样，才能形成一个持续、稳定、健康发展的社会主义经济市场，使广大合法经营者和及消费者的合法权益得到保障。

第三节　反垄断法

一、反垄断法的概念

反垄断法就是保护竞争和反对垄断的法律制度。"垄断"一词在经济学的含义是"独占"。反垄断法中的垄断除了包括一个企业在一个市场或者一个经济部门占百分之百的份额的现象，还包括各种限制竞争行为，因为企业的限制竞争行为可以导致市场垄断，所以比经济学意义上的垄断范围要宽。

（一）反垄断法和反不正当竞争法的关系

有很多经营者违反市场交易中诚实信用原则和公认的商业道德，为了赢得竞争通过虚假广告假冒商标、商业贿赂、窃取商业机密等不正当的竞争手段达到目的。为了打击这种行为，我国在1993年9月颁布了《反不正当竞争法》，目的在于保护公平竞争维护市场秩序，保护消费者的利益，维护受不正当竞争行为损害的善意经营者的利益，体现其保护公平竞争的价值理念。反垄断法则主要是打击经营者的垄断行为，打击其私下商定商品价格限制销售数量或者分割销售市场的行为。主要是从维护市场的竞争性出发，其目的在于保证消费者在市场上有足够多的选择商品或服务的权利，保证市场上有足够多的竞争者。因此，反垄断法与反不正当竞争法的区别在于反垄断法是保护自由竞争为目的的价值理念，保护消费者有选择的权利，保护企业有自由参与市场竞争的权利。两种制度，一种是保护公平竞争，另一种则是保护自由竞争。反不正当竞争法和反垄断法都是市场经济中不可缺少的法律制度。二者相辅相成，维护了经济市场的和平与发展。由于二者功能和责任不同，反不正当竞争法主要制止不正当竞争行为，更多的是关注企业的市场竞争行为，而反垄断法主要是为了反对垄断，遏制扭曲竞争的行为。因此，很多国家一般采用普通法院作为反不正当竞争法的执法机构，反垄断法的任务在美国由司法部反托拉斯局和联邦贸易委员会、德国联邦卡特尔局等国家建立的专门机构承担。有很多学者认为反垄断法是公法，反不正当竞争法是私法。

（二）反垄断法与竞争法的关系

竞争法的范畴很广，之前所说的反不正当竞争法和反垄断法都是，狭义上面的竞争法是反垄断法，广义上面的竞争法是"竞争法"。竞争法是为了使市场竞争更加有秩序而制定的法律。反垄断法非常有权威性，德国的经济宪法就是反垄断法，美国的自由企业大宪法也是反垄断法。如今，国际研讨会也有关于竞争政策和竞争法的，在欧美设立了竞争法论坛，可见竞争法是多么的重要。这里所说的竞争法都是指反垄断法。市场经济本质在反垄断法中主要作用是，能够决定其在市场经济国家的地位。受经济制度的影响，生产商要想得到发展，就要将产品带到市场，能够虚心听消费者的评价，好的评价就虚心接受，提出的问题要积极改正。

随着改革开放的深入，中国已经成为社会市场经济体制的国家。竞争使人们获利，顾客就是上帝，竞争最大的受益人就是消费者。在20世纪90年代，一部手机需要几万元，可是如今几百元就可以拥有一部属于自己的手机。因为竞争的激烈，商家为了加大自身的宣传能力，被迫降价，让越来越多的人了解他们的品牌，产品的质量不断提高，样式越来越齐全，不断地激发消费者的购买欲望。但是，在实施的过程中人们发现，公平竞争不在市场经济本身之内，也就是说，市场经济本身没有这个能力。为了逃避风险和减少竞争压力，处于竞争中的企业会想方设法地谋取垄断地位。现阶段我国的市场经济不是很成熟，企业联合限价、限产、分割销售市场等限制竞争的现象比较突出。在这种市场机制尚不完全的条件下，有些企业甚至已经通过企业联合发展到少数企业控制垄断市场的局面。但是，我国尚未完全改变政企不分的状况。我国亟须建立一套体系完整的反垄断法律制度为企业创造公平的竞争环境，使全国的市场进一步扩大开放形成竞争和统一的局面，使我国社会主义市场经济能够自然有序地向前发展。

（三）反垄断法与民商法的关系

制定反垄断法会不会影响合同自由原则和保护所有权制度？我们认为，合同自由原则和保护所有权制度确实很重要，是市场经济制度的两项基本原则，但它们不是绝对的。例如，当某个行业的服务者只有一家企业时，这家企业就会对行业进行垄断，制定出种种霸王条款，人们还不得不服从遵守，那么这时合同的自由就成了垄断者的自由。因此，在市场经济体制中保障消费者的选择权，倡导合同自由和倡导反垄断是相辅相成的，促使形成良好的竞争市场环境。市场经济对所有权的保护也不是一成不变的。在美国历史上的垄断企业，有很多都曾遭遇过美国政府的打击，如美国的电信巨头 AT&T，1982 年，美国政府对 AT&T 进行判决，强迫它向同行竞争者开放电信网络，表现了对私人所有权的制约，打击垄断所有权。因此，合同自由、保护所有权和竞争自由构成了市场经济制度的三大基本原则，缺一不可，互相制约，相辅相成。竞争法体现了市场经济的根本属性、本质和内涵。

二、反垄断行为的内容

（一）禁止垄断协议

亚当·斯密是新古典经济学派的奠基人，他的著作《国民财富之性质》里面有这样的一种行为："同行业的人基本不会聚在一起消遣和娱乐。他们很少聚在一起，即便他们聚在一起，他们谈论的也是商业话题，研究如何应对消费者。最终的结论也大多为对商品进行加价。"卡特尔行为对市场竞争的损害非常大。因为其串通招投标的活动，对商品进行固定价格限制数量，分割销售市场等，极大地限制了市场的自由发展。一般这类型的垄断协议被各国反垄断法称为"核心卡特尔"。不管当事人出于什么目的，或者是什么情况下订立的卡特尔都被视为违法，适用"本身违法原则"。在美国发生过很多这样的案例，1995 年 3 月，美国苏斯比拍卖行和英国克里斯蒂拍卖行私下商定拍卖品的佣金价格。因为他们的这种行为违反了反托拉斯法，所以被美国司法公司指控。于是在 2001 年 9 月两个拍卖行被迫同意向受害人进行民事赔偿，受害人将得到来自两个拍卖行各自支付的 2.56 亿美元的赔偿金。

此外，由于与美国政府合作的态度欠佳，苏斯比拍卖行的董事长被判处一年零一天的监禁，而后因认罪态度良好，特减刑为五十四天并支付刑事罚金共计两亿两千五百万美元。《提高和改革反托拉斯刑事制裁法》于 2004 年在美国颁布。其中，对自然人的最高罚金从三十五万美元提高到一千万美元，还将自然人的刑事监禁最高期限从三年提高到十年；对公司的最高罚金从过去的一千万美元提高到一亿美元。这一举措完全是为了严厉打击"核心卡特尔"。为了协调产品的规格、型号或者为实现生产合理化、专业化，竞争者之间也常常订立限制竞争的协议，而不是单一为了价格、产量、市场划分等。这些类型的协议之所以被认为是合法的，适用"合理原则"，是因为协议有利于推动企业间的价格竞争、质量竞争，并有利于提高中小企业的竞争力。

（二）控制企业合并

受市场经济的影响，时常会发生企业并购的现象。为经济发展带来优势的并购占据相当大的一部分。企业规模越小，企业合并就越有必要。企业合并的优势有：① 有利于促进企业间的人力、物力、财力以及技术方面的合作；② 有利于提高企业的规模经济和市场竞争力。当然，企业合并如果规模过大，就会导致市场独占和垄断的情况发生。这样一来，企业的规模优势将与社会公共利益不协调。例如，企业规模特别大，在原材料的采购市场上占据了重要的支配地位，它势必会利用自己的市场势力降低这种原材料的价格。企业虽然降低了生产成本，但是以提高卖方负担为代价的降低成本，是一种不公平的剥夺。因此，反垄断法需要控制企业的合并，不仅为了使企业能够感受到市场竞争的压力，更是为了消费者有选择产品或者服务的机会。随着经济全球化的发展，近些年，大部分反垄断国际大案都与企业并购有关。例如，1997 年，欧共体委员会极力阻止美国麦道公司和美国波音公司的合并；2001年，欧共体委员会成功地阻止了美国霍尼韦尔公司和美国通用电气公司的合并。

这些案件说明，反垄断法不仅对管制本国市场上的企业合并有效，还对发生在国外市场对本国市场竞争具有不利影响的企业合并行使管辖权。

（三）禁止滥用市场支配地位

市场支配地位的企业可以不受竞争的制约，也不必考虑竞争者或交易对手。他们可以自由定价或自由地做出其他经营决策。市场支配地位反映了企业与市场竞争的关系。因为市场支配地位的产生一般情况下并不违法，所以，反垄断法一般只禁止滥用市场支配地位，而不禁止市场支配地位的本身。例如，向社会提供电力、电信、铁路、邮政、自来水等各种服务的公用事业企业，都是通过政府授权的，这些企业基本都占有市场支配地位。

近年来，微软公司案成了举世瞩目的案件。2004 年 3 月，欧盟委员会通过五年多的调查取证，在一个通告中认定微软公司违反了欧共体条约第八十二条。微软被处以四亿九千七百万欧元的罚款作为惩罚性措施。欧盟委员会针对微软公司阻止竞争产品与其"视窗"相兼容的这一违法行为，做出了让微软公司与其竞争者"共享秘密编程资料"的决定。并且必须向个人电脑生产商提供没有捆绑媒体播放软件的"视窗"版本。微软案件说明，占市场支配地位的企业即便原则上可与其他企业一样参与经济交往，也不可以凭借其市场支配地位限制竞争。否则，那就是滥用交易自由、合同自由的原则，应当禁止。

（四）反对行政垄断

由政府及其所属机构借用行政权力限制竞争的行为称作行政垄断。行政垄断不属于政府为了维护社会经济秩序而进行的正常经济管理；行政垄断更不属于政府为了实现对国民经济的宏观调控而采取的产业政策、财政政策等经济和社会政策。因此，根据国家的法律和政策才能认定政府及其所属部门的行为是否构成滥用权力。那么，怎样判定是否构成滥用行政权力限制竞争呢？首先要看国家的法律或政策是否明确规定禁止政府及其所属部门从事某种限制竞争行为。如果法律或政策明确规定是禁止的，而政府或其所属机构又违背规定采取了这种行为，这就属于滥用行政权力限制竞争。维护市场自由和公平竞争的秩序是反垄断法的任务。判定政府及其所属部门是否滥用行政权力限制竞争，其次要看政府的一项行政行为是否有明显导致对市场参与者的不公平待遇，是否有对某些企业、某些行业或者某些地区的歧视。

+ **案例 4-3**

康师傅方便面陷入垄断口水战

根据 AC 尼尔森调研数据显示，在 2009 年 12 月，康师傅方便面销售量市场占有率为 41.7%；销售额的市场占有率为 54.6%。康师傅负责人认为他们没有垄断市场，也不存在利用旗下"福满多"品牌搞低价竞争。康师傅的市场地位和市场份额是多年来苦心经营的成果。白象方便面指责康师傅旗下"福满多"品牌低价倾销，针对这方面，康师傅负责人表示，"福满多"作为康师傅旗下的低端品牌，生产 1 元到 1.5 元的方便面是很正常的，并且目前在全国的市场占有率约为 12%。康师傅企业认为："目前在低端面领域里，虽然参与竞争的企业很多，但是品质方面则参差不齐。福满多作为康师傅旗下的低端面品牌，为了要确保低端市场的品质，避免消费者由于食用不安全或低质量的方便面，从而对低端方便面失去信心，那样将对整个行业会产生负面的影响。所以才将价格定在每包 1 元到 1.5 元不等。"

【分析】

根据中国现有的《反垄断法》，是否取得了"市场支配地位"判断这家企业在行业内是否具有垄断地位。《反垄断法》规定："认定具有市场支配地位的企业，它的市场份额要达到二分之一。"但是，《反垄断法》同时规定，只要不存在"滥用市场支配地位"，就不会被打击。康师傅是否被认定为垄断，还需要足够的证据支持，不能仅靠销售份额占有市场率的 54.6% 来确定。康师傅的"市场支配地位"没有问题，但问题的关键在于，康师傅是不是有正当理由，以低于成本价销售商品。

第四节　消费者权益法

一、消费者权益的概念

消费者权益是指消费者在购买、使用或接受服务时享有法律上所确认和保护的应有权利和利益，包括人身权益和财产权益。消费者权益法，即保护消费者权益的法律。广义的消费者权益保护法是各种法律规范的总称，目的是保护消费者的权益。主要包括：

（1）关于公平交易的法律有《价格法》《计量法》等。

（2）关于产品质量方面的立法有《产品质量法》《产品质量管理条例》《国家标准管理办法》《行业标准管理办法》《企业标准管理办法》《进出口检验法》等。

（3）关于安全保障方面的立法有《食品安全法》《食品管理法》《药品管理法》等。鉴于之前已经对垄断和不正当竞争做了介绍，本章仅从狭义的《消费者权益保护法》进行介绍。

《消费者权益保护法》的作用：① 为了保护消费者的合法权益，维护社会经济秩序稳定；② 为了促进社会主义市场经济健康发展。为了保护消费者的合法权益，我国第一次以立法的形式全面确认消费者的权利，颁布并实施了《中华人民共和国消费者权益保护法》，它不但有效地规范了经营者的行为，还维护了社会经济的秩序，为促进社会主义市场经济健康发挥着十分重要的意义。同时，它也为打击假冒伪劣、提高产品质量提供了有力的法律保障。

二、消费者权益法的内容与原则

（一）消费者权益法的内容

《消费者权益保护法》规定了消费者享有九项基本权利：选择权、安全权、知情权、获知权、公平交易权、尊重权、监督权、获赔权、结社权等。具体如下。

1. 自主选择权

自主选择权是指消费者有自主选择商品或者服务的权利。它包含两个方面：① 可以选择商品的品种、服务方式及其提供者；② 可以自由决定选择商品服务及其提供者，不受其强制。在现实生活中，多数"官商"习气、商品搭售和强买强卖，损害了消费者自由选择权。

2. 人身财产安全权

人身财产安全权是指消费者在购买商品时，如果人身或财产受到了威胁将得到法律的保护。例如，生活中侵害消费者安全权的典型事件有毒酒事件、化妆品事件和劣质药品事件；因电器、压力容器、玩具等漏电造成的人损案件；鞭炮、烟火等爆炸事件；机动车失灵等原因致人损害的案件。

3. 知悉真实情况权

知悉真实情况权指消费者有权知道并熟悉商品的价格、生产日期、有效期限、生产者、产地、检验合格证明、用途、性能、规格、等级、主要成分、使用方法说明书、售后服务，或者服务的内容、规格、费用等。

4. 获得知识权

获得知识权是指消费者有权了解与消费和消费者权益保护有关知识的权利。为了使多数人能够掌握基本的法律知识和消费知识，成为较聪明的消费者；为了消费者在接受义务教育的同时还能有权获得有关消费者保护的基本教育，为终身成为有知识的消费者做基础。因此，国家制定了消费教育和宣传的基本政策、方针和方法，并且要长期实施。

5. 公平交易权

公平交易权是指消费者在购买商品或者接受服务时，有权获得价格公平合理、计量准确无误、质量保障等公平交易条件，并有权拒绝经营者的强制交易。

（1）关于商品和服务的价格：消费者有权要求生产经营者执行国家的价格政策或者按质论价，并且商品价格和服务费用要合理，不能乱涨价或乱收费，使人们受到经济利益的损失。

（2）关于商品和服务的计量：消费者有权要求生产经营者计量要准确、要足量。不会因缺斤短两而遭受经济利益的损害。生产经营者理应不在计量上弄虚作假，要遵纪守法，遵守职业道德。对于有包装的产品，消费者有权要求厂商注明容量或净重量，并且要与实际相符合；在交易计量的商品时，消费者有权查看度量、衡器是否准确，有权看秤，如有怀疑并且可以复秤，对不足分量者有权要求退货或退回多收的价款。

（3）关于商品和服务的质量：消费者有权要求产品符合国家规定生产的标准或者与生产经营者约定的标准，不会因质量低劣而影响消费。如果发现所购买的产品与经营者描述的商品或者承诺的产品质量不一样，消费者则有权要求退货、更换、降价或修理等。

6. 受尊重权

受尊重权即指消费者在购买和使用商品时，或在接受服务时，享有人格尊严、民族风俗习惯受到尊重的权利。对这些基本权利的保护，体现了该法以保护消费者权益为宗旨，在打击侵害消费者权益违法行为、解决消费权益纠纷、完善社会维权机制和提高消费者依法维权意识以及促进消费维权运动蓬勃发展等方面发挥了很大的作用。由于受法规起草时理论和实践不足的影响，一些问题慢慢地显现出来。2014年，全国人大对《消费者权益保护法》进行了修订，其主要改变有：

（1）法律将对网购欺诈说"不"。即开始对日益发展的线上商务活动有了约束。

（2）消费者个人信息，经营者不得擅自泄露。合理保护了消费者的隐私安全。

（3）商品"三包"，七日不再是硬约束。消费者享有7日后悔权。

（4）缺陷商品，消费者或将不再"举证难"。

7. 监督批评权

监督批评权是指消费者有监督商品和服务以及保护消费者权益的权利。特别是消费者有权参与国家相关立法和消费政策的制定，并对其实施加以监督。其内容包括：

（1）对于在日常工作中不注意维护消费者合法权益的人，或国家有关部门执行政策法规不力者，消费者均有权提出质询、批评或建议。

（2）对从事有损消费者利益的生产经营者，消费者有权要求国家机关依法查处。当消费者的利益受到损害时，消费者有权通过电视台、报纸杂志、网络等大众传播媒介进行声援，并对有关的生产经营者或国家机关的违法失职行为予以"曝光"和批评。

8. 依法求偿权

依法求偿权是指在当权利、资源等因个人或集体遭受侵害、损失时，所具有的要求赔偿的权利。消费者有权要求经营者依法给予赔偿，前提是自身财产受到损害。

消费者可以通过以下方法行使求偿权：① 可以向责任者直接提出损失赔偿请求；② 可以向管理机关、仲裁机关、司法机关提出损失赔偿请求。

9. 建立消费者组织的权利

消费者组织的权利包括两个方面，其内容为：① 有权要求国家建立代表消费者利益的职能机构；② 为维护自身的合法权益，有权建立自己的组织。

虽然《新消费者权益保护法》的颁布对原有的法律法规做出了一些调整，但是仍然存在很多不足。特别是线上电商的日益发展，消费者购买商品和接受服务时无法亲眼所见，亲身所享，权益更容易受到侵害。下面通过具体的案例进行阐述。

案例4-5

广州某高校陈同学，在2014年2月25日下午，接到了淘宝网网店的电话，对方称由于淘宝网升级，该同学账户里的资金被冻结，需要重新验证方能解冻。之后对方就发出一个网页链接，让其点开并登录网页，在该网页的提示下输入电话号码、银行卡号、网银密码和购买游戏点卡等一系列流程。陈同学向对方网银转账二十多次，共计人民币二十万元。最后才发现自己被骗了。该案例的情况屡见不鲜。学生金钱概念淡薄，易受商家折扣广告吸引，情绪冲动消费。同时维权意识相对薄弱，维权途径又少。由于维权成本较高，有关网购的法律法规还不完善，因此消费者们只能自认倒霉。若是小数目还可以提醒自己长点教训，勿贪小便宜。可该案例中对于一名学生实属大金额了。据了解该学生有进行上诉，但因为销售方推脱、证据不足等原因，最终还是白白被骗了。

【分析】

在此案例中，消费者权益主要有三个方面受到了侵害。

1.消费知情权受损

我国《消费者权益保护法》第8条明确规定"消费者享有知悉其购买使用的商品或者接受的服务的真实情况的权利"。此规定旨在保障消费者对商品的知情权，在充分了解商品信息后进行购买。不同于实体店传统的"一手交钱，一手交货"商品交易，网购的大部分购物流程只能通过网络虚拟化操作实现。商家把商品信息放在网页上，消费者只能通过卖家对商品的描述以及图片和文字信息感受商品质量，不能通过实际接触了解商家信誉和商品质量。由于没有相应制度保证实际审核，商家的信息描述真实性很难核实，在这种情况下，消费者获得的信息始终是不完整、不全面的。

该案例中学生在网上店铺购物，并不清楚实际店方是怎样的情况。为了顺利购物——告知了对方自身隐私信息，结果被骗取了财物。对此销售方店铺必须承担一定的责任。

商家应该在店铺内部写明自身购物环境，与买家保持有效沟通，确保买家了解整个流程。

2.消费安全权无保障

消费者的安全权是指消费者在购买使用商品或接受服务时所享有的人身和财产不受侵害的权利。比如，在网络交易的领域，必须要保证消费者在线支付的安全、隐私的安全、线下使用商品和接受服务的安全。公民的人身及财产不受侵犯，是我国宪法规定公民应有的基本权利之一。因此，消费者的安全要得到保障，在购买商品、接受服务以及使用商品的整个消费过程中都享有安全权。

该案例中消费者无故接到了骗子的电话，并且骗子对消费者身份信息、购物流程都十分熟悉，所以才会致使消费者上当受骗。作为消费者个人隐私安全的身份信息和购物信息都被泄露给了骗子，网店方有一定的责任。同时，根据调查数据显示，大学生在网购时有93.5%的付款都会采用支付宝或网银等电子支付工具。在网购交易过程中，如果发生意外，如卖家延迟发货或者是快递运输太慢，根据规定的期限，到期日支付宝账户中的商品款就会根据交易信息自动转入卖家账户，从而使消费者权益受到损害。如果在一些大型的活动中，网购出现高峰拥堵导致网络瘫痪或是出现了网站系统性风险，网上交易的信息容易被遗失，导致交易的安全性出现问题，使消费者的人身和财产得不到保障。可见，消费安全权的侵犯表现在很多方面。

3.索赔权难实现

索赔求偿权是指消费者在权利受到损害后，依法享有获得赔偿的权利。它是保障消费者合法权益受到侵害的补偿手段，也是其他权利得以实现的最后保障。在我国《消费者权益保护法》中明文规定："经营者提供的商品或服务应当按照国家规定的，或者与消费者约定的来履行，承担包修、包换、包退或者其他责任，不得故意拖延或者无理拒绝。"

但是，在现实生活中，网购的退换货和售后使人不满意，商家为了拒绝退换货找出各种理由，甚至明文告之某一类商品不负责退换货。消费者因商品或者服务受到损害时，往往会遇到商家身份难确定、证据难以取得的问题，使索赔权的行使难上加难，加上维权时的高花费、高耗时，让很多人在网购权益受损时主动放弃去索赔。该案例中消费者被骗，骗子和销售者虽然有不可推卸的原因，但维权的实施难度也是一方面原因。维权途径是保护消费者权益的关键问题。《消费者权益保护法》为消费者提供了五种维权途径：与经营者协商和解、请求消费者协会调解、向有关行政机关申诉、根据与经营者达成的仲裁协议申请仲裁机关仲裁、向人民法院提起诉讼。此案中的受害者，最终放弃了维权。可见，当前消费法还存在许多问题需要解决。

（二）消费者权益法的原则

《消费者权益保护法》的核心是经营者与消费者进行交易，应遵循公平的原则、平等、自愿、诚实守信。同时，国家对处于弱势地位的消费者给予特别保护的原则、全社会保护的原则和方便消费者诉讼的原则。

三、对于消费者权益法的完善

（一）在立法上明确保护消费者弱势地位的立法宗旨

保护消费者合法权益、对消费者利益进行维护的基本法律被定义为消费者权益保护法，是维护交易市场秩序公平进行的法律，国家用这种特殊的方式保护处在弱势地位的消费者。弱势性是消费者存在的特点，因此会颁布相应政策。消费者的弱势性，体现在消费者购买过程、使用经营者所提供的服务或者商品的过程中，因为缺乏相关的知识了解、人格以及信息存在缺陷、损害消费者的权益，在很大程度上剥削了公平交易权、知情权、自主权、受偿权、监督权、受尊重权、安全权。从消费者的弱势地位出发，制定消费者权益保护法的前提是把消费者利益放在第一位，消费者权益保护法最基本的精神体就是保护消费者的合法权益，维护消费者的利益。

（二）从立法上改革诉讼程式保护消费者权益

更全面周全地保护消费者的合法权益，我国在以实体法为依靠的时候，也要在诉讼法上有实质性的突破。国外比较成功的一些做法，为了解决小额的消费纠纷，在法院单独设立一个法庭。把《民事诉讼法》中，涉及简易程序和特别程序的有关规定综合到一起，面对消费者解决小额的消费纠纷问题，就采取一种更简洁、更有利的方式。

（三）完善消费者组织并给予其更大权限

现行的法律对消费者协会的性质及职能做出了规定，应该使消费者协会的代表性、社会公众团体的性质更明确，国家行政机关对其减少干涉。建立一套完善的消费者权益仲裁机制至关重要，它专门为消费者解决权益纠纷的问题。在现有消费者协会体系的基础上，可增设独立的"消费者权益仲裁庭"，仲裁庭与目前消协的机构相配合，专门设立一套仲裁规则，这样小额纠纷便会很方便快捷地得到仲裁。由于消费者的弱势性，消费者的诉讼能力被诉讼费用影响。制定消费者援助并实施之后，保护消费者权益的行政机构可以向法院起诉，要求赔偿受害者的损失的同时，给予违法者以民事处罚并追究侵权者的民事责任。对特殊消费者，法庭也可以实行诉讼费用救济制度，这体现了司法程序中保护弱者的原则。随着国家尊重和保障人权的宪政以及经济的发展、市场越来越繁荣，消费者权益会更加完善，对不法经营者侵害消费权益的惩罚将更加法制化、制度化，这是关系到社会每一个人的权益。不断提高消费者的维权意识，维权将会有各种各样的途径，更高效，这些也将促进消费者权益保护立法的完善。

第五节 产品质量法

一、产品质量法的概念

（一）产品

从大的方面讲，自然物相对的一切劳动生产物被称之为产品。法律涉及的产品，其范围小于广义的产品。对产品的定义各国都一样，我国《产品质量法》所规定的产品，是指经加工、制作，用于销售的产品。比如，该法所说的产品范围不包含建设工程，但是该法所规定的产品范围包含在建设工程过程中使用的设备、建筑材料和建筑构配件等。

（二）产品质量

关于产品质量是一个相对概念，因产品的用途、时间、地点等方面的不同，对产品质量人们的要求也有所不同。产品总和包括安全性、实用性、可维修性、经济性和可靠性，产品的适用性以及完全性是一切产品共同的基本质量特性。人们有权期待产品明显或者潜在要求的各种特征、特性的总和得到满足。

（三）产品质量法

第七届全国人民代表大会常务委员会，在1993年2月22日举办，《中华人民共和国产品质量法》第30次会议通过了，为了提高产品质量水平，明确产品质量责任，保护消费者的合法权益，维护社会经济秩序，加强对产品质量的监督管理。根据2000年7月8日第九届全国人民代表大会常务委员会第十六次会议《关于修改〈中华人民共和国产品质量法〉的决定》进行第一次修正。2013年1月，全国质量监督部门将在推动修订《中华人民共和国产品质量法》（以下简称《产品质量法》）、《工业产品生产许可证管理条例》等法律法规的基础上，积极开展《消费品质量安全法》《工业产品质量监督条例》等立法研究。

二、产品质量法的内容与适用范围

（一）产品质量法的内容

（1）在中华人民共和国境内从事产品生产、销售活动，必须遵守本法。本法所称产品是指经过加工、制作，用于销售的产品。建设工程不适用本法规定；但是，建设工程使用的建筑材料、建筑构配件和设备，属于前款规定的产品范围的，适用本法规定。

（2）为了加强对产品质量的监督管理，提高产品质量水平，明确产品质量责任，保护消费者的合法权益，维护社会经济秩序，制定本法。

（3）生产者、销售者依照本法规定承担产品质量责任。

（4）禁止伪造或者冒用认证标志等质量标志；禁止伪造产品的产地，伪造或者冒用他人的厂名、厂址；禁止在生产、销售的产品中掺杂、掺假，以假充真，以次充好。

（5）国家鼓励推行科学的质量管理方法，采用先进的科学技术，鼓励企业产品质量达到并且超过行业标准、国家标准和国际标准。

（6）生产者、销售者应当建立健全内部产品质量管理制度，严格实施岗位质量规范、质量责任以及相应的考核办法。

（二）产品质量法的适用范围

（1）从空间上说，中华人民共和国境内从事产品生产、销售活动都可以用《产品质量法》，包括销售进口商品。

（2）从主体上说，《产品质量法》适用于生产者、销售者、用户和消费者以及监督管理机构。

（3）从客体上说，《产品质量法》适用于各种动产，而不包括不动产。

三、产品质量法的原则与法律责任

（一）产品质量法的原则

1.贯彻"质量第一"的原则

发展社会主义市场经济，不断提高产品质量，满足最广大人民群众日益增长的高水平的需求，是我国的一项基本政策，因而"质量第一"应当是我国产品质量立法必须长期坚持的战略方针。

2.贯彻维护消费者合法权益的原则

对消费者的责任是产品质量责任中集中责任。对销售者、生产者的产品质量责任和义务、损害赔偿、处罚等方面做出详细规定，还对消费者进行投诉及消费者保护协会等做出规定，涉及产品的生产到用户、消费者手中等各个环节，产品质量法实质上就是产品质量责任法。

3.实行统一立法、区别管理的原则

国家对可能危及人身、财产安全的产品，制定并实行强制标准；对其他产品，主要采取国际通行的企业质量体系认证、产品质量认证等引导方法，加强对市场商品的监督。

4.实行奖优罚劣的原则

一方面，国家要奖励优质产品和质量管理先进的企业和个人；另一方面，要严厉制裁制假、售假的生产者和销售者，以维护社会主义市场经济秩序。

（二）产品质量法律责任的构成要件

构成产品质量法律责任必须具备三个条件：其一，达不到产品质量要求，生产或销售，不符合的产品，也就是说国家颁布的安全、卫生、环境保护和计量等法律法规的要求，产品的质量达不到，甚至不符合国家标准或行业标准以及合同约定地对产品适用、安全和其他特性的要求。其二，人身财产因产品质量不合格受到损害，两者之间是有因果关系的。在法律责任上，产品质量与一般侵权责任有很大不同，即产品质量法律责任实行无过错责任原则，即严格责任原则，承担责任视其有无人身伤亡或者财产损失的事实，不要求生产者、销售者在主观上有过错，不要求受侵害人举证证明侵权人有过错。其三，必须有财产损失或者是有人身伤亡的事实依据为前提条件。

（三）产品质量法中的处罚

对于违反《产品质量法》的，应责令停止生产、销售，没收违法生产销售的产品，并处以货币值金额 50% 以上三倍以下的罚款；构成犯罪的，追究刑事责任；情节严重的，吊销营业执照；有违法所得，没收违法所得。

四、产品质量法的立法宗旨

产品质量法第 1 条明确指出该法的立法目的，可从以下方面加以理解。

1.加强质量监督管理，提高产品质量水平

对产品质量的监督加强管理，以此达到全社会的利益，产品质量水平不断提高，是政府的责任。运用法律手段，规范产品质量，是现代社会的要求。尤其是修改后的产品质量法，增加了条款强化政府对产品质量监督管理的职权。

2.明确产品质量责任

要提高产品质量水平，必须明确研制、生产、销售的各个环节对产品质量所担负的责任；对产品质量进行管理监督，必须分清政府有关部门、质量检验中介机构及各个企业的产品质量责任。产品质量法对各种主体的义务和责任做了明确的划分。

3.保护消费者的合法权益，维护社会经济秩序

加强管理，明确责任，其根本目的在于保护消费者的合法权益，促进生产、消费、再生产的良性循环，保障社会经济的正常秩序。产品质量法通过建立质量监督、质量检验、产品质量责任分配、违法制裁等规则，较好地体现了这一目的。

✚ 案例 4-6

东芝笔记本电脑事件。1993 年 3 月，美国东芝笔记本的两名电脑用户，以电脑内置的 FDC 半导体微积码存在引起存盘错误而有可能导致数据破坏为理由，将东芝株会社告上了法庭。电脑存在的问题东芝直接予以承认，并承担法律的制裁和其相应的责任，最终以十点五

亿美元的代价选择庭外和解。面对使用此款同样问题的中国用户，东芝公司一改前车之鉴，针对中国用户东芝的网站上发布了一个免费的"补丁"程序软件，又在一边谎称"投放中国的产品不存在问题"，以此"慷慨"地让中国用户下载免费补丁，解决此事。5月22日，东芝公司派其董事会、副总裁等一行人到北京向中国消费者做有关解释，称"电脑无缺陷，赔偿美国用户是因为美国法律特殊"。

【分析】

东芝公司在面对使用同一产品出现的问题时，抱着不理不睬的态度面对中国用户，这是蔑视与歧视中国消费者的权益。东芝公司对于缺陷产品的发现不主动向中国消费者说明，而是当中国消费者发现问题并提出质疑，媒体不遗余力报道时，公司负责人才出面做出解释。任何时候，对任何产品质量的把关都不可掉以轻心，产品零部件质量问题更是如此。消费者对产品的实用性、安全性是最基本的要求，产品在生产过程中理应严格把控，避免出现瑕疵。即使出现产品质量问题，企业应当即时召回产品，对消费者进行相应的赔偿。而东芝公司的行为却恰恰相反，拖延时间、推卸责任的行为，不但侵害了消费者权益，又使消费者对其失去信任，公司形象毁于一旦。为何消费者付出同样的价格购买，却得到不同的权益保护呢？东芝笔记本公司趋利避害的态度固然是原因之一，但归根结底，我国的市场管理法律体系不够完善，《产品质量法》尚有不足。

案例 4-7

三星电池爆炸事件。2016 年，三星电子发布的新手机 Galaxy Note7 可谓异常火爆。但是，这一款新手机 Galaxy Note7 存在严重的爆炸隐患，再度被卷入舆论漩涡。原因是这款新手机在充电时电池发生爆炸，在短短数十天，从韩国到我国已有多名用户出现电池爆炸的情况。有关媒体报道，在国内有一部 Note7 充电时发生爆炸，手机炸得面目全非。紧接着，在韩国社交媒体服务 Kakao Story 上又出现一起 Note7 爆炸事件。9 月 1 日三星电子宣布将在韩国市场全面召回最新款智能手机 Note7，三星客服中心在全球范围内已经接到总计 35 起有关 Note7 爆炸的报告。

【分析】

手机的制作工艺十分精良，每一道程序都应该毫无差错，而三星手机由于产品制造过程出现的质量问题对消费者造成了严重的伤害。三星手机的产品质量问题，给三星手机打上了"不安全手机"的标签。对三星品牌的形象造成巨大损失。对于产品质量问题对消费者造成的损害，根据我国《侵权责任法》和《产品质量法》第四十三条的规定，消费者在购买产品以后，因为产品自身的缺陷，导致了消费者受到损害这种情况，生产厂家和销售商都应当承担损害赔偿的责任。如果使用者使用手机不当，如使用非原装充电器、使用非原装电池等引起手机爆炸，消费者自己要承担责任，而如果手机厂家没有给出警示，那么手机厂家也负有一定的责任。手机作为一种产品出售给他人的时候，应当对顾客尽到安全警示义务，对可能造成手机爆炸的情形进行必要的提示。否则，手机厂家则可能因为未尽到提示义务而面临赔偿。对于中国企业来说，必须要从这一事件中吸取教训，防微杜渐。

案例 4-8

银川市重庆"123"火锅使用回收地沟油案

2014 年 7 月 17 日，宁夏首起口水油回流餐桌案在永宁县人民法院一审公开审理。用回收的口水油再炒制成火锅底料回流到餐桌，公诉机关以生产销售有毒、有害食品罪对李金国、周士先和朱兴艳 3 名被告人提起公诉。公诉机关查明，2013 年 7 月开始，为银川市五家重庆 123 火锅店提供火锅底料和红油，永宁县望远镇工业园区李金国在益利兔业公司厂房内炒制。2013 年 10 月至 2014 年 1 月，李金国又雇佣周士先、朱兴艳夫妻二人，回收五家重庆 123 火锅店中废弃的餐饮垃圾油脂，然后再加工之后，继续配送到这五家火锅店，餐厨继续使用，李金国与各火锅店结算的价格是每公斤三十二元。2014 年 1 月 23 日凌晨，银川市食安办接到市民举报后，秘密暗访调查，查获了李金国的"黑窝点"。炼制的动物油坨四百二十公斤被执法人员现场扣查，大概四千公斤的火锅汤料，被装在三个不锈钢大桶里边，还有动物脂肪四十七公斤未经炼制。对现场查封的动物油坨，宁夏食品检测中心进行检测，其中铅超标，不符合国家对食用动物油脂卫生标准的规定。公诉机关认为，3 名被告人明知是餐厨回收的火锅汤料予以加工，并将加工制作的火锅底料及配料进行销售，对行为可能产生的危害后果采取放任的心理态度，其主观上为故意，其行为构成生产、销售有毒、有害食品罪，应予以处罚，建议判处 3 名被告人 5 年以下有期徒刑，并处罚金。

【分析】

地沟油是生活中存在的各类劣质油，地沟油又被称作"三无产品"，人们长期食用会引发癌症，对人体的危害极大。但由于金钱的诱惑，不少商贩铤而走险销售地沟油。衣食住是人的根本需求，食品质量问题更是关乎人的生命健康。据调查，不仅是银川重庆"123"火锅违法使用地沟油，我国每年返回餐桌的地沟油有 200 ~ 300 万吨，这些劣质食用油或多或少地被大大小小的餐馆、地摊使用，进入人们的胃里。食品在满足消费者基本要求的同时，销售商应力求做到健康营养，而不是利欲熏心地勾兑地沟油危害消费者健康。地沟油在我国横行多年，法律对于此类犯案者大多以罚代管，而罚款与利润对比不过是九牛一毛，因此犯案者常常屡教不改，继续销售地沟油。地沟油事件一再地出现，黑窝点范围之大，违法劣质产品数量之多，这不仅只因为销售商为蝇头小利所诱惑而利欲熏心造成，人们也应反思我国的《产品质量法》处罚力度不严。

四、产品质量法的完善

《产品质量法》贯彻"质量第一"的原则，政府要严格监管产品的质量，关于涉及违法的产品应做出十分严格的处罚措施。因为我国《产品质量法》的不健全、不完善，在涉外产品责任纠纷中已使我国处于不利且被动的尴尬地位，使我国消费者权益受到损害，使外商有机可乘。

从"东芝笔记本电脑事件"可以看出，许多外商都已形成"欧美国家法律健全，一旦引起产品责任纠纷，就要承担重大责任，而我国却恰恰相反"的定式思维。同时，从"三星电池爆炸事件"中应该反思，《产品质量法》责任构成要件中"产品质量法律责任与一般侵权责任不同，即产品质量法律责任不要求生产者、销售者在主观上有过错，而是实行无过错责任原则即严格责任原则，承担责任视其有无人身伤亡或者财产损失的事实"。外商推卸产品质量问题责任以此为借口。因此，我国《产品质量法》可以对任何出现质量问题的产品做出相应的处罚，而不是当出现人身伤亡时进行责任追究，那时对受害消费者来说为时已晚。而银川重庆"123"地沟油类似事件的频繁发生，无一不说明我国《产品质量法》对产品、销售伪劣产品的行为处罚力度不足。因此，我国法律可以完善，对此类行为赔偿应大于利润的金额，或者更为严厉的经济制裁以及行政处罚。

第六节　市场准入法律制度

一、市场准入法律制度概述

市场准入制度是涉及国家和政府准许公民和法人自由地进入市场，从事商品生产经营活动的条件和程序规则的各种制度和规范的总称。随着人类生活被市场影响程度和范围逐渐拓展以及深化，而商品经济发展到一定历史阶段，因为保护社会公共利益的需要，市场准入制度逐步建立并完善。

市场准入，是对企业或其他主体进入某领域或地方的市场从事活动施加限制或禁止的规制或制度。市场准入之"市场"，是指具体的市场，包括特定的行业和产业、服务、地域、某个国家的市场、项目、产品等，如煤炭市场、城市出租车市场、三峡工程项目、保险市场、中国市场、中国香港地区市场等。市场准入通常是指企业的市场准入，但也可是针对自然人、政府等的准入，也可是针对需求者或消费者的准入。

（一）确立市场准入制度之必要

市场准入制度是国家对市场最基本的、初始的干预，是政府管理市场、干预经济的制度安排，是国家意志干预市场的表现，是国家管理经济职能的组成部分。市场准入制度作为政府管理的第一环节，既是政府管理市场的起点，又是一系列现代市场经济条件下的一项基础性的、极为重要的经济法律制度。

从总体看，市场准入制度带来了积极作用：一是确立了市场主体的法人地位，为健全社会主义市场经济体制的微观基础提供了重要的保证。二是推动了不同所有制企业共同发展格局的形成，从而为基本经济制度的形成在社会主义初级阶段奠定了非常重要的基础。三是有力地促进了国民经济的发展。

（二）市场准入制度的立法模式

1.特许主义模式

特许设立原则是指由专门法律或命令的方式准入主体进入市场，它主要用于通过设立企业进入市场的情形。采取这种方式准许设立企业主要有以下形式：① 由国家元首发布命令而设立；② 经国家特许的方式设立；③ 由国家立法机关制定特别法律许可设立。特许设立对企业设立限制过于严格，因此在现代国家中很少运用。

2. 准则主义模式

准则设立原则是指由法律规定企业设立的必要条件，只要按照法定条件设立企业，不必经过行政批准，企业即可登记成立。

3. 自由放任模式

自由放任模式即国家对主体进入市场采取不干预政策，任何人以任何方式进入市场，从事生产经营活动，都不被法律禁止。一般认为，早期自由资本主义时期，西方一些国家曾采取这样的立法模式。

为了防止滥用原则，很多国家在设立企业时都要遵从法律严格规定的条件，同时还要加强对企业设立的监督，这些是法院及行政机关的职责，纯粹的准则主义很少。

4. 行政许可主义模式

企业经国家行政机关批准后才能设立，这被称为行政许可主义，或核准主义。核准原则的特点是可以防止企业的滥设，但是它不适用于范围过大。过大不利于企业的设立，因此，施行的范围日益缩小。

✚ 案例 4-9

例一：据新华社报道，国务院下发了一份文件：名为《关于加快发展服务业的若干意见》。文件提出，国家有关部门将深化服务行业改革，如铁路、民航、电信等企业。国家为了实现投资主体多元化目的，不但会放宽市场准入，还会引入竞争机制，以推进国有资产重组。

其基本原则是：① 在各个地区只要对本地企业开放的服务业领域，都要全部向外地企业开放；② 只要不是法律法规明令禁入的服务领域，都要向社会资本开放；③ 只要向外资开放的领域，都要向内资开放。为此，铁道部出台了"十一五"铁路投融资体制改革推进方案，方案提出按照"政府主导、多元化投资、市场化运作"的基本思路，构建铁路投融资体制的新格局。这种新格局就是要让投资主体和产权主体多元化。目前，在民航领域里，民营企业已经有五家，中外合资航空公司投入运行的就有六家。

例二：据媒体报道，武汉市劳动和社会保障局向市及各区劳动力市场发出要求，内容是：要求用人单位必须登记备案五项内容，包括法人身份证复印件、营业执照、招聘人数、劳动报酬和福利待遇、工种和技术要求等，并且要承诺依法与聘用人员签订劳动合同，并为其办理社会保险，否则不得进场招聘；还要求无论是进场招工的企业，还是参加专场招聘洽谈会的用人单位，都必须严格执行"准入"制度。

武汉市劳动部门表示：企业与员工之间签合同，为其办理社保，是用人单位的法定责任，不能逃避应尽的义务。但有，也有不少招聘单位不肯负起责任。因此，要求市区劳动力市场加强"准入"监管，对民营职介更要加强管理。因此，前来江岸区劳动力市场登记的单位，工作人员对他们进行"准入"审核。

【分析】

从案例看，政府的市场准入规定不但是政府职能的具体表现形式，还是政府应尽的责任。在案例中，政府为了促进自然性垄断行业的竞争，实行各类资本投资公正公平，从而降低经营成本，并提高服务质量，维护公民利益，做出了对铁路、民航、电信等服务行业的市场准入，引入竞争机制的放宽政策。这是政府应尽的责任，也是有所作为的具体表现。在市场经济体制中，政府的责任就是保护职工合法权益：无论是在职职工的合法权益，还是在职工处于权利不对等——如就业难；或是属于弱势群体——如单个职工，这样的情况下更要保护他们的合法权益。本案例中政府要求企业与职工之间签订劳动合同，并为其办理社会保险等，这不仅是保护职工的权益，还是社会保障体系建设的需要，因为社会保障体系建设具有强制性，要求企业和职工必须强制参与。站在未来的角度看，社会保险制度的健全与否，不仅有利于市场经济体制的建设，还有利于社会的健康发展。

本案例反映的是政府职能定位与履行的问题，也是政府与市场（企业）、社会（企业）关系的问题。由此看出，在市场经济体制中，政府是有责任的，也是有所作为的。

本案例的启示：

在市场经济体制建设过程中，政府不但要有为，还必须要有准确、合理的定位。有为，即有作为，这是政府应该履行并且是不可推卸的职责；准确、合理的定位，就是政府必须明白自己的职责，要及时履行应尽的责任，做到不错位、不缺位、不越位，不失位，从而得到人民群众、市场企业、社会的认可。就目前，在我国市场经济体制建设中，由于政府定位不准或不清，因此政府不能完全做到不错位、不缺位、不越位、不失位等。比如，政府代替企业招商引资和投资决策，从事经营性的经济活动，从而对市场监管方面做得不到位，在对弱势群体、职工的合法利益方面没有起到保护职责，对卫生食品安全监管、教育医疗等民生服务存在缺位；政府部门在处理社会问题时会出现不公平、不公正等，导致失信于民，让社会大众失望。我国必须要正确处理政企、政事、政资、政社、政民的关系，准确定位政府职能，促进市场经济健康发展。政府还要加大中介组织的建设，大力发挥非政府组织如工会等对职工权益的保护作用。

二、一般市场准入制度

工商登记是政府在对申请人进入市场的条件进行审查的基础上，通过注册登记确认申请者从事市场经营活动的资格，使其获得实际营业权的各项活动的总称。国务院机构改革和职能转变方案提出，要改革工商登记制度。这项制度于 2013 年 3 月 10 日被十二届全国人大一次会议审议：改革后，由"先证后照"改为"先照后证"；由注册资本实缴登记制改为认缴登记制。同时还放宽了工商登记的其他条件。

为加强工商企业的管理，保障合法经营，取缔非法活动，维护社会主义经济秩序，促进社会主义建设。工商登记表明，无论是市场主体资格的取得与变动，还是市场主体营业资格的取得与变动，都需要获得登记机关的许可。

我国实行的工商登记具有以下制度功能：其一，通过主体登记进行对市场主体的准入和退出起到监督管理的作用；其二，通过营业登记进行起到对市场主体经营活动干预的作用。

（一）工商登记的基本类型

在工商登记之前，要根据自己所经营的产品和业务需要，选择适合自己企业的类型登记。不同的企业类型会有不同的性质，也有不同的要求。就目前经济情况中，多数创业者企业的形式有：（私营）独资企业、（私营）合伙企业、个体工商户、有限责任公司、股份有限责任公司、非公司企业法人等。

1.私营独资企业

注册要求：（1）投资人为一个自然人；（2）有必要的生产经营条件和固定的生产经营场所；（3）有合法的企业名称；（4）有必要的从业人员；（5）有投资人申报的出资。私营独资企业对注册资金实行申报制，没有最低限额。

2.私营合伙企业

注册要求：（1）有两个以上合伙人，每个人都是依法承担无限连带清偿责任者；（2）有合伙企业的名称；（3）有书面合伙协议；（4）有经营场所和从事合伙经营的必要条件；（5）有每个合伙人实际缴付的出资；（6）合伙人应当为具有完全民事行为能力的人；（7）法律、行政法规禁止从事营利性活动的人，不得成为合伙企业的合伙人。私营合伙企业对注册资金实行申报制，没有最低限额。

3.个体工商户

注册要求：（1）申请人可以是农村村民，又或是有经营能力的城镇待业人员，还可以是国家政策允许的其他人员；（2）申请人必须具备拥有与经营项目相应的资金，并且有经营的场地，还要有经营能力及业务技术。

个体工商户对注册资金实行申报制，没有最低限额。

4.有限责任公司

符合注册的条件：（1）法定规定的五十位作为股东，同时公司的资产是股东共同出资。（2）法定资本的要求，是股东出资最低限额，人民币叁万元整；其中，一人有限责任公司最低限额为人民币拾万元整。（3）公司名称的确定，并建立符合有限责任公司要求的组织机构。（4）有固定的生产经营场所和必要的生产经营条件。（5）股东共同制定公司章程。有限责任公司最低注册资本是人民币叁万元整。

5.股份有限责任公司

注册要求：（1）设立股份有限责任公司，应达到规定的人数。要有二人以上二百人以下的发起人，其中要有一半以上的发起人在中国境内有住所。（2）发起人制定公司章程，采用募集方式设立要经过创立大会的通过。（3）要有公司的名称、住所和建立符合股份有限公司要求的组织机构。（4）股份发行、筹办事项要符合法律规定。（5）股份有限责任公司最低注册资本为人民币伍佰万元整。股份有限公司注册资本最低限额需高于上述所定限额的，由法律、行政法规另行规定。

6.非公司企业法人

注册要求：（1）有符合规定要求的名称和章程；（2）有经营范围与之相适应的经营场所

和设施；（3）有与生产经营规模相适应的机构，如经营管理机构、财务核算机构、劳动组织机构，以及法律或者章程规定必须建立的其他机构；（4）有专职人员必须大于八人且与生产经营规模和业务相适应的从业人员；（5）有与经营范围相适应的注册资金，且不得少于符合规定的数额叁万元人民币；（6）有能够实行独立核算，自负盈亏，独立编制资产负债表的财会制度；（7）有国家授予的企业所有的财产或企业经营管理的财产，这些财产要能承担民事责任；（8）国家对企业注册资金数额有专项规定的，要按专项规定执行；（9）符合国家法律、法规和政策规定的经营范围。

（二）工商登记的机关和登记程序

工商登记机关就是工商行政管理局或者市场监督管理局，其职责如下：

（1）负责私营企业经营行为和个体工商户的服务和监督管理。

（2）负责各类企业的登记注册并监督管理，如农民专业合作社和从事经营活动的单位、个人以及外企常驻代表机构等市场主体，还要承担依法查处取缔无照经营的责任。

（3）负责行政执法和市场监督管理的有关工作，起草相关法律法规的草案，并制定工商行政管理的规章制度和政策。

（4）负责依法监督管理经纪机构、经纪人以及经纪活动。

（5）负责商标的注册和管理，要依法保护商标的专用权。不但要查处商标侵权行为，还要处理商标争议事宜。同时，负责加强驰名商标的认定和保护工作。

（6）负责官方标志或特殊标志的登记、备案和保护。

（7）负责除价格垄断行为之外的垄断协议、滥用市场支配地位及滥用行政权力排除限制竞争方面的反垄断执法工作。还要依法查处企业之间的不正当竞争，商业贿赂及走私贩私等经济违法行为。

（8）负责网络商品交易及有关服务和监督管理市场交易的行为。

（9）承担依法维护各类市场经营秩序的责任。

（10）承担监督管理流通领域商品质量的责任，还要组织开展有关服务领域消费维权的工作。同时，还要负责查处假冒伪劣违法行为，指导消费者咨询，受理消费者的申诉和举报，处理和网络体系建设等工作，要保护经营者和消费者的合法权益。

（11）承担传销案件和查处违法直销的责任，依法监督管理直销活动、直销企业以及直销员等。

（12）负责管理动产抵押物登记，还要组织监督管理拍卖行为，依法实施合同行政监督管理。

（13）负责依法查处违法行为。如合同欺诈等。

（14）负责广告活动的监督管理工作，并指导广告业发展。

（15）负责指导企业、个体工商户及商品交易市场信用的分类管理，为了能为政府决策和社会公众提供信息服务，还要研究与分析，依法发布市场主体登记商标注册信息以及注册基础信息等。

（16）开展工商行政管理方面的国际合作与交流。

（17）领导全国工商行政管理业务工作。

（18）承办国务院交办的其他事项。

登记程序：

依照《公司登记管理条例》，在申请有限公司设立时，应先申请企业名称预先核准。《登记指南——企业名称预先核准登记》明确指出了名称预先核准登记的程序是什么，以及要提交的文件。由国务院决定或是法律、行政法规规定设立有限责任公司时必须报经批准的，应当在批准之日起三个月内（九十天）向公司登记机关申请设立登记；逾期申请设立登记的，还需要申请人应当报批准机关确认原批准文件的效力或者另行报批。

办理程序：

第一步，领取《企业名称预先核准申请书》；第二步，备齐有关文件，申请名称预先核准；第三步，领取《企业名称预先核准通知书》，同时领取《公司设立登记申请书》；第四步，备齐有关文件，申请设立登记；第五步，缴纳登记缴费，领取营业执照。

（三）公司的类型

依据法律规定和企业设立登记的程序不同，分为下面几种企业：有限责任公司；国有独资、自然人独资、法人独资股份有限公司；上市、有限责任公司分公司、股份有限公司分公司集体所有制（股份合作）企业；非法人分支机构、法人分支机构、法人分支机构的营业登记单位全民所有制企业、全民所有制企业的营业单位集体所有制企业、集体所有制企业的营业单位合伙企业（普通合伙、特殊普通合伙、有限合伙）、合伙企业的分支机构个人独资企业、个人独资企业的分支机构以及个体工商户。

✚ 案例 4-10

N公司是有限责任公司。依据公司章程于2003年3月28日进行注册，其注册资本为人民币2000万元整，股东由Danbo公司（以下简称D公司）出资人民币1000万元整，占注册资本的50%；案外人Mingzhi公司（以下简称M公司）出资人民币200万元整，占注册资本的10%；以及案外人E等二十四名自然人，共出资人民币800万元整，占注册资本的40%。

在2004年3月20日，由N公司召开股东大会，大会内容是关于D公司转让N公司10%的股权。D公司同意转让拥有N公司10%的股权，M公司等股东也同意放弃优先受让上述所转让股权的权利，二十四人的案外人E等同意受让D公司转让的N公司10%股权。2004年2月29日为股权转让基准日。

根据上述股东会决议，大家（D公司、M公司，包括E在内的三十四名自然人股东）共同对N公司的章程进行了修改，并制定章程修正案。具体内容是：将原来章程注明的自然人股东二十四名修改为三十四名。并在新的章程里注明，由三十四名自然人股东共同出资人民币1000万元整，占注册资本的50%。其中，E出资人民币20万元整，占注册资本的1%。

D公司与E等二十四名自然人股东（其中有十四名为N公司原自然人股东，另外十名为E等公司以外的自然人）于2004年3月25日签订了"上海市产权交易合同"。内容约定：D公司将其拥有的N公司10%股权以人民币200万元有偿转让给E等二十四名自然人。依据"股权变更明细表"的记载，E受让的股权比例为1%，转让价格为人民币20万元，转让后E的出资比例为 1%。2004 年 4 月 2 日，此次股权转让在上海联合产权交易所完成产权交割。D 公司已收到 E 支付的股权转让款人民币 20 万元整。

2004 年 4 月 16 日，N 公司向 E 出具出资证明，载明 E 系 N 公司股东，出资额为人民币 20 万元整。

迄今为止，N 公司没有为 E 与 D 公司之间的股权转让事宜办理相应的工商变更登记手续。

原审法院另外查明，上海市黄浦区人民法院（以下简称黄浦法院）在 2011 年 3 月 30 日，做出（2011）黄民二（商）破字第 1-1 号民事裁定书，受理上海市嘉利斯房地产发展公司对 N 公司的破产清算申请。目前，该案尚未审结。

2011 年 4 月 10 日，黄浦法院受理（2011）黄民二（商）初字第 12 号民事案件，该案件是 N 公司被 D 公司起诉，D 公司要求确认其拥有 N 公司 52% 股权，并办理其增资的工商登记手续。现该案尚未审结。

【分析】

无论是当事人 D 公司对自己提出的诉讼请求，还是 N 公司反驳对方的诉讼请求都要有所依据，并能提供足够的证据加以证明。本案中，E 的举证可以证明，E 曾与 D 公司签订股权转让合同，D 公司将其所持 N 公司 1% 的股权转让给 E，并且 E 已向 D 公司支付了股权转让款。N 公司就上述股权转让行为已形成股东会决议，并且已完成了股权转让产权交割。同时，N 公司也已经修改了公司章程并向 E 出具了出资证明，N 公司及 D 公司对上述事实均否认。鉴于 E 与 D 公司之间的股权转让合同真实有效，并符合法律的规定，且已经履行。虽然，N 公司并没有对该次股权转让办理相应的工商变更登记手续，但是，这并不影响股东身份的认定，因此，应对 E 要求确认 D 公司所持 N 公司 1% 的股权，给予其所有的诉讼请求予以支持。虽然现在 N 公司仍存续，但是相关破产案件的审理并不影响工商变更登记手续的办理。因此，对 E 要求 N 公司为其办理工商变更登记手续的诉讼请求给予支持。

本案中，N 公司与 D 公司均认为"2006 年 1 月 16 日，N 公司已由 D 公司增资，N 公司注册资本应为人民币 2500 万元整，则 E 持股比例应为 0.8%"，但是自 2006 年 1 月 16 日至今，N 公司并未依据《公司法》的规定就增资事宜办理相应的增资手续。从工商登记来看，迄今为止 N 公司注册资本仍为人民币 2000 万元整，且 N 公司及 D 公司所述的增资在 E 受让股权的事实发生的行为之后，所以对 E 要求确认其持股比例为 1% 的诉讼请求予以支持。

如果 D 公司及 N 公司通过诉讼手段或者其他方式能够明确 N 公司注册资本为人民币 2500 万元整，鉴于 E 的出资额已经明确为人民币 20 万元整，所以 E 的持股比例可以根据 N 公司注册资本的变更情况做出相应的调整。目前状况下，E 的诉讼请求应给予支持。

综上所述，原审法院结合 N 公司的注册资本情况，就 E 与 D 公司间的股权转让情况，确认了 D 公司名下 N 公司 1% 的股权归 E 所有。E 的诉讼请求不但有事实依据，还有法律依据。因此原审法院予以支持。根据《中华人民共和国公司法》第 33 条规定，判决如下：

（1）D 公司名下的 N 公司百分之一的股权属于 E 所有。

（2）N 公司要执行第一项判决内容，并为其办理相应的工商变更登记手续。时间为判决生效之日起十日内。案件受理费为人民币 4300 元，由 N 公司负担。

根据《中华人民共和国公司法》规定：① 有限责任公司应当将股东的姓名或者名称及其出资额向公司登记机关登记；② 假如登记事项发生变更，一定要办理变更登记。同时还明确指出，未经登记或者变更登记的，不得对抗第三人。根据《中华人民共和国公司登记管理条例》第 9 条规定公司增加或者减少注册资本，应当依法向公司登记机关办理变更登记。根据《中华人民共和国公司登记管理条例》的规定，有限责任公司的注册资本、股东的姓名和实收资本，以及认缴和实缴的出资额、出资的时间、出资的方式，这些均属登记事项。

本案中，上诉人 E 的股东资格有被上诉人 N 公司章程修正案第 13 条载明内容和该公司出具的出资证明足以证明。上诉人 E 出资额为人民币 2000 万元整，占股份比例为 1%，该内容未经工商登记仅存在不得对抗第三人的法律后果，不影响其股东资格。而上诉人 E 公司虽已于 2006 年 1 月 16 日做出关于增资的临时股东会决议，但该公司注册资本及实收资本尚未变更登记，还未产生相应法律效力。目前，N 公司的资本额仍为人民币 2000 万元整。所以，上诉人 E 要求被上诉人 N 公司要按 1% 的股份为其登记是有事实和法律依据的，并且不影响被上诉人 N 公司增资及增资后对股东股份的调整。被上诉人 N 公司增资事项办理变更登记成功，可按增资后资本额重新确定股东的股份比例并进行相应变更登记。

综上所述，被上诉人 N 公司主张本案应终止审理，或者按资本额人民币 2500 万元确定上诉人 E 的股份比例为 0.8%，均缺乏事实和法律依据，本院不予采纳。其上诉请求，本院不支持。据此，依照《中华人民共和国民事诉讼法》第 153 第 1 款第（1）项、第 158 条的规定，判决如下：

案件受理费人民币 4300 元整，由被上诉人 N 公司负担。

本判决应为终审判决。

三、特殊市场准入制度

指国家有关部门对社会成员直接设立企业和其他类型的经济组织进行特定的生产经营活动进行审查，在符合法律规定的条件下，准许其进入某种市场，从事生产经营活动的一种市场准入制度。

适用于从事特定类型的生产经营活动，即与社会公共利益相关的经济活动，对国家主权、社会公共安全、人民群众身心健康、社会经济的总体发展会带来直接影响。

审批许可机构根据市场主体经营的商品服务类别不同而有差异。

审批许可的效力：相关企业获得从事特定范围内的生产经营活动的资格。

第二篇　电商法剖析

第五章 电子商务与消费者权益保护法

第一节 电子商务法概论

随着中国电子商务的快速发展，网络欺诈、虚假促销、售后服务纠纷、个人信息被泄露等现象，由电子商务引发的合同问题、知识产权问题、信息安全问题、纳税问题和互联网金融问题，正变得越来越突出。

但是，与电子商务快速发展的实践相比，中国目前尚未对电子商务进行专门立法，实践中规范、指导电子商务发展主要依靠相关部门规章。对电子商务现有法律法规进行梳理、补充、修改和完善，是促进电子商务持续健康发展的迫切需要。

2016 年 12 月 19 日，《中华人民共和国电子商务法（草案）》初次提请全国人大常委会审议。该草案将主要解决目前出现的信息安全、知识产权保护、虚拟财产保护、在线支付安全保障等问题，同时提出了国家鼓励电子商务健康发展，提高电商行业准入门槛。电子商务立法将维护消费者权益和整个电商行业的良性发展。

一、电子商务法的概念

广义的电子商务法是指调整平等主体之间通过电子行为设立、变更和消灭财产关系和人身关系的法律规范的总称；是政府调整企业和个人以数据电文为交易手段，通过信息网络所产生的，因交易形式所引起的各种商事交易关系，以及与这种商事交易关系密切相关的社会关系、政府管理关系的法律规范的总称。

狭义的电子商务法则专指 2013 年 12 月 27 日全国人大财经委开始起草的《中华人民共和国电子商务法（草案）》。

二、电子商务法的特征

（一）形式性

电子商务法是商事交易上的形式法，它是实体法中的形式性规范，主要解决交易的形式问题，一般不直接涉及交易的具体内容，规范了商事主体和商事行为的法律规范。

（二）技术性

在电子商务法，许多法律规范都是直接或间接地由技术规范演变而成的。比如，一些国家将运用公开密钥体系生成的数字签名，规定为安全的电子签名，这样就将有关公开密钥的技术规范，转化成了法律要求，对当事人之间的交易形式和权利义务的行使，都有极其重要的影响。因此，技术性是电子商务法的重要特点之一。

（三）开放性

从民商法原理看，电子商务法是关于以电子数据进行表示的法律制度，而电子数据在形式上是多样化的，并且在不断发展中。因此，必须以开放的态度对待任何技术手段与信息媒介，设立开放型的规范，让所有有利于电子商务发展的设想和技巧，都能容纳进来。它具体表现在三个方面：电子商务法的基本定义的开放、基本制度的开放以及电子商务法律结构的开放。

（四）国际性

电子商务法固有的开放性，要求全球范围内的电子商务规则协调一致。1996 年，联合国国际贸易法委员会颁布的《电子商务示范法》为这种协调一致性奠定了基础。

第二节　消费者权益保护法概述

在市场经济条件下，由于消费者与生产经营者各自的利益驱动，二者的利益关系并不总是一致的，常常会出现矛盾，消费者往往处于弱者地位，其权益总是受到侵犯，保护消费者权益显得尤为重要。法律保护是消费者维权的根本手段，我国《消费者权益保护法》在维护消费者权益方面发挥了积极的作用。这是我国第一次以立法的形式全面确认消费者的权利，对保护消费者的权益，规范经营者的行为，维护社会经济秩序，促进社会主义市场经济健康发展具有十分重要的意义。

随着社会和实践的发展，1993 年的《消费者权益保护法》已经不再适应社会的快速发展，不能满足消费者新的需求。2013 年 10 月 25 日，全国人大常委会于 2013 年 10 月 25 日颁布新的《消费者权益保护法》，并于 2014 年 3 月 15 日生效。

一、消费者权益法的概念

广义的消费者权益保护法是指维护全体公民消费权益的法律规范的总称，是为了保护消费者的合法权益，维护社会经济秩序稳定，促进社会主义市场经济健康发展而制定的一系列法律法规。除了《消费者权益保护法》以外，《反不当竞争法》《广告法》《价格法》《产品质量法》等相关法律也涉及了消费者保护的相关内容。

狭义的消费者权益保护法专指 2013 年 10 月 25 日经十二届全国人大常委会第二次修正，于 2014 年 3 月 15 日正式实施的新版《中华人民共和国消费者权益保护法》。

二、消费者权益法的特征

（一）特殊性

消费者权益保护法以消费者权益为特定保护对象，充分认识到消费者的弱者地位。消费者权益包括两种：一是人身利益，即消费者对其生命、健康、名誉、安全等不受经营者非法侵害的权利；二是财产权利，即消费者享有的财产在交易过程中不受非法侵害的权利。这是消费者权益保护法的最根本特征。

（二）强制性、禁止性规范

消费者权益保护法体现了国家对市场经济进行干预的特点，因此其中多为强制性、禁止性规范。民商法一般不涉及行政责任和刑事责任，而消费者权益保护法则往往直接明确行政、刑事责任。

（三）针对性

在新版消费者权益保护法中，强化了经营者的义务与责任，重点解决了新兴消费领域的突出问题，加大了对侵权违法行为的惩处力度。

第三节　电子商务消费者权益保护法

电子商务消费者权益保护法是电子商务发展的重要保障，网络交易的虚拟性对传统的消费者权益保护法产生了极大的冲击，致使传统消费者权益保护法的有关规定难以适用于电子商务活动。

一、电子商务消费者保护法的概念和特征

电子商务消费者权益保护法是调整经营者和消费者权益而形成的社会关系的法律规范的总称。这个概念有以下两个显著特征：

第一，电子商务消费者权益保护法以保护消费者权益为立法目的。

第二，电子商务消费者权益保护法是消费者权益保护法的特别法，规定的是发生于电子商务中的经营者与消费者之间的关系。

二、电子商务消费者权益法法律责任

（一）民事责任

电子商务经营者因违反保护消费者的法律规定或其他与消费者的约定，而损害消费者的民事权益，依法承担的事法律后果。其主要违约类型包括违约责任和侵权责任。

（二）行政责任

电子商务消费者保护法中的行政责任是电子商务经营者由于出现了行政违法行为或者某些法律事实而应承担的行政法律后果，即电子商务经营者在电子商务活动中违反相应的行政法规或不履行相应的行政义务而损害消费者利益所应承担的法律责任。

（三）刑事责任

电子商务犯罪的形式多样，2000 年 12 月 28 日，第九届全国人民代表大会常务委员会通过的《维护互联网安全的决定》，专门列举了需要追究刑事责任的网络犯罪的行为，电子

商务经营者实施这些行为，构成犯罪的，依照刑法有关规定追究其刑事责任。

三、电子商务消费者权益法相关主体的义务

（一）电子商务经营者权益

电子商务经营者的概念：电子商务经营者是指通过电子商务从事商品经营或者营利性服务的法人、其他经济组织和个人。

电子商务经营者的义务：约定电子商务的义务；交易记录的保存义务；设置确认程序的义务；保护消费者个人信息义务；不实施禁止行为的义务；在线信息披露义务；商品或服务的安全保障义务；品质担保义务；出具凭证单单据的义务；售后服务义务；不得不当免责的义务；尊重电子商务消费者人格的义务；接受消费者监督的义务。

（二）电子商务消费者权益

电子商务消费者权益的概念：电子商务消费者权益是指消费者通过电子商务购买、使用或者利用经营者提供的商品或者服务时，依法享有的受法律保障的权利或者权益。

电子商务消费者权益的内容：

（1）知情权。包括知悉电子商务经营者的真实身份；知悉电子商务交易的条件和程序；知悉商品和服务的真实情况。

（2）安全权。包括人身安全；财产安全；信息安全（信息的完整性、信息的安全性、信息保障系统的可用性）

（3）自主选择性。包括有权选择进行电子商务；有权选择以何种方式进行电子商务；有权选择是否接收电子邮件广告。

（4）公平交易权包括犹豫期；点击合同。

（5）获赔权。

（6）结社权。

（7）受教育权。

（8）监督权。

（9）受尊重权。

（10）个人信息权。

（三）电子商务交易平台权益

电子商务交易平台的概念和原则：电子商务交易平台是指为营造公平、诚信的电子商务交易环境，促进我国电子商务健康快速发展，商务部起草了《第三方电子商务交易平台服务规范》，主要代表平台有宇商网、淘宝网和企汇网。其主要原则包括：

1.公正、公平、公开原则

平台经营者在设定、修改业务规则和处理争议时应当遵守公正、公平、公开原则。

2.业务分离原则

平台经营者若同时在平台上从事站内经营业务的，应当将平台服务与站内经营业务分开，并在自己的第三方交易平台上予以公示。

3.诚信交易原则

电子商务过程中涉及交易的部分都需要建立诚信体系，要本着对用户负责、诚信的态度，通过实名认证、手机验证、邮箱验证等，保证交易双方互信互通，这需要交易平台有相当谨慎的审核机制。

电子商务交易平台的基本制度：平台经营者应提供规范化的网上交易服务，建立和完善各项规章制度。主要制度有：

（1）用户注册制度；

（2）平台交易规则；

（3）信息披露与审核制度；

（4）隐私权与商业秘密保护制度；

（5）消费者权益保护制度；

（6）广告发布审核制度；

（7）交易安全保障与数据备份制度；

（8）争议解决机制；

（9）不良信息及垃圾邮件举报处理机制；

（10）法律、法规规定的其他制度。

平台经营者应定期在本平台内组织检查网上交易管理制度的实施情况，并根据检查结果及时采取改善措施。

第四节　经营者权益保护

案例 5-1

全国首例电商退货诈骗：京东遭 700 宗诈骗

2015 年 2 月 6 日，广州公安召开新闻发布会通报，萝岗警方近期侦破了京东商城被诈骗系列案件。该团伙在全国多市作案七百宗，高达七十七万元的涉案金额，警方已逮捕犯罪嫌疑人 3 名，缴获假硬盘 205 个，以及作案工具。

这是警方破获的首例全国电商退货诈骗案件。在 2014 年的 6 月之前，用假货充当真货退回，在全国各地，京东接连收到用户对同一品牌多款型号硬盘商品的退货诉求。京东及时地同意了用户地退货申请，同时把所有被用户退回来的商品统一返厂检测。但是，检测结果是所有退货的硬盘都是假的。在北京、武汉、西安、沈阳、广州等十二个城市，京东对购买硬盘的用户进行了专项调查，发现有客户下单网购同款硬盘的行为。这些客户在收货后不久就申请退货，而且无一例外退回来的货都被厂家鉴定为假冒伪劣商品。通过京东公司的后台系统和数据分析，2014 年 10 月，京东商城广州分公司向萝岗分局报案。

萝岗分局查明，"80后"的林×强（男，广东潮州人），高中学历，来到广州在网店帮人打工，后来不干了，在网上寻找发财致富的捷径。他偶然得知京东商城网上交易退货的模式后，萌发了以假货诈骗的歪念。他找来高中同学林×，林×又把自己女朋友陈×青、弟弟林×锋拉了进来。该团伙先是在广州天河的电脑零配件二手市场，或大型知名购物网站上，以50～80元不等的价格，购买假冒的数据硬盘等电脑配件，然后向京东商城下单购买价值599～1 399元的同类商品，并通过第三方的快钱支付公司支付货款。收到货后，该团伙通过粘贴防伪标签等方式，将正牌商品和假冒货品调包，以"产品质量不好或使用后出现问题"为由，将假货退给商家，从中牟利。假冒的货品从外观、型号上看与正牌商品无异，仿真度极高。该团伙以300～1 000元不等的价格，将正牌商品卖给二手电脑配件市场。2013年9月起，该团伙先后在武汉、北京、沈阳、西安及广州等多市作案700宗，涉案金额77万余元。办案民警称，该团伙利用手机或QQ号注册网站用户，每个用户购买一个硬盘进行调包诈骗，该团伙前期会到武汉、北京等地签收快递，掌握规律后，便不再去外地收货，而是直接由外地中转再寄回广州。

经检察机关批准，萝岗警方对涉案的3名犯罪嫌疑人依法执行逮捕。案件已进入司法起诉阶段，犯罪嫌疑人必将遭受法律的制裁。警方表示，目前已经注意到这类新型的诈骗手段，警方会加大对此类案件的打击力度。

一、案例分析

（一）社会背景

1.社会状况

随着经济的发展、人民生活水平的提升，人们对生活的追求也在不断地提升。机遇与困难并存的社会之下，有的人选择勤劳致富获取幸福生活；有的人通过智慧和天赋在努力实现人生价值；有的人却损害他人的利益牟取暴利。

在社会发展过程中，出现了违法犯罪的行为就需要及时处理，及时打击不法分子的犯罪行为，维护社会的公平和正义。

2.大数据分析

从2014年年末开始，大数据分析成为互联网浪潮中的新热点。大数据与云计算成为许多互联网巨头的战略制高点。让很多互联网公司开始重视"互联网+"，让企业数据得到更好的网络化、数据化的呈现和分析，并利用这种分析得到有效结果从而推动公司业务的发展。

在本案例中，京东商城通过对用户的行为比对与研究分析，判断出了这类用户的异常购物行为，并及时报警，协助警方抓获犯罪嫌疑人。这从侧面体现了对大数据的重视与利用。

（二）经济背景

1.网络购物更发达

21世纪初，我国互联网得到快速发展。在经历了短暂的寒冬期之后，我国互联网的发展速度日新月异。有一大批电子商务公司（如最早的电商公司8848）在寒冬期中倒下，也有一大批电子商务公司在时代潮流中应运而生。京东在"非典"期间有了雏形，阿里的淘宝平台在2008年后逐渐壮大。许许多多电子商务平台的发展，从早期的价格战到如今的品质化、差异化竞争策，品质把控得越来越好，服务做得越来越好。目前，七天无理由退换货、十五天无理由退换货等服务形式的出现让网络购物更加便捷，更加放心。

在电商平台的发展策略中，许多优势策略为电商平台带来利润的同时，也埋下了安全隐患。在各大电商平台的发展中，许多诚实守信的用户得到了正当的实惠和利益，也有一些不法分子研究平台漏洞，从中牟取非法利益。

2. 支付方式多样化

网络购物最关键的是安全问题，包括网站前端信息、后台用户数据，也包括交易支付等安全保护问题。其中，尤为重要的是支付安全的问题。毕竟网络购物交易双方都是陌生人，难有个人信用保证。这种情况下，以支付宝为典型的第三方支付平台开始针对性地解决交易支付的担保问题。

在支付过程中，由买方向第三方平台汇款，收货后再由第三方支付平台转账给卖方。买卖双方不直接接触货款，由第三方支付平台担保交易，保证了买卖双方二者的守信，解决了网络交易的支付问题。利用第三方支付工具进行货款结算，便利了守法公民，也为网络诈骗者提供了可乘之机。

当然，随着电子商务市场的不断活跃，第三方支付成为许多金融机构的热门业务。国内主流的银行以及其他互联网公司积极跟进第三方支付业务，促进了支付方式的多样化。

3. 物流货运更便捷

电子商务的发展，离不开支付、物流的支撑。

在本案例中，该犯罪团伙前期到武汉、北京等地签收快递，掌握规律后，直接由外地中转再寄回广州。这映射出整个物流快递行业的快速发展。

以前最普遍的是中国邮政包裹寄送，如今"四通一达"再加上京东和顺丰的快递业务，整个快递行业的触角遍布大江南北。水运、陆运、空运等立体交通的发展，推动了整个快递行业的成熟和完整。物流货运更加便捷不仅为个人带来"今天下单明天收货"的良好体验，更促进了社会资源的优化配置，带动了整个中国经济的新发展。

（三）政策背景

我国是一个法治国家，奉行依法治国的基本国策，"有法必依、违法必究、执法必严"。在本案例中，犯罪嫌疑人的行为违反了国家法律，京东商城广州分公司据此向萝岗分局报案，由警察局进行调查审核，并抓捕犯罪嫌疑人，最后由司法机关视犯罪嫌疑人的违法情况做出轻重裁定和相应制裁。

尽管我国目前的经济发展迅速，法制体系不够完善，不能够规范经济生活中的方方面面，但是我国目前的法律体系结构完整，能够对现有的经济行为做出基本的判定和规范。虽然有时法律条文没有细致明确地定义经济行为，不能够全面地裁定和衡量经济损失，但这并不表明有法律漏洞可钻，任何经济行为犯罪都将受到法律的制裁。这从真正意义上说明了我国是一个法治国家，能够不断地完善法律，依法办事。

（四）网络经营者法律法规及其特点

由于电子商务的发展具有一定的超前性，目前许多的法律、法规不能完全满足电子商务的要求。因此，只能从相关和适用的法律法规中做相应的解读。

我国已经颁布（或修正）了诸多有关电子商务和互联网的法律、法规和规章制度，如《计算机软件保护条例》《计算机信息系统安全保护条例》《计算机信息网络攻击联网管理暂行规定》《中国互联网络域名注册暂行管理办法》《专利法》《著作权法》《商标法》等。

此外，在《合同法》《刑法》中均增加了有关电子商务和互联网的相关条款。2004 年 8 月 28 日，《电子签名法》在十届全国人大常委会第十一次会议上表决通过，业界人士纷纷认为这是我国首部"真正意义上的电子商务法"正式诞生的标志。

这些法律条文的出现，并不是凭空捏造、随意产生的。有关网络经营者的法律法规都是在时代浪潮中及时出现、及时规范的新的社会行为和经济行为。因此，这些法律条文具有"专用性、创新性、可适应性"的特点，能够更好地规范网络经营者的行为，促进新的经济热点能够在正确的道路上走得更远。

（五）网络经营者法律法规成立的条件

我国是一个法治国家，立法有道，依法有方。在我国法律体系中，以《宪法》为核心，成体系地设立了《民法商法》《行政法》《经济法》《社会法》《刑法》《诉讼与非诉讼程序法》。任何有关网络经营者的法律法规的成立，都是以此法律体系框架为基础。

随着社会的发展，新的经济热点的兴起，出现了新的经济行为。我国相关部门在分析研究这些经济行为的同时，有义务引导和规范这些新的经济行为。比如，随着互联网浪潮的发展，一大批网络经营者的行为需要正确引导和规范。在这个时代背景之下，有关网络经营者的法律法规应运而生。

概括地说，网络经营者法律法规是在现有法律体系框架的基础上，在时代的要求中建立起来的，具有一定的针对性和创新性。

（六）网络经营者法律法规存在的问题

网络经营是跨区域的，甚至是全球性的商业模式，这需要用全新的思维方式考虑法律法规的内容，当前网络经营正面临着一系列不可避免的法律问题。

单纯从事商品交易而不从事网络平台服务的经营者是很少的，反之亦然。总体来看，同时从事两方面经营的现象比较普遍。在美国，其电子商务的发展已经在相关法律文件中以"电子商务交易人"或者"网上交易当事人"等对应名称出现。相比于此，我国针对网络交易当事人的法律界定仍然带有较强的技术表述色彩。其用词不准，定义不明确。

网络经营面临的法律问题包括电子合同的法律问题、网络交易的安全问题、网络经营的只是产权保护问题，以及网络经营的税收问题。

虽然互联网已经成为网络经营者们工作、生活中非常重要的工具，但是网络经营者们却很少重视对互联网相关法律法规的解读。这导致了互联网经营中经常发生法律纠纷，甚至在毫无知觉的情况下发生了违反法律的行为。

（七）案例涉及相关法律法规分析

在案例中犯罪嫌疑人主要涉及经济的欺瞒诈骗，犯了诈骗罪。

诈骗罪是指以非法占有为目的，用虚构事实或者隐瞒真相的方法，骗取数额较大的公私财物的行为。诈骗罪侵犯对象也应排除金融机构的贷款。在我国《中华人民共和国刑法》的第266条中对此有相关定义。

上述案例中，犯罪嫌疑人利用大量买进的低价低质商品，替换高价值的核心零部件后再退货退款，已经是恶性经济行为。不仅干扰了正常的商业经营，还导致商品经营者承受巨额损失，这是一种严重的经济诈骗行为。犯罪嫌疑人的经济诈骗行为违反了我国的民法商法。这种违法行为不是简单的民事权益侵害，而是触及刑法，必将承担刑事责任。

二、经营者如何维护自身权益

（一）强化法律意识

一般情况下，提到《经济法》与《电子商务法》，人们首先想到的是保护消费者权益，打击惩处不良卖家。这样的情况下，不论是立法者，还是执法者，经济行为的当事人更应该树立法制意识。尤其是网络经营者，应该主动关心和了解涉及自己的法律条文，应该加强法律意识，做到"知法守法，有法用法"。

（二）加强平台监测

上述案例中，狡猾的犯罪嫌疑人利用大量非实名认证的账号，通过第三方快捷支付的手段实现线上交易，再用多地址进行收货退货。这种行为没能逃过京东商城的数据分析和判断。

这种数据监测和异常情况进行及时反馈的案例，从侧面印证了大数据分析判断的重要性。作为经营者应该学会根据异常情况进行判断和分析。

（三）倡导警民合作

京东商城作为国内领先的B2C平台，具有深厚实力，但并没有私自行动，而是及时报警，寻求法律的帮助。这是倡导依法办事的典例。

对众多网络经营者来说，应该依法守法用法。出现经济纠纷或者经济案件的时候，及时报警，寻求国家法制力量的帮助，才能够更好地维护自身权益。

三、经营者权益保护法建设性意见

我国目前的法律体系结构完整，细枝末节上的法律条文不够完善。

建议我国立法部门根据社会民生情况，及时、有针对性地修缮相应的法律条文，真正做到"有法可依"。同时，建议我国网络经营者、消费者、执法部门在实际的工作生活中，能够熟知并利用好相关法律，做到"有法必依"。

我国执法部门、司法部门在衡量和裁定相关违法行为的时候，应有严谨和认真的态度，加强打击犯罪的决心，做到"执法必严"。忠告广大人民群众、消费者，在经济生活中不要贪图便宜走捷径，不要巧取豪夺走偏门，要做一个诚信守法的人。"有法必依，违法必究"应该是每个人的行为准则。

第五节　消费者权益保护

✚ 案例 5-2

网络"刷单"成"痼疾"

随着电商快速发展及网购市场不断繁荣，交易量、信用评价、商品评价等在电商平台的作用不言而喻，它们影响着消费者的购买决策。于是，网络"刷单"行为应运而生，逐渐演变成危害市场秩序的"痼疾"，降低了电商平台的信誉，也侵害了消费者的权益。值得警惕的是，很多在校以及刚刚跨出校门的大学生加入"刷单"大军中。不少在校生将此视作兼职赚钱的"好路子"，只需轻点鼠标，就可足不出户赚点生活费。由于法律意识淡薄，甚至有大学毕业生以此为业，误以为自己走上了"创业之路"。打着"创业"的幌子非法获利近百万元。

事件：2016 年 7 月 22 日，镇江某高校大学生向记者反映，有社会人士以提供一两百元报酬为条件，通过学生代理，向大量在校学生借用身份信息，发生校园安全事件，以他们的名义在分期支付软件上刷单买手机、借款，随后，定期打钱给学生还"月供"。谁知，近日学生代理突然通知他们，负责给钱的上家资金出现问题。现在债主频频催款。据介绍，共有200 多名大学生受牵连，涉及金额近百万元。

据了解，这些刷单的学生有一个共同点，都是经过身边的朋友和同学介绍，然后加入刷单"大家族"的，"简易轻松、赚钱迅速"是"金句"口号，经常被使用拉人入伙，屡试不爽。"当这些大学生被抓获时，大多数人一脸迷茫，他们认为自己是在从事'大学生创业'项目，是国家鼓励的，一点也没有意识到自己的行为是违法的。"铜陵市公安局经侦支队警官王磊对刚刚破获的这起案件感触最深的是，刚刚步入社会的大学生，应了解掌握相关的法律规定，规避法律风险，在遵法守法的前提下响应国家号召进行创业。

2013 年，"两高"发布的司法解释对网络犯罪行为进行了明确的界定。非法经营行为"情节严重"者，会以非法经营罪定罪被处罚。以营利为目的，通过信息网络有偿提供发布信息等服务，扰乱市场秩序，个人非法经营数额在五万元以上，或者违法所得数额在两万元以上的，都属于严重非法经营行为。

一、案例分析

（一）社会背景

由于电子商务交易的虚拟性，购物一族在淘宝、天猫，又或者是京东商城，挑选商品的时候会习惯性地根据销量或者好评挑选商品或者店铺。刚刚上线没多久的小卖家因为没有销售历史、流量以及竞争力，只能通过刷单提高竞争力。平台机制如果没有改变，刷单就不会停止，所谓上有政策下有对策，总有人看准漏洞。

（二）经济背景

我国是商品生产大国，据统计，出口的商品种类已达 1 400 余种，居世界第一，国内各种产品种类更是丰富。种类繁多的商品中，不乏货真价实、物美价廉的好产品，但是其中亦充斥着各种以假充真、以次充好的假冒伪劣产品，若消费者购买了上述产品，轻则造成财产损失，重则侵害生命安全。我国虽对假冒伪劣产品有所监管和打击，但是，法律制度的建立、打击力度的加强远未达到能充分保护消费者合法权益的程度。

（三）政策背景

刷单猖獗最根本的客观原因是阿里巴巴的政策背景，以流量分配为本质。电商平台为了争取更多的流量和曝光机会，对阿里的流量产生了大量需求。因此，这些卖家大量采取刷单或者大幅降价措施提高竞争力和流量。在打击刷单方面，阿里可谓是不遗余力，申通公司发布了以"关于禁止受理淘宝天猫平台卖家炒信快件的通知"命名的文件，申通公司禁止分拨网点代收代发"炒信快件"，"炒信快件"是指没有实物的空包裹。申通公司严格表示，由于受理炒信快件导致淘宝、天猫平台关闭申通在该地区业务的，责任单位将会被总公司处罚 5 ~ 50 万元，甚至取消经营资格。淘宝内部工作人员对腾讯科技表示，淘宝已和快递公司达成了有关严防刷单的协议。但淘宝刷单的问题长时间存在，这一系列措施就能让刷单问题得到改变甚至是解决吗？

（四）网络消费者权益保护法法律法规及其特点

消费者权益保护法是调整在保护公民消费权益过程中所产生的社会关系的法律规范的总称。其主要特征有以下几点。

（1）具有较高的保护水平。列举的消费者权利有九项之多，以专章规定消费者的权利，说明该法以保护消费者权益为根本目的。

（2）着重强调了经营者的义务。规定经营者与消费者以自愿、平等、公平、诚实信用的原则进行交易。

不仅如此，该法还专章规定了经营者对特定消费者以及社会公众的义务。

（3）鼓励、动员全社会共同承担责任，使消费者合法权益得到保证，损害消费者权益的不法行为应该被全方位监控。

（4）消费者的群体性也会被保护，消费者组织的法律地位也被以专章规定。

（五）电子商务平台法律法规存在的问题

在现实生活中，消费者常遭遇"维权难"的问题，主要包括：购买了问题产品，想要维权却遭遇经营者和生产者"踢皮球"，推诿责任；购买了"三无产品"，想要维权却索赔无门；购买产品发生问题后，想找有关部门反映情况，维护权益，却因未能及时保全证据而遭遇"索赔难""鉴定难"等。

（六）案例涉及相关法律法规分析

网络刷单，是网店雇人进行虚假交易获取商品好评从而提高成交量、信誉度、竞争力的违规行为。网店刷单行为侵犯了消费者的知情权、公平交易权。请人刷单的卖家、替人刷单的刷手和中介，触犯了消费者权益保护法，应该承担消费者的损失。刷客在参与刷单的过程中被骗，被骗刷客可向公安机关以诈骗罪报案。

网店店主通过"刷单"提高网店信誉度及商品好评数是虚假宣传，违反了诚实信用的经营原则。如果因为存在问题的商品对消费者造成损失，会构成欺诈。相对于其他网店，刷单通过不正当竞争手段获得了经营优势，触犯了不正当竞争法的相关规定。如果刷手以及提供刷单服务的中介明知涉及虚假宣传还去参与刷单，那他们同样存在过错。消费者的损失应该被卖家、刷手、中介承担。

刷客帮助刷单，导致消费者与网店间信息不对称，消费者权益会被侵害。《消费者权益保护法》第十条规定消费者享有公平交易的权利。消费者以质量保障、价格合理、计量正确等条件为前提进行商品购买以及接受服务是基本前提，消费者可以拒绝经营者的强制交易。目前，出现了一种不正常现象，大学生已经成为刷客的"主力军"。他们需为自己成为无良卖家的"帮凶"的行为承担法律责任，而且大学生还会被黑心中介、卖家诈骗，最终得不偿失。

虽然刷手刷单本身存在过错，但是若在刷单的过程中被骗，其财产权益受到侵害，仍能向公安机关报案寻求帮助。"刷单骗局"属于诈骗行为，若构成犯罪将被判处三年以下有期徒刑、拘役、管制、单处罚金等，如果涉及金额达到 3 000 元以上且是累犯的，将被判处有期徒刑 6 个月，刑期会随诈骗金额增大而增加。

司法解释明确规定了此类行为的定罪标准，情节严重的则构成刑事犯罪。大学生要提高认识能力，学习法律知识，不要参与网络刷单，不要着眼于眼前的蝇头小利。要学会保护自己，切莫因贪利试法而遗憾终身。

二、消费者如何维护自身权益

（一）了解自己的权利

《消费者权益保护法》《产品质量法》《民法通则》规定，消费者在购买商品或接受服务时，具有安全权、知情权、自主选择权、公平交易权、求偿权、维护自身合法权益权、获得知识权、人格尊严权和监督举报权。

（二）索要发票

发票是消费者购物以及消费者维权的基本凭证。消费者在购物时应当索要发票并予以妥善保管。除此之外，还有保修卡、信誉卡、产品使用说明书、产品合格证、警示标志等凭据，都要保管好，以备急用。

（三）牢记维权时限

国家《部分商品维修更换退货责任规定》有以下规定：

"7 日"规定。产品自售出之时起 7 日内发生性能故障，可以选择退货、换货或修理。

"15 日"规定。产品自售出之日起 15 日内发生性能故障，消费者可以选择换货或修理。

"三包有效期"规定。三包有效期自开具发票之日起计算。在国家公布的第一批实施三包的 18 种商品，如彩电、冰箱、自行车、空调、手表等的三包有效期，整机分别为半年至

1 年，主要部件为 1 年至 3 年。三包有效期应扣除因修理占用的时间，换货后的三包有效期自换发之日起重新计算。

"30 日"和"5 年"的规定。修理者应保证修理后的产品能正常使用 30 日以上。生产者应保证在产品停产后 5 年内继续提供符合技术要求的零配件。

（四）运用维权渠道

《消费者权益保护法》第 34 条明确规定，消费者和经营者可以通过五种途径解决消费者权益争议：

（1）与经营者协商和解。在与商家沟通无果的情况下，最直接有效的寻找法律维权的方法是拨打 12315 电话。通过法律途径进行维权，能对不法商家进行最有效的惩罚。在使用 12315 维权之前，保留商家不正当交易的有效凭证具有事半功倍之效。

（2）请求消费者协会调解。我国成立了消费者协会等组织协调和解决消费者与经营者之间的纠纷，如果经营者损害了消费者权益，消费者可向消费者协会寻求帮助。

（3）向有关行政部门申诉。国家成立了市场监督管理局监督和管理市场经营活动，如果发现经营者在经营过程中存在欺诈、以假充真、以次充好的情况，那么其有权责令经营者停止非法经营行为，没收经营所得并处以罚款；消费者亦可保全证据后，向市场监督管理局投诉，亦可维护自身合法权益；亦可通过媒体曝光维权，此法适应用于有背景、有影响力的违法商家，他们最在乎社会评价，如果在协商维权的过程中受阻，也可以通过各种媒体（电视台、网站、微博等）曝光其违法行为。这是因为通过媒体曝光会产生舆论压力，甚至会引起高层政府官员的注意和重视。

（4）根据与经营者达成的仲裁协议提请仲裁机构仲裁。《消费者权益保护法》《食品安全法》等法律中明确规定了消费者可向经营者、制造者主张三倍赔偿或十倍赔偿的法律适用情况，消费者可根据相关法律规定维护自身合法权益。

（5）向人民法院提起诉讼。但是，需要注意和把握诉讼时效。我国《民法通则》规定，身体受到损害要求民事赔偿和寄存财物丢失或者毁损的诉讼时效期间为一年；因产品存在缺陷造成损害要求赔偿的诉讼时效期间为两年。因此，当消费者的权益受到侵害进行维权时，一定要及时地向法院提出诉讼请求，保证在时效期内完成维权。若维权过了时间规定，有理也会输掉官司。

三、消费者权益保护法建设性意见

（一）消费形式有变应扩大保护范围

建议对消费者的定义进行深入研究，尽量涵盖一些特定的消费行为，应扩充消费者及消费行为的界定范围。在诉讼过程中，有的法院认为商品房在商品的范围内适应消费者权益保护法，但有的法院认为商品房不在商品的范围内，不适应《消费者权益保护法》。对汽车的界定也存在分歧，如有的法官认为汽车是奢侈品不是消费品，不适应《消费者权益保护法》。

（二）网购增多要允许异地维权

异地消费维权可否采取"属地管辖与属人管辖相结合"的原则，因为不只是旅游、出差消费牵扯到异地维权，当下盛行的网络购物、电视购物出现的纠纷也需要异地维权。另外，关于降低消费者的维权成本，应该提高经营者的违法成本，经营者提供的商品或服务存在欺诈行为，赔偿金额的标准应该修改为最低为原费用的一倍以上，提高赔偿额度以有效打击欺诈行为。

（三）买卖个人信息行为应入罪

现实生活中，通信公司、保险公司、旅游公司、房地产公司等商家通过把用户的电话号码和其他隐私信息出售给有需求的人谋利。任何场合所注册的姓名、住址、收入状况、疾病史、血型以及恋爱史、婚姻史等基本隐私信息，有很大可能被人出售赚取利益。但由于现行的消费者权益保护方面的法律法规尚未涉及消费者隐私权保护的问题，未对这类违规商家设定任何的民事责任和行政责任，导致这类行为屡见不鲜，因此，建议买卖消费者隐私也应纳入《消费者权益保护法》修订范围，全面维护新形势下消费者的合法权益。

第六节　网络诈骗维权

案例 5-3

骗子利用基金电商盗窃

2014 年 12 月，事主张女士因为她儿子陈先生的建行银行卡被人转走 13.08 万元报案。陈先生向银行和基金公司查询，两方客服确认了这笔钱的交易时间、交易次数，卡里原有的 130 887 元曾分两次被转入某基金账户。基金公司方面告知了陈先生，此前其曾开设基金账户，两次购买基金。这两笔资金最终赎回到以陈先生名义开的而且与基金绑定的农行卡上，成功诈骗。被捕之后，朱某等 4 名嫌疑人供述了整个犯罪经过。首先，朱某等人通过社交软件购买到了卡主姓名及预留手机号、身份证号、银行卡号、银行卡密码等卡主资料。然后，根据陈先生的身份证号查到身份证正面照片，通过扫描照片制作临时身份证，拿着陈先生身份证去农行成功办卡。最后，用陈先生原来银行卡里的钱购买基金，再将基金的钱分多次赎回到此前新开的农行卡上，最后转账取现。

犯罪分子选择以基金账户作案的根本原因是基金开户简便，账户之下可以添加同名卡。还有是因为该基金验证方式是输入姓名、身份证号、银行卡号、网银登录密码，是验证网银，不需要 U 盾及手机验证码。另外，该基金可添加其他本人名下卡，用所开的事主同名卡转账取钱。同名卡的绑定只需要输入另一张卡号、名字、身份证号、取款密码。案件发生的同时，多家基金公司电子商务部遇到一些基金持有人因为电话诈骗要求索赔的烦心事。因为索赔的原因并不是投资问题，不在工作职责范围内。广州一家公司在之前的一个月里有1 000 多个关于诈骗问题的电话。这不仅使基金公司头疼也让用户蒙受了巨大的损失。随着公安机关的介入，公安局机关要基金公司电子商务部门和法务部门协助调查。

一、案例分析

（一）基金盗窃案的根本来源：基金网上直户模式快捷化

1.基金公司开户模式的错误

此"基金份额盗窃"案，引发业内人士对基金开户到份额申赎多个环节的重新审视。据了解，目前的基金公司官网直销开户主要由快捷开户、网关模式以及 U 盾开户三种方式构成。快捷开户在直销网上交易系统购买基金时，只需在申请开立基金账户时提供本人借记卡卡号、客户姓名、证件类型、证件号码及银行预留手机号码等信息，银行卡不需要开通网银支付等功能，基金公司在完成前述信息与投资者在银行系统中预留的信息验证后，即可进行基金公司业务协议的签署和基金账户的开立。网关模式网关跳转需要跳转至银行，输入银行卡密码，送到银行后台验证；U 盾开户则是最早最严格的一种。"基金开户流程一直存在着一定的问题，如开户复杂。此前，客户通过网关模式开立基金账户，30%~60% 会由于通信信号等种种原因出现跳转网关环节不成功，影响开户。因此，后来一些基金公司开通快捷开户，但与此同时，开户的风险偏好测试等环节被移至基金开户之后。"华南某基金公司互联网金融部总经理分析指出，"便捷与安全漏洞成正相关关系"。

2.基金公司与银行磋商协议漏洞

另一方面，基金公司直销开户是由基金公司跟各家银行磋商协议的结果，因银行要求而异。《每日经济新闻》记者挑选不同银行进行操作后发现，不同银行的开户过程不同，华夏基金选择使用工商银行卡开户，第二步要求填写在银行预存的手机号码进行身份验证。浦发银行卡开户全程并未用到 U 盾或是短信验证码等提示方式，而是则采取跳转网关模式。多位基金业内人士认为，基金开户并非风控环节中最主要的部分。"基金账户开立其实没有太大问题，用不用 U 盾开户也不是第一重要的，重点其实是在后面的环节，即是否强调'钱从哪来，回到哪去'这样一个大体原则。"深圳某基金公司督察长分析指出。上述基金公司督察长提及的"钱从哪来，回到哪去"，即通常意义上的资金闭环业务规则。

（二）作案手法总结

经过深入分析后才明白了诈骗背后的原因。其实不仅个人是受害者，基金公司电子商务部也是受害者。经过多方了解，总结并列出诈骗流程：

第一步：受害者的身份证号、手机号、银行卡号，以及在某电子商务网站的购物信息，被诈骗者通过各种渠道获得。

第二步：这些信息被诈骗分子利用，基金账户成功在某家基金公司开通，然后挂接银行卡。

第三步：骗子以受害者网购有问题主动打电话，需要退款（以各种理由需要退款），然后要求你把银行的验证码发给他。

第四步：骗子开通基金账户时，受害者接到银行发送的验证码。受害者认为，他没有主动要求接受银行验证码，但收到自己银行的验证码，理所当然得认为是银行退款需要验证，因此就给了骗子，从而导致顺利开通基金电子商务账户。

第五步：骗子以受害者的银行权限有问题为由，让受害者先购买一种基金产品。由于账户已经开通，因此可以很顺利地购买成功。

第六步：骗子一方通过进行基金赎回操作使受害者很快就收回了之前买基金的资金。

第七步：骗子以账户再次要验证为由，要求受害者向其已经准备好的另一账户转账，理由包括账户再次验证，购买一只基金等。

第八步：受害者转账，骗子获取利益。

（三）基金电商诈骗的未来趋势：手机终端

1. 手机 app 的漏洞

引人注目的是，基金公司手机客户端也成为漏洞暴露的灾区之一。乌云网的"白帽子"（能识别计算机系统或网络系统中的安全漏洞，但并不会恶意利用，而是公布其漏洞的人）提供的示例图片显示，通过用户身份证号码，以及一些手段可以在某基金公司苹果 iOS 版本的客户端中重置用户的基金账户密码。这使职业黑客通过攻击脚本获得用户身份证号码成为可能。

2. 钓鱼攻击的威胁

除了系统安全问题外，"钓鱼攻击"在手机移动端亦愈演愈烈。

钓鱼网站是一些不法分子常用来进行欺诈的一种手段，骗取访问者的各种账号和密码等私人资料，他们通过假造其他网站的 URL 地址和其页面的内容，或者利用其网站服务器上的漏洞并在网站上植入有病毒的 HTML 代码。中国反钓鱼网站联盟（隶属于中国互联网络信息中心主要任务就是处理钓鱼网站，分析指出，绝大多数案件涉及支付交易类、金融证券类、媒体传播类等三大行业，其中涉及支付宝交易网站的数量达到 81.34%，三类行业占总量的 99.41%。

（四）基金盗窃案产生的争议：牺牲用户体验还是牺牲安全

1. 监管部门：需要引起重视加强管理

当今世界，只有创新才能长久地保持活力，但创新也带来了诸多的问题和风险，怎样在用户的日常使用体验和管控风险之间寻找平衡点，这是基金公司迫切需要解决的难题。"这个案子折射出的互联网安全问题在于无法核实客户身份。电子商务一直也都有商品被盗的问题，但互联网与金融结合之后就要考虑金融行业的特殊性：金额大且为无形商品，因此更需要引起重视。"

一位在基金公司内部做监察稽核的当事人提到，数据安全是首要的，这也是大多数作为监察的人认同的观点。"管不好风险就不要发展。"某华南基金公司督察长直言，"现在是三三两两的案例冒出来，假如说风险大面积爆发，就算是基金不卖了，也不能提供这种服务，你有责任把风险给控制住。"

2. 基金公司：不能因为强调安全而放弃用户体验

对于基金公司，不同的部门有不同的意见，业务部门始终认为不能过度强调风险的管控而忽略客户的使用体验，他们认为这种做法过于保守。"我认为这些案件都是小概率事件，不能因为这个而损失大多数人的便利。"上海某基金公司电子商务总监认为，"用户需要有最基本的信息安全防范意识。希望依靠机构完全隔绝风险，那不现实，也做不到。这个案件里，连最核心的信息都被盗取了，怎么可能指望基金公司辨认开户的是不是你本人。"余额宝正是因为最大限度地简化了用户操作流程而迅速风靡市场，也使基金公司大为震动，基金公司电商业务言必称"用户体验"。

3. 基金公司过度强调用户体验的后果

事实上，尽管规定基金份额只能同卡进出，但基金公司提供了另一些创新业务的增值功能，如免费转账、还信用卡、购物等亦存在潜在的风险点。

银行卡的更换也被业内人士视为可能突破同卡进出的一种手段。"比如去异地工作等各种原因，客户确实有换卡需求。通过换卡，基金份额也可以实现跨卡赎回。"深圳基金公司督察长透露。

目前，基金公司规定的换卡流程普遍有两种标准：若是空卡，用户可自助更换；若卡里仍有基金份额，则需要提交多种证件材料，且只能在同一家银行之下进行更换。只有在管住了同卡进出之后，还需要严格审核换卡流程，这样才能保证较高的安全系数。

4. 从基金行业来看：互联网金融系统高危漏洞屡现

如果系统漏洞被黑客利用，则损失将会更大。金融业与互联网的结合，使基金公司网站直销数量迅速增长，然而数据的安全问题引发了全社会的关注。数据安全事件大多是网站程序或者软件存在漏洞，可能会使其他人容易取得后台系统管理权限甚至远程控制主机。这种网络公司拥有大量客户隐私信息，如果系统出现安全问题很容易发生连锁反应，把风险波及其他行业。网络技术降低了使用门槛，带来便利和安全的同时也存在风险。

（五）案例涉及相关法律法规分析

近年来，随着网络技术的发展，发生了多起利用通信网络和互联网等技术手段实施的诈骗犯罪，给人们带来了巨大的精神损失和财产损失，犯罪涉案范围广并且有很强的组织性，诈骗手法多种多样，受害者群体已覆盖社会的各个年龄段、各个阶层，成了社会一大毒瘤。例如，2016年8月发生了震惊全国的"徐玉玉案"，再次使网络诈骗引起全社会的重视。目前，政府高度关注预防和打击网络诈骗，国务院专门成立了打击治理电信网络新型违法犯罪工作部际联席会议制度，对电信网络新型违法犯罪专项治理，重拳出击。2016年10月，六部委联合发布了《关于防范和打击电信网络诈骗犯罪的通告》，12月20日最高人民法院、最高人民检察院、公安部联合制定发布并实施《关于办理电信网络诈骗等刑事案件适用法律若干问题的意见》（下文简称《意见》），为执法和司法机关依法快侦、快捕、快诉、快审、快判提供了法律依据，对网络诈骗起到了巨大的震慑作用。

1. 规定了十项"从重处罚"情节

从重处罚是指在刑法法定处罚种类和幅度内对行为人适用较重种类或者较高幅度的处罚。

从重处罚表明犯罪行为人实施的犯罪行为比较严重，《意见》第二条规定了十项从重处罚情节：造成被害人或其近亲属自杀、死亡或者精神失常等严重后果的；冒充司法机关等国家机关工作人员实施诈骗的；组织、指挥电信网络诈骗犯罪团伙的；在境外实施电信网络诈骗的；曾因电信网络诈骗犯罪受过刑事处罚或者两年内曾因电信网络诈骗受过行政处罚的；

诈骗缺乏经济来源人员的财物；诈骗救灾、抢险、防汛、优抚、扶贫、移民、救济、医疗等款物的；以赈灾、募捐等社会公益、慈善名义实施诈骗的；利用电话追呼系统等技术手段严重干扰公安机关等部门工作的；利用"钓鱼网站"链接、"木马"程序链接、网络渗透等隐蔽技术手段实施诈骗的。

2. 确定了诈骗"数额巨大"和"数额特别巨大"的标准

《意见》依据相关法律，诈骗公私财物价值三千元以上、三万元以上、五十万元以上的，应当分别认定为"数额较大""数额巨大""数额特别巨大"。《意见》指出，两年内多次网络诈骗，数额总数构成犯罪的要依法定罪。诈骗数额达到上述"数额巨大"或"数额特别巨大"的标准80%以上的，而且具有十项"从重处罚"的情形之一的，分别认定为"其他严重情节"或"其他特别严重情节"。

3. 采取了数额标准和数量标准并行的定罪方式

目前，诈骗分子使用现代通信工具和互联网技术实施通信信息诈骗犯罪，具有极大的隐蔽性，加大了侦查和取证的难度，现实中很难确定诈骗的数额。《意见》充分考虑到这一情况，采取了数额标准和数量标准并行的定罪方式，既可根据犯罪分子的诈骗数额，也可根据其实际拨打诈骗电话、发送诈骗信息的数量定罪量刑。

发送诈骗信息五千条以上或者拨打诈骗电话五百人次以上，以及在互联网上发布诈骗信息，页面浏览量累计达五千次以上的，应当认定为《刑法》第二百六十六条规定的"其他严重情节"，以诈骗罪（未遂）定罪处罚。按照我国刑法的规定，"未遂"也是犯罪，只不过可以比照既遂犯从轻或者减轻处罚，此项规定体现《刑法》中的"罪责刑相适应"原则。

4. 坚持了全面惩处关联犯罪的原则

网络诈骗，现已形成了庞大的犯罪产业规模，常常许多人一起通过高科技犯罪，具有跨地域的特点，而且成本低收效大，还收集个人的隐私信息，扰乱无线电通信规则，经常性冒充国家公职人员或者帮助此类人实施犯罪，《意见》针对网络诈骗犯罪带来的系列犯罪活动制定了定罪量刑标准：如非法使用非法通讯方式干扰无线电通信秩序，符合《刑法》第二百八十八条规定的，以扰乱无线电通信管理秩序罪追究刑事责任；向他人出售或者提供公民个人信息，窃取或者以其他方法非法获取公民个人信息，符合《刑法》第二百五十三条之一规定的，以侵犯公民个人信息罪追究刑事责任等多项规定，严格打击通信诈骗及其附属犯罪活动。

5. 依法明确了案件的管辖

网络诈骗通常涉及多个地方，而犯罪地域管辖又有诸多限制，如何确定司法机关案件管辖权是个难题。《意见》规定了网络诈骗犯罪案件的管辖原则，即除一般情况由犯罪地公安机关立案侦查，或由犯罪嫌疑人居住地公安机关立案侦查外，对因网络交易等关系形成的跨区域问题，多个公安机关都有权管辖，同时对在境外的案件做了详细说明。对于重大案件，要求公安机关应在立案侦查前，向同级人民检察院、人民法院通报。

6. 明确了赃款和赃物处理规则

为了挽回受害者的财产损失，《意见》规定了涉案赃款赃物的三条处理原则：第一，公安机关必须随案移送涉案赃款赃物，要写明清单；第二，涉案的款项，被害人的财产必须及时返还，无法查明的被害人，有证据证明该账户用于电信网络诈骗的，根据《刑法》第六十四条的规定，确定为违法所得并且追缴；第三，被告人已将诈骗所得给了别人并且对方明知是诈骗财物情况时，应当追回。

《意见》的实施，成为我国打击和治理网络诈骗活动的利器，全社会都给予高度关注，认真学习与领会，在实际工作中正确施行，全社会一起彻底治理和打击网络诈骗违法犯罪。

二、电子商务平台如何帮助消费者维护自身权益

（一）提高网络自身的局限性

许多消费者都有网上买到的和看中的不是同一商品的经历。在商品的宣传中，在把实际商品变成图片放在网络上时，消费者得到的信息只是基本信息的一部分，人们无法从网页得到全部信息，尤其对商品的直接描述。在这个环节，只有对网站的制作和网页设计者对网页的设计有更好的标准，才能向消费者提供更加真实的商品信息。

（二）完善网络平台搜索机制

网上购物时，用户比较关心如何在众多的网站找到自己想要的物品，并以最低的价格买到。EC研究所与Inktomi公司最近研究结果发现，目前用户往往通过搜索引擎输入关键词进入数据库去查找，然后进入感觉最合适的Web页链接，但是，现有的搜索引擎建立的索引不到需要建立索引商品的一半，仅有5亿网页。这主要因为部分商家希望在网页上保护商品价格的隐私权，导致用户在网络购买时，不得不逐个网站查询，直到找到满意物品。

（三）保障交易的安全性

安全对电子商务的发展有重要影响。随着Internet的快速发展，IT业普遍认为电子商务是未来最有潜力的增长点。在开放的网络上进行商品交易，保证电子商务传输数据的安全至关重要，甚至关系到电子商务的普及。调查公司发现人们不愿在线购物原因是担心遭到黑客的攻击而导致隐私的泄露，部分人或企业因担心信息泄露而尽量不使用电子商务，安全问题已经成为电子商务普及中最大的绊脚石。电子商务的安全问题其实也是诚信问题，与真实的交易相同，均需双方的共同协作和努力。电子商务能否普及，需要人们共同努力。

（四）提升电子商务的管理规范程度

多种多样的电子商务给人们生活带来了不一样的法则和形式，在管理方面应同时做到商务管理、技术管理、服务管理，并逐步完善。对商务平台的前后台的同步管理异常重要，前台是门面，是直接面向消费者的窗口，而后台的内部经营管理体系关系到前台所承接的业务能否达到要求。完善的后台管理体系，可以看出电子商务公司的整体情况，只有它提供更好的服务和有效管理，才能使电子商务公司赢利。

（五）解决税务问题

税务是国家重要的财政来源。由于电子商务的交易活动是在没有固定场所的国际信息网络环境下进行，有些情况下造成国家难以控制和收取电子商务的税金。

（六）解决标准问题

各国电子商务的交易方式和手段存在差异，但是，人们面对的是全球性的贸易活动，需要建立与电子商务交易活动相关的、统一的国际性标准，以解决电子商务活动的互操作问题。中国电子商务目前的问题是概念不清，呈现一种离散、无序、局部的状态。

（七）解决配送问题

配送费用高，消费者经常抱怨交货延迟，让商家和消费者很伤脑筋。有的配送销售组织没有形成一套高效、完备的配送管理系统，这毫无疑问地影响了人们的购物热情。

（八）解决知识产权问题

由电子商务引起的法律纠纷中，知识产权保护问题迫在眉睫。网络是数字化信息的产物，涉及知识产权版权保护的问题尤为突出。

（九）电子合同的法律问题

在电子商务中，传统商务交易所采取的书面合同已经不适用。因为电子合同容易编造，并且消费者很难分辨真假，而且电子合同的数字化标记的立法不完善。

（十）电子证据的认定

电子信息不稳定而且易变，当信息网络发生侵权问题时，收集侵权证据难度大，对解决侵权纠纷形成了障碍。做到信息的稳定和有效，是有效解决网络交易纠纷的重要途径。

（十一）建立自动更新优化的操作规范系统

商品价格差别大，服务的地域差异大，购物发票问题等细节，由于电子商务方面的法律不健全，对交易的各个环节规定不明确。

第七节　电子商务平台的权利与义务

案例5-4

北京市工商局与京东等电商平台签约保护消费者权益

2016年8月23日，北京市工商局与国内经营的十一家知名网络交易平台签署了《加强网络交易消费者权益保护框架协议》，涉及工商部门与平台经营者数据的共享与安全、纠纷解决和信用方面等诸多内容。一是搭建新型政企合作平台，共同推动网络消费环境进一步优化。通过指导平台经营者建立消费者权益保护组织机构，推进消费维权工作有效对接，促进经营者与政府部门之间达到有效沟通。二是三管齐下，强化对平台内经营者的规范管理。为了便于消费维权，建立"行政＋市场＋技术"的管理模式和信用规范机制。三是突出信息交换、共享，共同防控消费风险。工商部门与平台经营者共同推进交易数据的共享，能够有效防止信息泄露风险，同时提高了监管和消费维权的目的性。四是实现网络消费维权社会共治。工商部门与网络交易平台经营者、专业技术机构、行业协会等共同组建网络消费维权专家委员会。对网络交易中的消费风险进行预判；对网络交易商品质量抽检品类、检测项目等提出建议；对网络交易消费纠纷进行评议；一起促进网络交易领域消费维权工作，为网络交易各个环节的权益保护工作贡献力量。

一、案例分析

（一）社会背景

在近几年的电子商务活动中，价格欺诈、信息泄露、假冒伪劣等问题频繁发生。网购频繁的阶段，政府机关会多次发出警告，提醒消费者防范网络欺诈，要求相关电商注意常发问题并做好防治工作，但是，常发问题依旧在这时出现。2015年消费者协会的"双11"价格体验式调查报告指出，普查的500多种商品中仅有27.8%是真实低价，涉嫌违规的行为屡禁不止。最常见的如先涨价后降价、虚构原价、部分商家违背诚信原则等屡禁不止。一方面，中国电子商务起始时间不长，相关立法难免会有所缺漏。另一方面，一些人还认为电子商务发展时间不长，若立法过严会影响其普及与发展。但是如今电子商务高速发展已经趋于成熟发展期，完全可以依法打击价格欺诈、假冒伪劣、威胁消费者、信息泄露等行为。

（二）经济背景

2016年上半年我国经济总量增长和结构调整均取得了不错的成绩，但也面临国内外诸多的挑战。国内方面，我国经济面临较大的下行压力，"稳增长"任务依然非常艰巨。在金融领域，由于货币超发以及较低的利率水平，企业和居民具有较强持币观望的动机，对于实体经济的投资欲望不强，投机性意愿强烈。因此，未来实体经济的投资可能持续萎靡不振而投机性经济活动可能会进一步滋生蔓延，尤其是房地产和股市之间此起彼伏的泡沫风险可能逐渐扩大。

电子商务方面，从《中国网上零售市场季度监测报告2016年第二季度》可以看出，2016年上半年，中国网上零售市场规模达22 323.4亿元人民币。

在网上通过B2C模式进行销售的交易额为12万亿元，相较以前，有38.6%的增幅。在持续下降的经济背景下，网络零售保持增长，刺激了疲软的消费市场。网上零售在多年形成的以"促销"为主要增长方式后，国内消费市场逐渐回归理性、品质消费，网上零售市场同时也在探求更健康、持续的增长方式。继2015年电商与中小企业的多轮兼并整合，电商行业两大巨头开展新的战略：京东和沃尔玛深度合作，取得重要成果就是收购了1号店。天猫超市和麦德龙海外超市精诚合作。网络销售与实体店进行资源整合，网上零售开始向实体发力。主要体现在两个方面：其一，线上线下融合，成为网络平台吸引新用户、精准销售、提升用户吸引力的一个入口。其二，实体店完善的供应链为网上销售提供了有效的保证。同时，在这段时期，进口电商的发展更加细化、规范化。发展重心发生转移，开始对运营流程、供应链、差异化产品进行更加细致研究。这种改变，能够形成一个良好的、积极的、健康的发展道路。

（三）政策背景

2016年，是特别的一年，也是更加具有意义的一年。在这一年关于电子商务和信息化工作的主要要求是：根据全国商务工作会议和中央经济会议的具体要求，贯彻落实《国务院办公厅关于推进线上线下互动加快商贸流通创新发展转型升级的意见》（国办发〔2015〕72号），对现有资源快速融合，对电子商务提出更加创新的管理办法，完善公共服务，尽最大努力发展商务事业。有关组织出台政策，明确了电商发展方向，地方政府也积极探索，初步形成了电商扶贫的工作体系。中央对电商扶贫的重视与相关安排体现在"中央一号文件"对农村电商的部署，给予了明确的政策信号，即要推进电子商务进农村，加强农村贫困地区的网络信息化建设。在这个部署中，明确提出要"实施电商扶贫工程"，同时就网络覆盖、物流配送、电商平台、人才培训、政策补助、互联网金融等配套问题进行了安排，涉及多个国家部委牵头。在国务院扶贫办积极推动电商扶贫的进程中，各地方政府从实际出发，纷纷与电商平台签约，推动农村电商及电商扶贫试点。各省级政府的行动相当积极。

（四）电子商务平台法律法规及其特点

2016年12月19日，全国人大常委会第一次提出电子商务法草案。会议中，关于电子商务的经营主体进行详细叙述，对于经营者和电商平台做了明确区分。同时，会议对跨境电子商务这项工作很是支持。电子商务立法的主要特点是保证电子商务发展，保障消费者权益。根据草案，我国大力倡导跨境电子商务兴起与发展；我国建立跨境电子商务的监督管理办法，办事效率大大提高，同时促进贸易交通安全，使贸易更加方便；我国家实行跨境电子商务一系列活动电子化；大力发展国与国间跨境合作。

根据草案，电子商务是经营主体，主要是指第三方交易平台和本身的经营者。在这之中，第三方平台指的是类似为保证交易所提供的场所和服务。包括网页宣传、虚拟交易场所、撮合交易、发布交易信息。据不完全统计，在现阶段的网络销售中，通过第三方平台达成交易占总数的90%。因此，在电子商务中，第三方平台起绝对作用，这也成为电子商务最重要的要素。法案对处罚条例做了详细的说明，一旦处罚，在限期内由政府和相关部门监督改正。如果限期内没有改正，要停业进行整改，根据情节罚款3万元到10万元；如果情节特别严重，处罚加重，营业执照被吊销并罚款10万元到50万元。

在《电子商务法》草案提审之前，中国没有专门的电子商务法，2010年以来主要依据的管理办法有《第三方支付管理办法》《非金融机构支付服务管理办法》《网络商品交易及有关服务行为管理暂行办法》，由于我国的电子商务发展在萌芽阶段并且涉及的领域较为广泛，因此，要根据实际需求逐渐完善法规，在以前的法律基础上进行合理发展规范，如《合同法》《电子签名法》《计算机信息系统安全保护条例》《中国互联网络域名注册实施细则》《互联网电子公告服务管理规定》。随着全国人大常委会审议，电子商务法将对我国电子商务发展规范性起到重要的指导意义。

（五）电子商务平台法律法规存在的问题

（1）法律并不完全适应商业模式，创新性不高。关于电商法我国处于模仿传统商业的模式和借鉴国外的经验，没有具体结合我国的基本国情，结合我国的经营模式。2008年，我国电子商务网站"大肆炒作、吸引公众、争取广告"的经营模式，在世界金融危机影响下，导致我国很多企业濒临倒闭。根据以往的经验教训，电商法要结合实际明确基本定位，保证利润为核心。

（2）在市场经济中，受电子商务法律影响的社会信用体系并没有形成。在我国信用体系还有待完善，急需健全社会化信用体系。没有确保交易行为自律的意识以及正确的法律监管。目前，网上交易有很多重要的问题没有得到解决，如企业秘密如何保守？双方交易人员的真实身份怎样保证？交易达成后怎样保证交易准确实施？网上支付风险由谁承担？交易一旦发生矛盾怎么办？售后没有达到预期怎么办？

（3）关于电子商务另一个重要难题是，同时掌握电子商务法律和电子商务技术的复合型人才的匮乏。

电子商务包含很多技术领域，如计算机、法律、管理、经济等方面。将电子商务做好的人一定是复合型人才。目前，很多的电子商务培训班，没有真正了解电子商务的精华，教学过程中没有正确的构思课程。如果想培养出懂金融、经济、商贸、计算机的复合型人才，就应当对电子商务的培训进行适当监管。

（4）电子商务政策法规不健全。从宏观角度上看，针对我国电子商务发展缺乏主要的方向、指导方法、正确的实施办法，主要体现在政策不完善，没有统一的标准，在实践过程中表现得非常盲目。尽管我国已经出台了一些法律法规，但是仍有很大问题，如没有专门的立法司法部门，针对跨区域的电子商务合作，国家很多部门都出台了政策，由于缺乏沟通，侧重不同导致部门冗杂，效率极低。

（六）案例涉及相关法律法规分析

根据《加强网络交易消费者权益保护框架协议》（下称《协议》），工商部门、平台经营者、检测机构、行业协会组建了网络消费维权专家委员会。这个组织主要负责评判交易产生的风险，提出合理建议，评议纠纷并解决维权问题。《协议》指出，如果消费者投诉平台并且核实之后，平台确实存在问题，那么消费者就可以获得平台的赔付，主要是退款或者是赔损。很多交易平台已经推出先行赔付这项政策。

对受到投诉的企业，工商部门运用技术手段进行合理分析，实时向平台传输数据，时刻监督积极预防，将网络消费的风险降至最低。除此之外，工商部门与经营者建立时刻信息共享、数据互换、防控风险、解决纠纷、多元沟通机制。这也是电商首次得到由工商部发出的信息。通过这种交换，能够降低风险，提升监督效果，提高消费者的权益。

二、电子商务平台如何帮助消费者维护自身权益

（一）线上交易的安全性

保障线上交易的安全性，最关键的问题就是身份识别、信用认证、合同有效性的认定和安全电子支付。

（二）保障消费者的知情权

知情权是消费者的一项基本权利。在网上购买商品或者接受服务的时候，消费者有权了解商品和服务的所有情况。电商平台应有效监管商家，保证其发布的商品信息是真实有效的。

（三）消费者隐私权保护问题

如今信息技术发展迅猛，黑客顺势而生，所以在电子商务中，消费者的隐私很容易暴

露，这会给消费者带来严重的后果。电商平台积累了大量的用户个人电话姓名住址等敏感信息，一旦信息泄露将造成非常恶劣的影响，因此要注重消费者隐私信息的保密。

（四）消费者退换货问题

由于是网上交易，消费者可能没有完全了解商品，在特殊环境下，很容易发生冲动消费和错误购买。另外，对于某些产品如音乐 CD、影视 DVD、软件、电子书籍等，如果退货，就会对消费者产生的影响，因为退货之前，有的很可能已经被复制了。

（五）格式条款的效力问题

合同是社会发展到一定阶段的产物。但网络消费中，人们会看到很多不合理的合同和条款，如果不能得到有效的监管与控制，那么消费者权益就会受到损害，使消费者对网上购物丧失信心，并且最终放弃这种方式。

（六）管辖权问题

由于网络的非中心化，无边界性，网络空间就变成了不受主权管制的领域。网上活动所发生的地点和准确范围难以界，由于立法差异、管辖权和其他阻碍，消费者合法权益很可能受到损害。

（七）损害责任的承担问题

人们经常会遇到一些障碍，导致网上交易不得不中止。无论中止的原因是什么，既然已经终止了，就必须有人承担责任。电商平台必须建立完善的责任承担制度和售后纠纷解决方案。

三、消费者权益保护法完善的建议

每个案例都是真真切切发生在我们身边的事情，尽管政府和各社会组织以及相关主体一直在进行改革、完善，但是各种案件依然屡见不鲜，面对如此纷繁复杂的社会环境以及虚拟的交易方式，究竟该如何保护消费者的基本权益，杜绝此类案件发生呢？

（一）消费者

对于网络消费者来讲，应该提高自身的法律意识和权利意识，辨别是非黑白，并且学会利用法律手段维护自身的合法权益。积极监督和举报违规违法行为，作为社会公民的一分子，行使监督权是基本的义务和权利，群众的眼睛是指引政府决策的关键因素之一，对于身边某些企业或个人经营者的违规和违法行为，应该勇敢举报。积极配合政府出台的法律法规，真正做到从我做起，为电子商务消费者权益法献上自己的一分力量。

（二）经营者

首先，加强对经营者的法律意识教育，明白哪些能卖，哪些不能卖，确实保证货物源头的质量；其次，经营者应该履行好自身责任和义务，为消费者提供真正好的产品和服务，以满足消费者满意度和期望度为目标；最后，经营者应该勇敢承担责任，不做违规违法买卖，出现纠纷时，在利用法律手段维护自身权益的同时，积极承担相关责任。

（三）电子商务平台

作为电子商务交易和支付的平台，首先应该保证平台系统的安全性，不泄露消费者的个人隐私和相关信息；要加强建立完备的交易系统和支付系统，不让不合法的交易行为有机可乘；加强与政府合作，建立一个公平、公正，以完备的交易系统为基础，以健全的法律体制为保障的电子商务交易平台。

（四）政府

政府应该加强宣传力度和普法教育，提升相关人员的法律意识，及时调整和完善法律中的不足之处，真正做到网络交易有法可依。电子商务的发展具有超前性，很多法律、法规还不能完全满足电子商务的要求，新的问题和挑战不断出现，如何保持电子商务的发展与法律法规二者之间的平衡和协调性，确切保护每一个网络消费者和经营者的权益是当下的重中之重。另外，相关社会团体和电子商务交易平台应行使好自身的权利和义务，以保障消费者为出发点，完善网上交易机制和支付机制。任何事物的发展不可能一蹴而就，任何事情的成功也不是一个人或者一方的作用可以决定，《电子商务消费者权益保护法》还需要完善的过程，希望每一个经济主体或个人、消费者、经营者、第三方平台都能积极地投身其中，行使好自身的权利和义务，让网络交易的违规违法行为依法受到制裁。

第六章 电子签名与认证法律制度

第一节 电子签名概述

一、介绍电子签名的概念及其特性

⊕ 案例6-1

电子邮件劳工纠纷案评析

37岁的周女士在外资贸易担任公司经理，工资每月7 600元。工作几个月后，由于一件小事，周女士决定放弃这份工作。6月5日，她给公司发了辞职信并且写上自己名字。在邮件中，她表示辞职的意思非常明确，并且希望于当月月中移交手头工作。

最初公司没有对她的邮件进行答复，7月10日，公司给周女士回复"关于您6月5日的辞职函，经管理部门认真研究，我们遗憾地接受您辞去本公司经理的职务，您在本公司的最后一天将为7月12日，您的薪金支付到7月15日为止。"但是，此时周女士反悔了，她向当地劳动仲裁机构申请，希望公司恢复她原有的职务，继续给她应有的待遇，但是，仲裁机构没有给予支持。

周女士将公司告到了法院，她表示，由于公司领导多次口头挽留，自己已经不打算辞职，继续工作，并且没有同意其他公司的邀请。但是，公司单方面终止和她的雇佣关系，因此，这位女士希望法院能够撤销公司决定，保证自己可以继续工作。

但是，法院审核周女士资料的时候发现，周女士清楚地表示了自己意向并且有签名，之后没有以其他任何方式撤销邮件，同时，接到公司邮件后，周女士也没有继续工作。通过以上事实，法院没有接受周女士的请求。

（一）电子签名的概念

电子签名是指数据电文中通过电子形式所附、所含用于表明签名人认可其中内容并可以识别签名人身份的数据。通俗地说，电子签名就是以密码技术为基础对电子文档的电子形式的签名，并不是书面签名的数字图像化，而是类似于手写签名或经常用的印章，它也可以看成电子印章。电子签名的用途：在电子版的中秋贺卡、结婚请帖、建筑合同上签名。因此，在本案中，周女士与公司间收发的电子邮件是否算作电子签名，是本案的关键，那么，电子邮件是否能当作电子签名呢？

根据我国《电子签名法》中对于电子签名的描述：附有电子签名或附加其他正规适当安全程序保障的电子书证，判定其具有真实性，一般予以采纳。一般来说，对于附有电子签名或附加其他正规适当安全程序保障的电子书证，在没有相反证据的情况下，判定其为真。我国《电子签名法》坚持这一原则，对于互相约定使用数据电文、电子签名的文件，不得仅以其采用数据电文、电子签名的形式而否定其法律效力。比如，在劳动争议类的案件中，如果劳动者和用人单位的相关工作人员之间的工作安排均是以电子邮件进行的，并且电子邮件均附有数据电文或电子签名，则其中一方使用该邮件作为证据时，另一方在没有相反证据的情况下，不得否认该证据的真实性。因此，本案中，电子邮件均是由周女士及公司代表方本人收发，且能够验证本人身份，该电子邮件符合法律中对电子签名的描述。

（二）电子签名的合法性

对于电子签名的合法性，又有怎样的条件呢？根据新《合同法》第三十二条规定，当事人双方采用合同书形式订立合同的，自双方当事人盖章或者签字时合同成立。第三十三条规定，如果当事人采用信件、数据电文等形式订立合同的，可以在合同成立之前要求双方当事人签订确认书，签订确认书时合同成立。签订电子合同，当事人之间使用计算机进行电子数据交换，合同的主要条款也是通过计算机显示，因为不存在任何传统意义上的书面形式，所以只能以电子签名（加密）的形式，证明合同的成立。新合同法立法之初就注意到这一客观现实，采用了比较灵活的态度，按照该条款的理解：电子合同双方当事人不仅可以直接使用电子签名；还可以根据实际情况，提前签订使用这种方法的确认书，确认合同成立生效。间接地承认了电子签名（加密）的有效性和合法性。因此，电子签名与电子合同两者共同构成了协议，电子签名也成为合同是否成立的重要判断依据。

（三）电子合同的成立条件

根据新《合同法》第十三条规定当事人双方订立合同，采取承诺、要约方式。新《合同法》第二十六条规定承诺通知到达要约人时生效。第二十五条规定承诺生效时合同成立。采用数据电文形式订立合同的，承诺到达的时间适用新《合同法》第十六条第二款的规定。第二款规定，采用数据电文形式订立合同的，收件人指定为特定的系统接收数据电文的，被接收的数据电文进入该特定的系统的时间，记为到达时间；未指定某一特定系统的，被接收的数据电文进入收件人的任何系统的首次时间即为到达时间。合同是通过其中一方的要约被另外一方所接受而成立的。依照传统的做法，承诺和要约都是人为进行的，是当事人双方的意思表示，双方意思表示一致合同即宣告成立。而电子合同的订立是双方利用计算机进行的，是完全自动化，根据预先编制的程序，通过网络自动表示承诺或发出要约，而承诺一旦生效，合同即宣告成立，对当事人双方具有法律约束力，任何一方如果违约，就将承担法律责任。

（四）电子签名可靠性的完善之处

电子签名的可靠性不言而喻，那么究竟什么样的电子签名才算可靠呢？我国《电子签法》第十三、十四条规定，电子签名同时符合下列条件时，可视为可靠的电子签名：① 电子签名制作数据用于电子签名时，属于电子签名人专有；② 签署文件时电子签名制作数据仅可以由电子签名人控制；③ 文件签署后任何对电子签名的改动能够被发现；④ 文件签署后对数据电文内容和形式的任何改动能够被发现。可靠的电子签名与手写签名或者盖章相比具有同等的法律效力。

从司法实践角度看，法官从以下内容判断电子签名是否符合上述可靠的电子签名要素：考察电子签名是否仅属于签名人专有和控制。电子签名不存在共有规则，必须捆绑特定的主体，可以是个人，也可以是单位。现有世界上应用最广泛的电子签名技术叫数字签名技术，数字签名技术中的数字证书可以用来制作数据电文，该证书必须捆绑某个特定的主体才能够使用。数字证书分两类：一类称被为"软证书"，即文件数字证书，可以存放到电脑里或托管在某种云服务器上；另一类被称为"硬证书"，存放到类似 U 盘的 USBkey 里。从法律效力来讲，这两类数字证书并没有明显差异。社会公众使用的数字证书应该由获得工信部《电子认证服务许可证》的 CA 机构颁发；而每个合法的 CA 机构应该提供电子签名认证证书状态信息查询服务以及提供电子签名认证证书目录信息查询服务。

二、相关法律完善之处：如何使电子合同具备法律效力

（一）电子合同订立形式要符合法律要求
只有通过第三方（电子合同服务提供商）的电子合同订立系统订立电子合同，才能保证其过程的公正性和结果的有效性。就像运动员 A 和 B 踢球，谁输谁赢需要裁判判定。

（二）电子合同订立手段要符合法律要求
要使用"可靠的电子签名"订立电子合同。《电子签名法》规定能够同时符合下列四个条件，才可以确定为可靠的电子签名：

（1）电子签名制作的数据用于电子签名时，仅属于电子签名人专有；

（2）签署文件时电子签名制作的数据仅由电子签名人所控制；

（3）签署文件后对电子签名的所有改动都能够被发现；

（4）签署文件后对数据电文内容和形式的所有改动都能够被发现。

电子签名不适用的范围：根据《电子签名法》相关规定，电子签名不适用于下列文书，因此，以下情况一般不适用电子合同：

（1）涉及继承、婚姻、收养等人身关系的；

（2）涉及房屋、土地等不动产权益转让的；

（3）涉及停止供气、供水、供电、供热等公用事业服务的；

（4）法律和行政法规所规定的不适用电子文书的其他所有情形。

（三）电子合同取证与鉴定要符合法律要求
一般电子合同大致有两大类：

一是能被篡改的，如普通口令保护或者可视化水印图章等，需公证机构陪同取证，保管、鉴定等。这种取证与鉴定过程较为烦琐，成本也很高。

二是不能被篡改的，这类电子合同一般都使用了 CA 电子签名密码技术，效力非常强，法庭可以随时采信。这种取证与鉴定非常简单，等同于纸质的合同。

三、数字签名的概念及相关拓展

数字签名（又被称为电子签章、公钥数字签名）是一种类似于写在纸上的物理签名形式，数字签名是使用了公钥加密领域的技术实现，用来鉴别数字信息的方法。一套数字签名通常用两种互补的运算定义，一个用于签名，而另一个用于验证。数字签名就是一段数字串，这段数字串只有信息的发送者才能产生，别人是无法伪造的。同时，这段数字串也是对信息的发送者所发送信息的真实性的有效证明。数字签名是数字摘要技术与非对称密钥加密技术的应用。

案例 6-2

2016 年 360 白名单分析组截获到一批带有知名网络公司数字签名的木马，为了防止该木马对他人的进一步危害，同时为了提醒其他的安全厂商，白名单组针对此次事件进行了回顾。以下是当时的某知名网络公司数字签名的木马（见图 6-1）。

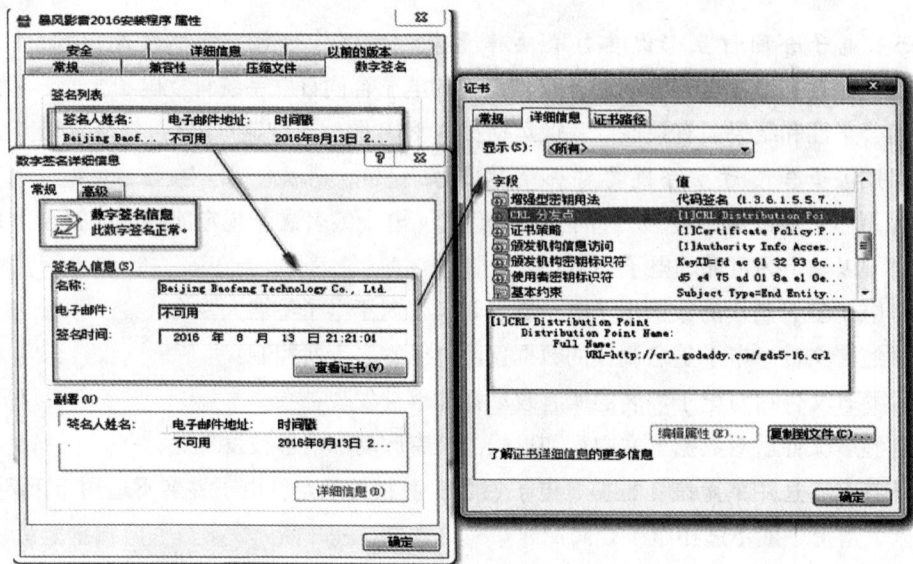

图 6-1　某知名网络公司数字签名的木马

对木马相关作者进行了持续的关注与追踪，其大概的更新时间线如下（见图 6-2）：

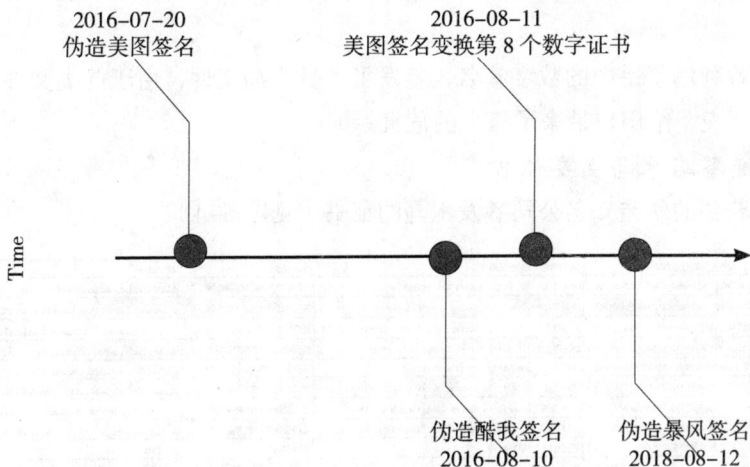

图 6-2　木马更新时间线

显然这些知名公司是不可能签发木马的，那么为什么木马会有知名公司的数字签名呢？这是一个让人困惑的问题，为了找到事件的根源我们进行了追踪。

（一）伪造数字签名的原理

通过对比知名公司的文件和木马文件，发现两者数字证书的颁发机构不同。由于不同的颁发机构可以为同一家公司颁发证书，但是审核标准不一致，因此黑客利用了这点成功申请了知名公司的数字证书。如图 6-3 所示：

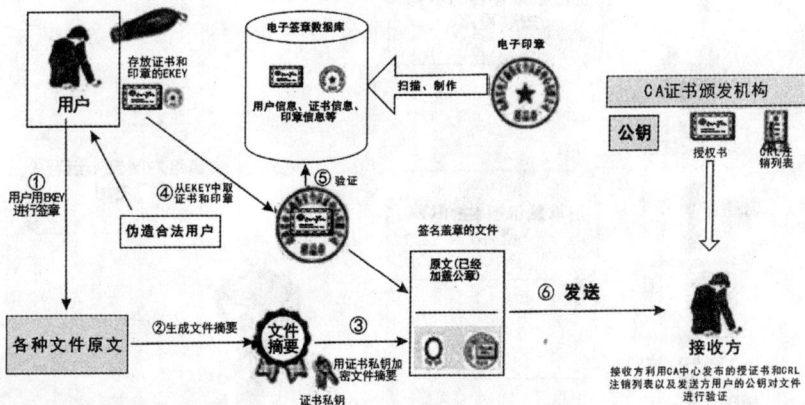

图 6-3　伪造数字签名

以某家颁发机构数字证书的申请流程为例，公司申请证书有两个必要条件：① 单位授权书；② 公对公付款。

如此简单的审查，导致部分颁发机构给木马作者颁发了知名公司的数字证书。

对比 Comodo、Thawte、Symantec 几家数字签名机构，发现这三家机构需要一份公证面签书（就是当着公证员面签，并由公证处签章），这间接导致不法分子很难申请到这些机构的数字证书。

于是黑客就利用了手中的数字签名，签发了大量木马文件，由于此类文件非常容易被加入可信任文件列表，给用户带来了极大的危害。

（二）伪造签名木马主要证书

以下是捕获到的伪造知名公司签发木马的证书（见图6-4）：

伪造美图公司签发木马的证书SHA-1	签发时间	颁发机构	数字签名	CRLPoint
3D39CDA3A692527F99E660EB13B3EFF16F60F0EA	2016/7/20	Go Daddy Secure Certification Authority	厦门美图网科技有限公司	http://crl.godaddy.com/gds5-16.crl
86BA7145F055A93F5E836601E2F0EB64BCDD9962	2016/7/29	Starfield Secure Certification Authority	厦门美图网科技有限公司	http://crl.starfieldtech.com/sfs5-16.crl
DED07FD59B14F0AA43CC069AEBA04C0E74D90302	2016/7/29	Starfield Secure Certificate Authority - G2	厦门美图网科技有限公司	http://crl.starfieldtech.com/sfiz2s5-0.crl
24033E67D1E98422EB13FC438B654E73CA925604	2016/7/20	Go Daddy Secure Certificate Authority - G2	厦门美图网科技有限公司	http://crl.godaddy.com/gdis2s5-2.crl
2E73E2F6B4C15A7B49BB9BEE09B85D0CED651445	2016/8/4	Starfield Secure Certification Authority	厦门美图网科技有限公司	http://crl.starfieldtech.com/sfs5-16.crl
C992333D7235501ECD6BBB45141436A3F0B67FA5	2016/8/6	Starfield Secure Certification Authority	厦门美图网科技有限公司	http://crl.starfieldtech.com/sfs5-16.crl
84342CFFBFEA7D6B0526386531 71099ADFA717017	2016/8/9	Starfield Secure Certification Authority	厦门美图网科技有限公司	http://crl.starfieldtech.com/sfs5-16.crl
98B58C4CEE9A671A4011567878868A8AFFD7AE61	2016/8/11	Starfield Secure Certification Authority	厦门美图网科技有限公司	http://crl.starfieldtech.com/sfs5-16.crl
伪造酷我公司签发木马的证书SHA-1	签发时间	颁发机构	数字签名	CRLPoint
2CB96B02E3ABB7870C39048F4FD635E7F5E9BDAB	2016/8/10	Go Daddy Secure Certification Authority	BEIJING KUWO TECHNOLOGY CO.,LTD.	http://crl.godaddy.com/gds5-16.crl
伪造暴风公司签发木马的证书SHA-1	签发时间	颁发机构	数字签名	CRLPoint
A54F3486266AB8B0CF19F7300564405D8556C127	2016/8/12	Go Daddy Secure Certification Authority	Beijing Baofeng Technology Co., Ltd.	http://crl.godaddy.com/gds5-16.crl
04793DC8033068F290F3D38ABF66719B36B68ABC	2016/8/15	Go Daddy Secure Certification Authority	Beijing Baofeng Technology Co., Ltd.	http://crl.godaddy.com/gds5-56.crl

图6-4 伪造知名公司签发木马的证书

通过图6-4可以看到木马利用了相对容易申请的机构申请数字证书，而且持续不断地签发木马程序。此次安全事件给数字签名机构敲响了警钟，审核过程需要更加严格。带有知名公司签名的木马，不但利用了正规的数字签名，还进行了文件的利用，以下是整个流程（见图6-5）。

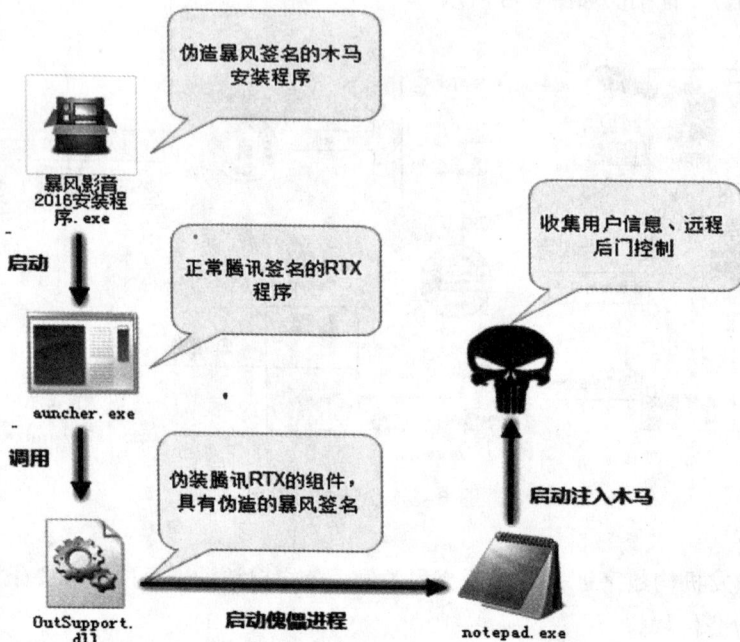

图6-5 流程

第二节 电子签名的适用范围和法律效力

一、电子签名的适用范围和法律效力相关论述

✚ 案例6-3

2013年7月19日，甲工具制造有限公司（以下简称甲公司）与乙电子商务有限公司（以下简称乙公司）签订电子商务服务合同1份，约定：乙公司为甲公司安装其拥有自主版权的IteMS20001.0版国际贸易电子商务系统软件1套，在安装后1年之内最少为甲公司提供5个有效国际商务渠道。乙公司对甲公司利用其软件与商情获得的成交业务，按不同情形收取费用，最高不超过50万元。如果在1年之内，乙公司未能完成提供有效国际商务渠道的义务，则无条件退还甲公司首期付款5万元并支付违约金。合同签订后，乙公司在甲公司处安装了软件平台，并代甲公司操作该系统。2004年10月，甲公司以乙公司违约，未能提供有效国际商务渠道为由起诉至法院，要求解除合同，返还已付款项并支付违约金。乙公司在举证期限内提供了海外客户对甲公司产品询盘的4份电子邮件（打印文件），以此证明乙公司为甲公司建立的交易平台已取得业务进展，至于最终没有能够成交，是由于甲公司提供给外商的样品不符合要求。

判决：一审法院认为，电子邮件的资料为只读文件，除网络服务提供商外，一般外人很难更改，遂认定了电子邮件证据的效力。

甲公司不服判决并上诉。

二审法院认为，乙公司提供的电子邮件只是打印件，对乙公司将该电子邮件从计算机上提取的过程是否客观和真实无法确认，而乙公司又拒绝当庭用储存该电子邮件的计算机通过互联网现场演示，故否认了4份电子邮件的证据效力。

（一）论电子邮件证据的法律适用

2005年《电子签名法》颁布实施以来，电子签名在很多领域广泛使用。对电子证据的认定，就是对电子证据的真实性、合法性、关联性等性质进行评判。在真实性的认定上，当事人的自认、法院等公证机关的保全、专家给出的肯定意见和由可靠系统生成的电子证据真实性均较强。在合法性的认定上，包括了收集证据的主体合法性、具备一定的法定形式、符合法定程序三个层面。在关联性认定上，电子证据和普通证据并没有本质的区别。《证据若干规定》中第50条明文规定，质证时，当事人应当围绕证据的真实性、关联性、合法性，针对证据证明力有无以及证明力大小，进行质疑、说明与辩驳。《证据若干规定》第65条更是从审判人员的角度，对真实性、关联性、合法性审核认定做出了较详细的规定。

（二）有关电子签名可能遇到或存在的问题

此案件的争议焦点在于乙公司在合同约定的1年时间内是否为甲公司提供了有效国际

商务渠道，而判别该问题的关键在于人们对乙公司所提供的 4 份电子邮件如何进行认定。同电子签名的法律效力相关的问题是：在网络交易中通过何种技术产生出来的电子签名才是法律认同的电子签名，才是安全可靠的？这也是从出现电子签名方式以来一直争论不休的关键问题。根据我国《民事诉讼法》第 63 条规定："证据有下列几种：书证；物证；视听资料；证人证言；当事人的陈述；鉴定结论；勘验笔录。"我国的刑事诉讼法和行政诉讼法也有类似的规定。

（三）传统证据的演变说

中国人民大学法学院"电子证据法研究"课题组认为，电子证据绝非一种全新的证据，根据电子文件作证时的属性或特征，应分别纳入现有的 7 种法定证据种类中，如非法入侵计算机系统中留下的使用计算机的"痕迹"是电子物证，以电子文件中记载的信息内容证明案件事实的就是电子书证，电子形式的音像资料就是电子视听资料，电子聊天记录就是电子证人证言等。

电子证据是存储于磁性介质之中，以电子数据形式存在的诉讼证据。电子证据必须通过一定手段转换成能为人们直接感知的形式，一些数据经计算机输出后更像是一种书证。但电子证据表现形式具有多样性（如文本、图形、动画、音频及视频等多种媒体信息），并且因为电子数据储存在计算机中，可能会遭到病毒、黑客的侵袭以及人为修改，难以完全归入任何一个传统类型的证据当中。因此，建议将电子证据简单地归入视听资料一类会限制其证据效力的发挥，进而影响到案件事实的认定；应当将电子证据作为独立的证据种类并规定符合其自身特点的认证规则。

基于电子证据易遭破坏和人为篡改的特点，在分析电子证据认证规则中，首先必须对证据取证程序即证据的可采信方面进行审查，案例中乙公司提供的电子邮件，在计算机上看到的邮件内容与普通文本没有大的差别，只是以附带（Attach）的方式传送的信息要用特定的软件打开才能阅读或听，如文字处理软件或多媒体播放软件等，并且以附件方式发送的非纯文本文件和 HTML 文件，有时还不能随原邮件一块打印出来。因此，当事人只将邮件打印出来作为证据提交，其可信度较低。如果乙公司在应诉时能够通过公证机关取证，并制作出公证文书，或者申请法院进行证据保全，这样会大大有利于法官对电子邮件真实性审查。

在对电子证据合法性认定方面，除了其他法律明确规定的非法证据排除规则外，还应当注意对于通过非法软件以及非核证软件所获取的电子证据应不予采纳。应强调的是对电子证据的审查认证在技术上具有复杂性，法官所掌握的知识很难得出正确判断，因此必须借助计算机专家对电子证据是否被修改、收集手段否正确以及电子证据的合法性提出的权威意见，从而为全面审查证据提供有力帮助和科学依据。

（四）电子签名的法律效力

电子邮件作为一个独特的文件形式，它的生成、存储、传递遵循一定的方法与程序，即根据一定的技术标准，既不能无中生有又要能防止抵赖或删除，它有自己的特点，因而很难将其纳入现有的证据类型中。

国际立法的趋势肯定了电子证据的有效性。自美国犹他州 1995 年制定颁布了美国乃至全世界的《数字签名法》，对电子证据予以承认；1996 年《电子商务示范法》出台，2005 年 11 月 23 日《国际合同使用电子通信公约》通过，更加承认了电子证据的证据分量，欧盟、国际商会及全世界数十个国家和地区，纷纷制定电子商务基本法律、数字签名单项法律及有关政策框架，均承认电子证据的法律效力，并纷纷付诸实践。根据以上规定，就合同订立而言，一项要约以及对要约的承诺，均可通过数据电文的手段表示，除非当事人另有协议或者要求，否则如使用了一项数据电文订立合同，则不得仅以使用数据电文为由，而否定该合同成立的事实。

在该纠纷中，乙公司在举证期限内提供了海外客户对甲公司产品询盘的 4 份电子邮件，根据我国法律以及国际公约，应当确认是合法有效的，并且乙公司为甲公司建立的交易平台已取得业务进展，已经履行了自己的合同义务，不存在任何违约行为。而最终没有能够成交，是由于甲公司提供给外商的样品不符合要求。不过涉及此纠纷的电子邮件，其合法性、真实性应经过认证中心认证或者有关机构审查，方可作为处理纠纷的依据。乙公司提供的仅是打印文件，对乙公司将该电子邮件从计算机上提取的过程是否客观和真实无法确认。乙公司应该当庭用储存该电子邮件的计算机通过互联网现场演示，这样才能更加证明乙公司确实为甲公司的交易平台取得业务进展，以此维护自身的合法权益。

二、电子签名的法律完善

（一）明确扩大电子签名法的适用范围

虽然最早在电子签名法草案中将该法定位于商务领域，但之后的调整扩大了其适用范围。在《电子签名法》第三十五条中就明确有关部门可以依据本法制定政务活动和其他活动中使用电子签名、数据电文的具体办法。这些具体办法的法律位阶当然要比《电子签名法》低，而且在《电子签名法》中开篇总则部分并没有详细列举其可以适用的范围，其后条文又特别强调在民事活动中对数据电文的运用，可能会造成此法只适用于电子商务的错觉。建议在总则部分明确规定《电子签名法》可适用于电子商务、电子政务等领域。列举出该法适用之最广泛领域并以"等"字施以弹性。

（二）拓展电子签名和数据电文的效力范围

首先，应当明确对非民事活动的文书采取电子签名、数据电文是否可以由当事人约定问题；其次，在民事活动中当事人没有约定使用电子签名、数据电文的文书，也应当规定不得仅因为其采用电子签名、数据电文而否认其法律效力；再次，对于数据电文的书面、原件和保存规则虽然运用"功能等价"的方法进行了界定，但比较笼统，可操作性不太强，可以通过实施细则予以细化。《电子签名法》中对于数据电文的证据效力做了较详细的规定，但电子签名的证据效力没有专条明确规定。从现有的规则看，电子签名只是解决网络环境下数字信息发送和接收过程中的证据效力，而对于内部电子记录使用和保存过程中的证据效力却没有涉及，因此仍然需要建立在不使用电子签名的情况下，电子记录的书面证据效力规则。另外，在"可靠的电子签名"的条件规则中，列举目前典型的符合条件的安全电子签名如数字签名、指纹、眼虹膜等技术所做的电子签名，明确赋予其法律效力。一方面体现技术中立原

则，另一方面可以增强实践中的可操作性。

（三）明确数据电文的收发时点

有关数据电文的发送时间，可以借鉴美国的做法，将"某个信息系统"具体化为发件人控制之外而收件人可以使用或控制的信息系统。有关数据电文的接收时间，如果收件人指定特定系统接收数据电文，当然以数据电文进入该特定系统的时间为准。但是，如果数据电文进入的信息系统不是收件人指定的，也可以以收件人取出数据电文的时间为收件时间，而不要一概否认其法律效力。有关数据电文的收发地点规定的可以更详细些，如主营业地和经常居所地与实际收发地有出入时的判断标准。有关电子代理人收发数据电文的法律效力问题虽然可以在其他法律如合同法中细化，但作为收件人和发件人的代理人收发数据电文的法律效力在《电子签名法》中也应有基础性规定，以更好地与其他法律规则相衔接配套。

（四）细化电子认证机构业务及管理规则

在《电子认证服务管理办法》中，虽然电子认证机构业务和管理规则有所具体化，但此办法只是部门规章，法律位阶较低，而且仅涉及电子认证问题。建议可由全国人大常委会适时发布《电子签名法实施细则》，对包括电子认证在内的相关问题进行细化。在实施细则中可以适当降低电子认证服务市场的准入标准，因为按照《电子认证服务管理办法》中细化的标准，《电子签名法》生效后目前就仅有 17 家认证机构获得服务许可证书，这样虽然一定程度上净化了电子认证服务市场，但过于严格的标准会使原本适合的电子认证机构大量减少，使其不能适应日益发展的电子商务市场的需求。

（五）建立电子交叉认证制度

不同的电子认证机构会产生不同的用户群体，形成各自不同的封闭性的信任体系，这种状况无疑会对电子认证和电子商务的发展造成不利影响。因此，不同认证机构颁发的数字证书实现互通是实践的必然要求，而实现数字证书互通的主要手段就是交叉认证。通过交叉认证，使不同认证机构的证书用户可以互相识别对方的证书，从而能够识别对方的身份，保障电子交易的安全。因此，在电子签名法中建立电子交叉认证制度是非常重要的。首先，要在《电子签名法》中明确电子交叉认证的含义和法律地位，特别赋予《电子签名法》生效前后认证机构颁发的数字证书交叉认证的法律效力，同时，赋予境内外认证机构颁发的数字证书交叉认证的法律效力。其次，确定交叉认证中认证机构的特殊法律责任，具体包括：信息披露责任；对已通过交叉认证的对方证书存储及公开的责任；记录和保管其他认证机构证书的责任；由自身原因给对方认证机构造成损失，应承担的民事赔偿责任以及对其证书用户的损失承担的连带赔偿责任等。

三、电子签名过程中的注意问题

除了以上从立法技术角度对《电子签名法》进行调整之外，完善电子签名法过程中还应注意以下问题：

1.以全面系统的观点来协调与其他法律部门的关系，完善电子签名法的应用环境

首先，要以全面系统的观点来协调与其他法律部门的关系，完善电子签名法的应用环

境。就目前而言，数据电文、电子签名主要运用于商务领域，尤其是电子合同的签订。如前述电子代理人问题就可以在合同法律制度中加以明确，只要电子代理人能够显示其最终支配人的基本信息，该信息就足以使相对人相信电子代理人行为的法律效力，并且电子代理人能够在程序和技术上保证交易双方按照自己的意愿表达其缔约的意思表示，就可以赋予其应有的法律地位。此外，与数据电文和电子签名有关的公司、证券、票据、拍卖、税收等一系列法律都应加以修改和完善，使其与电子签名法相配套。

2.大力普及《电子签名法》

虽然《电子签名法》出台一年多了，但目前电子签名的认知度依然还很低。针对这种现状，一方面需要有关各方针对电子签名法，大力开展普及和宣传活动，从而增强电子签名推广的力度，推进电子签名在各领域和各类活动中的应用。另一方面还可以通过数据电文和电子签名应用实践来检验法律条款，发现其中还可能存在的问题，探索其解决方式，在将来的电子签名立法中进一步补充、调整和完善。

第三节　电子签名人、电子签名依赖方的义务与责任

一、电子签名人及依赖方

案例6-4

2016年11月10日，北京朝阳法院开庭审理了这样一起案件，李某窃得电子签名人张某（即电子签名制作数据合法拥有者）的电子签名用于制作数据，接着李某伪造文件，与不知情的第三人王某（即某一电子签名依赖方）签订合同。后来李某失约，导致王某经济受到损失，拿着合同将李某告上法庭，可是李某却说应该由电子签名拥有者承担损失。分析案例之前，我们知道电子签名人和电子签名依赖方在电子商务活动中具有一定的法律地位，所以需要明确双方的权利义务关系，这样做在利用相关法律维权的活动中是具有一定理论支持作用的。

【分析】

首先，针对这起案例，张某本是无过错一方，所以张某需要证明利用该电子签名制作数据制成电子签名，从而跟王某签订合同的人，不是其本人，也不是其代理人或职员。也就是说，张某必须证明该电子签名是失窃后由他人伪造的，否则将认为签名是由张某有效做出的，张某应该受合同约束。

其次，在张某能证明签名是他人伪造的情况下，如果张某能证明其对失密没有过错，则可完全免责。如果张某无法证明其对失密无过错，则张某必须承担赔偿责任。《电子签名法》第27条明确规定了电子签名人承担责任的方式是损害赔偿，也就是说，依赖方不能主张合同有效。

再次，如果电子签名人张某的电子签名制作数据失密，签名人张某迟迟未能发现，因而没有及时告知有关各方，却给电子签名依赖方造成了一定的损失，那么后果必须由电子签名人承担。依据《电子签名法》第15条后半段要求电子签名人知道失密后及时通知，不能履行通知义务的，需要承担责任。但是，失密后迟迟未能发现，当然也违反了妥善保管电子签名制作数据的义务，同样应承担责任。在实践中，我们可以依据"有一定的错误，造成了电子认证服务提供者、电子签名依赖方有一些损失的，则必须承担赔偿责任"这一段条文来处理这个问题。最后，电子签名依赖方王某具有应当采取合理的步骤核查签名的可靠性的义务。如果电子签名依赖方王某违反这个义务，并不需要承担真的民事责任，而是有可能承担无法追究签名人或电子认证服务提供者责任的后果。如果依赖方在即使合理核查也不会显示出签名或证书无效的情况下，依赖方将不会因为使用该签字或证书承担不利后果。

最新修订版的《电子签名法》有如下规定：

1.相关法律条文

根据《电子签名法》第15条规定：电子签名制作出来的数据，签字的人必须保证安全。如果电子签名人知道制作数据已经泄露或者可能泄露时，应该尽快告知相关各方，并停止使用此电子签名制作数据。

根据《电子签名法》第20条规定：如果电子签名人向电子认证服务提供者索取电子签名认证证书的时候，那么电子认证服务者应该向电子签名人提供完整、准确和真实的信息。

根据《电子签名法》第27条规定：电子签名依赖方、电子认证服务提供者可以行使权利向电子签名人索要赔偿。比如，当其知道电子签名制作数据已经泄露或者可能泄露而没有及时告知相关各方，并要求停止使用这份数据，或者没有告诉电子认证服务提供者完整、准确和真实的信息，再或者有其他的不良行为，从而给其造成损失的。

2.电子签名人的义务和责任

拥有电子签名制作的全部数据并以本电子签名人向电子认证服务提供者索要电子签名认证证书并且提供了完整、准确和真实的信息，这叫作电子签名人。在我国，电子签名人承担赔偿责任的前提条件是：

（1）赔偿损失是一种电子签名人担负责任的方法。据我国《民法通则》规定，赔偿损失在各种各样民事责任方式中应用最广泛。在电子签名过程中，如果电子签名人给电子认证服务提供者或者给其依赖方造成了直接损失或者间接损失，那么电子签名人就需要承担赔偿责任。

（2）电子签名人如果因为违反义务给电子认证服务提供者或者电子签名依赖方造成了损失，那么就需要承担赔偿责任，除此之外的话不用承担责任。

（3）电子签名人主观意义上有过错。民法上的基本归责原则是必须是过错方。在电子签名过程中，除非签名人主观上有过错才承担赔偿责任，否则即使最后造成了损失，也不用承担赔偿责任。

3.电子签名依赖方的义务和责任规定

电子签名依赖方是比较被动的一方，它是十分信赖电子签名或者电子签名认证证书而从事有关活动的人；它应该以大家都能接受的方式对电子签名进行验证。电子签名人与电子签名依赖方之间大多表现为商务合同关系，主要受《合同法》的调整，而对于电子签名依赖方的义务与责任《电子签名法》却没有进行过多的解释，一般就要求商人保持一颗善良的心，小心谨慎，尽到符合情理的义务就行。

二、电子签名人在网络环境下的法律作用

✚ 案例 6-5

有用户反映，在 2015 年 9 月，其在当当网的账户金额被盗刷。发生这件事后，当当网紧急临时启用安全模式并冻结所有当当网账户礼品卡和余额：如果有需要使用账户余额的用户必须先改正自己的账户密码并且向客服人员提出申请，审核通过后才能用里面的礼品卡和账户金额。据悉，当当网为防止用户账户资金被盗用，还开启了手机验证制度，类似动态密码、银行 U 盾的高科技手段也加入了保障计划中。目前当当网收到的投诉用户数大约在 100 人上下，消费者损失位几十到几百元不等。当当网做出决定，表示通过审核后，将陆续补偿用户全部损失。如果当当网不作为的话，那么消费者是否能通过诉讼途径来请求赔偿呢？

1. 电子签名同样有法律效力

电子签名是一种技术手段，它能够在电子文件中起到和盖章或者手写签名一样的作用。使用它以后，就算黑客猜中了你的网上银行密码，也不能从你的账户里拿走一分钱，因为其加密技术特别难破解，不能伪造。在传统商务活动中，要想让法律承认这份合同，一份书面公文或者合同，要有负责人或者当事人的签字、盖章。这样做是为了方便交易双方识别是谁签的合同，保证签字或盖章的人同意合同的内容，也为了保证交易的真实与安全。

但是在电子商务虚拟世界中，电子文件的形式是用文件或者合同来传达和表现的。传统的盖章和手写签名在电子文件中是不能进行的，这就要依靠技术手段来代替。电子签名是指能够确保交易的真实性、安全性以及不可抵赖性，在电子文件中分辨双方交易人的真实身份，达到和盖章或者手写签名一样作用的一种电子技术手段。表示签名和标志签名人同意文件内容是签名在法律上的两个功能。在《电子签名示范法》中电子签名是这么解释的："指在数据电文中通过电子形式所附、所含或在逻辑上有联系的数据，表示签名人同意数据电文中的信息和识别相关的签名人。"如今，在确定了签署者的真实身份信息后，电子签名同意人们可以用各种不同的方法签一份电子记录，也就是说可以通过各种技术手段来实现电子签名。

2. 要求当当网赔偿，须证明非本人交易

如果网站被消费者以账户被盗为由起诉要求赔偿，这是个体事件，就需要消费者证明礼品卡消费的行为或者自己账户余额被刷并不是本人操作。但是，比如当当网这样大型的账户余额被盗刷的情况，如果进入诉讼途径，司法实践中会根据具体发生的情况在一定程度上不特别严格要求消费者必须有证据证明消费行为不是本人所操作。

同时，《侵权责任法》第六条规定："行为人应该承担侵权责任，当犯了错误而侵害了他

人的民事权益。"换句话说，如果当当网证明是因为消费者的原因（比如密码设置过于单一并且当当网已经给予了必要的提醒）导致账户被盗刷，而自己没有过错，那么可以根据情况适当减轻当当网赔偿责任。《侵权责任法》第二十八条还规定："第三人应该承担侵权责任，如果损害是他造成的。"这么说来，消费者可以向公安机关报案并且其损失最终会由盗刷者承担。同时，如果当当网已经向消费者进行了赔偿，那么它有权向盗刷者进行追偿。

3. 消费者放任损失扩大网站或可减责

当当网在 3 月 19 日给 50 万左右账户上有礼品卡和余额的用户发送了邮件、短信，希望他们可以检查账户并对风险高的密码进行修改。据当当网设想，大约应该有 80% 的客户会去修改密码，但是 3 天以后统计，却只有不到 5% 的用户修改了自己的密码。

依据《侵权责任法》第二十六条的规定，可以适当减轻侵权人的责任，如果被侵权人一样有过错的话。当受害人没有注意损害的发生或者没有制止损害结果的扩大时，应该依法免除或者降低赔偿义务人的赔偿责任，从而公正合理地分配损害，这是一种制度，它也被称为民事法律上的过失相抵原则。

根据上述规定，如果电子商务网站在顾客账户被盗刷后已经采取了必要的措施，并通知消费者修改密码；但是消费者明明知道自己的密码存在被盗的风险，却不在意，也没有修改密码。这种原因导致的损失，电子商务网站是可以减轻责任或者视情况不承担责任的。

三、电子签名相关法律法规目前的困境及相关建议

➕ 案例 6-6

第三方电子签名使 P2P 平台难做 "裁判员"

央广网财经报道：后 "野蛮生长" 时代的互联网金融，正在经历一场监管和舆论的双重风暴。这个行业难以绕开的话题就是 "合规" "安全"，电子签名就是众多保障行业健康发展工具中的一种，主要因为这个行业的安全问题而得到大家的关注，电子签约有三大痛点：合同无效、信息篡改、信息泄露。在近日召开的第三届互联网金融全球峰会北大论坛上，上上签创始人兼 CEO 万敏向央广网财经记者表示，第三方电子签名作为一种具备法律效力的网络签约工具，可以使 P2P 平台告别既是 "运动员" 又是 "裁判员" 的角色冲突，使电子签约更加安全靠谱。由于网上交易难以面对面签约，便捷的电子签约形式受到人们追捧。而在风险高发的互联网金融领域，电子签约中由于信息篡改、信息泄露等问题引发的法律纠纷也频频出现，电子签名、电子合同具有法律效力吗？如何防止合同被单方面篡改？信息泄露怎么办？

【分析】

针对本案例，我们首先要明确如果电子合同是盖章的或者用可靠的电子签名，那么电子合同和纸质的具有同样的法律效力，这么说来，可靠的电子签名需要满足哪些条件呢？我国的《电子签名法》规定了具有法律效力的电子签名要满足 4 个要求，"一是保证签名的动作是本人发出的；二是当事人要拥有签名；三是本人要知道所签的内容是否发生篡改；四是本

人也要知道签名是否发生篡改"。在技术保障电子签名可靠的情况下，内容的改动处在合同上会产生标记，如在 PDF 版合同上无论何时下载都会有改动标记提醒。

信息篡改问题可以避免，但是，储存在"云"上的电子合同会不会发生信息泄露问题？这个问题的解决离不开技术的保障，上上签目前采用的是 AES256 位加密的方法，辅之以"加密打碎"技术。"打个比方，现在有黑客攻破了这个云，有文件泄露出来，即便攻破了，文件泄露出来的也是极小的碎片，而且这个碎片还是加了密的，理论上说是非常难以解开的，因为 AES256 加密是目前全球最难解的加密技术。"

随着 P2P 等互联网金融行业进入"监管年"，电子签名成为互联网金融行业的"刚需"。有效签名的电子合同既可以保障用户的权益，也有助于平台规避法律风险。此时电子签名行业的爆发既和监管有关，也和互联网时代金融契约的内在要求有关。以往在互联网金融领域的电子签名主要有两种形式，一种是依赖于设备的传统 UP，一种是平台自身形成合同，而这两种方式的弊端就是不够便捷和安全。"所有用户最熟悉的方式就是互联网金融平台在自己的服务器上生成一份合同或者协议，所以只要单击确认就可以了。但是它的法律效力为零，这就是说平台既是'运动员'，又是'裁判员'。如果在它的服务器上进行篡改，它也没有任何的痕迹，例如 5 元钱可以改成 10 元，所以它和纸质的并不一样，篡改了以后还可以看有没有痕迹等。"

电子签名发展最好的前期切入点是互联网金融。必须签订合同是互联网金融的契约，而面对面签约难以实现，这个"痛点"的存在，使得未来电子签名行业布局的领域十分广泛。比如，有垂直交易场景和金融的领域，因此电子签名可以大展拳脚。目前，上上签打算将服务扩大，计划涉及更多的方面，包括数字证书、身份认证的发放，再到在线签署、盖时间戳等。甚至服务范围还包括客户产生法律纠纷之后的证据准备、法律支持等服务。

（一）技术不断进步应用依然受限

电子签名技术从业界比较流行的观点来看，它是一种无纸化办公的技术。它主要是通过计算机来工作，对个人签名进行验证，保证它的准确性，并将文档弄在一起。这样的效果非常好，就像在纸上签名一样。签名与文档捆绑、签名系统、签名验证等几个方面的技术，其实它们的运用十分灵活，不是特别地死板，不仅可以连起来使用，也可以分开用，同时它们都属于电子签名技术。电子签名技术根据识别方法的不同，主要分为四种技术"流派"。这些流派其实大体都是一样的，万变不离其宗，所用到的软硬件差不多，硬件上都需要一支电子笔及手写板，它需要与计算机相连，签名时十分神奇，笔迹跟在纸上一模一样，可以通过手写板被采集到计算机里，然后出现在屏幕上。如果为了形成一个高效利用的系统，那么就需要特别精通软件方面的技术，包括模式识别技术和高效的笔迹压缩技术等。以 PKI 为基础的数字签名技术，是目前比较成熟的并且使用十分广泛的技术。同时受使用、技术、争议解决等多种方面的影响，如在技术方面，很多电子证书不能被所有的软件兼容，缺少权威、可信任度高的第三方认证机构等是电子签名应用推广困难的原因。

（二）我国仅规定了电子签名人赔偿责任的承担问题

电子签名人违反义务，但是没有造成电子认证服务提供者或者电子签名依赖方损失的情形在电子商务活动中都是可能出现的。那么，他们在这个时候可以要求电子签名人承担相应的民事责任（如赔礼道歉）吗？这在《电子签名法》中并没有做相关说明，但我认为是可以的。主要理由是：《电子签名法》为特别法，但是《民法通则》为一般法，特别法中没有规定的，那就适用一般法的规定。根据《民法通则》的规定，如果产生违法行为，那么行为人就应该承担相应的民事责任。比如，电子签名人不履行及时告知、保管、真实陈述等义务，这就是一种违法行为。因此，如果出现这种情形，电子认证服务提供者或者电子签名信赖方就可以要求电子签名人承担相应的民事责任，应予以支持。

第四节　电子认证机构案例

一、电子认证机构概述

案例6-7

银行电子认证纠纷案，原告段伍是某邮政储蓄所的客户，他有一张邮政储蓄卡（绿卡）。建行四川省分行和四川邮政局开展了通存通兑业务。2002年4月1日，段伍拿着他的邮政卡想要存1000元钱，辗转了几个银行，最后他选择了在建行泸州市某支行储蓄所存款。2002年6月20日省建行在查账后，发现了问题，于是通知省邮政储蓄中心绿卡机房冻结段伍的1000存款，并要求进行调账处理。省邮政中心绿卡机房于2002年6月24日通知被告调减段伍的1000元存款，但是被告却不知道为什么调减账，所以为了安全起见，仅冻结了段伍的1000元钱。

2002年7月6日，段伍到储蓄所想要去取走这笔钱时，银行却说这笔钱是无效存款，已被冻结，段伍十分愤怒，于是告到了法院。在诉讼过程中，段伍向法庭提供的证据是存折，该存折记录的内容是2002年4月14日段伍用绿卡存款1000元。原告段伍认为存折所记录的内容是金融机构向原告出具的存款电子证明，它是真实的。对于储户来说存折是本案最直接的证据，它是唯一能证明段伍存款的证据。被告某邮政局向法庭出示了下列证据：

（1）被告某邮政储蓄所提供《活期储蓄通存通取交易明细列表》，证明原告于2002年4月14日8时58分58秒在建行四川省分行存了1000元钱。它表明了交易是真实的，也是同一次存款行为，但是却在两个不同地方的主机上出现了一点也不相同的存款记录。

（2）通过《通存通兑业务查询复查书》，证明了建行某支行储蓄所前台交易号54、56号是没有作用的，其交易时间是2002年4月14日9时43秒和9时1分43秒。

（3）建行某支行储蓄所2002年4月14日前台电子流水账。该账目中记录了原告用绿卡在此存了2次款，一共1000元钱，交易号分别是54、56。但是这并没有什么用，在电子交易中没有这两次存款的记录。那仅证明原告用卡在这个地方存过款，却没有电子记录，通俗点说就是没有发生债权债务关系。

（4）某支行储蓄所提供在 2002 年 4 月 14 日前台电子记录查出原告取走了 200 元，交易号为 53，然后又用卡存了 1 000 元钱，交易号为 59，建行想用这两次记录说明原告 1 000 元钱到底去了哪里。

（5）据办理原告存款业务的工作人员陈述，原告于 2002 年 4 月 14 日拿建行卡在柜台上取走了 200 元，加上他自己带的 800 元，一共 1 000 元，想要存入绿卡中。工作人员操作两次后都不好使，之后原告将这 1 000 元存入龙卡中。

被告拿出以上证据想要证明：

（1）客观真实性，不可以更改和实时性是银行电子交易"前台流水账"的特点。它的程序审查十分复杂并且严格，而且是自己编制，别人是不能假冒，也不可以更改的，所以它的安全级别非常高，因此它能够真实公正地反映前台交易的最终结果。

（2）本次存款交易十分复杂，它是电子交易信息在跨行传输过程中经常发生的"下传失败，上传成功"的网络传输错误，它的电子交易记录会出现开户行与交易行相反的情况。因此说前台流水账才是前台交易情况的真实记录，其证据证明效力比开户行电子记录要高，而存折记录的内容，并不能代表真实情况。

（3）如果人们既要求在银行存款十分方便，又要求银行完全正确、不出错误，那就有些强人所难了，对于银行也是不公平的。

按照传统来说，存折是最直接的证据。在这次案件中，虽然银行方提供了大量证据，包括前台流水账等，但作用不是特别明显，因为这是银行内部的资料，其证明事实的能力比较低，相比较来说还是存折比较靠谱，所以法官最后做出判决，不否认存折中记录了 1 000 元钱，金融机构败诉。

这个案件讼争标仅 1 000 元。虽然金融机构败诉，但还是比较认可这种结果，并没有提起上诉。但是类似这种案件有很多，并不是一起案例，它对金融资产的安全影响很大。据调查，有些差错交易率高达百分之十到二十，这是由于各银行间和银行电子网络的程序软件设计不统一等技术原因造成的。因此可想而知，它所涉及的交易金额是非常大的。当然，现阶段类似这样诉讼到法院的也很少了，因为像这种电子交易技术差错，大多由金融部门通过多种方法解决了。但是如果不处理好这类案件，它也会大大危及金融资产的安全。

对于本案证据来说，银行"前台流水账"和存折从司法技术方面来说，都属于金融机构，这是它们提供的电子证据。那么该如何判断它的证明力和是否真实的呢？这是我们必须面对不能逃避的新课题，要想办法解决。

（一）电子认证机构定义及其特征

1.定义

电子认证是一种加密技术，它是以核心电子书（又称数字证书）为核心技术，基础为 PKI 技术，通过解密、加密、数字验证和数字签名，在网络上传输的信息。电子认证的认证证明书不但能够佐证密钥申请人的资信情况，还能通过 CA 机构对公共密钥进行认证和辨别（包括跨国认证），以免密钥发生意外，如解密、丢失或损毁等，这样会增加交易的风险。电子政务和电子商务的核心环节是电子认证，它可以保证网络应用的安全，保证网上传递完整、保密和不能否认的信息。为与电子签名有关的人们提供可靠的、真实的验证活动，叫作电子认证机构服务。

2.电子认证机构的特征

（1）不可否认性

交易双方不能对参加过交易的情况进行抵赖，因为电子认证机构具有不可否认性，它也为以后可能产生的交易纠纷提供了一个特别靠谱的证据。从这方面看，银行电子网络存款交易，虚拟和真实世界电子交易市场的交易信息，分别传递虚拟和真实的存取款交易行为，它也是两个层面的交易行为。操作员在虚拟世界的交易行为中，会发出电子存取款的信号，然后根据这一信息进行处理。在各国局域网中，这一行为也都有各自进行的虚拟电子交易行为记录。但是它不是在真实世界中进行存取款交易，只能证明电子网络中发生了一次虚拟的行为。而客户在前台当面与营业员进行的存取款的行为，并且在交易完成后打印出存款凭证，确保交易完成及时收取客户的存款并让客户在单子上签字，所有程序完成后把银行卡还给客户，这一过程才是真实世界的交易行为。

虚拟的交易行为通常服从于真实世界的交易行为，但这是两个层面的关系，并不能混为一谈。营业员的终端电脑要显示出虚拟交易指令，然后根据这个指令进行存取款。这种指令是营业员进行虚拟世界交易行为的首要条件，并且是必需的、不能缺少的条件。但是就算电子交易信息在各电子局域网中被确认，如果营业员没有收到虚拟世界的交易信息，那么也是没有用的，也不能完成真实世界的交易。这就说明银行前台营业员要看主机收没收到指令来确定交易是否成功。也就是说交易行后台决定了能不能进行存取款。换句话说，要想确保交易真实必须是交易行后台的电子证明。而开户行则无法证明这种行为，谁知道这个交易信息在真实世界中是不是已被转换为现实的交易行为呢？只能证明在虚拟电子网络交易中，发生过这次交易传递信息。因此，不得不承认，交易行电子书证记录的内容才具有最终法律效力。

一般流程是签署者必须在发件人签名前将他的公共密钥送到 CA 认证中心，这是一个十分权威的机构，经合法注册，具有从事数字证书电子认证服务许可证的第三方，由此登记并签发电子印鉴证明。然后，发件人将电子印章证明和电子签名文件一起发给对方，收件方经过一系列的验证后，就可以确定电子签名文件是否可靠、真实。所以说，CA 认证中心在电子文件环境中的作用与上述传统书面文件签字（盖章）的作用大同小异。第三人具有权威性公证的作用，如 CA 认证中心。由 CA 认证机关发布的电子印鉴证明是一个能指明及确认使用者公共密钥及其名称的电子资料，它能够证明两者之间的对应关系。只要使用者从公开渠道拿到证明后，通过查验证明书内容是不是由 CA 机关发布的，就可推断证明书内的 PKI 公开密钥是其相对应的使用者本人所拥有。如此，拥有公共密钥的人就不能不承认他拥有该密钥的 PKI，也不能不承认他签过名。通过 CA 机关对公共密钥进行认证（包括跨国认证）和辨别，来防止或减少意外事件的发生（如密钥损毁或丢失会导致电子文件环境交易的风险性增加），来达到电子认证的目的。同时，佐证密钥申请人的资信情况还有很多种方法，如可以通过数字认证系统、电子工作证产品、身份认证系统、机要文件防泄密系统、无印电子签章系统认证证明书等。

电子认证的基本实现流程是：① 发件人在做数字签名前，签署者必须将他的公钥提交到 CA 认证中心登记，并经其签发电子印鉴证明。② 发件人将电子印鉴证明和数字签名文件一起发给对方，收件方在通过了电子印鉴佐证和数字签名的验证之后就可以确定数字签名文件的可靠性与真实性。

（2）机密性

电子认证机构的机密性是指除了交易双方以外其他人谁也不知道，保证了电子交易中交换数据、数据电文、信息的秘密性。

大家都知道，网络世界是虚拟的，银行的电子网络交易也是如此。进行电子交易时，银行前台操作员按照客户的存取款要求，向电子网络系统的主机发出请求。主机收到信息后进行处理，然后发往开户局中心，按照客户的要求进行进一步处理后，再发回前台完成交易行为。这样，保证了这次交易的机密性。

（3）完整性

电子认证机构的完整是要确保双方交易的信息是完整的、没有被篡改过和伪造过。对于本案例来说，整个存款过程都在网络中传递。现实世界和网络是不同的，因为现实世界中的存款是客户亲自到银行前台办理的，经过营业员现场操作，如收款、打印存款凭条等行为。可是，这种方法也存在一些弊端，只能处理交易方终端电脑上显示的信息，自己不能控制交易行为和开户方电脑。这就导致交易员只能按计算机的指令操作，而不能控制交易是否成功。这就会导致虽然开户局电脑显示存款完成，但是交易局电脑却没有收到它的指令，从而自动向交易终端发出交易无效的信息。这是令人无法想象的！在网络世界中这一独特的"下传失败，上传成功"电子证据，对于交易员来说，他只能按照交易行电脑指令操作。并不是说他不想按照开户行的电脑指令操作，而是他只能收到交易行的指令，这也是他自己无法控制的事情。所以，本案中，操作员认为交易并没有发生，他当然不会收储户的存款了。

（4）真实性

电子认证机构的真实性是指，信息内容的真实、交易双方的身份真实和交易发生时间的真实。本案中，对于银行存款账号和存折来说，都是网络电子交易信息，但是 2 个银行的局域网根据同一次电子存款信息的不同记录，却形成了两个大相径庭的认证。传统的思想中，只要债务人拿不出证据证明自己的观点，那么债权人持有的债务人的债权认证就是首要的法律效力。从司法技术层面来说，债务人一定会败诉。这是由于债务人必须要拿出高于或等于这一认证效力的相反证据来反驳债务人出具的债权认证。但是，总的来说，存折与传统的债权认证还是有很大区别的。因为它是远程，不是面对面地进行交易，所以有一些因素是不可控制的。其原理是：要想使交易终端做出相应的收款、打印存款凭证等行为，必须要收到开户局存款的确认信息。它的流程比较复杂，大体是建行储蓄网终端开始发出交易请求，通过省建行交易中心和交易局后，发往绿卡中心和开户方中心，然后转给开户局。该信息经过开户局的相应存款处理后，将确认存款的信息回传给交易方。而"下传失败，上传成功"的电子网络传输差错，是指一次网络交易信息如果要进行跨行传输，传输不到交易的末端，出现了开户局最后确认存款行为的问题。那么如果发生了这种情况，此时开户局记录的存款交易，就从来没有发生过。

传统交易认证是用持有债权凭证来证明真实交易的存在，那么根据本案的交易证据，银行网络交易的认证却不是这样。它的交易情况主要看前台记录。其存折及开户行电子交易记录，并不是现实世界的记录，仅是虚拟电子网络的一次交易信息的记录。因此，前台交易流水账能反映交易的真实性在交易局与开户局的交易记录是不一样时，这时交易局电子记录才能反映现实世界的交易行为。

（二）电子认证机构完善性与不完善性

加强电子认证服务标准法律建设，完善电子认证服务，提高可信度，通过保障网络身份真实、数据电文可靠，为维护权益、履行义务、追究责任提供技术支持和法律保障，这是一种重要手段。电子认证服务随着网络应用的迅速发展与普及，对提高可信度的作用和地位更加明显。因此，工信部在《电子认证服务业"十二五"发展规划》中提出，到"十二五"末期，依靠合法电子认证服务，信息的认证方法将有所转变。全国逐步形成在网络上进行身份验证，提高网点覆盖率、延伸到中东西部地区绝大多数的城市和地区。网络身份认证服务在国家网络体系中的基础作用更加明显，有效数字证书数量超过一亿张。相关法律制度体系的滞后问题，是导致网络身份认证服务实行起来比较困难的原因之一。工信部的负责人说，他们将按照时代的发展对授权管理、身份认证、责任认定等方面的要求，加大对网络身份认证的力度，加强惩处制度。研究制定的数据电文，为法律诉讼、电子取证、司法鉴定提供了支持，加强贯彻落实《电子签名法》，推动《电子签名法》与《合同法》《档案法》等法律法规的衔接。如果发生电子商务纠纷，可以加强使用电子认证服务。在加大执法力度的同时，鼓励大家应用，使第三方电子认证服务行业加快发展。

（三）加强电子签名技术检测与认证服务监督，健全电子认证标准规范体系

电子认证服务机构还不够完善，尤其是对于从业人员、风险保障、运营管理等方面，应该加大管理力度，特别是对于用户十分关心的金融网站的网络安全问题，如钓鱼、信息窃取和身份假冒等，《可靠电子签名指南》中针对不同格式的数据电文进行签名的流程都十分地全面。加快制定数字证书互操作规范，研究制定系统检测等技术类标准，加快制定电子签名行业应用标准。对待这件事情要谨慎，对认证服务质量和过程进行监督，不能马虎，要发展和培育专业化机构，对相关产品和系统进行检测，对认证服务过程和质量进行监督。

二、电子认证机构的诚信问题

其实任何银行都可以将经过总行确认过的信息交到电子认证中心，经过数据处理，把信息变成一连串的字符密码并储存在一个 U 盘大小的介质中。因此，电子认证的过程并不复杂，也很容易理解。客户进行网络银行交易的"身份证"就是这个浓缩了客户个人信息的 U 盘。它就像客户的"私人钥匙"，可以打开银行机构的"门"。接下来，认证机构就可以将这些信息传送给相关金融部门，如支行、分行和其他银行，方便它们掌握总行客户的情况，有利于开展工作。这把"公用钥匙"，能打开客户发来的信息，十分方便。从网上交易来看，

交易人的交易信息在传到交易行之前，经过密码处理，通过密码验证，交易行就能获得客户的信息；对于信息来说都进行了密码加密，只要途中不被别人擅自修改，对方就不能还原密码，这样不但真实而且安全。

电子认证具有四大特点，就是保持数据完整性、私密性、不可否认性和身份认证（真实性）。所以其应用领域特别广。比如，南京建筑工程交易中心的投标过程就比较公正，它将全部招投标都放到了网上，所有评委都在网上评标。还比如，医生为了保持数据完整不缺失，时间的标注明显，可以将查房记录通过掌上电脑写成病历，直接传输到护士、药房，保证了所有内容都是真实的、不能更改的，这样做有很大的好处，可以减少医患纠纷的发生。同样，通过电子认证，市长们即使在出差途中，甚至坐车时也可以上网签署需要及时处理的文件。有了"电子签名"，就有了真实和安全的保障。

眼下，数字证书正在快速覆盖国内用户，并且已经应用在建设、地税、社保、国税、招投标、公安、药监、交通等部门。

三、电子认证服务的更新、暂停和撤销

（一）电子商务认证服务撤销的情形

电子签名认证证书不是永久有效的，它如果有下列行为之一的话可以被撤销：① 来源于证书持有人的消息不真实；② 证书被其持有人申请撤销；③不能保证证书的安全性；④ 双方合同规定地义务证书持有人没有履行；⑤ 其他法律、行政法规规定的情况。

（二）电子认证服务更新或撤销的程序

（1）不是使用人申请撤销就撤销，要进行资料审查，如果出现下列情况之一，电子认证服务机构应该对申请人提供的身份信息进行核实：① 证书持有人申请撤销证书；② 证书持有人申请更新证书；③ 申请人申请电子签名认证证书。

（2）公告。电子认证服务机构应该告诉大家。

（3）电子认证服务如果想终止，有一些注意事项，应该在 90 日前就业务承接及有关事项通知有关各方。在 60 日前向工业和信息化部递交申请，并与其他机构就业务交接以及其他相关事宜进行协商，做出最恰当的、大家都满意的安排。

第五节　电子认证中各方的法律关系

一、认证机构和证书持有人的权利和义务分析

✚ 案例6-8

网银被盗案，银行储户两相为难

2015年9月9日上午，北京市朝阳区法院开庭审理的一起经济纠纷案，再度引起社会对网银安全性问题的重视，因为它是由于网络银行被盗引发的。北京市民纪树惠曾在兴业银行朝外支行办理了一张"自然人生理财卡"并同时开通了网上银行。但是之后，纪树惠查询账户时，都发现绝大多数存款不见了。"我在存款后，十分小心谨慎，可以确定不可能有黑客通过我家的电脑，盗取我的账号和密码，因为我根本没有登录过兴业银行的网上交易系统啊！"纪树惠觉得很憋屈。但兴业银行方面也认为，根本不会发生黑客攻击的问题，因为他们的网络银行很安全。

"如果原告能拿出证据证明是银行错了，银行才能承担责任。"但这难倒了纪树惠和代理律师。"因为我们就算懂些网络知识，也不是网络专家，也不可能知道网络银行的系统端遭没遭遇过黑客的攻击啊！那么如果我无法证明银行的系统端有问题的话，我打官司也会失败啊！"

事后，有法官告诉记者："目前此类案件一般依据'谁主张，谁举证'的原则，是原告很可能失败，如果他拿不出证据证明是银行方面的过错的话。此案件具体应该由谁负责，没有具体的司法或者法律能解释得明白，各个法院也不相同。按照上述举证原则，我们也感到有些不公平，所以也希望，尽快颁布一个具体的操作规则。"

（一）相关问题

1.黑客技术致使用户举证困难

据案例分析，黑客有目的性地设计出网银病毒（如"网银大盗"）后，通常会采用截取储户密码、账号信息等两种方式。

第一种就是设计出与银行版面设计和网络地址特别相近的网站，使用户产生错觉，诱导用户点击进去，并输入密码和账号，进而用户信息就会被病毒记录下来。它也俗称钓鱼。

第二种就是通过诱使用户登录不明或不健康网站，植入设计好的木马，截获被感染计算机的鼠标动作和键盘输入，将用户信息发送到特定的地址。不管采用哪种方式，进入用户的网银系统，进行违规操作，制造伪卡或者将用户的现金以汇款或转账的方式发送给黑客，盗取用户的现金才是他们的最终目的。而病毒被植入后，由于它会主动查找IE等多种浏览器，一旦发现用户使用浏览器，登录银行个人网上银行的界面，就会记录下用户的键盘

输入内容。例如，某些病毒发现用户打入卡号的长度为 19 位并以"95588"开头时，就会获取用户在工商银行的密码等资料。随着软件安全性的不断改良升级，病毒也随之更新，就连专业的技术人员都防不胜防，更不要说一般的网银用户了。但是一旦出现了问题，如网银账号被盗，银行常常会指责用户操作不当，由此引发了用户与银行之间的纠纷。如发生此类案件，一般银行会答复：这要看被盗的原因，如果因为储户不小心银行是不给予赔偿的，也包括储户的客户端被黑客攻击。如果因为银行自身网络被攻击，银行会履行相应的法律责任。但是，银行有客户证书等多重手段来保护储户权益，它的网络安全建设是非常有保障的，因此，法院也会因为用户的过错，免除银行方面的责任。而且"这对于银行是十分不公平的，如果用户因为自己不谨慎，将其他信息或密码泄露，也要银行承担责任的话。或者用户与不法分子串通的话，这也会导致银行的损失"。

2. 银行责任用户无法获知

因为绝大部分用户根本没办法找到证据，所以将网银被盗的原因全部归结为用户不慎，太过于牵强了。那么在自己信息泄露的过程中，银行网络系统存不存在问题？是否是这些问题造成自己客户端被病毒入侵呢？更别提还让用户去举证：病毒是不是在首先侵入了银行网络系统过程中，黑客获取了自己的网银信息呢？因为除了用户端的风险，网络银行系统端的风险即使网银被盗也不能排除。反病毒专家表示，即使银行系统端遭遇病毒入侵的概率较小，但也不能说网络银行就十分安全，没有漏洞。它不能排除系统端遭到病毒侵入，或者系统端自身运行出现故障或者网络银行雇员的欺诈行为等因素。

目前电子签名技术是国际共同认可的、最值得推广的、最安全的身份识别技术，防范"网络钓鱼"和"网银大盗"的效果非常好。虽然目前电子签名技术在国内的网上银行业务大多都被采用，但应用范围和广度还十分有限，并不是那么普及。由于第三方数字证书并没有被很多商业银行采用，导致网银用户使用最安全的合法第三方数字证书的用户还不到50%。调查显示，自建的 CA 认证中心系统是目前很多商业银行采用的，但是对银行信用机制的形成没有好处，对网银用户有失公平。

如果银行完全为了网银安全，可以限制不使用双重认证的用户转账汇款业务或者不为其开通网银。但实际上，据记者调查，即使用户不使用数字证书，很多网银功能也被允许操作。由此看来，网络银行确实存在技术或者管理上的漏洞。

但是，目前网银用户须与银行签订《个人客户服务协议》。如果想要开通网银的话，协议中的规定常常大同小异，即"由于密码泄露造成的后果应该由用户承担，所以用户对设置和保管密码应该实行保密制度，同时采取其他合理的措施，以防止本人密码被别人窃取"。在网银被盗引发的经济纠纷案件中，用户由于不太了解这方面的专业知识，加上技术上的原因，并不知道是自己客户端的问题，还是银行系统端的问题。而且全部网银的交易资料又都在银行那里，所以用户想要找到证据是十分困难的。

（二）认证机构和证书持有人的权利和义务

我们知道，电子认证就是认证机构运用加密技术，以它为基础，以数字证书、数字签名、数字摘要等为手段，向电子商务中的交易各方保证文件的真实、完整等服务的活动。电子认证是确保电子交易顺利进行的必不可少的保证，而银行在开展网上业务时也是作为一个认证机构，签发数字证书的中心，它们会颁发相应的数字证书。

所以作为一个认证机构要使用证书各方的权利、清楚明白数字证书的功能、义务以及其责任范围，要保证用户交易信息的完整性、保密性、抗抵赖性，必须利用数字证书对交易信息进行签名和加密。认证中心在发生纠纷时必须进行下列操作：① 用技术确认数字签名、数字证书、时间戳的有效性、真实性。② 用户数字证书的 CA 证书的签发。③ 证明用户数字证书在交易发生时，不在或在 CFCA（中国金融认证中心，下同）发布的数字证书废止列表内。④ 发生下列情况时，能对签发的数字证书进行撤销：提供不真实的资料申请用户数字证书；用户没有遵守本协议约定的义务；用户提出撤销数字证书的要求并递交了书面说明；对证书的安全问题没有保障；法律、行政法规规定的其他情况。

拥有证书的人也要尽到自己的权利和义务。

（1）出现下列情况用户或法定权利人应当立即到原 RA 申请作废数字证书：使用的数字证书私钥和密码丢失、泄露或者用户希望不在使用数字证书和用户主体不存在。

（2）如果发生这样的问题，如用户故意或过失导致他人盗用、冒用数字证书私钥和密码时，用户应该承担责任。所以用户一定要保管好与数字证书有关的私钥和密码，一定不要使它泄露出去或者交给别人。

（3）获得相关软件的途径要合法。

（4）当使用 CFCA 发放的数字证书时，要合法，并对此行为负责。

（5）应妥善保管下载凭证，亲自用其中的密码从相关网站下载数字证书。

（6）用户应该诚实守信，当向 RA 申请数字证书时应该提供全部真实准确的信息和资料，如果这些信息发生改变用户应该及时通知有关各方。

假如用户故意或不小心提供了不真实的资料，或者资料改变后没有通知 CFCA 或原 RA，那么由此造成的损失应该由用户自己承担。

（三）对电子认证机构和证书持有人双方法律关系的完善

（1）完善《电子签名法》，把相关责任条理具体化，把相关违法惩罚明细化。

例如，用户根据认证中心提供的服务搞一些民事活动，却遭受了损失，CFCA 将给予赔偿，除非认证中心能够证明自己的服务是按照《电子签名法》等相关法律法规实施的。或者设定赔偿上限降低损失，如设定对企业高级数字证书用户的赔偿上限为 80 万元，对企业普通数字证书用户的赔偿上限为 50 万元，对个人数字证书用户的赔偿上限为 20 万元。这样一旦银行等认证中心受损也有可有法可依降低损失，不会遭到用户恶意讹诈。

（2）电子认证法律应该进一步完善举证责任倒置原则。依据现实情况，在"谁主张，谁举证"的举证责任原则上应该实现变通，不应该一条道走到黑，应改为"举证责任倒置"。就此案例来说，为了增强司法实践的可操作性，就要由银行方面证明自己的系统没有问题。"举证责任倒置"的原则能够实现用户与网银之间的服务合同的平等关系，使用户能够放心地使用网银，并且能够保护网银用户的利益。长期来看，有利于网络银行的健康发展，也有利于银行不断提高技术水平与网银的安全性能。

（3）对于拥有证书的人来说，证书认证机构一定要注意出示区分网上银行大众版和专业版的风险提示或安全说明。网上银行专业版与大众版的功能相比，其功能比较全，安全级别也比较高。

（4）通过各种方式途径增强用户的安全意识。例如，提醒用户"卡号＋口令"是用户特别私密的信息，所以不要采用安全级别特别低的"卡号＋口令"方式登录网上银行。因为一旦用户登录了假网站或者个人电脑上侵入了木马等病毒，那么密码或者卡号就会被别人窃取，造成资金风险，导致资金丢失。如果使用网上银行的频率比较高，建议用户一定要采用网上银行的专业版，它符合法律的要求，是权威的第三方机构颁发的数字证书。同时，银行要保证只有合法的用户才能取得数字证书，这就要特别加强对数字证书申请审核的管理。最后要注意的是，应该定期查看交易明细，为电脑安装防病毒软件并定期升级系统。不在公共场所使用网银等都是安全使用网上银行所必须了解的常识。在私人场所登录网银时，要更加小心谨慎，要设置或打开反病毒软件及其防火墙；也要注意千万不要登录不健康或不明网站，防止病毒植入。

二、认证机构和证书信赖人的权利和义务分析

✚ 案例6-9

信用卡被盗，他人账户购买，网店表示不能撤销消费

2015年某天，李某在一个商家的零售网页上看到了一个笔记本电脑，他特别喜欢，想要把它买下来。这时李某发现自己的信用卡被盗取，并且消费了7 000元。李某立即通知银行要求冻结账户并且查明原因，而这时银行告诉他必须到柜台办理，等李某到达柜台的这段时间，该卡又被消费3 000元。李某非常生气，他在银行的后台查到款项是在京东的一家网店消费的，于是他即刻与京东网上商店联系，说明情况后请求先别发货。但是京东的客服要求他提供购买时的账户和密码，但是由于不是用自己的账户购买的，所以李某无法提供。从而京东表示不能撤销该笔消费。

（一）认证机构和证书信赖人

1.明确认证机构、认证机构用户和证书信赖人的概念

在这个案例中，我们首先要明确谁是认证机构，谁是认证机构的用户，谁又是证书信赖人。这样也好将各方的权利和义务尽量地归属好，一旦发生侵权等不合理事件，原告与被告也可以做到有理有据。首先，双方是在从未见过面的情况下进行电子交易的，在这样的一种开放性的交易环境下，免不了缺少道德约束力。这种约束力是在封闭型社区交易群体中才会具有的特性，所以在电子商务交易环境下发生这种事情后，挽救的办法非常有限。即便是可以救济，其救济成本通常也会超过事件本身原有的损失成本。

认证机构的概念就是可以向用户提供可靠的目录，确保证书上无论是用户名字还是公开密钥都是正确的，这个具有公信力的存在就可以解决可能被欺骗的问题。虽然认证机构为了

保证证书内容安全可靠，会在每个证书上都附加数字签名，但是用户总会有大意的时候，可能造成其隐私密钥的丢失和被盗。隐私密钥一旦遭受危险，与其相应的公开密钥就不能做加密信息使用。

一般来说，商家在认证关系中是证书拥有人，商家作为认证机构的客户，是提供认证服务的。证书信赖人是指电子签名证书，并以该证书上所确定的证书拥有人为交易对方，而进行交易的当事人。证书信赖人不一定是认证机构的用户，证书信赖人与认证机构之间的关系要比认证机构与用户之间的关系复杂得多。当认证机构的用户不是证书信赖人时，认证机构与证书信赖人之间没有服务合同。但是有时证书信赖人会成为证书服务关系中的对象，这种情况发生在利用证书与证书交易的过程中，这时候认证机构在特定情况下还要对之承担责任。一般证书信赖人在建议可靠度内，会对交易相对人电子签名证书的使用给予一定的信任，这样就可以进行交易。

认证机构或证书用户一旦发生过错会承担一定的责任，如由于证书信息不详而给证书信赖人造成损失等行为都属于过错范围。所以在这个案例中银行是认证机构，京东网络交易平台提供商是认证机构的用户，李某则是证书信赖人。

2.明确认证机构、认证机构用户和证书信赖人各自的权利和义务

对于认证机构来说，要能提供合理的查证途径，使相对方能够通过证书确认证书拥有人的身份，确认签名设施在证书签发的时候运行正常。提供合理的查证途径，使对方能够通过证书以及通过证书及相关途径确认，包括用以识别签署者身份的办法，签名设施运行正常，有没有受到损害，撤销服务是否及时提供，签署者有没有接收设施受损的通知方式。使用绝对可靠的程序、系统和人员来完成其服务。对于认证机构的用户来说，交易平台商家应该履行并公示一些制度。比如，建立交易安全保障制度来维护交易安全，以及用消费者权益保护制度来保护消费者的合法权益。最后就是一些交易规则、不良信息处理等网络平台管理规章制度。除了履行以上的支付服务义务外，还应该提高科技技术来保障后台运行，使用户浏览页面和保存图片和网页更加方便。提供网络交易平台服务的经营应该保障好交易环境，提供可靠必要的交易服务，维持好网络交易平台的正常运行；制定良好的管理措施维护网络交易秩序；采取必要的手段保护好企业名称权和注册商标专用权等相关权利，不能出现注册商标专用权被网络交易平台内的经营者侵犯的现象。侵犯企业名称权等权利的行为或者有损其合法权益的非法竞争行为，一旦出现或被举报，根据《侵权责任法》在有直接证据的情况下予以打击，采取合理的措施进行制裁。

网络经营者要履行真实陈述义务，保护好涉及经营者商业秘密或者消费者个人信息的数据资料信息。一旦密钥泄露就会对电子商务的安全产生影响，出现他人假冒用户之名进行交易的危险情况。如果在交易当事人不知情的情况下，网络交易平台将涉及经营者商业秘密或者消费者个人信息的数据，如当事人名单及交易记录等涉密信息，向第三方泄露、出租、转让或者出售交易，应该受到法律的制裁。除非有明确的法律、法规规定可以未经允许直接提供。经营者应建立消费维权自律制度，做好消费纠纷，达成和解。

提供网络交易平台服务的经营者应积极协助消费者维护自身合法权益，一旦他们购买商

品或者接受服务发生消费纠纷或其合法权益受到损害时，应当积极向消费者提供经营者真实的网站登记信息，不得有任何隐瞒的行为。对执法检查不得拒绝，做到积极配合，向法院提供网络交易平台内进行违法经营的经营者的登记信息、交易数据备份等资料。

认证机构服务的宗旨就是安全，这也是认证机构的义务。除安全外，真实、及时、公开、谨慎、保密等是认证机构应该做到的几项义务原则。

（二）法律问题

（1）认证机构接到客户电话办理冻结业务不及时，导致客户又损失一笔资产。认证机构如银行有数字签名的法律效应，就应该对相关的证书信赖人履行相关义务，也应该采取及时、有效的行动认证信赖人的身份，从而避免客户再次受到损失。

（2）认证机构的设立既防范风险又承担风险。防范电子商务中的交易风险是它设立的主要目的，但商业和法律风险也伴随在认证机构本身从事提供认证服务的业务活动过程中。所以在这起李某网银被盗案例中，是否为银行的纰漏，或者是用户自己的过失导致的损失，这其中的责任很难分清，过错谁来承担也很难归属。虽然我国《电子签名法》采取了电子认证服务提供者过错责任原则，电子签名人在电子签名认证服务从事民事活动中遭受损失，电子认证服务应承担赔偿责任，但是电子认证服务提供者证明自己过错的标准很模糊，这也是一件说不清、道不明的事。

（3）认证用户也就是网络交易平台服务的经营者，在这起案例中也就是京东商城，虽然它要求客户提供相应账号和密码，是确保交易活动的一个正确做法，但是仅凭如此就拒绝客户不发货保全资金的做法欠妥。这样的认证方式太过单一，而且也不是拒绝的理由，不符合交易服务平台商家该履行的义务。

（三）完善电子认证各方主体责任的做法

1. 立法方面

（1）要想在源头上确保消费者购物安全，就要从立法上强化网络商店的设立和监管。从立法上强化开设网络商店的审核和监管是解决上述问题的首要关键：其一，建立良好的网络商店赔付责任制度，完善其监管体制。建立监管机构，实现对网络商店身份信息的认证，使消费者在网上购物的行为在具有真实、合法身份的网络商店中进行。而且对于消费者的损失，网站和商家都应负连带责任，在网站赔付后，消费者也可向商家继续追偿。其二，在立法的基础上，建立完善的资格认证制度。网店必须具备严密的安全保障系统、完善的付款机制，才可以在网站上营业。

（2）商家应向消费者履行法律规定的如下义务：将确认合同的通知发送给消费者；做好售后服务保障，提供顺利的退、换货渠道和完善的付款机制；将店铺的真实详细的身份资料和完整的交易条件提供给消费者；保证必须在消费者同意的情况下，在所申明的使用目的范围内使用消费者个人资料，不得擅自向第三者提供消费者信息。在明确以上任务的同时还要明确其禁止性行为，如禁止商家使用格式条款来限制消费者权利或故意逃避其责任。

2. 立法的实施方面

（1）仲裁制度和诉讼制度的建立应具有特别性。因为网络消费者权益的特殊性，由于它是一种弱小而分散的权益，所以我们在对网络消费者进行司法保护的过程中，就要建立一种特别的诉讼制度。建立这种特别的司法制度，可以借鉴美国等西方国家的外来先进经验。比如，德国的具有鲜明大陆法系特色的团体诉讼制度，还有美国的"集团诉讼"制度，都是很好的诉讼制度。小额诉讼、选定当事人诉讼和团体诉讼，是我国台湾地区的消费者权益诉讼的三种主要形式。具体的权益法规分别规定在《消费者保护法》和《民事诉讼法》中。

（2）建立消费者援助制度。此项制度是为弱势消费者建立的，面对经济实力雄厚的大企业时，给予分散的消费者一定的援助。由于诉讼费的支付能力严重影响了诉讼能力的平衡，使消费者在诉讼的过程中处于弱势。如果这项制度得以实施，有了消费者援助制度，消费者起诉就会得到行政机构的支持。在起诉过程中法庭也可以根据诉讼费用救济制度对特殊消费者进行支持，追究侵权者的民事责任，这样保护弱者的原则就可以在司法体系中体现。

3. 法律监督方面

（1）加强政府的监管。各部门严格执法和强化外部力量的规制是除了立法外，保护网络消费者的权益的后援保障。银行协会对银行网上业务的监督，各级行政管理机关对网络经营者加强管理，保护好消费者的合法权益，对侵害用户合法权益的行为应予以制裁。

（2）加强社会监督。我们通常采用社会监督和行政执法结合的方式来保护消费者权益，社会监督的力量非常强大，监督范围非常广泛。比如，各级消费者组织、企事业单位、社会团体及广大人民群众和各种传播媒体。力量的强大来自舆论的压力，通过广播、电视、报刊等新闻媒介，在社会上迅速传播引起全社会的关注。容易形成强大的舆论威慑力量。所以大众媒体应该做好宣传工作，使各大商家因为畏惧舆论监督的力量而维护好自己的形象，从而间接地保护了消费者的合法权益。

（3）加强行业内部的监督。网上交易和现实交易有很大不同，很难用行政手段加以控制。所以只有建立组织，将社会的力量拉进来，增强消费者的参与积极性，形成行业自律和消费者权益保护组织两种力量共同监督的局面。

第七章　电子支付法律制度

第一节　电子支付概述

一、传统支付方式及法律规定

（一）传统支付方式：现金、票据、信用卡

1.现金

分为纸币和硬币，由中央银行发行。现金具有使用方便和灵活的特点，小额交易是由现金完成的。

2.票据

凭证和有价证券是广义上的票据的两种形式，包括国库券、股票、企业债券、提单、发票等；狭义上的票据则仅指《票据法》上规定的票据，仅指以支付金钱为目的的有价证券。

【票据的功能】

（1）支付功能。

（2）汇兑功能。指一国货币所具有的购买外国货币的能力。

（3）信用功能。即票据当事人可以凭借自己的信誉，将未来才能获得的金钱作为现在的金钱来使用。

（4）结算功能。即债务抵消功能。

（5）融资功能。即融通资金或调度资金。票据的融资功能是通过票据的贴现、转贴现和再贴现实现的。

（6）流通作用。指票据的转让无须通知其债务人，只要票据要式具备就可交付或背书转让票据权利。

3.信用卡

是指具有一定规模的银行或金融公司发行的，可凭此向特定商家购买货物或享受服务，或向特定银行支取一定款项的信用凭证。

【信用卡产品种类】

（1）按发卡机构的不同，可分为银行卡和非银行卡。

（2）按发卡对象的不同，可分为公司卡和个人卡。

（3）根据持卡人的信誉、地位等资信情况的不同，可分为普通卡和金卡。

（4）根据清偿方式的不同，可分为贷记卡和准贷记卡。

（5）根据信用卡流通范围的不同，可分为国际卡和地区卡。1985 年，中国银行珠海分行发行了中国大陆的第一张信用卡。

【信用卡的主要特点】

（1）信用卡是当今发展最快的一项金融业务，它是一种可在一定范围内替代传统现金流通的电子货币。

（2）信用卡同时具有支付和信贷两种功能。持卡人可用其购买商品或享受服务，还可通过使用信用卡从发卡机构获得一定的贷款。

（3）信用卡是集金融业务与电脑技术于一身的高科技产物。

（4）信用卡能减少现金货币的使用。

（5）信用卡能提供结算服务，方便购物消费，增强安全感。

（6）信用卡能简化收款手续，节约社会劳动力。

（7）信用卡能促进商品销售，刺激社会需求。

（二）传统支付方式的法律规定

1. 现金支付的管理规定

【现金的使用范围】

（1）支付职工个人的工资、奖金、津贴。

（2）支付职工的抚恤金、丧葬补助费以及各种劳保、福利，国家规定的对个人的其他支出。

（3）支付个人劳务报酬。

（4）根据国家规定发给个人的科学技术、文化艺术、体育等各种奖金。

（5）支付向个人收购农副产品和其他物资的价款。

（6）出差人员必须随身携带的差旅费。

（7）结算起点（1 000 元）以下的零星支出。

（8）经中国人民银行确定需要支付现金的其他支出。

2. 银行支付结算的管理规定

单位和个人与银行办理支付结算，必须使用按中国人民银行规定的印刷票据凭证和统一规定的结算凭证，未使用统一规定格式的结算凭证，银行不予受理。为了规范支付结算工作，我国制定了一系列支付结算的法律法规和制度。

3. 支付结算的原则和纪律

（1）恪守信用。

（2）履约付款。

（3）自主支配。

（4）银行不垫款。

二、电子支付概述

（一）电子支付的概念

电子交易的当事人，包括消费者、商家和金融机构，使用安全电子支付手段，通过网络进行的货币支付或资金流转。

（二）电子支付的特征

1. 电子支付是采用先进的技术，通过数字流转来完成信息传输的。

2. 电子支付的工作环境是基于一个开放的系统平台。

3. 电子支付使用的是最先进的通信手段。

4. 电子支付具有方便、快捷、高效的优势。

5. 电子支付的成本费用较低。

6. 电子支付涉及多方当事人。

（三）电子支付的程序

（1）消费者先在网站上挑选所要购买的商品，然后在网上填写购物单，标明购买物品和来源店铺，商品的数量、交货的地点时间等相关信息都要填写清楚。

（2）在网站上与在线商家联系确认订单信息是否正确，付款方式和交货方式等是否有变化。

（3）消费者选择付款方式和确认订单后，将签发付款指令给银行，要求银行将指定的款项支付给商家。消费者必须对订单和付款指令进行数字签名，签名时要注意利用双重签名技术，以确保自己的账号信息不被商家看到。

（4）在线商店发送订单后，向消费者所在银行请求支付认可。银行批准交易后，返回确认信息给在线商店。

（5）为了方便将来查询，在线商店发送订单确认信息给消费者后，消费者终端软件可记录交易日志。

（6）在线商店发送货物或提供服务，并通知银行将钱从消费者的账号转移到商店账号，或通知银行请求支付。至此，电子支付活动结束，同时一个完整的电子商务活动也完成了。

（四）电子支付的类型

1. 小额电子支付

服务对象：广大消费者个人，从事商务销售和提供服务的工商企业。常见的有 ATM、POS、部分网上银行业务。

2. 大额电子支付

服务对象：包括货币、黄金、外汇、商品市场的经纪商和交易商，在金融市场从事交易及国际贸易的工商企业。世界上在用的大额电子支付交易系统有：CHIPS、CHAPS、BOJ-NET、CNAPS。

三、电子支付的工具

（一）电子现金

电子现金（E-Cash）和现实货币具有等价功能，它是一种以数据形式流通的货币。它是通过特定的加密序数列来表示金钱数值，用户可以在电子银行开户并存钱，通过电子现金购买在线商店的货物。

（二）电子支票

电子支票利用纸张支票转移支付的优点，大大提高了网络交易的支付效率，将现金模拟成同样金额的数字，通过数字传递实现钱款的账户转移。这种电子付款形式是通过将商户和银行进行网络连接，然后电子支票就可以通过密码方式在网络上进行传递。在传递过程中，公用关键字都会加密签名，有时也可用个人身份证号码代替手写签名。电子支票的采用不但可以为商户提供标准化的资金信息，而且相关的处理费用也较低。

（三）电子信用卡

电子商务活动中使用的信用卡是电子信用卡，网络支付可以直接用信用卡进行支付。便捷和方便的特点使信用卡支付越来越流行，因为买方可以通过发卡机构，随时了解持卡人信用额度，所以能够避免欺诈行为的发生。

（四）网上银行

网上银行（InternetbankorE-bank）包含了机构概念和业务概念两层含义，即指通过网络开办业务的银行和银行通过信息网络提供的金融服务。金融服务除了包括传统银行业务外，还包括因信息技术应用带来的新兴业务。业务概念就是我们在日常生活和工作中提及的网上银行。网上银行业务在交易过程中，其服务方式和服务内涵发生了一定的变化，不只是传统银行产品向网上转移那么简单，因为信息技术的应用产生了全新的业务品种。网上银行是指银行利用 Internet 技术，通过 Internet 向客户提供开户、查询、对账、跨行转账、网上证券、行内转账、信贷、投资理财等传统服务项目，所以又称在线银行、网络银行。有时又被称为 3A 银行，因为用户可以在任何地点（Anywhere）、以任何方式（Anyway）、在任何时间（Anytime）进行交易，使客户可以足不出户就能够安全、便捷地管理活期和定期存款、信用卡、支票及个人投资等，不受时间和空间的限制。

四、移动支付的概述

（一）移动支付的背景

移动支付在 2011 年时就已成为行业热点。三大电信运营商和中国银联都在支付市场上有所动作，多家支付企业推出移动支付产品，制定支付战略。之所以越来越多的公司开始重视移动支付市场，原因有两点：一是因为用户更加追求便捷的支付方式，所以就会促进新的支付方式出现。二是因为互联网技术的飞速发展带动了移动支付的技术创新。虽然移动支付普及率越来越高，但仍有很多问题需要解决。比如，如何完善产业链，培养用户的使用习惯以及最重要的支付安全问题。

短信（SMS）服务在 2000 年 5 月 17 日正式被中国移动推出。开启了中国手机支付的大门，成百上千的 SP 纷纷试水手机支付领域，都看到短信应用在支付领域有利可图。短信应用于手机代扣费的信息服务在 2000 年启动后，互联网和移动互联网的小额收费业务都开始应用短信支付的方式。以话费为主的短信支付一度帮助中国互联网从 2000 年起迅速崛起。移动互联网 SP 和 CP 通过短信代扣费的方式，从用户处迅速积累了大量财富，进而迅速发展。

（1）2006 年至 2008 年移动支付 1.5 版本的出现，实现了短信支付行业的垄断，导致了网络支付市场和手机支付市场出现了三种明显的变化：① 随着 WAP 和客户端的兴起，WAP 支付也逐渐发展；② 原本不被重视的银行资金短信支付也开始努力发展；③ 由于手机支付的垄断，其他网络服务费用处于空白状态，给第三方网上支付留下来足够的发展空间。移动和银联在手机支付进入 1.5 时代以后，合资成立了联动优势，独家代理了中国移动总公司的话费支付业务，主要做了三件大事：一是开设了银联通，实现了移动通信服务的一条龙；二是由于中国移动总公司手机代扣费业务被它独家代理，因此垄断了短信支付市场，获取了巨额利润；三是试图打通银行账户和手机账户，大力推广手机钱包业务。

（2）2009 年伊始，进入移动支付 2.0 时代。由于近端支付的兴起，WAP 支付模式遭受威胁。中国步入 3G 元年，手机支付进入 2.0 时代有两大标志：① 2009 年开始，各大移动运营商和银联都各自拟定了支付技术标准，手机支付列入各移动运营商发展优先级，开始地区试点。② 2009 年工信部颁发 3G 牌照和分配 3G 频谱后，3G 进入正式运营和推广阶段。3G 的发展为 WAP 支付的发展带来了新的机遇；近端支付做好初期准备。

（3）2010 年至今的移动支付 2.5 时代。近端支付布局实践和丰富的远程支付场景，标志着中国的手机支付自 2010 年起进入 2.5 时代。广泛拓展的远程支付的应用领域和近端支付主导权的争夺，促进了产业链各方的合作，使支付运营企业明确了监管体系，支付牌照的颁发为它们确定了合法身份。远程支付场景不断拓宽服务领域，由原有的虚拟产品、服务为主，拓展到了生活缴费领域。

近端支付也不断实现技术突破，基于 NFC 技术而发展更新出来的多种近端支付技术，打破了移动运营商对手机支付通信渠道的垄断局面。数据传输网络的发展带来了更为多元的基于移动技术的商业模式，移动电子商务始终保持着高增长率。面对庞大的手机支付市场前景，银联也加入手机支付市场的争夺中，产业链中的其他参与者也纷纷选择合作伙伴，不断出现不同的合作形式和战略联盟。比如，银联与 TCL、HTC 合作推出定制手机，中国移动入股浦发银行等。这些事件的出现都标志着竞争的白热化。

2011 年至今，支付许可证开始颁发以后，更加详细的监管细则和检测标准，将进一步推动和规范移动支付企业的运营行为。

（二）移动支付的特点

移动支付相对于别的支付形式来讲，具有以下几个优点：银行账户、第三方账户（借记卡、信用卡）、移动支付专用账户等多账户，可以在移动支付上面达到一机合体。使用移动支付的用户可以实现在线支付与线下现场支付，仅需借助一部移动终端。手机作为移动终端的代表便利性更强，常规支付工具与手机进行比较，使用手机支付更加方便，便携性更高，使用黏性也更强。

手机作为移动终端的代表服务场景也更广泛，它包含了线上及线下多种支付场景。公交、超市、商场等很多传统卡业务能支付的场景都属于移动近端支付能够进行的场景；互联网支付能实现的绝大部分内容也完全可以依靠远程支付得以实现。

（三）移动支付运作模式

移动支付也称为手机支付，就是允许用户使用其移动终端（通常是手机）对所消费的商品或服务进行账务支付的一种服务方式。单位或个人通过移动设备、互联网或者近距离传感直接或间接向银行金融机构发送支付指令产生货币支付与资金转移行为，从而实现移动支付功能。移动支付将终端设备、互联网、应用提供商以及金融机构相融合，为用户提供货币支付、缴费等金融业务。

移动支付主要分为近场支付和远程支付两种。所谓近场支付，就是用手机刷卡的方式坐车、买东西等，很便利。所谓远程支付，是指通过发送支付指令（如网银、电话银行、手机支付等）或借助支付工具（如通过邮寄、汇款）进行的支付方式，如掌中付推出的掌中电商、掌中充值、掌中视频等属于远程支付。目前支付标准不统一给相关的推广工作造成了很多困惑。

移动支付标准的制定工作已经持续了三年多，主要是银联和中国移动两大阵营在比赛。数据研究公司 IDC 的报告显示，2017 年全球移动支付的金额将突破 1 万亿美元。强大的数据意味着，今后几年全球移动支付业务将呈现持续走强趋势。

移动支付使用方法有：短信支付、扫码支付、指纹支付、声波支付等。

1.短信支付

手机短信支付是手机支付的最早应用，将用户手机 SIM 卡与用户本人的银行卡账号建立一种一一对应的关系，用户通过发送短信的方式在系统短信指令的引导下完成交易支付请求，操作简单，可以随时随地进行交易。手机短信支付服务强调了移动缴费和消费。

2.扫码支付

扫码支付是一种基于账户体系搭起来的新一代无线支付方案。在该支付方案下，商家可把账号、商品价格等交易信息汇编成一个二维码，并印刷在各种报纸、杂志、广告、图书等载体上发布。

用户通过手机客户端扫二维码，便可实现与商家支付宝账户的支付结算。最后，商家根据支付交易信息中的用户收货、联系资料，就可以进行商品配送，完成交易。

3.指纹支付

指纹支付即指纹消费，是采用目前已成熟的指纹系统进行消费认证，即顾客使用指纹注册成为指纹消费折扣联盟平台会员，通过指纹识别即可完成消费支付。

4.声波支付

则是利用声波的传输，完成两个设备的近场识别。其具体过程是，在第三方支付产品的手机客户端里，内置有"声波支付"功能，用户打开此功能后，用手机麦克风对准收款方的麦克风，手机会播放一段"咻咻咻"的声音。

（四）移动支付业务价值链模式

1.移动支付业务价值链模式分类

移动支付业务价值链在全球主要有3种：以银行企业为价值链主导的模式、以第三方平台为价值链主导的模式、以移动运营商为价值链主导的模式。

2.移动支付流程一般由3个步骤组成

在整个支付过程中具有核心纽带功能的部分是移动运营商的支付管理系统，它不仅要完成对消费者的认证和鉴别，还要把支付信息提交给金融机构和监督商家提供的服务和场所，最后再进行利润分成等。消费者的开户行账号和权限等信息在其发出购买指令时，先传送到移动运营商的支付管理系统，而不是商家系统。只有消费者的账户可用额度信息被移动运营商获得，它会初步判断消费者有没有足够的余额购买。金融机构管理消费者的开户行账号的详细信息，银行在接到经消费者确认的支付指令后再进行账户处置、支付和清算。移动运营商不可以处理消费者账户，商家更不可以处理消费者账户。

（五）移动支付存在的问题以及应对策略

1.安全问题

移动支付最主要的问题是安全问题。在《2011年中国手机安全报告》中，国内新增手机恶意软件和木马2 555个，手机用户感染者高达1 324万。并且，艾瑞统计调查，在使用手机银行支付时，近六成智能手机用户最担心的是手机安全问题，认为手机安全中财产安全保护比个人隐私重要的用户占39.7%。由此看来，移动支付的安全问题深受关注。常见的安全问题有：

（1）移动终端易受到黑客侵扰。因为手机的内存小运算能力差，而且带宽小容易丢失数据，所以无法进行太复杂的加密算法，这就导致了数据保密差，并且也不能传递大量数据。然而通过木马程序和钓鱼网站，黑客们可以盗取用户信息，进行非法复制移动支付功能，导致用户损失。

（2）手机信息在空中极容易被拦截，这属于电磁波辐射泄漏。手机信息可被拦截，我们使用手机支付的信用卡数据同样也可被拦截。

2.服务费用高昂

目前移动汇款业务的服务费很高，在某些国家会高到离谱，达到汇款额度的15%，这些都是影响当前移动支付发展的关键因素。作为GSMA的移动货币转账的创始方之一的西方联盟，曾经和运营商一起开展和部署过移动汇款业务，对移动汇款业务起到了一定的促进作用。但是还是有很多用户不愿支付这笔高额的服务费用。预计未来5年内，随着市场竞争越来越激烈，再加上用户的增长，为了扩展市场服务费可能会有所降低。比如，目前已开通移动支付业务的银行服务费就会直线降低，大约每笔交易只会收取2%的手续费。短信传递信息是一种交易成本很低的方式，要想用手机开展业务，这是一条很重要的交易途径。但它也有一定的局限性，如购物时还是要通过语音的方式来完成，这样肯定会增加成本，毕竟会有通话费用。所以现在用户越来越喜欢用移动支付进行消费。

3.交易支付观念

交易支付被定义为一种购买行为，国人的观念比较传统，所以目前移动支付发展较为缓慢，中国通过电子货币方式完成交易的人群占比仅为15%。大部分人还不能摆脱对现金的依赖，一手交钱一手交货的交易方式还是中国国民主要的交易方式。而相对于技术水平来讲，移动支付技术已完全和发达国家接轨，在美国使用电子货币交易已经达到整个消费市场的30%。传统的交易模式限制了移动支付在中国的发展，手机支付由于受人们对消费方式的固有习惯和认识影响发展缓慢。目前国内的移动支付业务还多局限于小额支付，类似于酒店消费等高额消费使用移动支付的用户还很少见。

4.法律政策以及行业规范问题

由于我国还没有完善的电子支付领域的法律体系，支付参与方的责任与分工还都没有规划好，都缺乏明确的法律描述。SIM卡手机支付方式是目前中国移动用户的主要支付方式，通常一张带有RFID的SIM卡就可以完成各种消费，所以中国移动用户只需换一张这样的卡就可以进行相当于现金支付的操作。在行业运营中，在用户使用这种方式的同时，中国移动只能依靠用户不断的体验和测试使用来确定并完善规范标准，因为其没有可靠的行业操作规范。但是在这个摸索过程中，一定会使移动支付应用产生一些经营风险和法律风险。目前，由于短信金融欺诈事件的发生，人们对电子支付交易的安全性十分忧虑。由于我国目前电子商务的法律还不是很完备，面对移动支付的侵权与纠纷，在法律上很难判定责任。

5.针对移动支付出现问题的应对策略

（1）消费者自身加强安全防范意识

有些来历不明的短信或网站使消费者能够轻易地相信，由于自己贪图小便宜或者不小心而受害，这是大多数消费者在移动支付中上当受骗的主要原因。这个世界没有免费的午餐，消费者应该提高自身的安全防范意识，不要让骗子有机可乘。

（2）加强安全性要求

移动支付的安全问题是交易过程的重中之重，交易的不可否认性、信息传输的保密性和完整性、交易双方身份的真实性等内容都属于安全支付的范畴，支付平台运营商、移动运营商、商业机构和银行应该将工作重心放到支付安全上，保证用户的交易安全。现在比较先进和流行的技术有电子认证和SET标准等安全控制技术，可以很好地确保支付和签名的安全性。在不久的将来立法时，必须对有关安全控制技术做出具体的规定，因为虽然有这些安全控制技术也会带来新的法律问题。只有做好安全保障才能保护好移动支付用户的隐私权和财产权，防止不法分子逃税、洗钱或赌博。

（3）解决支付观念问题的对策

为了扩展市场、增加用户量，移动支付运营商纷纷开始大力推广宣传。移动支付是一项新生业务，因为一手交钱一手交货的支付观念在一时间很难改变，所以一开始移动支付发展缓慢是非常正常的。为了吸引用户群的眼球，运营商可以在不同的时期拿出不一样的优惠措施。也可以对症下药，针对不同的消费人群制定不同的优惠措施，慢慢地让他们习惯移动支付的快捷和便利，逐渐爱上这种支付方式，摆脱对现金的依赖，转变传统的支付观念，这个过程也急需运营商和政府的支持和鼓励。让银行卡的交易更活跃，使用更方便，才能使移动支付业务得到更广泛的应用。比如，现在的中国移动公司，采取对开通手机钱包的用户免收月租费的优惠政策，培养他们的好感度，让用户逐渐习惯使用这种支付方式。可以看出，针对用户支付习惯的长期教育培养还需不断加强，中国移动与金融机构的跨行业合作，并没有因为短期利益而使其战略计划受到影响。

（4）解决行业规范问题的对策

规范化的管理是现阶段移动支付行业应该做好的，移动支付立法应做出科学的相关规定，规定银行、商业机构、认证中心、支付平台营运商和移动运营商必须达到某一标准，具备一定资格后才能进入市场。现在一些商业组织或者移动运营商随意加入移动支付平台营运商，毫无法律限定，所以对于移动支付平台运营商的主体资格更要严格限定。但也不能不让非银行企业进入移动支付市场，否则会限制移动支付市场的发展，可以规定具备一定的条件后才可以加入。做好以上规定的同时，还要促进各部门之间的协调配合，做好合理分工，使移动支付业务发展得更加健康和规范，建立与国际统一的法律规定，使国内市场进一步得到开拓，进而走向世界。

➕ 案例 7-1

财付通

2005 年 9 月，腾讯公司正式推出专业在线支付平台财付通（https://www.tenpay.com），致力于打造安全、便捷、专业的在线支付服务平台，主要帮助在互联网上进行交易的双方完成支付和收款。如果消费者在财付通注册个人用户，就可以在 20 多万家购物网站及拍拍网上轻松方便地购买商品。

1. 财付通首页

（1）账户：提供快速登录、其他 qq 号登录、注册新账号等。

（2）生活：包括我的账户、交易查询、转账付款、我的应用、快捷支付、安全中心、QQ 快付、手机支付、刷卡支付、境外支付、理财汇、优惠券等。

（3）聚惠：是财付通携手国内各知名 B2C 购物网站，向买家提供精选优质商品的一站式精品购物平台。目前主要有服装服饰、鞋类、饰品、箱包皮具、数码家电、化妆品、母婴、百货等几大频道，联合好乐买、佑一良品、走秀网、D1 优尚、卡当网、澳易购、西街网、美肤汇、多米等各行业顶尖优质商家，精选各类目竞争力前 50 名的优质商品，尽可能地为用户提供更为实惠、便捷和安全的交易享受，用财付通进行支付即可。

（4）银行：快捷支付、网上营业厅、快捷优惠。

（5）彩贝：腾讯站点或者支持彩贝积分的商户，在消费过程中即可获得彩贝积分，获得的积分可以兑换成现金，1 积分兑换 1 分钱，也可以直接用积分进行支付，购买商品和开通腾讯业务。

（6）企业：账户登录、产品及服务、行业解决方案、功能介绍、营销工具、合作银行等。

2. 手机财付通（见图 7-1）

（1）产品介绍：财付通手机客户端、财付通手机 WAP 版、无线商户签约等。

（2）产品下载：下载支持 iPhone（IOS3.0）及以上版本、支持 Android1.5 及以上版本、适用于 S60V5 及塞班 3 系统、适用于 S60V3 系统。

（3）常见问题：提供基础问题和热点问题解答。

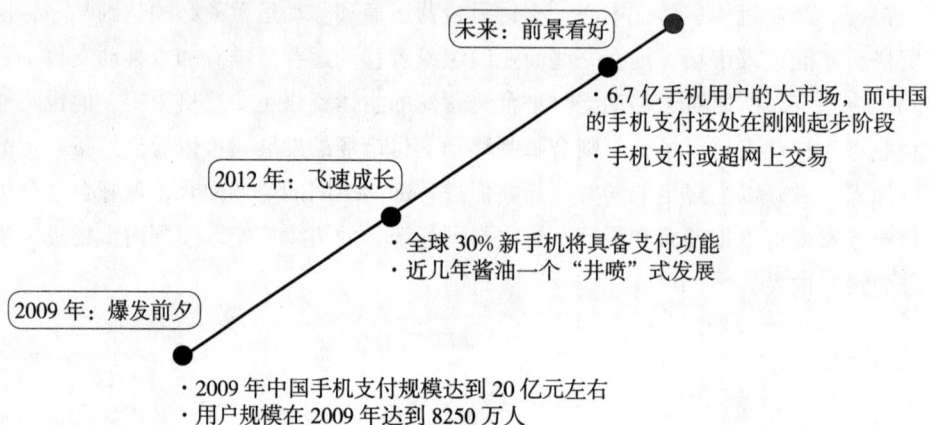

未来：前景看好
· 6.7 亿手机用户的大市场，而中国的手机支付还处在刚刚起步阶段
· 手机支付或超网上交易

2012 年：飞速成长
· 全球 30% 新手机将具备支付功能
· 近几年酱油一个"井喷"式发展

2009 年：爆发前夕
· 2009 年中国手机支付规模达到 20 亿元左右
· 用户规模在 2009 年达到 8250 万人

图 7-1　手机财付通

3. 拍拍网

财付通连接拍拍网，拍拍网用户可以通过财付通进行交易，为用户提供安全、便捷、简单的在线支付服务。在拍拍网上可以放心安全地购物，不必担心在线交易过程中的商品和资金安全问题。因为拍拍网为 CP（内容提供商）、SP（服务提供商）提供了统一的计费平台及在线支付通道，可以说是集安全、方便、快捷于一身，为用户在线消费创造了更大的价值需求，同时为中国电子商务的发展注入了新的活力。

4. 官方微博

通过财付通首页可以进入财付通的腾讯微博，用户可以了解有关财付通近期发生的重大事件，还提供快速通道下载手机客户端、财付通客服服务和连接财付通帮助中心等。为了让用户享受更加便捷的财付通余额支付体验，财付通支持全国各大银行的网银支付，用户还可以直接把钱存到财付通钱包中。财付通的交易份额为 20%，仅次于支付宝位列第二，而且财付通还兼容拍拍网、腾讯 QQ 和微信等软件。

台湾玉山银与财付通在 2013 年 4 月 11 日举办媒体发布会，首次针对大陆地区以外的商家开通"二维码扫描支付"，共同宣布将进一步推行"两岸支付通"产品。提供移动电话支付、固定电话支付，互联网支付、财付通的提现、收款、付款等配套账户功能等主要业务类型，而且还提供了很多便民服务。比如，用户可以使用财付通进行游戏充值、信用卡还款、手机充值、购置机票等功能。使资金的使用变得更加灵活，生活更加方便，打造出了一种全新的支付平台，在 B2B、B2C、C2C 和 O2O 各领域都可以进行网上支付和开展清算服务。

个人及企业是财付通主要支付业务包括的两个方面：

（1）个人：财付通一点通、领奖台、财付通充值、财付通变现、手机支付等。

（2）企业：财付通企业版（一点通支付、信用卡支付、财付通账户支付、交易自动分账、网上支付银行、B2C 大额支付、手机 WAP 支付、企业收付款、自动对账等）行业解决方案。

五、财付通

（一）财付通的商业模式

1.战略目标

针对腾讯 QQ 用户群体和微信客户的 C2C、B2C、O2O 的电子商务交易，是财付通的战略目标。财付通将从保险代销等微小企业进入，实施网上金融业务的战略计划。财付通将更加重视用户体验，除了基金支付外将开展更多的业务模式。随着 3G 网络的普及和 4G 网络的迅速发展，财付通将借着移动网络发展的东风打造更为丰富的支付方案，提供多种手机支付方式，其他运营商和银行也纷纷加入这股浪潮中。

2.目标客户

对于微信用户群体和 QQ 用户群体，财付通分别设置了两个功能账户：个人用户和商务用户。使用个人用户可以进行充值、网上支付和预订服务，如机票和酒店等。商务用户主要是在满足交易需求或购买财付通解决方案时使用。财付通利用无线互联网的普及，携手腾讯全力开拓无线互联网应用支付。从 2000 年开始腾讯公司就已经开展短信业务，由于无线领域覆盖范围极为广泛，如短信、彩信、WAP、手机 IM 等无线业务，所以行业发展潜力巨大，发展速度飞快。腾讯拥有最多的互联网用户群体，产品线也最丰富，因而是最早进入移动互联网领域的。财付通借助了腾讯的东风，利用腾讯在移动互联网行业的业内优势，建立了安全多样化的支付体系，使用户能享受更为便捷丰富的支付服务，有效地推动了手机支付应用的普及。

3.产品与服务

财付通的主要产品有两种：一种是服务产品，另一种是支付产品。满足第三方厂商无线支付的需要，开创全新的商业模式，财付通作为目前国内领先的在线支付平台已经完成了语音支付、WAP 网站、手机客户端和 SMS 短信等全方位的商业布局。不但手机产品的种类逐渐增多，支付方式也变得更为多元化，用户可以在微信、手机银行信用卡等软件任意支付，极大地提高了支付的便利性。传统的互联网业务已经开始转移到手机平台上，随着移动互联网应用的普及，购物支付和聊天资讯等业务都可以在手机上轻松搞定。庞大的商户资源和用户群作为坚实的后盾，让财付通进入了手机支付市场。有效地为手机开拓了一条收费渠道，使得无线互联网应用和电子商务应用可以满足支付需求。这要归功于财付通的多元化合作，它联合了联通、移动、电信三大运营商才能开启一种这样的商业模式。

4. 财付通盈利模式

腾讯主要靠互联网增值服务、网络广告和移动及通信增值服务进行盈利。互联网增值服务主要有三大类，分别为游戏娱乐服务、社区服务和会员服务。这三大类基本上可以满足用户发送邮件、聊天、玩游戏、交友、咨询等需求。腾讯游戏是盈利最多的地方。电信运营商对于下载订阅短信、彩信的用户会收取平台费用，收到费用后再与 SP 分层结算。

财付通的收入来源有：

（1）拍拍网支付以及 QQ 增值服务是虚拟服务收入的主要渠道。

（2）根据具体的交易情况、交易佣金收入、商户向财付通支付佣金费用，开设套餐额度设定即时到账套餐和不同交易费用，超出部分按交易额的 1% 左右的比例收取费用。

（3）商户和个人用户在财付通中短期内资金流量以及储存的沉淀资金获得的收益是利息收入的主要方式。

（4）其他收入，如广告推广费用。

除上述内容外，建立在对于 Web2.0 新模式营销深刻理解基础之上的财付通所推出的好友间口碑营销渠道——"零花钱计划"，是一种新型商业模式。

5. 核心能力

（1）财付通具有很高的安全性，已经经过官方权威机构的检测。作为国内首家经评测认证中心按照严格的认证程序认证的电子支付平台，财付通支付系统经历了全面审查，安全性已经得到保障。在人们最关心的安全方面，做到了规范化经营，并且通过了中国国家信息安全测评认证中心的安全认证，最终被授予一级安全认证资格，成为国内首家国际化的电子支付平台。

（2）拥有成熟的二维码技术，安全建设一直走在行业的前列。为了确保用户信息安全传输，避免被窃取，财付通采用了先进的 128 位 SSL 加密技术。财付通有短信提醒功能，而且对于一般操作和支付操作，财付通账户采用设置双重密码的方式分别执行操作，在用户提现时，系统会自动检查认证姓名与银行登记在案的账户姓名是否相符，若不相符那么操作就不能进行。财付通还在斥巨资不断拓宽市场和拉拢用户（因为微信、腾讯 QQ 手里有海量用户，这些用户可以变现，这也就是他们为什么值钱的地方）。

（二）财付通经营模式

财付通免费开放接口，并具有如下特点。

（1）为扩大电子支付市场，财付通与各大银行和金融机构合作。

（2）财付通诚信商家。

（3）广告交换平台。

（4）"会支付，会生活"是财付通的品牌主张。

（三）技术模式

1. 财付通在线交易流程

（1）网上买家可直接在财付通开立自己的网上银行账户。在 QQ 钱包买家和卖家也可以直接点击激活自己的财付通账户。

（2）对自己的账户充值买家可以直接从自己的网银账户划拨资金到财付通账户。

（3）买家通过中介保护收款功能，选择自己喜欢的商品并填写相关信息，然后提交付款，付款后系统将通知卖家发货。

（4）在等待卖家发货过程中，虚拟物品查收 E-mail，状态以邮件为主，实体物品可以点击"交易管理"查看交易状态。

（5）发货通知由财付通向卖家发送。

（6）卖家收到发货通知后根据买家的收货地址发出货物。

（7）买家收到货物后，登录财付通确认收货，并同意财付通拨款给卖家。

（8）财付通将买家财付通账户冻结的应付款项转到卖家财付通账户。

（9）卖家提现。

在交易过程中提供了多项服务，包括用户财付通的提现、充值、支付和交易管理等，财付通对于企业用户还提供支付清算业务、辅助营销业务等。

2.财付通的退款方式及时间

退款方式：直接退货给财付通后，退款会由财付通退回到用户的银行账户。

退款时间：一般在用户申请退款之后，工作人员会在两小时之内通知财务人员，财务人员会执行退款操作，24 小时之后便可到达用户账户。财付通会在 1 个工作日之内审核，审核通过之后将退款信息反馈给各大银行。这些银行接到反馈后会在 2 ～ 5 个工作日完成最终的退款（个别银行最长可能需要 7 个工作日）。

3.财付通安全体系

（1）二次登录，密码双重密码验证，双重安全保障。

（2）手机令牌，6 位动态密码保护账户安全。

（3）短信通知，账户信息及资金变动，立即发送短信通知。

（4）绑定手机轻松找回密码。

（5）QQ 通知，资金变动 QQ 会弹出通知消息。

（6）邮件通知，资金变动，会通过邮件发出消息通知。

（7）数字证书，保护密码被盗后的账户资金安全。

（8）实名认证，提高信任级别，使交易更容易受信任。

（9）敏感信息保护，保护手机号码、银行卡号等敏感信息。

（四）财付通的 SWOT 分析

1. S（优势）

（1）现有用户大。

（2）潜在用户多。

（3）用户黏性高。

（4）腾讯 QQ 用户活跃度高。

（5）拥有产品价格优势，服务质量好。

2. W（劣势）

（1）客户规模有待扩大。

（2）品牌整体创新能力有待改善。

3. O（机会）

（1）网民数量迅速扩大。

（2）网上零售和电子商务迅速发展。

（3）支付需求快速增长。

（4）移动支付兴起。

4. T（威胁）

（1）同行业支付宝、银联、快钱、汇付天下等产品竞争。

（2）交易支付过程中，安全性技术问题不完善。

（3）国家监管日趋严格的政策性风险。

（五）结论及建议

1. 结论

通过对财付通网上支付模式的分析，我们得出结论：财付通是一种网上支付模式，有着安全、稳定和便捷的优点。在安全性上，还存在一些问题，一定要优化处理；在技术模式上，有待进一步完善与创新。

2. 建议

（1）大力挖掘潜在客户，如微信用户、QQ用户，扩大市场。

（2）注重用户体验，提高客户满意度。

（3）在交易安全方面，加大资金投入，保障交易安全。

（4）培养技术人员，解决电子支付过程中的安全问题。

第二节　电子支付当事人

一、电子支付当事人

（1）指令人：负有支付义务的当事人，属于付款的一方。

（2）接收银行：收到指令的银行，是指令人和收款人的代理银行，是发挥联系作用的"中介银行"或第三方支付。

（3）收款人：最终收到资金的当事人。

二、电子支付当事人的法律关系

（一）各方之间的关系

1. 指令人和接收银行的关系

资金的划拨是依照银行与指令人所订立的协议来执行的。除了大额的电子资金划拨以外，双方还会根据协议的一些问题谈判，而银行和指令人之间还会有协议，一般这种协议都是由银行起草，并作为开户的条件交给指令人的。标准合同都是这样的，银行和指令人之间的关系肯定是按合同规定的。

2. 银行之间的法律关系

银行之间也存在着指令人和接收银行之间的联系，尤其是在电子资金划拨的阶段，所以，银行之间也应该执行它们之间所存在的协议，当然，它们之间的也是存在合同的。

3. 收款人与收款银行的法律关系

收款人和银行之间的关系也是很严格的，一旦付款人向银行发送资金划拨的指示，银行要立刻进行处理，履行任务。如果没有立刻处理，或者是错误的行为，处理方式应按照与收款人的合同进行。

4. 付款人与收款人的法律关系

因为买卖活动，付款人与收款人会有债权债务关系形成，根据合约收款人有权利索要付款人支付的义务。只有收款人接收了付款的金额，付款人义务才可以终止，仅是接受了银行的发出资金划拨的指令是远远不够的。

（二）电子支付当事人的权利义务

1. 指令人的权利和义务

指令人的权利是指，指令人有一定的权利，使接受银行能够在指定的时间，还能够及时地将指定金额支付给收款者。

指令人的主要责任，也就是义务：接受核对签字和认证机构的认证；受自身指令的约束；按照接受银行的程序办理业务。

2. 接收银行的权利和义务

接受银行的权利：指拒绝或要求指令人的一些行为，如修正其发出的无法执行的、不符合规定程序要求的指令；要求指令人支付所指定资金并承担支付费用。

根据指令人的指示立刻进行资金的划拨，这是接收银行的根本任务。

3. 收款人的权利和义务

收款人要积极配合其代理银行做好收款的工作。收款人有要求代理银行的权利，使其能够妥善接收付款人拨过来的款项，还要监督付款人在特定时间支付给收款人的款项。

⊕ 案例 7-2

Evra 公司起诉瑞士银行案件

整个案件是这样的，芝加哥的一位商人，他每次将运送货物的运费付给船主的方式，都是通过电子资金进行的。电子资金划拨的中间银行就是瑞士银行。1973 年 4 月 26 日，芝加哥商人托付给了瑞士银行一个 27 000 美元的支付指令，芝加哥商人 210 万美元的利润损失，都是因为瑞士银行的疏忽造成的。这个案件一直没有得到处理，也得不到说法。后来，美国联邦地区法院受理这个案件，直到 1982 年才有了公判。根据该州法律判定瑞士银行有疏忽行为，所以瑞士银行应承担损害赔偿责任，赔偿原告 210 万美元的利润损失。但瑞士银行不认可判决结果，辩解道：有些问题是银行不能够预见的，尤其是不履行义务产生的损失的数额，所以对于间接的损失，尤其是根据利润损失计算的，都不应承担。它所承担的损失也仅是直接损失，所谓的直接损失就是没有按照规定的时间支付 27 000 美元。联邦地区法院认为"原告没有用邮寄来进行资金的划拨，而是用电子的形式进行，交易有多重要瑞士银行应该可想而知"，所以瑞士银行应对 210 万美元负责。但是原告对瑞士银行的控告，很快就被驳回了，是在美国第七巡回法院上诉的。上诉法院裁定："电子资金的划拨没有那样的不同寻常，导致没有办法在划拨出错时自动通知银行不同寻常的结论。瑞士银行没有办法去推断，也没有足够的信息得知，假如丢失一张 27 000 美元的支付命令，它会赔偿 210 万美元。"Evra 案的最终判决结果，虽然得到了拥护，但只是在银行界，银行的责任也得到了限制，但是最根本的，它使用户的心凉透了，电子经济划拨系统使用户产生了极大不满。

分析：通过 Evra 公司上诉瑞士银行这一重要案例，我们可以发现一个说不清的争议。在电子资金划拨没有完成的情况下，或是没有执行其应执行的支付命令、银行迟延执行、不适当执行等行为，间接损害赔偿能否让电子资金划拨人得到？也是否能够让电子资金划拨链中的每一个后继发送的人得到？

【我国支付宝关于延迟到账的相关保障】

支付宝对于延迟到账和转账失败的情况，建立了相关的保障体系。与银行不同，银行转账失败后无法退还服务费，但支付宝可以退还，因为"转账到银行卡"这项服务被支付宝正式纳入会员保障体系。如果用户在转账到银行卡的过程中，有一些意外的情况发生，如失败或者延迟，支付宝都是有责任的。它们会自动将服务费全部退给用户，服务费将在付款后的 3 ~ 5 个工作日内自动退至用户的支付宝账户中，以减少用户的损失。如果转账没有成功，但是系统已经通知成功了，这时候，用户就可以联系支付宝的客服，向它说明这个情况。只要收到有效的凭证，支付宝就会在 3 ~ 5 个工作日内将转账款项和服务费全部退给用户。但是因为用户的个人原因，如填错用户，则由用户自行承担责任，支付宝不退还转账款项和服务费。除了转账到银行服务纳入会员保障体系，还有很多额外的保障体系，如余额支付保障、缴费还款保障以及快捷支付全额赔付等多项服务。当然，这些都是会员的基本保障，假如出现信用卡还款、缴费失败或者延迟，从而导致用户出现多余的滞纳金和利息，这都属于支付宝自身的漏洞，支付宝都将负全部责任，完全地保障用户利益。

【分析】

我国在收款人、指令人和收款人银行的三者关系中，规定三者之间在享有各自的权利的同时，负起相关的义务。收款人银行如果收到付款人银行传达的资金划拨指示，没有立刻执行，没有履行义务，应按与收款人之间的合同规定来处理。

这里涉及沉淀资金的监管使用及其孳息的归属问题。沉淀资金，顾名思义就是滞留和暂存在平台里的资金。由于第三方支付流程中必然存在的延时交付、延期清算，这就导致了支付平台里拥有大量沉淀资金。沉淀资金在行业内一直以来都是有争论的，无论是其监管还是使用，都成了焦点。在《非金融机构支付服务管理办法》中规定，沉淀资金是顾客的，第三方支付企业是不能够剥夺的，这项严格的规定使行业更加稳定地发展。

第三方支付企业为用户的支付提供了便利，同时用户也将钱存放在第三方支付企业中。企业如果用这些资金来进行投资就可以获得丰厚的收益，但目前我国法律并没有完全允许这种操作行为。现有的第三方支付企业参差不齐，乱用这种融资方式进行投资将会给我国现行的金融体制带来难以估量的风险和冲击，造成行业内的混乱。如果将来有一天市场比较成熟，行业经过有效整合以后，将会有实力较为强大的第三方支付企业出现，但是其肯定会拥有很好的信誉，深受用户的信赖，各方面都比较好。如果让其进行这方面的尝试，会使我国的金融领域创新得到很大的提高。哪怕是进行探索，也是对整个行业的发展有很大帮助。对于存入第三方支付企业的用户资金的利息归属问题，早就有了明确的答案。这确实是个现实的问题，我国《民法通则》中有关于孳息归属原物所有者的规定，所以沉淀资金的利息必然是用户的。但是现实的情况是这样的，沉淀资金的利息一直归第三方支付企业所有，使用户的利益受到侵犯。但我们换位思考，第三方支付企业作为盈利企业，却提供的是免费支付服务，而且在目前的法律条件下其盈利渠道又非常有限，所以第三方支付企业和用户就沉淀资金利息的归属问题达成协议，沉淀资金的利息就作为用户给第三方支付企业所提供免费支付服务的报酬，使其有一定的稳定收入来源。第三方支付企业将此类约定归纳到格式合同里，但是由于其法律性质的特殊性，有可能被司法机关认定为无效合同。因此，对这一问题，仍需由国家法律进行规定。央行最新公布的《支付机构客户备付金存管暂行办法（征求意见稿）》对这一问题已有涉及。在征求意见稿中，有下述规定，"支付机构有自己的个人账户，这个银行账户余额利息划到这个上面，这个利息余额是风险准备金后的备付金的余额"，"必须高于备付金银行利息的10%，这是对于支付机构计提的风险准备金的严格要求"。由以上规定可以得知，支付机构最多可以获取沉淀资金利息的九成。如果此规定正式施行，无疑是对第三方支付企业的一大利好。

案例 7-3

网上盗走 23 万获有期徒刑 5 年

事情的经过是这样的：彭某是这个案件的嫌疑人，在 2007 年 8 月，他就开始上网用 QQ

聊天，由于他计算机水平很高，可以通过很多渠道，非法盗取深圳某银行的所有客户的基本信息，其中包括账号和密码等重要信息，彭某接着又在深圳和上海的网上注册平台开始注册假账号，一下就办了4个，并立刻开通网上支付功能，盗取的资料又协助其进行了银行账号的绑定操作。

一切事情处理好后，彭某利用网上付费平台的支付功能，在网络上开始出售移动话费充值、网游装备、彩票等，进行商业交易，通过窃取的信息，窃取被害人账户上的存款购买这些商品获取利益。到2008年3月，7个月的时间内，彭某先后作案多起涉案金额高达23万元人民币。同年5月，在龙华街道的一个小区内，彭某被警察发现并抓获，在其住处搜出两台电脑和两张银行卡，这些都是彭某通过不法渠道挣钱的工具。

面对损失，用户表示：我的钱放在银行，银行就有责任保证它的安全。而银行则表示：问题出在客户端，银行的系统不存在问题。双方都不肯为失去的钱买单，都表示自己很无辜。此类事情的发生会造成用户的恐慌，用户担心网上安全问题，就不敢使用网上银行进行支付交易。这就限制了电子商务行业的发展，对中国的电子商务行业造成很大影响。其实这种安全隐患问题不仅存在于网络交易中，在实体操作中也屡见不鲜。所以当我们遇到问题，应该找到出现安全隐患的原因，而不是互相推卸责任。现在网络黑客的盗窃手段越来越高超，病毒木马越来越多。Google对从全球数以十亿计的网站中抽取的450万个网页进行分析测试，结果显示至少有45万个页面中含有恶意脚本。所以为了防范恶意破坏，银行方面应尽力改进系统，防范木马病毒破坏系统盗取用户密钥。而用户个人更要增加安全防范意识，设置安全性高的密码，"数字＋符号＋字母"的密码就是一个很好的选择。密码的设置最好不要用手机号，这样很容易泄露出去。当然如果要设置特别复杂的密码，一定要熟记于心，不要复杂到自己都记不住了。

【分析】

（1）对于指令人，指令人在向银行发起指令时，应遵循与接收银行所订立的协议，不可违规操作。出现违法行为，将会被追究责任。用户在使用第三方支付前，要先进注册，这就要向第三方支付企业提供自己的个人资料，这些资料是第三方支付企业向用户提供服务的充要条件。在线支付使用者登录的IP地址、支付对象、支付用途等隐私信息，第三方支付企业会通过技术手段记录下来。第三方支付企业有义务对客户信息进行保密，尤其是在支付过程中所获得的客户基本信息，这在《非金融机构支付服务管理办法》中也有明确的规定。虽然这项法规第三方支付企业不得泄露用户的个人隐私，但在交易过程中却有很多僭越行为，如将用户的数据资料卖给一些想通过非法手段挣钱的人，从中获利。即使第三方平台向用户保证过，不乱用用户的个人资料。这个使用目的和方式，支付用户在注册之前就要求第三方平台保证过，第三方平台是有权知道用户的基本信息的，但是用户的基本信息使用权不是第三方支付平台所拥有的。所以一旦对客户权益造成侵犯，第三方支付企业要根据侵权责任法对客户进行赔偿。第三方支付企业需在服务协议中对其使用客户信息的方式、范围等问题做出详细规定并严格地遵守。此外，即使当机构因破产倒闭等原因停止运营时，根据《非金融机构支付服务管理办法》，第三方支付企业对自身的用户是有保护义务的，用户的信息必须对外是保密的，而且还要保证不能够被肆意地使用，尤其是用在非正当的渠道上。

（2）对于第三方支付，一直有一个值得关注的问题。那就是没有经过授权，支付后出现的法律问题由谁来负责。一旦未经授权的支付行为发生，对第三方支付企业及其客户都有重大的利益影响，所以未经授权的支付是第三方支付面临的重要问题。针对此类问题的责任承担，我国法律并无明确规定，所以司法实务部门都会根据一般的民法原则，以及侵权责任法的规定，根据一般侵权过错责任原则来判定责任所在。但是这起案件很特殊，第三方是虚拟的网络平台。用户在网络上对于证据的搜集有很大的困难，但是第三方本身就是网络，所以收集证据很有优势，能够比用户更加轻松地收集到证据，并且还能够保存。所以在判决上对用户十分不利。因此有学者提出了采取举证倒置规则来处理此问题，这样就可以更好地平衡双方的利益。目前的法律规定中，这样的观点尚不能得到法律的明确支持。但随着行业立法的推进，此问题势必会纳入立法者的视野里。究竟采用何种态度解决此问题，对客户和第三方支付企业有重大的影响。在电子支付发展的开始阶段，很多支付机构都是将利益放在了第一位，而忽视用户，还规定客户负一些他们不应该负的责任，这在包括美国在内的许多国家的立法或银行卡条例中都有明确的规定。但是随着电子支付的高速发展，美国的立法也开始逐渐认为用户是弱势群体，并且越来越重视他们的利益，因为支付机构在进行支付操作时可预见到的直接损失有限，所以应该对用户的利益加以保护。这在美国各个法律中都有明确的规定。客户所要承担的责任，是对在"未经授权的电子资金划拨"的情况下，对于客户的责任进行专业的评判，客户没有责任不应要求客户负责任，还要评判过错的大小，关于客户应该承担的金额也是有限定的。我国这一领域的相关行业目前尚处于发展阶段，对于别的国家好的政策我们应该借鉴，尤其是在这个问题上的观点和立场。我们对于美国处理方式的借鉴，可以看到问题的本质，能够有所感悟，懂得处理用户和第三方支付企业的利益平衡。我国现在鼓励第三方支付企业的发展，所以在此问题上的法律规定，在一定时间内可能会有利于第三方支付企业。

第三节　电子支付的立法问题

一、国内外电子支付概况

（一）电子支付

1.定义

现代金融电子支付业务是指，金融机构依据委托方或发起方指令，采用电子计算机、通信设备和网络等技术实现的支付资金清算业务。

2.电子支付涵盖的内容

电子支付发展的不同阶段，可以用银行采用计算机等技术进行电子支付的形式改变作为标准，反映了电子支付所涵盖的内容：

（1）银行使用计算机进行银行业务之间的结算。

（2）银行计算机还可以和其他机构的计算机进行连接，进行结算，包括代发工资等业务的办理。

（3）银行开始用网络终端进行服务，实现了客户可以在没有客服的情况下，在 ATM 机上进行自助存、取款业务操作。

（4）现阶段电子支付更加的高超，相当于随身带了个银行，通过 POS 机就可以直接扣费。

（5）电子支付的发展方向也就是现阶段电子支付业务正在进行中的发展方向，有望实现利用互联网就能够直接办理转账业务，足不出户就可以进行各种交易。我国现阶段的电子支付又叫作网上支付，信用卡、数字现金以及智能卡等都是在线支付工具。电子支付的狭义概念仅指这种最新的电子商务活动。

（二）国外电子支付业务的立法概况

20 世纪 80 年代初期，联合国贸法会就制定了许多法律文件来调整电子商务活动。《联合国国际贸易法委员会电子商务示范法》于 1996 年 6 月通过审批，这套法案为各国立法人员提供了一整套电子商务规则。这套规则十分适用，国际上都能够接受。为制定出更适合本国电子商务国情的各种法律规范，一些国家在联合国《电子商务示范法》出台之后，纷纷与联合国展开合作。

世界上第一部《数字签名法》就是美国犹他州在 1995 年制定出来的，立法的良好效果使泰国、德国、英国、新加坡等国家也开始效仿美国，开展了这方面的立法。《统一电子交易法》也于 1999 年 7 月通过了，它是在美国的全国州法统一委员会上通过的，所以这次会议十分重要，这套法律供各州在立法时采纳。标志着美国的电子商务立法走上联邦统一制定的轨道的事件是：2000 年 6 月，国会两院一致通过的《电子签名法》。

欧盟于 1997 年也提出了《关于电子商务的欧洲建议》。《欧盟关于处理个人数据及其自由流动中保护个人的指令》和《欧盟电子签字法律框架指南》，在 1998 年时正式出台。内部关系的协调，都是因为电子商务政策起到了积极的作用，地区性的组织都在希望得到更大的影响力。

（三）我国电子支付业务的现状

目前我国银行间电子结算系统已覆盖全国大部分地区，票据传递电子化成为主流；银联的银行卡信息交换系统在国内电子支付体系中越来越重要，并已有了一定的市场规模。同时，香港、澳门以及南亚的部分地区已开始受理银行卡业务。银行卡业务范围不断扩大，功能不断创新。比如，银联通过与各商业银行合作，实现了网络支付和网络跨行转账、移动支付、公用事业费征收、ATM 跨行转账、税款征收等一系列银行卡支付新业务。我国的网上银行系统始于 20 世纪 90 年代末，招商银行于 1997 年建立了招商银行的网站，并于 1998 年开始为企业和个人提供网上支付服务。进入 21 世纪以来，网上银行业务得到了迅猛发展，各家银行纷纷开通网上银行业务。目前我国网上银行已基本完成了传统支付业务的电子化进程，在支付工具、业务模式、身份识别技术等方面将更有所创新。支付工具电子化、非现金化是经济和技术发展的必然要求。网上电子支付工具，如电子现金、电子支票等，正在形成一股新生力量，成为未来电子支付发展的主流。

我国已制定了一些法律法规来适应电子商务的发展。比如，新《合同法》在 1999 年 3 月颁布，明确了电子商务合同的到达时间和成立地点等，其中数据电文的法律颁布形式第一次得到应用。《电子签名法》在 2004 年 8 月 28 日得通过，标志着我国电子商务法的开始，电子签名的法律效力得到明确。随着这部法律的出台和实施，不但使电子签名与传统手写签名或者盖章获得了同样的法律效力，而且还使我国的电子签名活动更加规范化，更能让大家接受，使大家互利共赢。电子交易各方的合法权益都得到了保护，与电子商务的健康发展密不可分。但是总的来说，我国在电子支付业务管理方面还有许多不足之处，仍未形成系统的法律法规，相关法律还有待改善。法律法规的制定不是一无是处，它也是为了跟上业务的发展趋势。对交易各方的法律责任、电子交易数据的法律效力、电子交易管辖权等法律问题，仍然没有明确的规定，所以建立我国的电子支付业务法律体系是十分必要的，也是十分迫切的。电子支付业务所涉及的交易主体，随着电子支付的飞速发展可能延伸到境外，广泛的涵盖的内容会使现有法律下的规范和监管变得更加困难。

案例 7-4

起诉第三方 PayPal（美国）

PayPal 最初是一家非银行第三方支付公司，于 1998 年在美国加州成立。后来在有些地区不再作为单纯的第三方支付公司，而是被明确视为银行（bank），业务范围很广，其目前能够在包括美国在内的全球 100 多个地区进行支付。国内也应该汲取经验，从美国这种银行与非银行监管思路中得到启发，其实对目前把握好国内监管尺度作用非常大，不容忽视。美国 28 个州的检察官在 2006 年曾对 PayPal 发起过诉讼，因为对其在消费者保护方面十分不满，他们要求 PayPal 对消费者保持公开透明的态度，要让大家认清在网络购物是否与信用卡消费一样，都受《监管指令 Z》的保护。

PayPal 针对这一事件做出回应，声称自己不是信用卡机构，所以不会承诺与《监管指令 Z》完全一致的条款，但会明确表明自己关于这方面的纠纷解决机制条款和消费者权利。PayPal 同时也明确承诺会完全遵守《监管指令 E》的要求，PayPal 还承诺对未经授权交易损失，客户最高只用承担 50 美元。最终此事件诉至法庭。

【分析】

对于监管规则，作为"第三方支付机构"必须得遵守。但是这其中还涉及，PayPal 是银行，还是一家简单的"第三方支付机构"？假如作为银行的话，就要接受《联邦银行法》所要求的在法定存款准备金率、资本充足率、公司治理、存款保险等方面更加严格的监管。

2012 年 3 月，PayPal 积极主动地去征询，FDIC 曾明确表示，PayPal 不是银行，FDIC 曾明确表示。对于像银行一样严格监管的 PayPal，曾经一度让很不能接受的群体颇感欣慰。因为在经营银行方面其明显经验不足，尤为重要的是，在被作为银行监管之后成本高出很多。

二、国内外电子支付特点

（一）各国电子支付立法特点

（1）立法迅速。信息技术变幻莫测，更新特别快，和金融业的强强结合，致使金融服务得以创新，更加飞速地去发展。现代科技的发展要求越来越高，为了与之相适应，以此确定未来电子商务的发展方向，国际组织以及各个国家都深刻地认识到规范现代电子商务活动的迫切性和重要性，对电子商务的立法非常迅速。在短短的几年内，各国就纷纷对电子支付业务进行立法。

（2）鼓励创新。在电子商务立法的过程中，各国大部分持有低调的中立原则，尽可能避免限制性的政策和立法。只需达到规定的业务要求，而不限制技术的具体形式。为了达到创新金融的目的，相对比较宽松的创新环境由此开始形成。在这种立法较为宽松的环境下，新型支付工具受到刺激迅速发展，电子支付业务得以健康地发展。

（3）相互兼容。由于电子商务活动的特殊性，涉及电子支付业务的交易主体、电子支付业务的法律主体、全球各地都可以是电子支付业务的发生地点，因此应充分了解各个国家的立法情况，同时努力地相互借鉴、相互协调，以此制定适应本国国情的电子商务法。

（二）问题的关键

（1）真实性。电子商务要求所提供的信息必须是真实的，信息的真实性与信息的完整性不一样，真实性是指信息的正确无误。

（2）现实性。电子商务要求信息是现在时刻有价值的信息，互联网时代一些信息在网上相互传抄，失去了信息的现实性。

（3）适用性。保密性和完整性，支付信息必须有足够的保密措施，不允许不法分子将其篡改、删除等。

三、发展建议

发展迅速的电子支付业务，怎样才能在短时间内制定出规范性文件？引导未来金融电子支付业务总的发展方向，规范性文件具有指导意义，这是眼下中央银行和银行监管当局面临的工作重心。结合我国当前的情况以及监管的难点，国外成熟的电子支付业务立法可以供我国借鉴，从而对制定规范电子支付业务的相关政策提出以下建议：

（1）与国外相关立法相兼容。电子支付的概念所涵盖的内容非常广泛，在电子支付业务中，交易主体有可能是跨越国界的，所以监管当局还要考虑其他国家现有的法律法规，怎样兼容规范电子支付业务，要做到积极努力地与之协调，尽量相互兼容。同时与国家现金管理规定及反洗钱规定等相结合，对跨国、跨境的金融数据流要加强监管力度。

（2）电子支付业务立法速度要加快，管理电子支付要法治化。与国外一些独立立法模式相结合，对电子签名、电子合同、电子支付、电子商务消费者保护、电子认证等逐一地去立法。对新型电子支付工具，也要纳入电子支付业务中一起进行规范。

（3）明确监管对象。银行金融机构是电子支付业务监管的主要对象，对于某些电子支付业务，制定准入规则，开办条件要非常明确。例如，对电子货币发行的监管，要明确有权发行数字货币的主体，明确其发行程序。把对不是银行的一些金融机构，甚至非金融机构所提供的电子支付工具或者从事的电子支付业务的监管，也一并纳入监管范围内。

（4）明确从事电子支付业务的技术安全性要求，但并不需要对达到这种安全性要求所采用的技术进行规定。因为现在各家银行采用不同的技术标准，针对办理的业务给出不同的方案。如果强制性地去规定技术标准，不利于创新，更不利于行业的后期发展。而这体现的正是立法中立原则。

（5）明确电子支付技术标准的协调问题。虽然对于电子支付业务的技术还没有一个统一的标准，但是针对各个银行等金融机构，监管层可以提出涉及开展电子支付业务的技术的兼容性的明确要求，这样做技术难度能够相对地降低，电子支付业务又可以得到有利的发展。

（6）严格规范支付行为，电子支付的风险相对减少，社会信用体制的建设相对加强。在安全性上，中国的电子支付系统已经超过国际先进水平。由于没有完善的信用体制，电子支付风险较高，电子支付业务在一定程度上被制约了发展。从长远发展的角度考虑，在全国大范围内，必须逐步建立完善的信用体制，才能实现电子支付与国际接轨的远大目标。

第四节　电子发票概述

一、电子发票

（一）定义

电子发票是信息时代的产物，采用税务局统一规定的形式，然后提供给商家使用。这和我们在市面上见到的普通发票没有区别，采用统一防伪技术以及全国统一编码的发票号码，逐一提供给商家，在电子发票上附有电子税务局的签名机制。在购买或者销售商品时，接受服务方或者是提供服务方，以及从事其他经营活动中，以电文形式开具或收取的数据的收付款凭证，就是电子发票。电子发票的使用，有利于企业节约经营成本，使得税务部门规范管理和数据应用更加便利，也让消费者方便使用和保存发票。

（二）特点

（1）"电子发票"上输入的信息，是为核查身份填写的，采集的信息及时可信，又实时地存入税务管理信息系统数据库。

（2）"电子发票"直接打印就可以，发票的真假立马就能核对，操作简单，所以非常容易推广和普及。

（3）"电子发票"上的信息，数据量很小，发送的时间很短，可以节约带宽和存储空间，节省报、核税时间及网络通信费用。

（4）实现纳税结算完全网络化、电子化、无纸化和自动化操作，简化了税收工作的环节，免去了大量的印票、售票、验证、取证、认证、交叉稽核及追索等一系列工作，可以为国家节约大量的人力、物力、财力，降低税务管理成本。

（5）还可与国家出口退税电子化管理系统、银行结算系统结合起来，通过电信网络，将纳税人、税务局、海关和银行连接在一起，奠定了一体化纳税结算方案的技术基础，实现税控管理现代化。

（三）实施目的

决定推动发票电子化，以类似云端运算技术进行，可以达到便民和节能减排的目的。中国物流与采购联合会数据显示，2009 年约 22% 的公司在欧洲发送或接收电子发票，电子发票的数量从 2005 年到 2009 年已上升了约 40%。以前欧洲国家处理发票的成本每张约 30 欧元，实行电子发票后，每张最多可节省 80% 的成本。单就 B2B 发票而言，实行电子发票后，预估欧洲整体每年可节省达 2 430 亿欧元的发票作业成本。

（四）相关争议

有电子商务专家分析说，电子发票的推出，就是规范网上市场经营行为，然后按照国家税法规定，要广大店主按税法缴税。而对广大的淘宝中小买家而言，绝大部分是商业零售，要提供电子发票，首先就要注册个体工商业户营业执照和税务登记证，办理这两样东西的费用是很低的，而工商的管理费用也早已取消。中国已经大幅提高个体工商户和其他个人增值税起征点。比如，在广东省，在全省范围内增值税起征点均按照国家相关规定的最高标准执行，即销售货物、应税劳务，起征点为月销售额 20 000 元，按次纳税的，为每次（日）销售额 500 元。这意味着，小卖家只要月销售额不到 20 000 元，并不需缴纳增值税，因此电子发票的推出对中小卖家影响很小。

（五）意义

电子发票的发行和实施其积极意义不言而喻。对消费者而言，发票是消费者的购物凭证，也是维权的重要依据。而对整个电子商务行业来说，电子发票能使所有电商都规范化运营，减少偷税漏税后的恶性竞争，同时也能降低更多企业自身成本。面对电子发票实施后电商的趋于规范和网购商品价格的可能提升，需要一定的智慧来平衡。电子发票在网购中的全面推行，对电子商务的交易额也会有积极的影像。

二、纸质发票与电子发票的对比

（一）纸质发票和电子发票的区别

纸质发票是定额或者是根据需要开具金额，所以会存在大头小尾的情况。而电子发票义务人自行留存空白发票，再通过互联网录入数据，然后开具给客户。从而能杜绝一些管理上的漏洞，防止偷税漏税行为。电子发票与传统发票的区别主要有两点：一是从传统的物理介质发展为数据电文形式；二是打破了纸质发票作为会计记账凭证的传统，具备了发票会计档案电子记账的条件。从长远看，电子发票将是发票的未来发展方向。

与传统纸质发票相比，纳税人申领、开具、流转、查验电子发票等，都可以通过税务机关统一的电子发票管理系统在互联网上进行，发票开具更快捷、查询更方便。

（二）电子发票的优势

启用电子发票，纳税人可以实时在线领购、在线开具、在线传递发票。电子发票也为税务机关改变税收征管的滞后性和被动性创造了条件，可以使税务机关对企业的生产经营情况进行实时监控，可以有效地防止偷税、漏税情况的发生。电子商务中的B2C市场发展逐渐走向"低单价、高销售量"的趋势，商家寄送发票成本相对于商品价值来说较高；如果不开具发票，不利于消费者在商品质量出现问题时的维权保障；退货时须依法收回发票才能进行退款等作业造成的纠纷与不便，都显示出电子发票的应用对于国内B2C电子商务发展的重要性与紧迫性。在企业开具电子发票时，计算机系统能够保证发票填写规范，防止乱开发票的行为，同时减少手工操作和错误发生。由于电子发票采用电子存储方式，考虑到计算机系统本身的开销和日常的管理费用，使用电子发票的成本约为使用纸质发票成本的1/30。税务机关可以通过电子发票系统，实现对纳税人的全方位监管，提高税务机关的纳税服务水平。此外，电子发票系统可以与企业内部的ERP、CRM、SCM等相结合，为企业提供更多的增值服务，发票资料全面电子化集中处理，有助于企业本身的账务处理，并能及时为企业经营者提供决策支持。

发行电子发票将大幅节省企业在发票上的成本，节约发票印制成本，这还不包括企业发票管理间接成本。而且电子发票系统可以与企业内部的ERP、CRM、SCS等系统相结合，发票资料全面电子化并集中处理，有助于企业本身的账务处理，并能及时向企业经营者提供决策支持。

电子发票在保管、查询、调阅时更加方便，也便于电子商务网站为消费者提供更加方便的服务。而且可以减少纸质发票的资源浪费现象，将减少森林的砍伐，更加环保，符合未来人类的发展。

电子发票的推出是国家规范电子商务纳税的必然方式，这有利于国家对网络交易的监管，也有利于维护消费者的合法权益。

首先，有利于企业节约经营成本。电子发票不需要纸质载体，没有印制、打印、存储和邮寄等成本，企业可以节约相关费用。以京东商城为例，其在全国一年约使用3.6亿份发票，一年发票综合成本达1.08亿元。电子发票的应用，分流了部分纸质发票的使用，大大降低了企业的经营成本。

其次，有利于消费者保存、使用发票。消费者可以在发生交易的同时收取电子发票，并可以在税务机关网站查询验证发票信息。在凭电子发票进行相关售后维修服务时，可以对电子发票进行下载或打印，解决了纸质发票查询和保存不便的缺陷。

最后，有利于税务部门规范管理和数据应用。企业通过增值税发票系统升级版开具增值税电子发票后，数据实时连接税务部门。税务人员可以及时对纳税人开票数据进行查询、统计、分析，及时发现涉税违法违规问题，有利于提高工作效率、降低管理成本。税务机关还可利用及时、完整的发票数据，更好地服务宏观决策和经济社会发展。

（三）电子发票的缺点

电子发票的普及实施，将使网购市场一直赖以生存的价格优势将受到严重考验。不少商家会把电子发票的成本转嫁到消费者身上，最终导致产品价格走高。一些正规的电商都可以开具纸质发票，如京东商城、当当网、天猫商城等。虽然这些商品的价格相较淘宝平台价格稍微高出一点，但是给消费者一种规范感，也更加安心。而淘宝平台是C2C（个人对个人）的模式，因为C2C商家大多数都未在工商部门注册，所以在开具发票方面就存在障碍。但是也因为如此，C2C的方式比B2C的方式少了很大一部分纳税的成本，商品的价格自然就更加低廉。在电子发票普及开后，C2C的普通商家将不能再"幸免"，对网购物美价廉的优势产生打击。这也使得大家对于电子发票的普及，虽支持但又犹豫不决，所以法规发布之后几个月，才有商家正式着手实施。

三、电商平台电子发票案例分析

（一）成本压力促电商试水，京东电子发票量超纸质发票

对于电商而言，电子发票有助于降低企业成本和提高效率。部分企业透露，如果在全国推广电子发票，一年可以节约近2 000亿张纸质发票，月节约纸张12万吨，每年少砍伐约86万棵成年树木。企业可节省数千万甚至上亿元成本。

金融保险企业也将其应用到"线下"非电商业务。中国人寿在北京市试点使用电子发票，并于2014年12月30日开出了第一张电子发票，这也是内地第一次在金融保险领域实践电子发票。

自2013年6月27日京东商城开出中国电子商务领域首张电子发票以来，北京、上海、江苏、浙江等地陆续开展试点落地工作。目前，苏宁易购、唯品会、1号店等大型电商企业都成功实现电子发票开具。一位业内人士对《每日经济新闻》记者表示，网购采用电子发票，以此杜绝假货，可化解维权无据难题，这一有利网民的举措正逐步驶入快车道。电商力推电子发票的另一动力则是，其有助于降低企业成本和提高效率。

1. 为电商征税铺路

自2013年6月27日京东商城开出中国首张电子发票以来，京东一直致力于电子发票的推广和应用，目前已实现在国内20个省份面向个人消费者开具电子发票。

在接受《每日经济新闻》记者采访时，京东集团税务与资金副总裁蔡磊表示，为了成为首个电子发票上线企业，京东多次将上线时间提前。电子发票与纸质发票具有同等的法律效力，是顺应时代发展的必然选择，能很好地适应电商交易无纸化、虚拟化等特点。

通过电子发票构建的发票管理信息系统，可以实现信息采集及时可靠、核税依据准确无误、工作程序简化、提高征纳双方效率等目标。随着政策导向的逐步深入，电子发票正在为电商征税铺路。京东商城、走秀网、唯品会、梦芭莎等多家电商企业表示，原则上应该让电商和实体商店站在同一起跑线上。在实际运营中，B2B网购平台跟百货商场一样，每个月要缴纳增值税，每个季度要缴纳企业所得税，如果涉及广告服务的，还要缴纳文化事业建设费。据了解，目前《税收征收管理法》已开始修订，在电商征税有法可依的基础上，建立以网络交易平台为中心的控制"信息流"的税收征管模式，以电子工商注册为依托，电子发票为抓手，全面实现电商税收信息征管。蔡磊认为，"电子发票对中国征税体系的影响将是变革性的，对传统的税收治理和征管模式将是巨大创新。虽然现在公众还感觉不到它的存在，

但在不远的将来，电子发票一定会在全国普及，成为更加高效、便捷、影响国计民生的财税管理工具。"

2. 解决电商假货顽疾

杜绝假货，成为近年来电商的核心议题。阿里与工商总局的"白皮书事件"曾经掀起不小风波，引起有关部门对电商治理的高度重视。对此，商务部新闻发言人沈丹阳表示，将加大电商假货整治力度。

阿里巴巴董事局主席马云称，阿里将配合政府打假，加强日常线上巡查和抽检。互联网分析人士王利阳对《每日经济新闻》记者表示，推行电子发票的重要意义不仅体现在对企业信息化管税及税收征管模式的创新上，更能有效缓解"售卖假货"这一电商顽疾，对整个电商行业形成利好，有效维护消费者合法权益。

实际上，网购假冒伪劣屡禁不绝。国家工商总局颁布的《网络交易管理办法》明确指出，网络商品经营者销售商品或者提供服务，应当向消费者出具发票等购货凭证或者服务单据；征得消费者同意的，可以以电子化形式出具。电子化的购货凭证或者服务单据，可以作为消费投诉的依据。

但在执行过程中，由于网络购物的虚拟性，一旦发生纠纷，消费者在进行投诉或诉讼时，往往需要将网购形成的聊天记录、支付记录等通过公证形式予以证据保全，增加了诉讼成本，而且很多网购平台并不开具发票。

王利阳认为，电商企业积极打"电子发票牌"，对打击假货具有一定功效，特别是对京东、苏宁等以自营平台为主的电商，显然会产生积极的推动作用。

"发票作为一种购物凭证，是证明消费行为的有力证据，也是消费者获得售后服务、进行消费维权的法律凭证。"蔡磊认为，纸质发票由于难保存、易丢失、易造假等诸多弊端，并不利于消费者权益保护。以京东提供的电子发票为例，现阶段，消费者通过电子发票的最终数据流向，能够快速准确定位电商企业，进而寻找自己拟选购的商品，不用担心由于电子商务的隐蔽性、虚拟性的特点而产生购物风险。而且在发票的产生、发放、开具、取得、保管、查验等环节上形成全流程追溯机制，这就相当于锁定了销售和服务数据，将降低消费者维权投诉成本，避免商家赖账。

3. 降低电商成本

真正使京东、苏宁等电商致力于推动电子发票发展的动力之一，莫过于其有助于降低企业成本和提高效率。

蔡磊透露，目前京东每年纸质发票的使用成本超过 5 000 万元，全面应用电子发票后，仅京东一年就可节约 5 亿张纸质发票，相当于 300 多吨纸张。如果在全国推广电子发票，一年可以节约近 2 000 亿张纸质发票，月节约纸张 12 万吨，每年少砍伐约 86 万棵成年树木。

2015 年 1 月 27 日，在京东举办的《电子发票的理论与实践》发布仪式上，京东方面表示，自 2014 年 12 月 27 日"节能环保京东购电子发票中大奖"活动开展以来，京东电子发票开具量从近 30% 增至超过 50%，京东对个人消费者开具的电子发票首度超过纸质发票。据《每日经济新闻》记者了解，目前各大电商已经跟各地税务部门实现联网，通过安装专用软件进行"在线缴税"。京东、苏宁易购、唯品会等电商都会默认给消费者开具电子发票。

开具的电子发票与纸质发票的区别,只是有没有把发票打印出来而已。那么,打印一张纸质发票又要花企业多少钱?广州市电子商务协会秘书长张强给出的答案是 1.6 元 / 张。据了解,除了纸张、油墨等打印成本外,开具纸质发票还会增加人工管理成本。此外,京东、天猫等大型电商公司的退换货比例约 20%,这就需要"逆向开发票",也会大大增加管理成本。电子发票则可以降低这部分运营成本。

(二)航天信息携手苏宁共推电子发票应用

航天信息股份有限公司与苏宁云商集团股份有限公司在北京签署战略合作协议,宣布双方在电子发票、线下金融收单、供应链金融等业务领域建立全方位合作关系,将充分发挥各自在行业内所拥有的优势及资源,取长补短,共同促进双方的业务发展。

一家是"金税工程"等国家大型信息化工程和电子政务领域的主要参与者,一家是国内商业企业的领先者,二者此次携手,尤其是有关电子发票的合作,将对推进我国电子发票应用产生积极助力,因而备受各界瞩目。

与纸质发票相比,电子发票由于其具备低能耗、易保存、易辨别真伪等一系列传统发票无法比拟的优势,对于国家规范税收,迅速全面地采集数据,真正实现"信息管税",提高税务信息化水平具有重要意义。对企业而言,可以大幅降低开具、存储纸质发票的成本,并实现便利的在线报税;对消费者而言,能够即时查验发票真伪,无须担心票据丢失,有效维护自身合法权益。

作为我国首批电子发票项目的承建商与研制单位,航天信息凭借多年来承担增值税防伪税控、营改增以及网络发票等税务行业重点项目的建设经验与对发票管理的深入理解,目前正积极布局并推进电子发票相关工作。配合各地税务机关电子发票应用试点工作,航天信息已成功参与上海、成都、广州、青岛、南京等多个地区试点,成为目前承担电子发票应用试点城市系统建设最多的企业。长期以来,电子发票都被视为电子商务全程信息化的最后一环。其试点工作的开展,也主要针对电商企业线上发票的开具。而随着航天信息与苏宁合作的开展,电子发票的应用范围将进一步扩大。根据合作协议,航天信息和苏宁将一起利用现有的电子发票服务平台资源,共同推进苏宁易购及苏宁各地实体门店接入当地国税核心业务系统,助力苏宁实现在各地统一向线上及线下符合条件的用户开具电子发票。作为中国领先的零售企业,经营商品涵盖传统家电、消费电子、百货、日用品、图书、虚拟产品等综合品类,线下有 1 600 多家门店、线上苏宁易购位居国内"B2C"前三的电子商务企业,苏宁在电子发票上的应用,不仅将打通其自身全程信息化的最后一环,同时也将极大地拓展电子发票的应用空间,为未来电子发票实现从线上转至线下提供良好的借鉴,推动电子发票业务更好更快地发展。

四、我国的电子发票时代临近

商务部新闻发言人姚坚 2013 年在商务部举行的专题新闻发布会上表示,2012 年,在政府、企业和消费者的共同推动下,我国电子商务交易总额突破 8 万亿元,达到 80 163 亿元，同比增长 31.7%；其中，网络零售额超过 1.3 万亿元，同比增长 67.5%，相当于 2012 年社会消费品零售总额的 6.3%。随着我国电子商务的迅猛发展，企业及消费者对电子发票的需求日渐旺盛，相比于传统的纸质发票，电子发票的优势可谓十分明显。此外，尚普咨询在《2013—2017 年中国发票市场分析及投资趋势研究报告》中也指出，电子发票时代正在日益临近。电子发票将改变和优化现有的电商服务模式，有利于电商平台增强竞争优势，并且在未来也是大势所趋。

【全面普及需兼顾便利和安全】

随着我国跨境贸易电子商务的发展和更多中小企业进入电商平台，电子发票的推广时机也日益成熟。为推广电子发票，国家税务总局已在进一步完善电子发票的管理制度和标准规范，财政部也在研究完善电子快捷档案的管理制度。目前，推广电子发票面临的最主要问题是报销问题，电子发票打印并不能得到企业财务部门的认可。对此，业内专家表示，推广应用电子发票是大势所趋。下一步还需要从国家层面明确电子发票的应用领域和发展目标，明确电子发票的法律效力；要建立电子发票系统的各项前期技术准备，如电子发票的防伪、企业财务系统的更新、税务部门系统接入等问题；提高全社会对电子发票的接受程度，逐渐取代纸质发票。除此之外，电子发票的普及，对网购市场一直赖以生存的价格优势将带来严峻的考验。消费者担忧，商家会将电子发票成本转嫁到商品价格上，让消费者为电子发票买单。

案例 7-7

中国移动

中国移动通信集团公司电子发票项目被航天信息股份有限公司成功中标。特大型国有通信企业——中国移动，拥有近 7 亿国内用户，年开票量近 20 亿张，巨大的开票量对电子发票相关硬件设备的性能及开票系统有着极高的要求。多年来，航天信息在税务信息化领域积累了丰富的经验，其自主研发的电子发票系统将税收业务与先进技术深度融合，采用统一的规则、版式、防伪技术，并附有纳税人、税务机关的电子签章，开具的电子发票能够对公报销，其基本用途、法律效力与传统纸质发票相同。项目建成后，将完全实现发票的电子化、网络化管理，简化税收环节，大大节约管理、印刷开支，降低征纳双方成本。

【分析】

随着电子发票的流行，这一领域的市场需求将会与日俱增。而我国的科技企业也将业务瞄准这一领域。企业将税收业务和电子发票系统进行融合，再针对我国现有的经济背景及不同行业的不同企业，对电子发票业务做出调整与改进。而将电子发票业务外包，则是现在的趋势，毕竟电子发票需要符合政府要求，所以需要耗费很多精力去研究电子发票，这是十分耗时耗力的，所以企业做好自己的本分，将电子发票业务外包是明智之举。

第五节　网上支付中的法律责任分析

一、网上支付中的民事法律责任问题

（一）网上支付的民事责任概述

一是要正确理解网上支付民事责任的概念。可以通过一般民事责任的概念，来理解网上民事责任的概念，进而给出网上支付民事责任的定义。

二是明确网上支付民事责任的构成要素。根据一般民事责任的构成要素，总结网上民事责任要素，并确定网上支付民事责任的构成要素：一般民事责任的构成要素是指行为人承担各种民事责任必须具备的条件，是行为人承担法律责任时进行分析判断的标准。由民法通则理论可知，一般的民事责任有4个构成要素：损害事实、民事违法行为、因果关系、过错。与此相应，网上民事责任也有4个构成要素：损害事实、网上参与者违法行为、因果关系、过错。参与网上支付的行为人是指网上支付的当事人，主要包括网民、网络企业或网上金融机构，只有网上支付的行为人具备网上民事责任的4个要素时才能承担网上民事责任。

三是掌握网上支付民事责任的归责原则。我国《民法通则》在确认过错责任为一般原则的同时，也规定了无过错责任原则。在追究民事违法行为人的法律责任时，是以过错责任为一般原则，而特别原则为无过错责任原则。只有在法律有特别规定时，才能适用无过错责任原则，凡是法律无特别规定的民事违法情形，均应适用过错责任原则。

四是结合网上支付民事责任的分类，制定民事责任的承担方式。民事责任人作为违反民事义务或侵犯民事权利的法律后果承担者。根据标准的不同，有不同的分类。比如，依据行为主体分为职务责任和个人责任等；依据承担责任的原则分为过错责任与无过错责任；依据民事责任的产生根据分为非合同责任与合同责任。其中，非合同责任与合同责任是我国民事责任制度中最常用的分类。非合同责任也称侵权责任，是指主体因实施侵权行为而产生的民事责任。

（二）解决网上支付合同责任的问题

首先，正确认识网上支付合同责任的概念及归责原则。合同责任是民事责任的一种，在合同关系中居于十分重要的地位，具有保障合同债权，维护社会经济秩序的作用。合同当事人违反合同后，根据何种归责事由确定其负的违约责任，就是合同责任的归责原则。归责原则的确定对违约责任的内容及成立起着决定作用，它决定了违约责任的构成要件、决定举证的责任及违约赔偿的范围。各国法律在违约责任的归责原则方面有不同的规定，那么采用何种违约责任的归责原则，就体现了各国对法律的价值判断。严格责任原则更有利于保护网上支付合同当事人的合权益法。如果由于客观原因违约，违约的一方主观上没有过错，但受害方更是完全没有过错，如免除违约方的责任，让受害者独自承担损失后果，显然有失合同的公平性。

其次，掌握网上支付合同责任的构成要件及承担方式。由于网上支付合同责任的归责原则采取严格责任原则，则网上支付的合同责任的构成要件只有一个，那就是违约行为。即只要网上支付过程中合同当事人的行为违反合同的规定，就应当承担合同责任。

（三）网上支付违反《商业银行法》民事责任的处理方式

由于国内未制定网上支付法，因而无法用传统法律来判定网上支付过程中当事人的违法行为及应承担的民事责任。但网上银行是网上支付的提供者和主要的参与者，必须明确其在执行过程中的民事责任。而国内的网上银行均是由商业银行建立的，从而可借鉴违反《商业银行法》的民事责任来规范网上银行的民事责任。根据《商业银行法》第七十三条的规定，商业银行有下列情形之一对存款人或者其他客户造成财产损害的，应当承担支付迟延履行的利息以及其他民事责任：

（1）无故拖延、拒绝支付存款本金和利息的；

（2）违反票据承兑等结算业务规定，不予收付入账，不予兑现，压单、压票或者违反规定退票的；

（3）非法查询、冻结、扣划个人储蓄存款或者单位存款的；

（4）违反本法规定对存款人或者其他客户造成损害的其他行为。

国内的网上银行可以理解为传统银行业务的上网，因此网上银行也应遵守以上条款，否则就应当承担民事责任。承担民事责任的主要方式有：恢复原状、停止侵害、支付迟延支付的利息和赔偿损失等。另外，在以上论述的基础上，也可借鉴美国《电子资金划拨法》中民事责任的有关条款。研究我国网上支付立法中的民事责任内容，尽快明确民事责任的条款，解决网上支付过程中出现的各种民事责任问题。

二、网上支付中的刑事法律责任问题

利益驱使是导致经济犯罪的根源，犯罪分子会采取任何手段实施经济犯罪。由于网上的经济犯罪具有无现场、高智能、低风险及难防控等特性，因而犯罪分子一定会在网上支付过程中寻找管理上、技术上和法律上的漏洞或不足，来实施各种经济犯罪。通过对网上支付中的刑事法律责任问题的论述，可以辅助对网上支付中刑事犯罪的判定及处罚，震撼各种犯罪分子的犯罪欲望，并有利于网上支付安全问题的解决。

（一）网上支付刑事责任的界定

首先，根据网上支付过程中的犯罪现象与特征判断是否犯罪。在网上支付过程中具有7种犯罪特征：犯罪目的性、犯罪的无现场性、非法获利性、犯罪的高智能性、犯罪的低风险性、犯罪的低处罚性、犯罪的难防控性。

其次，正确认识网上支付的犯罪。犯罪是指当事人做出犯法的、应受处罚的行为。而网上支付的犯罪要从广义和狭义上的概念来理解。广义上，除刑法的规定以外，还包括尚未被刑法规定的，如在网上支付领域中新出现的有严重侵害的一些犯罪行为。本文主要是从狭义上来理解网上支付的犯罪。狭义上的犯罪，是刑法学上的概念，即网上支付过程中的犯罪仅限于刑法明文规定的，扰乱网上支付的正常秩序、有危害性、触犯刑事法律以及应受刑法处罚的行为。

再次，以网上支付刑事责任的概念来界定其刑事责任。犯罪是承担刑事责任的前提和基础，没有犯罪就不可能产生刑事责任。网上支付的刑事责任是指在网上支付过程中建立在刑事法律基础之上的，满足认定刑事责任要素的犯罪当事人应承担的法律责任。

（二）网上支付犯罪的刑事处罚

（1）网上支付过程中的计算机犯罪，包括破坏网上银行的计算机系统数据和应用程序的犯罪，制作、传播计算机破坏性程序的犯罪等。可参照《刑法》第286、287条的规定进行处罚。

（2）与计算机犯罪有关的网上支付犯罪，包括利用计算机实施网上金融诈骗、盗窃、贪污、挪用公款的犯罪，在履行电子合同过程中骗取当事人财物的犯罪，进行信用卡等电子货币诈骗犯罪等。可参照《刑法》第196、224、264、266、287条的规定进行处罚。

（3）不涉及计算机技术的网上支付过程中的传统支付犯罪，这种犯罪危害性大、涉及面广，可参照《刑法》第174、264、266、287条的规定进行处罚，也可以借鉴《刑法》分则中第三章"破坏社会主义市场经济秩序罪"，第五章"侵犯财产罪"，其他相应条款的规定进行处罚。即只要在网上支付过程中的犯罪行为符合《刑法》章节中的犯罪要素，则以刑法有关规定进行定罪处罚。

第六节　中国—东盟跨境电商链支付问题

"一带一路"发展战略背景下，东盟作为重要交通节点，与我国之间的经贸往来将越来越频繁，贸易合作地位会越来越重要。

同时，我国跨境电商在大数据时代的信息技术支撑下，迅猛发展并逐步推高世界贸易的交易额。中国巨大的消费市场与需求，使跨境电商的发展前景十分可观。2016年，中国进出口跨境电商（含零售及B2B）整体交易规模已经达到6.3万亿人民币；预计到2018年，中国进出口跨境电商整体交易规模将达到8.8万亿人民币。另外，东盟成员是原材料资源十分丰富的国家，对中国市场有着巨大的需求，它们正在寻找合作机会并不断扩大合作领域。与此同时，在产业转型升级的背景下，中国电商企业正在陆续开拓东盟电商市场，构建一个高效完善的跨境电商支付体系就是亟待解决的课题。因而，认真分析和总结中国—东盟跨境电商支付存在的问题，并采取构建中国—东盟跨境电商链措施加快解决支付问题，促进跨境电商快速发展，具有十分重要的理论价值和现实意义。

一、中国—东盟跨境电商支付的现状

（一）中国—东盟跨境支付的市场规模扩大

截至2016年，中国互联网覆盖人群已达到7亿人，线上购物的人群超过4亿人，电子商务交易额达到 5.2 万亿美元，增长速度近 30%。与中国相比，东盟各国互联网覆盖率相对较低，且各成员国的发展水平相差也比较大、层次十分明显。上层为网络普及率在 50% ~ 60% 的国家，分别是新加坡 73%、马来西亚 67%、文莱 65%；中层为网络普及率在 25% ~ 50% 的国家，分别是越南 44%、菲律宾 37%、泰国 29%；下层的为网络普及率低于 25% 的国家。分别为印度尼西亚 16%、老挝 13%、柬埔寨 6%、缅甸 1%。然而，东盟地区互联网覆盖人群达到 2.6 亿人，是全球互联网用户增速最快的地区，同时也是全球最活跃的市场之一。2015 年底，中国与东盟之间，进出口贸易额逼近 5 000 亿美元，其中以跨境电商方式的出口达到 800 多亿美元。

（二）CIPS 跨境支付工程的建设

到 2014 年，随着人民币跨境支付系统（CIPS）的建成，人民币已迅速发展成为我国第二大跨境支付货币；首批参与者包括了中国银行、Deutsche Bank、HSBC 等 19 家境内中外资银行和间接参与的 38 家境内银行和 138 家境外银行。该工程建设基于 ISO20022 国际标准，方便国际间的支付处理。到 2015 年，CIPS 已经发展成为具备实时全额、覆盖面广、一点接入、专线接入、国际标准五个特点的综合系统。该项目的运营覆盖了亚、欧、非、大洋洲等人民币业务主要结算区域，实现了时间上的高效与便利；而实时的全额结算方式，方便处理客户汇款与金融机构汇款等业务；使用 CIPS 的参与者实现了一点接入，集中结算业务，减少清算流程，为境内参与者提供专线接入等服务。

（三）中国—东盟跨境电商支付模式

目前，东南亚电商支付系统的发展尚处于起步阶段，消费人群网购的 80% 是"货到付款""柜台支付"，第三方电子支付仅占约 20%。随着电商支付系统的逐渐成熟，中国 90% 的电商货物交易的结算方式都是采用第三方电子支付的模式。就当前中国—东盟跨境电商支付模式来讲，基本分为两类：未持有外管局跨境电商支付许可业务试点允许的模式；持有外管局跨境电商支付许可模式（见图 7-2）。

图 7-2　未获外管局跨境电商支付许可

在未持有支付许可条件下，支付企业一般选择与境内外银行合作，或者是与境外第三方支付系统合作。与国际信用卡组织合作的模式，可以实现由信用卡组织来代为清算资金与转换货币；而与境外第三方支付系统的合作，则是通过委托代理购汇，汇兑与交付的流程则交由合作银行完成（见图 7-3）。持有支付许可的第三方支付机构，主要负责收付与结售汇服务，使跨境电商支付的参与主体（消费者与商户）实现直接交易，更大程度地减少了中间流程，从而节约了成本。

图 7-3 获得外管局跨境电商支付许可

二、中国—东盟跨境电商支付存在的问题

（一）跨境电商支付安全性问题

跨境电商支付是新型跨境贸易中直接涉及资金的、最为重要的步骤，其安全性是重中之重。调查数据显示，在跨境电商交易时，跨境支付对中国消费者的影响因素中，安全性占比最高、影响最大。

中国—东盟现有的跨境电商平台，依然处于建设和发展的初期阶段。在平台服务过程中，客户与商户的支付信息可能因系统故障而发生丢失的情况，导致支付不成功甚至支付资金丢失等状况，这就使得在平台建设不完善的情况下，容易因为系统漏洞使非法分子有机可乘。

（二）跨境电商第三方支付手段不统一问题

首先，东盟国家对第三方支付系统的使用率较低。比如泰国，尽管在电商平台购物的人群达到了 1 100 万人，且在近 3 ~ 5 年中也将呈现较大的增长趋势。但这些网购者的 70% 以上选择货到付款或柜台现付，使用网银的不到 20%，第三方支付系统等的使用率更是不到 10%。

其次，东盟国家在跨境电商平台，使用 PayPal 的消费者占大多数，而中国则多为使用支付宝或微信支付作为第三方支付平台。中国与东盟对于跨境电商第三方支付手段的使用偏好不一致，导致了在进行跨境电商交易时，支付方式的不统一，造成支付困难，降低了支付的效率。

（三）跨境货币结算汇率风险问题

在跨境电商贸易中，国际通用的支付方式以 PayPal 为主，而中国国内无法通过 PayPal 在境内取款，对于中国的消费者而言存在不便，而在东盟，人民币无法自由兑换亦不能在支付过程中使用其进行结算。所以，在跨境电商贸易支付中，就必然涉及货币汇兑问题，从而产生结算的汇率风险。当两国的货币汇率发生变化时，对商家企业、消费者都会产生影响。假设以东盟某国的货币作为网上结算，而以人民币作为回款。当中国对某国的汇率下降时，人民币贬值，某国货币升值，中国企业占优，贸易的利润上升；反之，亦然。此外，人民币汇率的上升，会对劳动密集型的出口企业成本产生较大的影响。同时，汇率变动也会对税率产生影响，间接影响跨境电商企业的利润。

（四）跨境电子支付系统不完善问题

从进口看，进口跨境支付过程分为人民币支付和跨境外汇支付。前者可直接用人民币支付，后者需通过跨境支付企业到金融机构购汇，再通过汇兑支付给东盟用户，如图 7-4 所示。

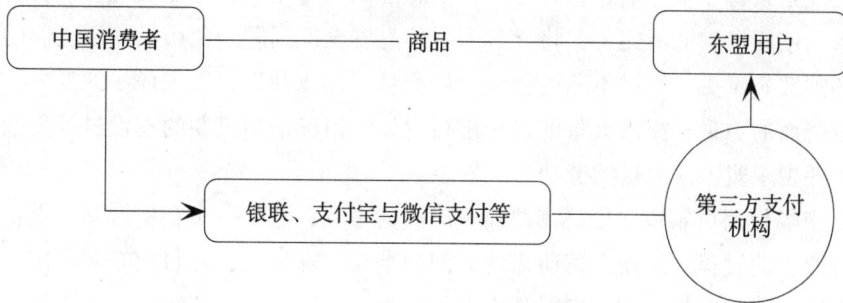

图 7-4　进口跨境支付流程图

　　针对境内收单的第三方支付发展比较成熟，然而国内第三方支付的跨境外汇服务存在着费率成本。例如，使用支付宝进行国内收单与外汇支付其费率合计为 1.8% ~ 3%，而若使用支付宝进行国内收单，再借有跨境支付企业进行外汇支付，费率合计为 0.8% ~ 1.2%。因此，国内第三方支付系统若想直接插入外汇业务，构建完整的支付系统，必须承担较高的费率成本，否则需依托跨境支付企业。而我国跨境支付企业截至 2016 年也仅有 22 家为试点企业。这些企业的支付系统与风险防控系统仍有待完善，跨境消费安全性得不到保障。从出口来看，第三方支付主要瞄准跨境电商出口市场，进行激烈的抢占与竞争，如图 7-5 所示。

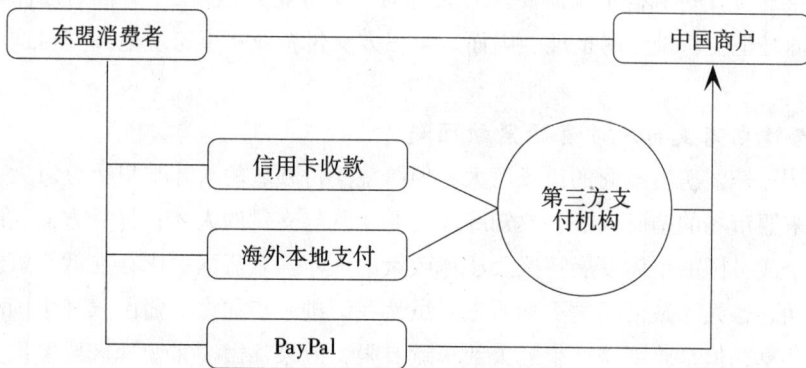

图 7-5　出口跨境支付流程

　　外卡收单，普通情况下以信用卡支付、东盟本地支付与 PayPal 三种方式为主。在东盟地区，PayPal 跨境支付工具占领了近 80% 的市场份额，东盟国内的本地支付占 15% 左右，中国常用的第三方支付系统建立未完善，而且东盟地区尚未对中国的支付软件建立信任，中国第三方支付工具的市场占比不到 5%。中国—东盟间的电商贸易，更倾向于选择开通 PayPal 或者与东盟国家本地的银行合作，因而增加了支付成本。

（五）市场信用机制不完备问题

　　跨境电商支付，需要建立在完善的市场信用机制的基础之上。市场信用机制的缺失，会导致跨境支付系统的信用度降低，从而使贸易双方无法保证在信用安全条件下完成支付过程。中国与东盟之间的多边跨境电商贸易，虽然不像传统经贸合作那样易产生"信息不对称"现象，但是只有在多方信息公开透明、信息准确的基础上，才能实现有效交易、降低贸易风险。市场信用机制的不完善，将导致多方信息安全性问题。而市场信用机制的建立，需要由东盟各国政府牵头，经过不断的会谈、协商从而达成共识，制定详尽的规划，再集结政府与各国投资商的力量，投入大量的资金进行建设。市场信用机制的建设过程复杂且工程量浩大，需要耗费东盟国家大量的劳动力、资金。

同时，市场信用机制建立后还需要经过时间的考验，它是一个在实践基础上不断发现缺陷然后逐步改善的过程。建设完善所需的时间周期长、耗资大，对目前东盟国家的经济实力较低与资金缺口大的现状而言，实行起来十分困难。

（六）政策变动为跨境电商支付增加压力问题

《关于跨境贸易电子商务服务试点网购保税进口模式有关问题的通知》（2014）采用个人行邮标准通关检疫并支持部分跨境电商进口企业自建或租赁保税仓库。同年《试点网购保税进口模式通知》出台，规定通关时"订单+物流单证+支付凭据"三单合一，杜绝偷漏税行为，并积极推进"阳光海淘"，严禁"灰色海淘"。相关政策的实行，冲击了我国的贸易价格体系，带来跨境支付费率上升，影响了我国的财税收入。若全面放宽个人行邮监管，可能导致跨境电商对一般贸易的大规模转移，一般贸易价格体系将面临巨大的竞争压力。价格影响消费，而消费的偏好影响消费者的支付意愿。这样，价格体系的压力也就间接转移到了跨境支付上。

目前，第三方支付机构不仅需要持有央行的"支付业务许可证"，同时还需外管局准许开展跨境电商外汇支付试点的批准。因而，第三方支付企业从事跨境电商支付这一领域的门槛仍然较高。

（七）跨境电商支付人才资源紧缺问题

尽管中国—东盟跨境电商的市场巨大，但跨境支付领域的人才缺口十分巨大。一方面中国缺乏深入东盟市场的调研人才、熟知跨境电商运营与支付的人才；另一方面，缺乏熟悉和掌握东盟各个成员国的个体发展情况及法律政策的人才。东盟国家则存在教育资源匮乏、教育成本高等问题，人才缺口问题更加明显。虽然我国进一步加大东盟国家与中国跨境交换生的教育资源共享，但是跨境交换生的人数毕竟有限，效果甚微。东盟地区要发展其跨境电商的人才，仍然依托当地对教育资源的投入，除了新加坡等发达国家以外，多数国家的电商支付人才培养均存在很大的忧患。

三、中国—东盟跨境电商链解决支付问题的构建路径

（一）确立中国—东盟跨境电商链的构想

安全可靠的中国—东盟跨境电商支付平台的发展，需要一个完整且完善的跨境电商链（系统平台）为依托，并具备以交流顺畅为核心的跨境电商信息平台，以及以坚实的物流与信用管理机制为基础的跨境电商物流平台，即构建一个中国—东盟跨境电商链系统平台。该跨境电商链的构想是在分析中国—东盟跨境电商支付存在的问题基础上，以 Turban 模型（见图 7-6）为技术手段而创建的，目的在于加快解决中国—东盟跨境电商支付中存在的问题，推进中国—东盟跨境电商的发展步伐。

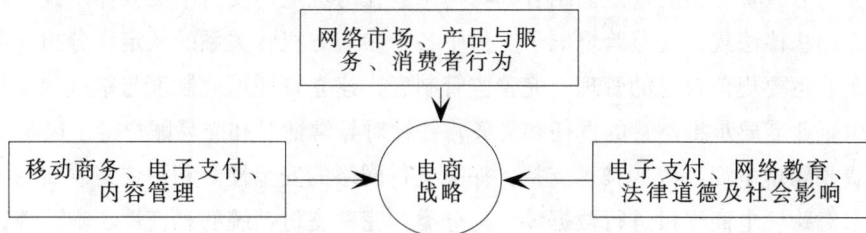

图 7-6　Turban 模型

中国—东盟跨境电商链的整个构建模型是在各国政府有效监管的背景下，在各种信息交流通畅的环境下，以跨境电商综合服务平台作为核心平台，以基础设施建设平台、信用风险管理平台、第三方支付平台为三大辅助平台，各个平台之间通过关联密切信息流连接而成。基础设施建设平台针对线上、线下的互通问题，将交易信息传递至核心的跨境电商综合服务平台上，导入数据库，再传递至信用风险管理平台评定信用风险结果，为消费者提供信用保证。跨境物流体系形成物流信息和商品信息的双向信息传递机制，将以跨境消费者作为跨境电商链服务的主体，包含中国与东盟双方的消费者与企业。政府监管作为整个跨境电商链的政策支持与保障，为跨境电商交易提供相关的法律法规、信息监管政策，以及制定相关的行业数据。其中，以海关为主的关税制度、进出口商贸制度等为关键指标，其构建流程如图 7-7 所示。

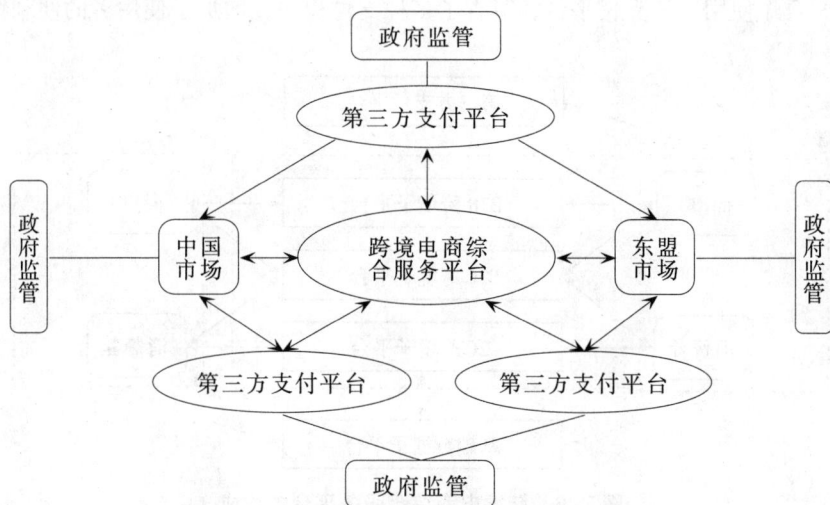

图 7-7　中国—东盟跨境电商链构建模型

（二）落实中国—东盟跨境电商链结构的构建体系

1.政府有效监管是构建跨境电商链的必备构件

我国政府必须积极采取有效措施，加快跨境电商支付服务交易的立法，逐步加强跨境电子支付安全性监管力度。可以借鉴美国的《电子资金划拨法》和《统一商法典》中关于电子支付各个参与方权责分担的规定。结合我国与东盟在跨境电商支付中的具体实践，因地制宜地制定相应的法律法规，规范跨境电子支付中各个参与方权责关系的认定和分担问题。跨境电商支付企业也要规范自身的管理，完善监管制度，建立责任追究制度与审查制度。明确跨境电商支付企业需要承担监管的责任和义务，并针对异常情况和交易账户给予风险预警。

通过提高跨境电商系统的技术支持，保障支付网络的安全性。利用快速发展的大数据与云计算技术对跨境电商支付进行数据统计与分类。完善支付系统的私密性、唯一性，防止不法分子通过系统漏洞威胁消费者与商户的支付安全。并且建立监管系统，定时检测系统用户安全，制定相应的法律，严厉打击跨境电商支付中的不法行为。

2.跨境电商综合服务平台是构建跨境电商链的核心构件

中国—东盟跨境电商链系统平台的核心是跨境电商综合平台，由多种交易模式的跨境子平台、第三方支付平台、基础数据子平台所构成（见图7-8）。交易跨境子平台：B2B跨境子平台可直接联系双方生产厂商间的合作；B2C跨境子平台可建立中国—东盟厂商与消费者的直接购买活动；C2C跨境子平台为中国—东盟双方的消费者提供直接买卖交易活动。基础数据子平台：基础数据平台的构建对整个电商综合服务提供完整的数据参考分析。将运用大数据、云计算等新一代信息技术、用户人群画像分析、商品数据统计分析、物流信息无缝对接等手段，使平台能够充分满足消费者、企业的信息需求。第三方支付平台：主要辅助完成跨境电商交易的支付服务功能。B2B交易的支付方式以线下为主，包括汇款转账、信用卡等。B2C同C2C主要借助第三方支付平台，便于双方市场的风险性监管，中国—东盟跨境电商与CIPS合作使用同一支付平台，节省了多种支付程序，增加了使用者的便利性。

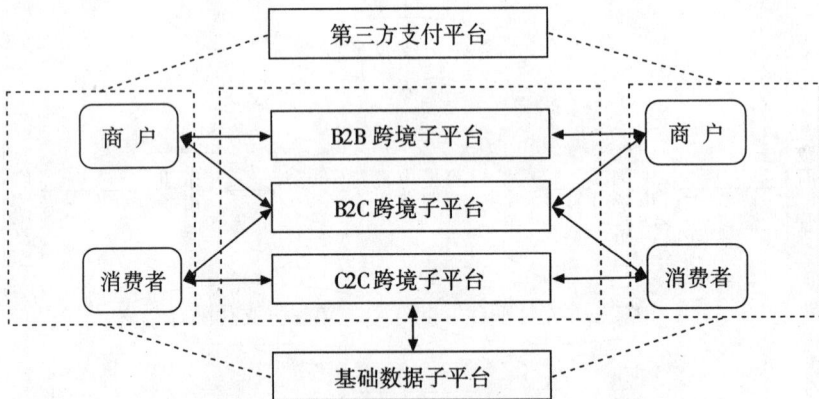

图7-8　跨境电商综合服务平台的构成

3.第三方支付平台是构建跨境电商链的重点构件

第三方支付平台分为进口电商平台的购付汇业务和出口电商平台的收结汇业务。其中进口电商平台的支付机构主要为中国消费者提供购付汇的服务，与一般的国内网购过程差不多，只体现在资金流的换汇步骤上。随着CIPS建设工程的逐步推进，资金支付过程将更加便捷（见图7-9）。

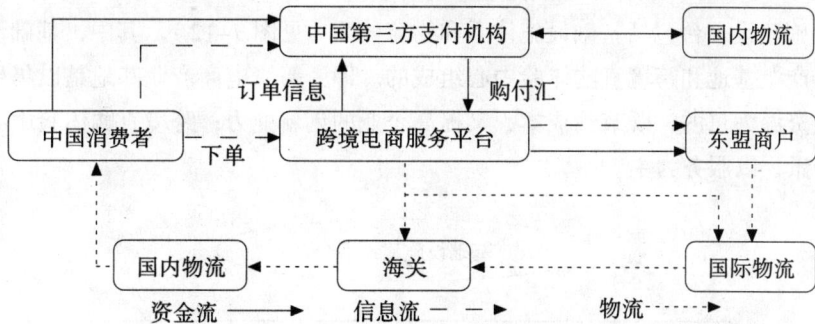

图7-9　第三方支付平台——进口购付汇平台构成

　　而出口电商平台的支付机构作为协同跨境电商合作银行，对运至境内的外汇资金开展汇兑业务，再通过 CIPS 为商户实现人民币的结算。第三方支付机构主要办理跨境贸易收款、结汇等业务（见图7-10）。

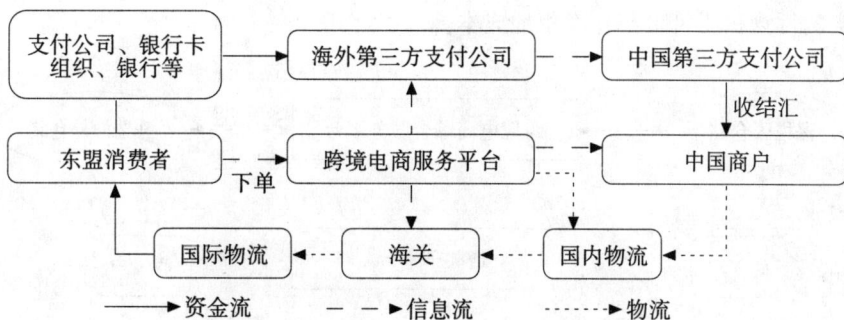

图7-10　第三方支付平台——出口收结汇平台构成

4. 信用风险管理平台是构建跨境电商链的保障构件

　　信用风险管理平台包括：海关监管、信用征信服务、行业标准认证、跨境消费保障四个子平台。从进关的那一刻开始，对中国—东盟贸易的货物进行严格的质量把控，制定不同维度和标准对贸易中的商品进行检测。使用信用征信服务平台，及时将商品的信用信息提供给客户与企业查询，从而增强客户服务。并为企业提供融资、投资服务，减少从银行借贷的利率风险。跨境消费保障平台为双方消费者消费的利益提供安全保障，提高消费者对中国—东盟跨境电商平台的信任度（见图7-11）。

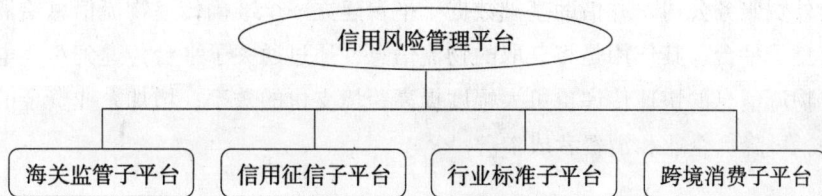

图7-11　跨境电商信用风险管理平台构成

5. 基础设施建设平台是构建跨境电商链的基本构件

基础设施建设平台包括基础设施体系和物流体系（见图 7-12）。其中，基础设施体系是由跨境电商产业基地和跨境直购体验中心组成的。即：跨境电商产业基地是以集聚效应、共享基础设施资源为目的，既节约成本，又提高企业的创新能力；跨境直购体验中心作为体验式消费的场景，以服务为主。

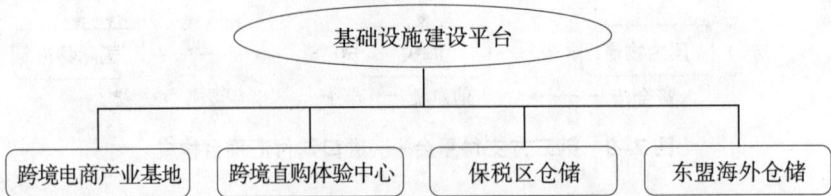

图 7-12　跨境电商链基础设施建设平台的基础设施体系

物流体系由保税区仓储和东盟海外仓储组成（见图 7-13）。即：（进口）保税区仓储、（出口）东盟海外仓储是通过大批量的通货仓储来减轻运输货物的海关、物流负担，同时又要承担一定的货物积压风险与仓库租地成本。

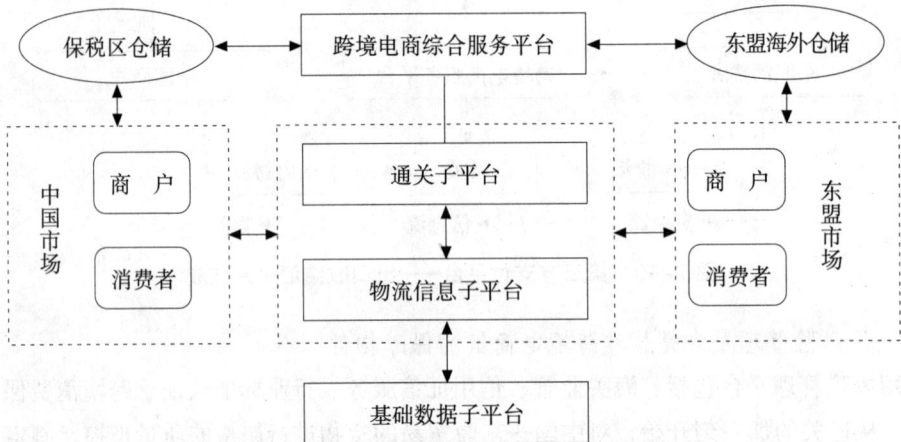

图 7-13　跨境电商链基础设施建设平台的物流体系

两个仓储之间的物流信息互通，是在跨境电商综合服务平台中，建立专门的中国—东盟贸易往来通关子平台，制定相对标准化、有针对性的流程审检，出口退免税的报单流程委托于第三方的外贸服务公司。并借助基础数据子平台建立一个准确传递物流信息给商户和消费者的物流信息子平台。其作用是将获取的物流信息，通过通关子平台传递到跨境电商综合服务平台上。物流信息的快速传递也可大幅度提高跨境支付的效率，增加企业资金的流动、提高贸易总额，可降低企业和消费者成本。

（三）增强中国—东盟跨境电商链构建的政策支持

1.中国需要继续推进对东盟"零"关税政策

结果双方多年的努力，中国与东盟双边贸易关税从全额发展到 2004 年的部分减税，再到 2010 年中国与东盟自贸区建成，关税政策不断地发展变化。直至 2016 年，中国与东盟自贸区成员之间所有产品（除个别敏感产品）实现"零关税"的目标。整体而言，中国按《框架协议》的时间表安排，稳步推进对东盟所有成员的关税减免（见表 7-1）。

表 7-1 中国对东盟成员国关税减免时间表（部分）

年 度	关税税率（%）	覆盖关税条目	参与国家
2010	对所有东盟成员（0 ~ 5）	82%	东盟成员国
2011	对所有东盟成员（<5）	全部	东盟成员国
2015	对所有东盟成员（0）	全部	所有中国—东盟自贸区成员
2018	对所有东盟成员（0）	全部	东盟所有成员

资料来源：www.asean.org

零关税政策使跨境电商企业的跨境贸易成本大幅降低，为中小型的跨境贸易企业带来较大的便利，解决了贸易壁垒，并使企业能够提高产品贸易的效率以及现金流的流转速度。同时，中国政府自 2013 年开始，高频率地颁布发展跨境电商相关政策，规范行业行为，支持跨境电商行业健康可持续发展（见表 7-2）。特别是 2015 年 1 月发布的《支付机构跨境外汇支付业务试点指导意见》在全国范围内开展跨境支付试点，将跨境电商单笔限额从 1 万美元提升至 5 万美元。目前，我国还需要延续这一正确的方针，进一步推进跨境支付企业的发展。

表 7-2 2013 年以来支持发展跨境电商的主要政府文件

政策出台部门	政策类型	政策全称	颁布时间
商务部、发改委、财政部、人民银行、海关总署等	出口指导	关于实施支持跨境电子商务零售出口有关政策的意见	2013.08
国家质检总局	进出口指导	国家质检总局关于跨境电子商务零售出口税收政策的通知	2013.11
财政部、国家税务总局	出口指导	关于跨境电子商务零售出口税收政策的通知	2013.12
海关总署	进出口指导	关于增列海关监管方式代码的公告	2014.02
海关总署	进口指导	关于跨境贸易电子商务服务试点网购保税进口模式有关问题的通知	2014.03

续 表

政策出台部门	政策类型	政策全称	颁布时间
国家税务总局	出口指导	关于外贸综合服务企业出口货物退（免）税有关问题的公告	2014.03
国务院办公厅	进出口指导	国务院办公厅关于支持外贸稳定增长的若干意见	2014.05
海关总署	进出口指导	关于跨境贸易进出境货物、物品有关监管事宜的公告	2014.08
外汇管理局	进出口指导	支付机构跨境外汇支付业务试点指导意见	2015.01

资料来源：《中国海关统计》等

2. 借助"一带一路"相关政策提高跨境电商支付效率

在"一带一路"倡议及中国与东盟命运共同体"2+7 合作框架"的相关政策共同推动下，双方经贸合作迎来了一个高速发展的时期，这为跨境电商支付的加速发展创造了条件。我国借助中国—东盟自由贸易区的深化合作，不断地进行产业结构升级、劳动力市场转移，给东盟创造了无限的商机。中国不断地加深与东盟之间互联互通基础设施建设，并逐步推进跨境结算人民币化，降低了国际汇率风险，为双边跨境电商支付发展提供了良好的环境，使贸易更加便利化。因而，参与跨境电商支付的机构需要借助我国实施"一带一路"倡议的重要机遇，通过贸易、投资等手段提高跨境电商支付的应用效率，促进中国—东盟跨境电商的快速发展。

（四）重视中国—东盟跨境电商链构建的人才培养

首先，需要重视和增大我国各个高校对跨境电商这一新兴行业专业化知识的培养力度。特别是，高等学府需加大对跨境电商支付课程的推进速度，增设跨境电商支付的必修课与选修课，积极开办相关活动，调动学生参与的主动性与能动性，为跨境电商培养和储备高素质、有活力的人才资源。其次，从事跨境电商的相关企业需要做好专业技能与知识的培训。通过多种方式和渠道开展企业培训，保证员工学习的持续性，为员工规划专业课程，提高员工的综合素质和专业素养。最后，加强与东盟间教育领域的沟通和交流。无论是高等学校，还是企业的人才，都需要加强同东盟各成员国间的交流与学习。通过国际研讨会和实地调研、考察学习，及时了解和掌握中国与东盟间跨境电商支付发展的实际情况。而且，各国政府需要出台支持或者补贴的政策辅助跨境交流，以推进中国与东盟教育事业的融合和发展。

总之，近年来，中国与东盟之间的经贸发展迅速、合作深化，都得益于中国与东盟自贸区的建立。而东盟与中国贸易额的加速增长，刺激了中国对外贸易的发展，双方的合作不断加深，已经形成了一个和谐稳定的合作关系。同时，东盟内部的基础建设不断改善，沿航路运河的互联互通基本完成，具备了较完整的交通运输体系，并在我国"一带一路"倡议的驱动下，出台了扶持跨境电商健康发展的政策和法规。这些变化，为跨境电商支付的发展提供了优良的经济和社会环境。在中国—东盟跨境电商支付发展面临机遇和挑战并存的时期，需要建立一个适应中国—东盟环境的跨境电商贸易平台，加快解决支付中存在的问题。本文以 Turban 模型为基础，构建了中国—东盟跨境电商链。其中，电商综合服务平台作为核心平台建立综合高效的中心控制体系；以基础设施建设平台、信用风险管理平台、第三方支付平台作为三大辅助平台，配合核心平台加快解决电商交易存在的问题。比如，利用跨境电商综合服务平台的基础数据子平台，实现不同平台间的信息链接，达到信息互通效用的最大化，解决支付信息对接难题；以各种技术手段为支持，保证跨境电商平台的实用性、安全性、便捷性和可操性等。

中国—东盟跨境电商支付是商务交易中的重要环节，发展和完善是一个复杂的系统工程，需要政府、企业及科研机构等多方积极配合和努力。因而，要在中国与东盟各成员国建立良好政治关系的前提下，各国政府应积极配合出台相关政策和规则，努力增强跨境电商支付领域的人才储备力度。电商相关企业积极投入、主动参与，保证跨境电商贸易支付环境的科学化和有序化。同时，中国—东盟跨境电商链的建设过程中可能出现新的困难和问题，还需要通过不断的实践、调整和完善来解决。

第八章 虚拟财产的法律问题

第一节 绪 论

一、虚拟财产权属问题来源

截至 2016 年 6 月，我国网民规模达到 7.10 亿，半年共计新增网民 2 132 万人，半年增长率为 3.1%，较 2015 年下半年增长率有所提升。互联网普及率为 51.7%，较 2015 年年底提升 1.3 个百分点。互联网基础设施建设的不断完善、利好政策的持续出台，以及互联网对于各个行业的渗透，共同促进网民规模持续增长。随着"宽带中国"战略的深化，宽带网络的光纤化改造工作取得快速进展，中国各地光纤网络覆盖家庭数已超过 50%。2016 年上半年，国务院等相关部门相继出台有关"互联网 + 政务服务""互联网 + 流通""互联网 + 制造业"等指导意见，推动互联网与各个行业的融合。2016 年 4 月，习近平在网络安全和信息化工作座谈会上提出"要推动我国网信事业发展，让互联网更好造福人民"。未来互联网作为信息社会的基础设施，将进一步对中国政治、经济、文化、社会等领域发展产生深刻影响。随着互联网的发展，网络虚拟财产日益成为人们日常网络活动不可或缺的一部分，与此同时，针对网络用户虚拟财产而展开的侵权活动日益猖獗。从 2012 年 2 月 6 日中央电视台财经频道《经济与法》栏目所播出的"网络大盗"节目中了解到，在 2011 年 11 月南京市下关区人民法院审理的一起刑事案件中，9 名犯罪嫌疑人在近一年的时间里，非法窃取了 8 992 组网络游戏账号和密码，获得了大量的不法收入，最终因涉嫌盗取他人网络游戏账号和虚拟装备，主犯获刑四年。我们发现，法院对该案犯罪嫌疑人做出了刑事判决，但并未对其所侵犯的虚拟财产客体做出民事审判。可见，我国对网络虚拟财产的民事赔偿方面，可以说是路途艰难。那么，这些受到侵犯的网络用户的虚拟财产为何无人问津呢？带着这个疑问，在查阅了我国大量的资料、法条和司法解释后发现，我国立法中虽然对网络侵权行为存在一些法律规定，但这些法规更多地倾向于刑事审判方面。比较具体的是《治安管理处罚法》第 29 条规定："有下列行为之一的，处五日以下拘留，情节较重的，处五日以上十日以下拘留：①违反国家规定，侵入计算机信息系统，造成危害的；②违反国家规定，对计算机信息系统功能进行删除、修改、增加、干扰，造成计算机信息系统不能正常运行的；③违反国家规定，对计算机信息系统中存储、处理、传输的数据和应用程序进行删除、修改增加的；④故意制作、传播计算机病毒等破坏性程序，影响计算机信息系统正常运行的。"

二、研究虚拟财产权属的意义

（一）现实意义

由于网络虚拟财产民事赔偿方面的空白，我国虚拟财产侵权行为的处罚更多地倾向于刑事处罚，犯罪嫌疑人在承担了刑事责任之后，受害者往往得不到任何形式和方式的赔偿，这不仅不利于网络用户虚拟财产的保护，也对网络用户保护自己虚拟财产的积极性产生了极大的打击。

（二）理论意义

由于法律的滞后性等原因，我国目前并无具体的法规和司法解释对虚拟财产的民事赔偿予以规定。虽然《最高人民法院、最高人民检察院关于办理危害计算机信息系统安全刑事案件应用法律若干问题的解释》在刑法上对计算机信息系统安全的犯罪做出了处罚规定，但该案件中所涉及的众多网络用户的虚拟财产并未予以返还，虽然侵权者得到了惩罚，但更多的是刑法层面上的惩罚，而网络用户的民事权益仍未得到保护和承认。

而且，在一开始输入信息注册时，属于网络用户的虚拟财产的所有权就已经被剥夺了，今后遇到侵权行为时，网络用户甚至没法去进行最起码的维权行动。

第二节　网络虚拟财产的概念与特征

一、网络虚拟财产的概念

（一）财产

怎么定义财产？拥有的金钱、物资、房屋、土地等物质财富：国家财产、私人财产，具有金钱价值并受到法律保护的权利的总称，被称之为财产。大体上，财产有三种，即动产、不动产和知识财产。我国的《民法通则》对以下的内容有明确的规定：① 财产所有人依法对自己的财产享有占有、使用、收益和处分的权利；② 任何人不经财产所有人的许可不得使用该财产，否则就是非法侵犯权利；③ 财产所有人可以是自然人，也可以是诸如公司这样的法人。

（二）网络虚拟财产

虚拟财产是网络虚拟财产的广泛定义，是一种能为人所支配的具有价值的权利，是财产在网络虚拟空间的一种表现形式。狭义的网络虚拟财产，应当是仅仅基于互联网的应用而产生的那些可以带来虚拟收益或精神效用的计算机数据，包括邮箱、账号、虚拟货币及装备等。广义地讲，指的是能够为人所支配和拥有，并且具有一定价值的网络虚拟物和其他财产性权利，主要包括网络账号、电子邮件、音乐、电子图书、虚拟货币、装备以及影视等。

二、网络虚拟财产的种类

（一）无偿类虚拟财产

和有偿类虚拟财产相对应，在电信部门，网络用户只要交纳了上网费用，别的费用就不用再向网络公司交纳，在享受电信部门提供的网络服务的同时，还可能获取网上的一部分虚拟财产，这统称为无偿类虚拟财产。这类财产主要是网络账号，指虚拟货币。而且，获得这类虚拟财产，往往存在一定的必然性，该网络公司所提供的程序和游戏，只要这些网络用户积极地参与进去，在游戏中打败对手或者一直保持参与，虚拟财产就可以获得。比如，旗下很多免费游戏面对用户的腾讯，腾讯提供的所有免费游戏，网络服务用户可以不付费无偿享受，在享受游戏的过程中，任何多余费用网络用户都不必交纳，从而可以获得虚拟货币等虚拟财产。

（二）有偿类虚拟财产

什么是有偿类虚拟财产？它是指向网络用户电信部门交纳了上网费用后，还需要向网络公司交纳一定的费用，对应的网络服务才可以享受，那部分虚拟财产在这种服务的基础上才有机会获得。虚拟人物、货币、装备等都属于这类财产，基于其所交费的网络公司所提供的网络服务而产生的计算机数据。在一定程度上，这种有偿类虚拟财产可以像现实的商品一样，流通在网络市场上，他人手中所拥有的虚拟财产，有些网络用户非常感兴趣，还会通过现实货币向其购买。比如，国内著名游戏《魔兽世界》和《守望先锋》等，国内外有些网络游戏及其运营公司是通过向网络用户收取一定的费用，才向其提供对应的网络服务，而其方式也基本相同：网络用户想要享受其所提供的服务，就要向运营公司购买服务的时间，如果没有购买，就没有办法去享受网络服务，其所运营的游戏就无法参与，而虚拟人物、货币和装备等虚拟财产更不能获取了。

三、网络虚拟财产的特征

（一）价值性

价值，是指在商品中凝结，没有任何区别的人类劳动；使用价值，是指能够满足人们某种需要的属性。在《资本论》中马克思指出：第一商品是一个外界的对象，仅因为自己的特别属性，使人类的某种需要得到。物品的有用性使物品具有了使用价值。这种有用性决定于商品体的属性，它不是悬在空中的。因此，使用价值或财物，不论财富社会形式如何，使用价值总是构成财富的物质内容，这就是商品体的本身。对于网络用户来说，不管是无偿类的虚拟财产还是有偿类的虚拟财产，都具有很大的使用价值。网络上形形色色的多方参与者投入大量的上网费用、时间与精力、基本上网设备的配置才得以存在和变更的这些计算机数据，这其中的价值是无法估量的，不能因为没有一个统一的评估标准，我们就要否定其价值的存在。法律上财产必须要具备的特性是价值性，它指的是其能够使人类的物质需求或精神需求得到满足，然后能够以一定量的货币给予衡量的性质，涵盖价值和使用价值。其价值性的存在，恰恰被网络虚拟财产所具有的这种普遍的价值和使用价值所印证。

（二）虚拟性

网络财产的虚拟性，是网络财产本身的特性，这和其他物质财产或精神财富有着很大的不同。它是指构成网络财产的计算机数据本身，是由"0"和"1"组成的二进制电子数据，它以 3D 画面构成的图像为外在表现形式，利用数字化以及多媒体信息技术达到模拟现实世界的效果，我们触摸不到，感受不到它的真实存在，但是我们用耳朵听得到，用眼睛看得到。我们能从电脑输出设备上看得到、听得到这些音乐、邮箱、网络小说、虚拟货币、影视和设备等，却没有肢体接触的行为。所以，绕过我们的身体，网络虚拟物的计算机数据，和我们的精神世界寻找一种共鸣，直接交流。

相对于现实财产而言，虚拟财产是计算机数据。相对于存在银行上的计算机数据和网络交易的数据，这一可以实实在在体现人们衣食住行的现实财产而言，虚拟财产对于人们的现实生存几乎没有影响，现实财产可以购买虚拟财产从而使得这一财产值增加，但虚拟财产未必会影响现实财产的增减。但是，这并不意味着虚拟财产可有可无，恰恰相反，虚拟财产由于其特性，更多地倾向于精神享受，这在人们物质生活得到满足转而开始追求精神生活的时候是一些物质财产所无法比拟的。因此，对于虚拟财产的破坏往往是对一个人精神享受的破坏，更应当值得我们的关注。

（三）可复制性

网络虚拟物基于计算机数据和语言而产生，这就决定了其具有计算机语言共同特性：可复制性。我们可以把数据从一台计算机上拷贝到另外一台计算机上，同时也可以拷贝到 U 盘等储存卡中，用这种方式拷贝，更多的计算机中都会有这个数据。而这个过程就涉及知识产权方面的问题，为了保护虚拟财产从而提出了严格的要求。

不论是计算机数据的上传还是数据的下载，都充分显示了计算机数据的可复制性和容易复制性的特点，网络用户在上传以后获得的虚拟积分就属于无偿类财产的范畴。网络公司所提供的程序或规则，只要网络用户积极参与，虚拟积分便可得到，进而获得这类财产所可兑换的计算机数据。知识产权类法规和《侵权责任法》第三十六条，可以保护这类涉及知识产权保护方面的数据。但是，法律上还没有明确的虚拟财产本身保护法，所以当网络用户面对自己的虚拟财产不在自己控制范围内，被转移或者复制时，网络用户一筹莫展，无法保护自己的虚拟财产。

（四）可流通性

在市场上，商品是交换流通的，虚拟财产是一种特殊的商品，这是由其本身存在着价值性和可复制性决定的，特别是有偿类虚拟财产。目前，虚拟物品、货币等一种基于互联网的交易平台与现实货币可以进行交换流通，分为两种方式流通：一种是线下交易，一种是线上交易。在很小的适用范围才会是线下交易，而且交易双方必须在同一个县乡一个城市，通过互联网或手机双方进行联系，谈好交易的时间地点，拥有者将虚拟财产在网吧等场合上网交予需求者，需求者将财或物交予虚拟财产的拥有者。交易者只有买方和卖方，可以保障交易的稳定性。线下交易的优点是交易双方都是目的性明确，知道交易方是谁。交易范围小、时间长则是线下交易的缺点，甚至还会多出一些跟交易本身无关的费用。线下交易的区域非常局限，超出这个地域进行交易的少之又少，交易双方根据自身空闲的时间再去约定时间，这种交易的东西一般不是自己当时所需，而且交易的过程会产生一定的交通费用。

目前，网络虚拟财产进行交易的主要方式还是以线上交易为主，在交易平台上，拥有虚拟财产者将其放置，标明价钱，对虚拟财产有需求的人，可以用现实的货币通过交易平台去购买，而交易平台在这个过程抽取一定的酬劳。但是，交易平台通过长时间的交易规律，才标明价钱，而不是胡乱标价，算是相对合理的价格。在经历了第一次交易之后，网络虚拟财产再经过一段时间的发展，趋于合理的交易"汇率"由此出现，但是它会面临的一个困境就是：越来越多的人去认可它的价值和使用价值，有一些人甚至参与其中，但是没有相关的法律法规予以保护。

在交易平台上，通过链接，交易双方甚至不需要言语的沟通，点几下鼠标，就能更简单、更方便、更快捷地完成交易，虚拟财产的需求者得到虚拟财产，让出货币，虚拟财产的拥有者让出虚拟财产的同时得到现实的货币。这是线上交易的优点。但是其还有显而易见的缺点，交易平台的存在和使用是交易双方的交易，对于交易平台的存在和运营，没有任何相关法律做出标准和规范，一个公司或者个人也就是网络用户交易平台的创建者，在网络财产的交易过程中，除了有直接关系的卖方和买方之外，还有一个第三方的出现，这也是一个不稳定的因素。

（五）易破坏性

基于计算机语言和数据而产生的虚拟财产，由于计算机语言的特性，也因此导致其极具被破坏的特性。主要体现在以下几个方面：不论哪个单词，如果写错一个字母，可能直接导致计算机数据的故障以及出现错误，而虚拟财产的数据也会错误甚至严重到消失。这就提出了非常严峻的考验，网络公司是虚拟财产的保存者，一方面对于公司内部的网络工程师的一些错误行为可能会带来的破坏要防止，一方面对于网络黑客的破坏也要防止；而虚拟财产的拥有者，即使采取一些措施保护自己的虚拟财产，但是自己的虚拟财产也会因为他人的过错有所受损。

（六）期限性

由于虚拟财产的虚拟性，使得它的存在离不开网络公司的服务器的运行，如果网络公司业绩开始下滑时，那么公司的服务器就有可能随时被停掉，这个时候，虚拟财产因为存储于服务器上，在服务器停止时虚拟财产将失去其价值。网络公司的服务器因公司运营状况良好可以长久运行下去，而虚拟财产的价值性也可以继续发挥其价值。

第三节　网络虚拟财产保护的现状及问题

一、网络虚拟财产保护的现状

作为电子计算机与互联网技术的产物，在极短的时间内，虚拟财产以其独特的作用成为了虚拟界财富的代表，然而令人尴尬的是对于虚拟财产的保护。

（一）虚拟财产法律属性不确定，维权困难

因为不确定虚拟财产的法律属性，当网络用户遭遇虚拟财产侵权行为时，维权之路进行得相当困难，面对很多侵权行为的问题却没有明确的法律条文可依据。而网络用户在遭遇侵权行为的时候，基本上维权所消耗的成本与其所损失的虚拟财产不具有可比性，面对日益猖獗的侵权行为，大多数网络用户一般都选择了沉默或放弃维权，这种做法反而使得侵权者更加嚣张无法无天，如此以往就会形成一种恶性的循环。而且，根据国务院发展研究中心的一份调查报告显示，即使面对侵权行为，网络用户采取了司法手段，只有一小部分甚至很少的案件会被司法机关重视并受理，虚拟财产纠纷中相当多的案件是不被受理的。报告称，超过90%的个人报案不被受理，很多影响范围大的刑事案件才会被受理，民事权利往往被忽略。案件受理对恢复运营商运营秩序具有意义，受理的刑事案件多伴随对运营商运营行为的严重影响。这些已受理案件绝大多数也同时涉及个人用户的"虚拟财产"，不过，还没有一起刑事案件附带民事的案件，对用户的个人权益尝试给以补偿，同时受理单纯的民事案件也是少之又少。

（二）民事赔偿方面存在法律空白

因为法律的滞后性，近几年才出现的网络虚拟财产得以产生和发展，眼下对网络虚拟财产的民事赔偿，还没有明文立法以规定。我国目前有《侵权责任法》第三十六条对网络用户的民事权益予以保障：网络用户、网络服务提供者利用网络侵害他人民事权益的，应当承担侵权责任。网络用户利用网络服务实施侵权行为的，被侵权人有权通知网络服务提供者采取删除、屏蔽、断开链接等必要措施。网络服务提供者接到通知后及时采取必要措施的，对损害的扩大部分与该网络用户承担连带责任。网络服务提供者知道网络用户利用其网络服务侵害他人民事权益，未采取必要措施的，与该网络用户承担连带责任。但这一规定未明确虚拟财产是否属于网络用户民事权益的一部分，也没有提出在其遭遇侵权之后的补偿性措施。

对于著作权人的著作权保护有《最高人民法院关于审理涉及计算机网络著作权纠纷案件适用法律若干问题的解释》（2006年修正），但其仅对著作权侵权做出了司法解释，亦未对虚拟财产的侵权行为做出处理。

《关于办理危害计算机信息系统安全刑事案件应用法律若干问题的解释》，我国在2001年9月1日起开始实施，其更多的是侧重于刑事案件的处罚规定，并未对网络用户最为关心的民事赔偿做出解释。

可以说，网络用户在虚拟财产遭遇不法侵害后，没有任何法条和司法解释可以作为其索取赔偿的依据。

二、网络虚拟财产保护所面临的问题

所有的网络公司在允许网络用户使用其所提供的服务时，都会要求用户签订一份包含大量格式条款的协议或合同，用户首先要点击同意，注册才可以继续直到完成，即使网络用户

对该协议或合同中的部分条款并不认同也只得同意该协议或合同才可以使用网络公司提供的程序或服务，否则，便无法完成注册，也就不能使用其程序和服务。

以百度文库为例，百度文库所注册的账号及其虚拟货币可以说是无偿类虚拟财产的代表。百度文库文档网络用户想要使用，付费文章有需求需要下载，就必须先进行注册，以此根据其制定的规则获取虚拟货币，有需求的文章要进行下载就得通过消费虚拟货币的方式。但是，在百度文库注册账号的时候，所有的注册信息填写完之后，"我已阅读并接受《百度用户协议》"这项还必须点选，注册才算成功，如果信息不全或者不点阅读接受，注册就无法完成，百度文库所提供的海量信息也就无法享受。

而百度公司在注册网页中所提供的《百度用户协议》在第一条第一款就要求"用户应当同意本协议的条款并按照页面上的提示完成全部的注册程序"。在进行注册程序过程中，用户点击"同意"按钮就表示自己同意百度公司的用户协议，本协议项下的全部条款用户完全接受。而在第二条第一款中就提出百度拥有百度账号（即百度用户 ID）的所有权，完成注册申请手续之后，用户才能获得百度账号的所有使用权。即使用户在使用的过程中对此有异议，但是在注册开始时，就已经失去了用户对自己账号所有权利的这个事实是无法改变的。因为百度账号的所有权网络用户是不具有的，百度文库第四条第九款和第十款规定："百度有权于任何时间暂时或永久修改或终止本服务（或其任何部分），而无论其通知与否，百度对用户和任何第三人均无须承担任何责任。""您同意百度得基于其自行之考虑，因任何理由，包含但不限于长时间未使用，或百度认为您已经违反本服务协议的文字及精神，终止您的密码、账号或本服务之使用（或服务之任何部分），并将您在本服务内任何内容加以移除并删除。您同意依本服务协议任何规定提供之本服务，无须进行事先通知即可中断或终止，您承认并同意，百度可立即关闭或删除您的账号及您账号中所有相关信息及文件，及（或）禁止继续使用前述文件或本服务。"

✛ 案例

2011 年 12 月 29 日，李磊（乙方）与姚俊旻（甲方）签订《淘宝网店转让合同》。合同主要内容为：双方在自愿、平等和协商一致的基础上，订立本网络店铺转让合同。本合同所转让的网络店铺具体情况如下：店铺名称为"淘宝店铺：燕子浦东机场日上免税代购化妆品"；店铺网址为"http://hazecyy.taobao.com/shop3340413.taobao.com"；经营项目为"当前主营：美容护理"；淘宝会员账号为"c"；支付宝账号为"XX@gmail.com"；网店创建时间为"2005.10"；乙方对该网络店铺情况已充分了解。甲、乙共同商定，店铺的转让总费用为人民币（以下币种相同）43 700 元，其中包括本网络店铺所有权出让金 30 000 元，库存货出让金 12 700 元，以及消费者保障计划冻结保证金 1 000 元。上述转让费用于本合同签订之日起由乙方分二次付清，其中首次支付 28 700 元；第二次支付时间为本合同签订之日起三十天内支付剩余 15 000 元。出让人甲方收款后，应提供给受让人乙方有效的收款凭证。出让人甲的权利义务为：出让人甲必须提供真实的身份证明资料；出让人甲对所提供店铺的一切资料保证其真实性，且来源合法；出让人甲在店铺转让后，不得以任何方式向店铺所在网络平台找回或者修改会员账号及密码，也不得有转移账号内资金的行为，并保证任何第三方（包括但不限于店铺所在网络平台）不会查封店铺；出让人甲在转让后不得以任何形式干预或者破坏受让人乙的正常交易活动，包括但不限于对客户进行不良宣传等；出让人甲在转让后不得以任何形式利用店铺的资料，包括但不限于账号资料、客户资料、交易信息、商品资料等；出让人甲在转让后不得再将店铺转让给任何第三方。受让人乙的权利义务：受让人乙必须提供真实的身份证明资料；受让人乙在受让后不得违反法律法规进行非法活动，包括但不限于利用该店铺传播非法政治、色情淫秽等信息，非法出售毒品、枪械等违法产品，非法进行信用卡套现等违法行为；受让人乙在受让后不得违反店铺所在网络平台规则。乙方在再次转让该网店时需取得甲方同意，否则不得转让。合同另就双方的其他权利义务进行了约定。合同签订后，李磊向姚俊昱支付了转让款，并于 2011 年 12 月 30 日通过姚俊昱获取店铺登入账号及密码，接手经营系争淘宝店铺至今。原审另查明，淘宝账号为 c 账户经实名认证，姓名为姚俊昱，身份证号为 ×××××××××××××××××××。2015 年 8 月 20 日登入该账户，店铺等级显示为 1 皇冠。原审还查明，2012 年 2 月 7 日，姚俊昱（乙方、劳动者）与案外人 A 有限公司 ×× 分公司（甲方、用人单位）签订全日制劳动合同书一份，双方约定固定期限劳动合同有效期为 2012 年 2 月 7 日起至 2015 年 2 月 6 日止，乙方从事产品经理工作，工作地点在上海。双方又于 2015 年 2 月 7 日签订劳动合同一份，约定固定期限劳动合同有效期为自 2015 年 2 月 7 日起至 2018 年 8 月 28 日止，乙方从事高级产品经理工作，工作地点位于上海。2012 年 5 月 29 日发布的《淘宝规则》载明：会员严重违规扣分（除出售假冒商品外）累计达 48 分的，给予查封账户的处理……有下列情形之一的，视同为不正当谋利行为：卖家为淘宝工作人员的，每次扣 48 分。2014 年 1 月 10 日修订版的《淘宝服务协议》载明：您的登录名、淘宝昵称和密码不得以任何方式买卖、转让、赠予或继承，除非有法律明确规定或司法裁定，并经淘宝同意，且需提供淘宝要求的合格的文件材料并根据淘宝制定的操作流程办理。2015 年 2 月，淘宝公司根据《淘宝规则》，以姚俊昱系淘宝工作人员为由，查封系争淘宝店铺账户。2015 年 5 月，李磊以淘宝公司关停系争淘宝店铺侵犯其合法权利为由诉至法院，请求判令：李磊与姚俊昱于 2011 年 12 月 29 日签订的《淘宝网店转让合同》合法有效；姚俊昱与淘宝公司协助李磊变更系争店铺的后台实名认证信息，停止关停系争店铺的行为。

原审法院审理后依照《中华人民共和国合同法》第八条之规定，于 2015 年 10 月 8 日做出判决：（1）李磊与姚俊昱于 2011 年 12 月 29 日签订之《淘宝网店转让合同》合法有效；（2）浙江淘宝网络有限公司于判决生效之日起三日内解除对网址为 http://hazecyy.taobao.com/shop3340413.taobao.com 淘宝店铺之查封；（3）浙江淘宝网络有限公司、姚俊昱于判决生效之日起三日内协助李磊变更上述淘宝店铺之后台实名认证信息。案件受理费减半收取计人民币 446.25 元，由李磊、姚俊昱各半负担。淘宝公司不服原判，上诉至终审院称，淘宝店铺作为虚拟店铺，与传统意义上的实体店铺有很大差别，其是平台运营商与用户之间关于网络服务债权债务的载体。淘宝店铺的转让，实质上是债权债务的概括转让，但姚俊昱将店铺转让给李磊，并未经原债权债务相对方淘宝公司的同意，现淘宝公司不同意该转让，故姚俊旻与李磊间的店铺转让合同，对淘宝公司无任何效力。且依据合同相对性原则，即便店铺转让协议有效，也只能在姚俊旻与李磊之间发生效力，对淘宝公司毫无法律约束力。根据《淘宝服务协议》，淘宝店铺不得擅自转让，姚俊旻和李磊明知该规则而进行转让显非善意，李磊作为新卖家取得姚俊旻的4钻店铺，实际上是一种不正当的竞争行为，侵害了网络平台经营者和消费者的知情权，损害了淘宝公司的利益。如果店铺可以任意进行买卖，实质上是架空了淘宝的实名认证制度及信用等级制度，进而冲击市场秩序，影响到网络交易的安全。故淘宝公司上诉请求撤销原判，依法改判驳回李磊的原审诉请或发回重审。上诉法院认为淘宝公司的上诉理由，合法有据，予以认可；对其上诉请求，上诉法院予以支持。据此，依照《中华人民共和国合同法》第八十八条、《中华人民共和国民事诉讼法》第一百七十条第一款第（二）项之规定，判决如下：（1）撤销原审法院判决；（2）驳回李磊的全部诉讼请求。一审案件受理费减半收取计人民币446.25元，二审案件受理费人民币892.50元，均由被上诉人李磊负担。本判决为终审判决。

【分析】

1. 原审判决法理逻辑

原审认为，依法成立的合同，对当事人具有法律约束力，当事人应当按照约定履行自己的义务，不得擅自变更或解除合同。本案中，李磊与姚俊旻作为淘宝网店转让合同的交易双方，对于转让以姚俊旻的名义实名认证的系争淘宝店铺的合意以及签订合同后双方已各自履行交付转让款、提供店铺信息以供李磊继续经营淘宝店铺并无异议。对于淘宝公司辩称的《淘宝服务协议》，姚俊旻作为该账户的注册人，对《淘宝服务协议》应当知晓。李磊意通过该网络平台开设网店经营代购生意，本可通过自行注册账户以达到上述目的，其选择向姚俊旻支付转让款取得姚俊旻名下的淘宝网店，系基于姚俊旻所有的淘宝网店已积累的4钻信用，可见李磊熟悉淘宝网络平台之操作规则，且根据李磊签订的转让合同及李磊陈述的意见，李磊对《淘宝服务协议》亦应当知晓。鉴于李磊与姚俊旻明知淘宝网络店铺无法实现后台实名认证的更名，故在转让合同中明确约定姚俊旻不得有找回或修改会员账户及密码，以及不得有转移账户内资金的行为，以保证李磊取得系争店铺之经营权。淘宝公司作为淘宝网络平台的经营方，所制定的《淘宝服务协议》，旨在有效维护虚拟市场中的交易秩序及安全，并通过信用等级的设定作为买卖双方对交易风险的判断，若未有效限制和管理网店的转让，信用等级的设定亦失去原始意义，交易风险显著增加，既不利于买卖双方的交易，亦不利于淘宝网络平台的经营。故李磊与姚俊旻线下转让店铺，确实有违《淘宝服务协议》，且李磊基于支付转让款取得4钻的店铺信用亦有悖于李磊作为新卖家本无交易信用之事实，同时李磊亦承担着巨大的潜在交易风险，网店转让方可通过网络平台重新取得系争店铺的经营权及占有账户内的现有资金，李磊与姚俊旻线下转让店铺之行为值得商榷。

但作为个案而言，本次店铺转让行为又具有一定的特殊性。自2011年12月30日由李磊实际控制并经营系争淘宝店铺，直至2015年2月淘宝公司基于姚俊旻系淘宝工作人员而查封店铺，上述期间李磊与姚俊旻均本着诚实信用原则按照双方约定履行转让合同。李磊经营相同产品近3年多时间，交易记录良好，从4钻累计至1皇冠，系其通过自身的努力所积累，一定程度上可反映出李磊自身的交易信用。且李磊与姚俊旻对于双方签订的转让合同并无纠纷，姚俊旻亦认可李磊现有的诉讼请求，未对其名下所有的系争淘宝店铺向李磊主张权利，若未出现姚俊旻就职于 XX 集团下属单位之情况，李磊在继续经营系争淘宝店铺上并无障碍，且 3 年多的经营行为亦未对淘宝网络平台的交易秩序产生不利影响。可见，李磊与姚俊旻线下转让店铺之行为并未违背淘宝公司制定《淘宝服务协议》之目的，不存在双方恶意串通以损害淘宝公司利益之情况，亦无悖于相关法律规定，故确认李磊与姚俊旻所签订之转让合同合法有效，系争淘宝店铺归李磊所有。另外，2015 年 2 月，淘宝公司基于内部规则查封姚俊旻名下所有的淘宝店铺，并无不当，其目的亦系为了维护网络交易之安全性，防止内部工作人员通过职务之便利谋取不正当利益，但系争淘宝店铺现已由姚俊旻转让至李磊，李磊作为淘宝店铺之实际经营人，非淘宝工作人员，且与姚俊旻亦不具有其他利害关系，故淘宝公司应解除对该淘宝店铺之查封，并与姚俊旻协助李磊变更系争淘宝店铺的后台实名认证信息。原审法院审理后依照《中华人民共和国合同法》第八条之规定，于 2015 年 10 月 8 日做出判决：（1）李磊与姚俊旻于 2011 年 12 月 29 日签订之《淘宝网店转让合同》合法有效；（2）浙江淘宝网络有限公司于判决生效之日起三日内解除对网址为 http：//hazecyy.taobao.com/shop3340413.taobao.com 淘宝店铺之查封。

2.终审判决法理逻辑

被上诉人李磊辩称，网店是虚拟财产，只要是财产就可以转让，在离婚和继承诉讼中淘宝店铺就可以转让过户。其是基于获得好的店铺信誉而受让姚俊旻的淘宝店铺，可以省去前期的准备工作，但该转让行为并未损害任何人的权利，淘宝公司亦未能就店铺转让侵犯其权益提供相应证据证明。故李磊不同意淘宝公司的上诉请求，要求驳回上诉，维持原判。原审被告姚俊旻述称，其转让的就是自己的虚拟财产，包括已积累的客源、相应的进货渠道等资源。系争淘宝店铺转让时是可以更改实名认证的，但将要清空信用等级，故当时未进行更改。

终审院经审理查明，姚俊旻与案外人 A 有限公司 XX 分公司于 2015 年 2 月 7 日签订劳动合同一份，约定固定期限劳动合同有效期为自 2015 年 2 月 7 日起至 2018 年 2 月 28 日止。原审其余事实认定无误，终审院予以确认。终审院另查明，在原审中，李磊表示其在转让系争店铺时知道淘宝店铺实名认证信息不得变更。终审院认为，当事人依法享有自愿订立合同的权利。依法成立的合同，对当事人具有法律约束力，受法律保护。本案中，姚俊旻通过与淘宝公司签订服务协议并经实名认证，取得系争淘宝店铺之经营权。服务协议内容经双方认可，且不存在违反法律行政法规强制性规定、损害社会公共利益等情形，故双方间形成合法有效的合同关系。经营多年后，姚俊旻通过签署《淘宝网店转让合同》，将系争淘宝店铺转让给李磊，尽管双方之间的转让合同还涉及库存货、客户资料等其他内容，但实际上系姚俊旻将其与淘宝公司间合同关系项下的权利义务一并转让给李磊。根据《中华人民共和国合同法》之规定，当事人一方将自己在合同中的权利和义务一并转让给第三方的，须经对方当事人的同意。现姚俊旻与李磊未征得淘宝公司同意，私自转让系争淘宝店铺，该转让行为不发生法律效力。另外，根据双方转让合同的约定及李磊的陈述，李磊对淘宝公司之服务协议及姚俊旻不得以任何方式转让其淘宝店铺的登录名、淘宝昵称和密码，亦应当明知，故李磊主张《淘宝网店转让合同》合法有效、要求姚俊旻及淘宝公司协助变更系争淘宝店铺后台实名认证信息，缺乏法律依据，终审院不予支持。淘宝公司作为网络平台经营方查封系争淘宝店铺，系根据《淘宝规则》之规定，针对内部工作人员做出的正常管理行为，并无不当。李磊要求淘宝公司解封系争淘宝店铺之主张，亦缺乏依据，终审院不予支持。淘宝店铺均存在一定程度之信用等级，该信用等级与店主的经营能力及信誉息息相关，是消费者网络购物时的重要参考因素。在缺乏必要、有效公示手段的情形下，店主私自转让淘宝店铺，确会导致经营能力及信誉与信用等级不匹配之状况，对网络交易安全带来不可知、不可控的影响，故淘宝公司之服务协议规定限制淘宝店铺的私自转让，有其合理性。虽然系争店铺是网络空间之店铺，但在法律适用与法律评判上，与现实空间并无二致。原审判决强调个案的特殊性，并以行为结果来作为行为本身合法性的评判标准，于法而言，有欠妥当，终审院不予认同。

3. 以虚拟财产定义对案例进行分析

在对关于虚拟财产相关的问题进行分析之前，首先需要明确对于网络虚拟财产的界定。广义的网络虚拟财产，是指存在于网络虚拟空间的一切专属性的虚拟财产，包括游戏账号、电子邮箱、qq 号码等。其外延非常广泛，而且是一个开放式的外延，随着网络技术的发展，其范围还会不断扩大。狭义的网络虚拟财产，是指具有现实交易价值的虚拟财产，主要指网络平台上的可变现的资产，如网络游戏的虚拟装备等是典型的表现形式。我们可以获知，本案例中的淘宝账号属于广义的虚拟财产，淘宝账号相关联的评级、资金、记录等则是狭义的虚拟财产。

在对虚拟财产的特征进行界定时，虚拟财产具有与现实共存性、通过编程电磁记录而存在、合法性、可交易性四个主要的特征。那么，为何本案例中的账号交易没有获得法律支持呢？是因为在交易过程中，违反了相关合同法规定，导致本案例中的账号的合法性不被认可，其可交易性自然值得商榷。

4. 以物权法对案例进行分析

用户（本案中淘宝店主）与运营商（淘宝公司）之间的合同是虚拟财产的物权属性产生的前提，但是不能否认的是最为关键的是物权属性对于虚拟财产的保护。首先，物权的保护是最能体现虚拟财产物的性质的。其次，物权的权利相对于其他权利是最高的。在这个基础上，一般的虚拟财产所有者可以行使返还原物请求权、消除危险、排除妨碍请求权、恢复原状请求权等权利。

关于虚拟财产的转让，我国《物权法》有关动产物权变动的公示方法，以"交付"作为网络虚拟财产转让的公示方法。例如，在网络游戏中，转让人将其游戏账号的密码提供给受让人，即被视为交付了网络虚拟财产。因为受让人凭借受让的密码可以登录网络游戏系统，实现对网络虚拟财产的使用、占有、支配和处分。以此观点来分析本案，仅涉及李磊（乙方）与姚俊旻（甲方）签订的《淘宝网店转让合同》并按合同完成了账号交付，虚拟财产的转让是合法的。但本案中，根据姚俊旻与淘宝公司的协议而言，姚俊旻并不具备对其账号（账号本身及评级等，不包括账号上的资金等狭义虚拟财产）的处分权利。转让人在法律上并没有转让该网络虚拟财产的合法权限说的是虚拟财产转让人无处分权，即转让人并非该网络虚拟财产的真正权利人，并且转让人没有得到真正权利人有关该网络虚拟财产的处分授权，仅有该财产的使用权。在受让人善意的情况下，即使发生转让人无处分权的状况，善意第三人取得的是虚拟财产原始取得，存在于虚拟财产上的原权利人的虚拟财产权的消灭，受让人对于该财产的物权是合法的。但在本案中，李磊与姚俊旻均知晓淘宝公司对于淘宝账号交易相关的规定，不符合善意获取的情况，法律对于其主张不予支持。

5. 以合同法对案例进行分析

存在于虚拟财产之上的虚拟财产权是物权性质的权利，然而无论是虚拟财产的取得还是虚拟财产的行使，其前提都是以运营商与用户之间的合同关系而产生的。用户与运营商签订的合同中的权利与义务涉及服务、授权、买卖、保管等多项性质，因此这种合同应该是属于非典型合同中的类型结合合同，其性质上包括服务合同、权利变动合同、保管合同和软件授权使用合同。用户与运营商间合同的效力主要有两个方面的问题需要讨论：第一，禁止用户享有虚拟财产权并且禁止虚拟财产交易的条款是否有效；第二，运营商的自我免责的条款是否有效。本案中最大的争议点正是如此。我国《合同法》中第40条、第52条、第53条均对以上问题有所解释，《电子商务法律法规》课本也对以上问题有所解释，列出了不限于10种的条款无效力的情况，但均无法对本案情况予以参考。本案中，姚俊旻通过签署《淘宝网店转让合同》，将系争淘宝店铺转让给李磊，尽管双方之间的转让合同还涉及库存货、客户资料等其他内容，但实际上系姚俊旻将其与淘宝公司间合同关系项下的权利义务一并转让给李磊。根据《中华人民共和国合同法》之规定，当事人一方将自己在合同中的权利和义务一并转让给第三方的，须经对方当事人的同意。现姚俊旻与李磊未征得淘宝公司同意，私自转让系争淘宝店铺，该转让行为不发生法律效力。据此，终审法院判决：（1）撤销原审法院判决；（2）驳回李磊的所有诉讼请求。

第四节　网络虚拟财产法律属性和所有权归属

网络虚拟财产的法律保护存在着很多难题，而原因往往是多方面的，如何解决这一问题，就要求我们首先需要确定其所有权归属和法律属性。

一、网络虚拟财产的所有权归属

对于虚拟财产侵权问题的解决有重要意义的是网络虚拟财产所有权问题的确定。有些人认为网络用户应对网络虚拟财产拥有所有权，也有些人认为网络虚拟财产的所有权应属网络公司。支持所有权应属网络用户的人认为，网络虚拟财产是网络用户在交纳了上网费用后，耗费了自己的精力、时间、脑力才获得的，而网络公司只是提供了运行的基本程序和存储的服务器，这就像存在银行的存款一样，应当归属于储户。

但是支持虚拟财产所有权应属网络公司的人认为，相对于网络公司所享有所有权来说，网络用户对虚拟财产所享有的权利只是优先使用而已，况且相对于网络用户来说，网络公司可以直接对虚拟财产进行操作，拥有更加完整的支配权。同时，既然用户在注册网络账号时就点选了"同意 / 了解服务条款"，那么当其完成注册的行为后，就应当被视为接受了服务条款中关于虚拟财产所有权划分的规定，而且，从知识产权的角度来考虑，软件程序归属于网络公司所有，而虚拟财产是网络公司所提供的软件程序的一部分，所以理所当然的是，虚拟财产也应当归属网络公司所有。第一种观点更容易获得大家的认可：

第一，从法律的公平原则来说，在进行上网活动之前网络用户就已经交纳了一定数量的费用用来获得进行网络活动的资格，甚至在获得一些有偿性虚拟财产前又向一些网络公司额外支付了一笔获得其服务的费用，那么无论是对于有偿性虚拟财产来说还是对于无偿性虚拟财产来说，就应当被看为网络用户购买了虚拟财产的承载程序的使用权，而获得虚拟财产的过程，则是网络用户耗费自己的时间精力、发挥聪明才智的过程，对于网络用户自己发挥脑力劳动或体力劳动的所得，应当归属于网络用户。而且，虚拟财产归属于网络用户所有，也并不影响网络公司对其程序和服务的运行。

第二，如果将网络财产所有权归属于网络公司所有的话，那么，虚拟财产应当就是网络公司所提供的众多服务中的一种，不同的用户在交纳了相同的费用后，就应当获得同样的服务，即相同的虚拟装备、货币、任务等其他虚拟财产，但是现实并不是这样的，这是无法解释的。相反，如果将虚拟财产所有权归属于网络用户所有，则可以很好地阐释这一现象：各个交纳了费用的用户，就拥有了运行该程序获得服务的资格，然而由于每个人运气和脑力劳动的不同，所以获得虚拟财产的种类和数量也是不同的。

第三，如果虚拟财产的所有权归属于网络公司的话，那么，当网络用户的虚拟财产遭遇不法侵犯时，由于其并不是虚拟财产的所有人，网络用户将可能面临失去维护自己财产权利的资格。

第四，如果网络用户丧失了对虚拟财产的所有权，那么，当网络用户的虚拟财产遭遇除对应网络公司外的第三方侵权而提起诉讼时，其首先必须要求确认的是对虚拟财产的权利，然后才能要求侵权者赔偿，这将大大增加司法资源的浪费，降低网络用户维权成效。

第五，如果虚拟财产的所有权归属于网络公司的话，那么，每当发生虚拟财产遭遇不法分子侵权行为时，其所侵犯的都是网络公司的权利，而此时网络公司就应当提起诉讼并要求侵权人返还损失。这有可能会使网络公司陷入永无止境的诉讼纠纷中，但是在现实中并非如此，当虚拟财产遭遇侵权行为时，网络用户是最为着急要求返还损失的，无论是向网络公司主张追回还是向侵权者主张返还，这都说明了将虚拟财产所有权归于网络公司不利于虚拟财产的保护和虚拟财产侵权行为的遏制。

二、网络虚拟财产的法律属性

对于网络虚拟财产的性质，学界中存在着比较大的争执，笔者对其中较易于解决现实问题的三类进行了归纳和整理：一种是债权说，一种是知识产权说，还有一种是物权说。下面我们将依次进行比较、讨论。

（一）债权说

债权说的观点认为网络虚拟财产权利应理解为债权。债是依照法律的规定或者按照合同的约定，在当事人之间产生的特定的权利和义务关系。债的发生原因包括合同、单独行动、缔约上的过失、无因管理、侵权行为、不当得利及其他。

该观点指出，在网络用户与网络公司的服务合同的基础上才能产生虚拟财产，是债权存在的一种虚拟凭证，表示为一种债权关系，没有合同双方的存在，就无法产生虚拟财产。网络用户所使用的各种程序和功能，都是用户与网络公司在签订合同时所明确规定的网络公司应当提供的服务的一部分，这是服务提供者和消费者的法律关系。

首先，我们必须承认，网络公司承担着保障程序和服务器正常运行的义务，如果发生故障，公司应当及时通知用户并维修服务器，同时，还承担着保护用户数据安全性和对用户数据存储负责的义务。但是，网络公司并不能干涉用户账号内的数据变动，以棋牌对战平台为例，网络用户账号内的积分类虚拟财产的变动，完全取决于用户自己的棋牌水平，想要获得更多的积分类虚拟财产和更高的等级，则用户必须不断地提高自身的棋牌水平并在游戏中不断获得胜利，网络公司并不能操作其中，使败者转胜，使胜者变败，从而改变用户虚拟财产的状态。毕竟，在签订注册合同时，虚拟财产并未出现在合同条款中，也就不是网络公司所提供服务中的必备一项。

其次，"债的履行是债务人完成债务的行为，即所谓债务人为给付行为。如果没有债务人完成债务的行为，就不会有债权人达到成立债的目的的结果"。然而，网络用户只要输入账号和密码就能控制到自己的虚拟财产，是不需要他人的给付行为的。

最后，债权具有相对性。债权的相对性，是指"仅特定债权人得向特定债务人请求给付的法律关系"，这句话的意思是无论怎样，发生了什么，债权人只能向债务人追究相关责任。而在日常生活中，侵害网络用户虚拟财产的侵权人往往并非网络公司，而是其他网络用户，如果将虚拟财产定性为债权的话，当虚拟财产遭遇不法侵犯时，用户不是找侵权者本身，只能找相对人即网络公司承担赔偿责任，这是极不合理的。

（二）知识产权说

知识产权说认为，网络虚拟财产权利应当看作为知识产权。而所谓知识产权，指的是民事主体基于创造性智力成果依法享有的各项权利的总称。知识产权的对象是人们在科学、艺术、文学、技术领域的创造性智力劳动成果，而所谓创造性智力劳动成果又具有可复制性、易传播性、无实体性、可公用性和空间时间上的无限性的特点。

首先，虚拟物品的搭配组合虽然产生于网络用户的脑力劳动，但其并不是用户的创造性智力成果。因为虚拟物品本身是由版权公司设定好的，在网络用户取得之前就已经存在，其版权属于版权公司，网络用户在其开发运行过程中，并未创造什么。虽然网络用户进行了一定的脑力劳动，使得其人物装备等有一定的新颖性，但这并不能为整个虚拟财产本身的属性定性。

其次，以著作权来说，著作权是指基于在文学、艺术和科学等领域创作的作品依法享有的专有权利，而作品作为思想或情感的表达方式，与网络中对应于下载作品的虚拟货币有着本质区别。对虚拟货币这一载体的占有、使用、受益、处分并不必然地涉及知识产权客体，即作品。比如，一本书作为相应著作权客体的载体，经销售至某人所有后，所有人对该书的占有、使用、收益和转让与该书的著作权人没有关系，除非其侵犯著作权本身，如作品完整权、署名权、不被任意删改、模仿复制、分享收益等权利，著作权人不得干涉。而且，当虚拟货币受到侵犯时，其所对应的著作权客体未必会受到侵犯。

再次，知识产权具有法定的时间性。各国法律都对知识产权的保护规定了严格的时间限制。以我国为例，公民的作品，其权利的保护期为作者终生及其死亡后五十年，截止于作者死亡后第五十年的 12 月 31 日；如果是合作作品，截止于最后死亡的作者死亡后第五十年的 12 月 31 日。由此可见，五十年之后，终止的受著作权保护的作品便自然地进入公有领域，成为全人类共同的财富，不再发生侵权问题。如果将网络虚拟财产的法律属性归于知识产权的话，当其遭遇不法侵害时，被侵权人需向中级以上人民法院提起诉讼，而普通虚拟财产的现实价值往往不会太高，相对于其诉讼费用和交通费等甚至会显得有些微不足道，这在一定程度上会成为虚拟财产维权的障碍和阻力。

（三）物权说

物权说认为，网络虚拟财产权利应该理解为一种物权。物权是权利主体直接支配特定财产的权利，既具有人对物直接支配的内容，又具有对抗权利主体以外的第三人的效力。该观点指出，各种网络公司推出的邮箱、账号、人物、装备、货币等虚拟财产，是存储于网络公司服务器中的一段计算机数据，属于动产范畴，用户通过交纳网费，有时还需交纳一定服务费，获得了参与其中的权利，又依靠自身努力才获得这些虚拟财产，并能够对其占有、使用、收益和处分，这种以"动产"为客体的权利理应属于物权。物权说通过对"物"的概念的扩张，从一个开放性的视角重新定位物权客体，使得网络虚拟财产和有形物一样，不仅具有排他支配和管理的可能，而且拥有独立的经济价值。鉴于此，虚拟财产完全符合物权客体的要求。

第五节　网络虚拟财产的侵权责任概述

一、网络虚拟财产保护的权利义务

由于网络虚拟财产是储存于网络公司的服务器上的，因此网络公司对其负有保管的义务；而根据上文中分析到的，虚拟财产的所有权是属于网络用户的，因此网络用户对自身财产的安全也负有不可推卸的责任。无论是网络公司对于保管虚拟财产的权利和义务还是网络用户对其所享有的权利和义务，目前都是局限于民事权利义务的范畴内。

（一）网络公司的权利和义务

1.网络公司的权利

首先，网络公司享有收取因保管虚拟财产而产生的多余的服务器维护的费用的权利。无论是会产生无偿性虚拟财产还是产生有偿性虚拟财产的公司，正当而又合理的收费是其维持正常运行的基础。

其次，网络公司有权制定其程序和服务的合理的规章制度，以保障其程序和服务的运行。这些规章制度应当具有合理性，而不是将大部分权利划归网络公司、大部分义务由用户承担的不合理格式条款。

再次，网络公司有权对干扰其程序和服务正常运行的网络用户的账号予以警告、冻结甚至停止其使用的权利。当网络公司发现用户使用外挂或者进行其规章制度明显禁止的行为时，有权对该用户进行警告甚至冻结、停止其账号的使用，但是应对用户予以说明并保存相关证据，直至一定合理期限后可予以删除。

最后，网络公司有权设置相关条款，规定由于不可抗力而关闭服务器的内容。

2. 网络公司的义务

网络公司作为虚拟财产的保管者，对网络用户存储于其服务器中虚拟财产的保护负有不可推卸的责任。

首先，网络公司负有保障虚拟财产安全的义务。网络公司应在其能力范围内采取必要的手段保护其服务器中虚拟数据的安全，避免其遭遇不法侵犯。但出于公平的考虑，这种义务应当受到两方面的限制：一是该义务应限定在网络公司技术能力所及的范围内，该技术能力的衡量标准应为整个网络公司行业普遍所能达到的或公司在广告中承诺的水平。二是虚拟财产的丢失或被盗是因为网络公司的过错。

网络针对用户自身的因素，如密码使用不当导致、不合法的外挂软件致使产生安全漏洞等，还有就是第三者的直接原因如抢劫或诈骗等，网络公司是没有责任的，需要用户自己承担。

其次，网络公司还有一种义务就是对用户数据的保存和披露信息，在关键的时刻还要有义务充当举证的作用。网络公司的服务器中储存着网络用户在使用网络公司的程序和服务时产生的数据，而产生的数据都是以后面对网络用户遭受到侵权损害时的最有利的证据，而这些证据决定网络用户能否通过维权，把损失争取回来的关键因素。所以，面对这些重要的数据，网络公司具有安置保管的绝对义务，同时如果面对维权的时候法院或者用户本身需要的特殊情况之下，网络公司可以把数据提交给法院，以此证明自己的立场维护广大用户的权利，尽到自己的义务职责。但这种数据在保存上都是有时间限制的，超过限制的时间后，网络公司就会删除。

最后，维护程序和服务正常运行、规章制度尽责地去履行，这也是网络公司应该承担起的义务。无论是有偿性虚拟财产的模式还是无偿性虚拟财产的模式，不管网络公司使用的是哪一种，和网络用户签约时的各种条款都是有义务必须履行的。

（二）网络用户的权利和义务

1. 网络用户的权利

（1）网络用户不受网络公司和第三人的干涉，其虚拟财产自己有权利去支配。

（2）在网络公司服务、运行其程序方面，网络用户也有获得的权利。网络公司和网络用户在协议签订之后，按照协议，网络用户就已经获得了所享有的权利，运行其程序，取得虚拟财产的权利。

（3）面对网络用户的虚拟财产侵犯行为，网络用户拥有权利，让侵权者赔偿其侵权过程中产生的损失。

2.网络用户的义务

网络用户既享有权利又要积极主动地履行义务：

首先，按照规定的时间，网络用户交纳上网费用的义务。这是运行网络程序的前提条件，不管是有偿性虚拟财产还是无偿性虚拟财产，都必须要遵守网络程序的前提条件，这也是其产生和存在的前提条件，这样用户才能获取上网资格，虚拟财产的所有权、支配权网络用户才能全部享有。

其次，在签订协议时所标明的有义务履行和不允许履行的行为，网络用户要积极地去履行。比如，国家的安全受到危害，国家的秘密有泄露倾向的，国家政权有颠覆倾向的，国家统一有破坏倾向的；对国家荣誉和利益有损害行为的；对宪法所确定的基本原则有反对意见的；含有骚扰、虚假、胁迫、侵害他人隐私、有害、猥亵、侵害、粗俗、中伤或其他道德上令人反感的内容；扰乱社会正常秩序，散布虚假谣言，破坏社会的稳定；散布暴力、色情、赌博、淫秽、教唆犯罪、恐怖或者凶杀的；侵害他人合法权利的，侮辱或者诽谤他人；破坏民族团结的、煽动民族歧视、民族仇恨；宣扬邪教和封建迷信的，破坏国家宗教政策；含有中国法律、法规、规章、条例以及任何具有法律效力之规范所限制或禁止的其他内容的不得上传、展示、张贴、传播或以其他方式传送。

最后，网络公司所提供的程序和服务，网络用户肩负着安全使用的绝对义务。为了保护计算机程序的平衡性及安全性，网络用户不可以使用外挂等；没有经过允许，计算机信息网络中存储、处理或者传输的数据和应用程序不能随便进入，进行增加、删除或者修改；不得进行其他危害计算机信息网络安全的行为；不能故意制作、传播计算机病毒等这些破坏性的程序；不得进入计算机信息网络或者使用计算机信息网络资源。

二、网络虚拟财产的侵权行为

（一）网络虚拟财产侵权行为的明确

构成一般侵权行为所必须具备的条件是一般侵权行为的构成要件。欠缺任何一个构成要件，都可能会导致一般侵权行为的不构成；构成一般侵权行为，就要构成要件的一定具备。一般侵权损害赔偿责任的构成要件是违法的行为、过错、有损害事实。

1.行为

侵犯网络用户对其虚拟财产所享有的权利的加害行为本身，就是网络虚拟财产侵权的行为。在网络虚拟财产受到严重的侵权行为这个过程中，无论针对的虚拟财产是有有偿性的还是无偿性的，承担侵权责任构成的前提要素是侵权者的加害行为。作为侵权行为和不作为侵权行为都属于侵权者的加害行为。引用到网络虚拟财产中这个具体的侵权行为，作为侵权行为，排除网络用户和网络公司之外的经常发生在第三方，对于用户的网络虚拟财产通过网络技术或软件，主动侵犯的行为；不作为侵权行为，却是发生在网络公司自身，在遭受不法侵犯时，面对其所保管的虚拟财产，疏忽管理，不给予及时的保护，致使网络用户遭遇损失。

2. 损害事实

简单来说，只要具有三个特征，就可以确认是构成要件侵权行为的损害事实：损害的确定性；损害具有可补救性；损害时侵害合法权益的结果。首先，侵权者必须是真实存在而非主观臆测的事实，所造成的损害必须是已经发生的事实，社会一般观念或者公平意识都认可这种事实。其次，侵权者所造成的损害必须具有可补救性，这就要求一方面侵权者所造成的损害并不必须是可计量的，另一方面侵权者所造成的损害必须达到一定的程度才需要予以补救，网络用户亦可要求侵权者予以补救。在面对第三方侵权时，网络虚拟财产的所有者——网络用户，必须证明侵权者所损害的是其合法权利和利益，这是损害救济的前提。最后，网络虚拟财产的损害事实，是指网络用户的虚拟财产所遭受的不利影响，包括盗取账号、转移物品、盗窃虚拟货币以及非法终止用户使用权等干扰用户正常使用其虚拟财产的事实。

侵权行为的成立须以发生损害为必要。所以，当网络虚拟财产遭受侵犯时，其权利人必须证明存在损害事实。

3. 过错

过错是指行为人应受责难的主观状态，过错又分为故意和过失两种形式。一般认为，故意是指行为人明知自己的行为会发生侵害他人权益的结果，并且希望或者放任这种结果发生的主观状态；过失是指行为人应当预见自己的行为可能发生侵害他人权益的结果，但却因为疏忽大意而没有预见，或者已经预见而轻信能够避免的主观状态。

（二）网络虚拟财产侵权行为类型

一是根据网络虚拟财产的侵权行为是否包含过错为标准，可以将虚拟财产侵权行为归类为过错侵权行为。

二是以网络虚拟财产侵权行为的具体形态为标准，可以将虚拟财产侵权行为划分为作为的侵权行为和不作为的侵权行为。

三是以网络虚拟财产侵权行为人的人数为标准，可以将虚拟财产侵权行为划分为单独侵权行为和共同侵权行为。

三、网络虚拟财产的侵权责任

（一）网络虚拟财产侵权责任的归责原则

"侵权行为归责原则，就是指归责的一般规则，是据以确定行为人承担民事责任的根据和标准，也是贯穿于侵权行为法之中，并对各个侵权行为规则起着统率作用的指导方针。"我国侵权行为法的归责原则体系包括两种原则：过错责任原则和无过错责任原则。其中，过错责任原则，指的是以行为人的过错作为归责根据的原则。它包含以下几层含义：首先，它以行为人的过错作为责任的构成要件，行为人具有故意或者过失才可能承担侵权责任；其次，它以行为人的过错程度作为确定责任形式、责任范围的依据。而无过错责任原则，是指不问行为人主观是否有过错，只要有侵权行为、损害后果以及二者之间存在因果关系，就应承担民事责任的归责原则。它包含以下几层含义：首先，无过错责任原则不以行为人的过错为构成要件；其次，无过错责任原则的使用必须有法律的明确规定；最后，在无过错责任原则下，仍然存在免责事由。

（二）网络虚拟财产侵权责任形式

侵权责任的形式是指侵权责任的表现形式，即侵权人承担侵权责任的具体方式。具体而言，包括：停止侵害；排除妨碍；消除危险；返还财产；恢复原状；赔偿损失；消除影响、恢复名誉；赔礼道歉。其中，排除妨碍、返还财产、恢复原状都同为物权法中对于网络虚拟财产拥有者的权利。

网络虚拟财产的侵权责任形式由于网络虚拟财产本身所具有的特性，使得它与普通侵权行为的责任形式有所不同，其中恢复原状、停止侵害、排除妨碍和消除危险主要针对的是网络公司的侵权行为所进行的救济措施，而返还财产和赔偿损失针对的则是除虚拟财产所有者和网络公司之外的第三方侵权行为所进行的救济措施。

（三）网络虚拟财产侵权损害赔偿的原则

网络虚拟财产侵权损害赔偿，是指支付一定的金钱或者虚拟物赔偿侵权行为所造成损失的侵权责任方式。虚拟财产侵权损害赔偿应当以全面赔偿和统一赔偿为原则。全面赔偿原则，是指对加害人的侵权行为，无论行为人主观过错状态如何，也不论行为人是否受到刑事、行政制裁，都应当根据损害的大小确定损害赔偿的范围。所谓统一赔偿原则，是指在不同的侵权场合，对损害赔偿数额进行计算时，具体项目的计算方法应当统一。对于网络虚拟财产侵权行为来说，不论该侵权行为发生在何种地方，不论是沿海地区还是内陆地区，不论是城市还是乡村，法律对于损害赔偿的数额应当统一，避免侵权者对于法律规定的选择性规避，影响法律的适用。

（四）网络虚拟财产侵权赔偿金额的原则

对于侵权行为损害赔偿数额的确定，主要考虑以下因素。

1.预防损害的发生

在考虑虚拟财产侵权损害赔偿的数额时，应当使这种数额确定，这样在一定程度上有利于预防侵权行为的发生，减少虚拟财产侵权案件。在网络虚拟财产侵权案件中，由侵权者对所有者的损失进行赔偿，就会使得侵权者自己承担其行为的成本，从而实现了成本的内化。成本内化即将社会成本转化为私人成本，由侵权者承担着给他人和社会造成的损失。这样，在以后类似的行为中，侵权者在做出类似的行为前，就会考虑可能进行的赔偿，从而避免侵权行为的发生，减少侵权案件。

2.过错相抵

"对损害的发生或扩大受害人也有过失时，加害人赔偿责任酌情可以适当减轻或者免除"的规则是过错相抵。首先，损害结果具有同一性，要求虚拟财产侵权者的行为与所有者的行为都是损害发生或者扩大的原因。"常为赔偿义务人之过失所引发之损害，得发生过失相抵者，与赔偿权利人之过失所酿成之损害为同一，而且该二过失相互助成以致损害发生或者扩大。"例如，网络虚拟财产的所有者将自己的账号密码或者邮箱等告知于侵权者而遭受损失。

其次，要求虚拟财产的所有者对于损害的发生存在过错。

在一般情况下，存在对虚拟财产有侵权的这种违法行为，网络公司提前都会有所察觉，后续处理会以邮件、短信等方式对网络用户给予提醒，以防密码被盗，而对网络公司的善意提醒，有一部分用户觉得没有必要，或者觉得多此一举，以此制造机会给侵权者，此时，对侵权者的赔偿责任应该酌情处理，适当轻判，要不然会有失公平。

结语

目前我国关于虚拟财产并无专有法律进行决断，相关案件大多依照物权法及合同法相关条例进行判决，有时也会涉及侵权法和继承法。我国应该尽快制定电子商务法或其他相关法律，解决相关争议。

第九章　电子商务税法法律制度

第一节　电子商务对于我国税法的影响

　　21世纪是一个以信息为主导的时代，电子商务作为一种刚开始起步新兴的重要贸易活动，其区别与其他的交易方式和突飞猛进的发展，已经对现在的税收法律制度提出了不少严峻的挑战，之前适用电子商务税收及相关问题的达成一种平衡状态的传统税收法律制度地位被动摇。通过互联网我们可以进行电子商务的销售、购买、交付等一系列的过程，之前传统的贸易模式在一定程度上受其影响而不得不去改变，电子商务是以数字化和网络化为基础的，但是它突破了传统贸易地域和空间的限制。针对电子商务的特点，现行的税法已经不适合，税收征管也比较难以实现。从法律的基本概念到具体的法律制度，从实体法到程序法，从权利的保护到利益的平衡，电子商务给传统税法带来的挑战是多方面的。电子商务这一全新领域中无法忽视的问题就是电子商务税收法律问题，根据电子商务的重要影响，每个国家都在积极探讨怎么才可以采取有效的相关措施，使得电子商务与传统税收政策法规引发的冲突得到缓解，以争取世界电子商务税收立法的主动权，同时也获得一定的经济利益。针对电子商务税法中的若干问题，本书对此进行分析，尝试研究出妥当的解决方案，为促进我国电子商务税法的完善提供一个参考。

一、电子商务对税法基本原则的冲击

（一）电子商务对税收法定原则的影响

　　税收法定原则是在税法上民主和法治原则等现代宪法原则的体现，是税法最为重要的基本原则。它指的是国家征税应有法律依据，纳税要依法、征税要依法。税收法定原则要求税收的各个要素法定而且必须明确，征税必须是合法地进行。比如，纳税的重要的主体、征税所面对的对象、计算税率、纳税的每个环节、优惠减免措施等税收要素在法律上必须由立法给予简明扼要的规定，尽量明确其具体的内容，在这个过程中一些不必要的歧义和漏洞都要防止出现的可能性，避免滥用权力。相关的征税机关在征收税款的过程中，必须认真严格地根据法律的规定去执行，做到依法征税。税收征纳必须有明确、肯定的法律依据，这是税收法定原则，要不然不利于征税的顺利进行。作为一种从来没有过的全新的商品经营和新式的交易方式的电子商务，因其无纸化、高流动性、无址化、虚拟化等特

点，这个原则面临着严峻的考验。电子商务课税的相关规定，在现行各税法中还都没有相关的条文。所以，首先解决的问题是针对电子商务是否征税。

1.对纳税要素的影响

（1）纳税主体

计算机的 IP 地址在国际互联网中，是可以以动态的形式去分配的，在不同的时间内，同一部电脑终端可以拥有多个不同的网址，而相同的网址是可以在多个电脑终端上使用的。在网络上，以这种电子商务的形式进行交易的双方就能很容易地把自己的真实情况隐藏。即使有一个电子交易行为被税务机关发现，纳税人的真实身份也没有办法用之前常规的方式来确认，在确定流转税的纳税主体时这种影响显得特别明显。而且，在新兴的电子商务活动当中，之前一直充当中介的人没有了，反而新的节点开始出现，如网址、认证中心、服务器、网络服务供应商等，买卖方和这些节点的关系复杂而又紧密，纳税的真正主体是无法判断出的。所以，电子商务环境下具有不确定性，纳税主体模糊化、边缘化、复杂化、国际化。

（2）税率

税收体系非常重要的核心要素是税率设计，纳税人之前要交非常高的税，但是电子商务的广泛应用，使纳税人多了一种避免高税率的简单而有效的方式。

（3）课税对象

贸易在电子商务的大环境下，开始以信息流为主要的方式，从而脱离了物流为主，之前是提供有实物的商品现在变成数字化的方式去提供（如之前的客户通过传统的方式购买书籍、报纸和 CD 光盘，现在通过网络，可以直接查看或者下载保存来，以此传播，现在的状态更是提供的一种服务而不是具体的实物），使得服务、特许权和有形商品三者之间的界限越来越模糊、没有办法区分出来。对这些征税客体是应该按转让无形资产或提供服务征收营业税还是按销售货物征收增值税，现行税法难以判定而且更加难以进行征税。

（4）纳税地点的难题

根据税法规定，纳税人向征税机关申报纳税的具体地点，是纳税地点的断定，它说明纳税人应向哪里的征税机关申报纳税以及哪里的征税机关有权实施管辖的问题，也就是关系到征税管辖权和是否便利纳税等问题。电子商务的无形化、无址化、无界化，致使营业地点纳税人自己也无法肯定地确认，而征税会一直重复地去征收或者被遗漏忘掉征收等情况都会相继发生。

2.对电子商务是否征税

当今世界电子商务发展最为发达的国家是美国，其对电子商务实施免税的政策努力坚持。克林顿政府在 1997 年 7 月 1 日的全球电子商务纲要中指出：Internet 应宣告成为免税区，凡商品经过网络进行买卖交易的，如网上的服务及电脑软件等，不管是美国内部各地进行的交易还是跨越国界进行的交易，一律都免去税率。美国在 1998 年颁布了《互联网免税法案》，参议院于 2005 年 5 月 10 日通过了将电子商务免税期延长五年的方案。

"比特税"方案是很极端的做法，与美国背道而驰。"点点税"是"比特税"另外一个称呼，即对网上信息按其流量（比特量）征税，它已经不限于对网络服务和网上数字化产品的交易要征税，而且征税的范围也扩大到所有数据间进行的交换。有一些人对"比特税"这个方案持有反对意见，其原因是不符合征税的公平原则，因为信息流的性质比特税没有进行区分，而是所有都按流量来征税。在 2000 年 1 月联合国发表的《1999 年人权发展报告》中，电子商务征收"比特税"这一提案仍然坚持，以此征收 1 美分税款的前提是对每发送 100 个大于 10 000 位的电子邮件的范围，征收来的税款全部纳入发展中国家发展互联网贸易中去。这对于发展中国家来说，新的不公平的局面将会产生，与发达国家之间的差距越来越加剧。以此导致新的贸易逆差，多数是电子商务的输入国，而且多数以流转税为主体税种，财政收入会因为对电子商务免税必然会相对减少，还会在非电子商务与电子商务两者之间形成税赋不公的局面，离税收中性原则越走越远。电子商务课税已经是个必然的趋势，这将会产生非常庞大的财政收入，各国政府怎么可能会弃之不用。所以，今后贸易的主要形式将会是电子商务。但是，面临的难题将是如何征税，其对应于传统税法要素中的纳税环节、征税对象、纳税人等的确定困难重重。

（二）电子商务对税收公平原则的影响

税法对任何纳税人都应一视同仁，排除对不同社会组织或个人实行差别待遇，并保证国家税收管辖权范围内的一切组织或个人无论其收入取得于本国还是外国，都要尽纳税义务。电子商务税收缺位的当前状况要彻底地改变，避免造成电子商务主体和传统贸易主体之间的税负不公。税收公平原则在贯彻始终的前提下，税收征管制度也要继续努力去完善。为了达到适用于电子商务要求的税收征管制度，电子商务税务登记制度首先要确立。上网交易的手续办理后，纳税人去税务机关的主管单位进行登记电子商务税务。应用软件、服务器所在地、网址、EDI 代码、支付的银行卡等内容在税务登记表中填写，电子商务计算机超级密码的钥匙备份也要提供。税务机关在做好绝对保密措施的同时，还要严格地审核纳税人的申报事项。建立电子发票制度，这不仅为税收征管提供了前卫的手段，还可以推动电子商务的发展。可以在线领购、开具并传递发票一条龙服务，从而使纳税人不用一趟趟地跑纳税机关，实现了网上纳税申报。税收征管的领域和触角已经充分地被高科技手段拓展开来，税收征管的信息化、电子化一步一步被实现，开发电子商务税控装置和自动征税软件，网络稽查制度的建立，税收征管效率和质量不断地在提高，构建适应电子商务发展的税收征管体系，实现税收公平原则。

税收公平原则是税法实践及理论中非常重要的一项原则，这个税法的基本原则已经被国际认可。在法律的税收关系中根据税收公平原则，纳税人的身份都是平等的，因此，在国民之间分配的时候，税收负担也一定要公平合理地进行。在经历了瓦格纳的"社会政策公平"和亚当·斯密的"自然正义的公平"理论之后，紧接着提出公平要划分为两类的是近代学者马斯格雷夫，即纵向公平和横向公平。税收纵向公平要求单位和个人根据经济情况去承担各自的税负，税收横向公平要求纳税能力的主体在同一经济相同的情况下相同的税负要相应地承担。税收公平原则的内容是拥有平等地位的纳税人、在纳税人之间公平分配税收负担。企业的迁移成本因为高流动性不再需要额外去花那么多费用，由于从事电子商务的企业已经脱离传统模式，原来传统的企业需要转移劳动力和大量不动产，建立的公司想要少交点税或者达到免税的目的，一般情况下安装服务器等必要的设备、建立网站并配备少量设备维护人员在避税地。通过互联网，在世界各地，占绝大多数的工作人员都可以很方便地为企业服务，用这种网上工作的方式，达到企业避免或减少纳税目的。税务部门因为电子商务的无形性和隐蔽性，对其交易的信息无法准确掌握，也没有办法实施征管。上述种种事件，直接导致了从事传统商务的纳税主体和从事电子商务的纳税主体两者之间的不公平的赋税。

（三）电子商务对税收效率原则的影响

税收效率原则要求费用降低以最少的消耗获取最大化的税收收入，经济能否最大限度地有效发展，税收的经济调控作用就得合理地利用，要不就是税收在尽可能大的程度内去降低，以此解决对经济发展的影响。它包括税收经济效率和行政效率两个方面。税收的经济效率是指对整个国民经济以及纳税人来说征税的影响程度是怎么样的。比较大的收益是用比较小的税收成本换取来的，这样社会承受的超额负担值是最小的。简单地说，稽征成本最小化目标的达成，就要税收的征收和缴纳做到接近简化、便利、节约和确定。通过一段时期的入库税金与征税成本之间的比率作为参考数据，表现为征税成本与征税收益两者间的比较，这就是税收的行政效率。税收行政效率随着这一比率越大而越高。现在税务机关借助信息化、电子化的税收稽征工具，很大程度上降低了其管理成本，多出很多资源以此提高税收效率。在整个电子商务交易的过程中，个人或者单位更直接地将自己的服务或销售的产品，更方便快捷地提供给消费者，中间很多烦琐的环节如批发、零售等都省去了，使得税收征管相对复杂，但是这一崭新的交易形式能更好地使用，税收工作的实践中会运用到非常多的高科技手段，以提高税务部门获取信息和处理信息的能力。

二、电子商务对税法基本要素的影响

（一）对纳税主体的影响

纳税主体又称纳税义务人，是税法规定直接负有纳税义务的自然人、法人或其他组织。

纳税主体这一税法构成要素解决的是由谁向税务机关申报、缴纳税款的问题，这是税款征纳的起点。在传统商业模式下，商业经营者通过工商及税务登记的相关信息都在税务机关的掌控之中，加之有固定营业场所的存在，税务机关通过实地核查其具体经营者、经营情况、会计账簿等信息都比较方便。但在电子商务环境下，经营者借助四通八达的信息网络，只需登录相关的电子商务交易平台，便可与世界各地的人进行洽谈交易，这种交易方式突破了固定营业场所的地域限制，并且很容易隐藏经营者的真实身份，使纳税主体呈现国际化、模糊化、边缘化和复杂化的特征。对电子商务进行税收征管的现状如上文所述，除部分电子商务企业进行工商及税务登记外，另一部分从事电子商务的经营者脱离了税务机关的监控，其采取的手段就是利用信息技术及现有规则的漏洞，从而导致税务机关无法确定对谁征税。下面以我们熟知的淘宝网为例，阐述经营者的遁形之术：经营者开网店，首先要选择是自建电子商务平台还是依托第三方提供的平台，出于资金实力、运作经验、品牌影响力等因素的考虑，大多数经营者会选择有一定知名度的第三方电子商务平台进行开店生财，如选择淘宝网。平台选好后便开始填写包括账户名、登录密码、身份信息、银行账号等注册所需信息，并进行开店认证，完成实名认证和店铺所有人认证两项认证。在实名认证环节要提供身份证正反面照片，店铺所有人认证环节要求店主上传手持身份证照片及上半身照片，认证通过后便可一步一步进行相关设置，最终注册成功，一切完成后就可以上传网店经营商品的相关照片并标注价格，网店就可以经营了。上述经营者提供的信息并没有强制与相关行政管理部门的数据信息进行比对，只是与平台数据库中已有的信息相互比对，经营者可以用收买或盗用他人的身份信息注册，所上传的相关照片也可通过图片编辑软件进行偷梁换柱，而平台管理者不会有任何发现。经营者还可通过 IP 地址代理技术，更换或隐藏其真实所在地的 IP 地址。税务机关如果真的发现该经营者销售额达到起征点、应认定为一般纳税人或有偷逃税款等情况时，对其进行追踪时无法确定其真实身份及实际居住或经营地信息，征缴税款更是无从谈起，而经营者却可以很容易地更换新的注册名称继续经营，不受税务机关的管制。

上述所谈是交易双方都在我国境内的情形，如果交易中商品的提供方在我国境外，间接电子商务模式下可通过海关对我国境内的接受方代征相应税款，而直接电子商务模式下的数字化商品，它穿越了海关的管控，直接通过网络传输，对哪一方征税？如何实现征税？都是有待解决的问题。

（二）征税对象受到的冲击

征税对象主要指税法规定对什么征税。征税对象按其性质的不同，通常划分为货物与劳务、所得额、财产及行为等四类。在传统商业模式下通过征税对象来界定税种，不同的征税对象适用不同的税种，对征税对象性质的界定关系到其归属哪一税种及相关税率的适用。在间接电子商务交易模式下与传统的商业模式比较相似，只是通过网络在电子商务平台上完成洽谈、下订单、支付等过程，商品交付还是传统的有形实物，对于其性质的认定与传统商业是一致的。但直接电子商务交易模式就出现了新情况，即一些商品的性质改变了，由原来的有形商品变成了数字商品。这一性质的变化省去了许多中间节点，可实现产销的直接对接，导致无法确定其是销售货物、提供劳务还是转让无形资产。比如，图书、报纸、音像制品、软件制品等销售有形商品时可以以销售货物征收增值税，但变为数字形式通过计算机网络在线传输就出现了多种情况：销售的上述商品接受者直接自用，可参照现有法律规定按销售货物认定，征收增值税；销售的上述商品接受者购买后根据版权协议将其变成传统有形物再次销售，参照现有规定对数字商品的提供方可认定为转让著作权，按当前营业税改征增值税的应税服务认定，征收增值税；还可将其视作提供劳务，征收营业税。同样是销售商品，当变成无形的数字化商品后，依据现有税收法律规定认定时出现了多种结果，不同情况适用不同的税种，即便适用相同税种而所适用的税率也有所不同，如同样是征收增值税，以一般纳税人销售图书为例，按销售货物认定时适用 13% 的税率，按转让著作权认定时适用 6% 的税率。如果真的按上述笔者分析的规则认定，会引发经营者为避税刻意制造适用低税率的连接点，从而产生税收负担的不公平。究竟如何认定？目前仍存争议，相关税收法律文件中亦没有明确规定。征税对象性质的变化所引发的认定困难，直接导致税种及税率也无法确定。

（三）纳税地点和纳税环节受到的冲击

1. 纳税地点

纳税地点是指纳税人依据税法规定向征税机关申报纳税的具体地点，现行税法规定的纳税地点一般有纳税人的住所地、营业地、财产所在地或特定行为发生地等。因为电子商务交易的数字化、虚拟化和全球化等特点，交易双方对实际的物理的存在没有依附，只要通过网络在相关的交易平台就可以交易。例如，经营者在甲地，在乙地通过网络销售商品，交付在丙地，在多个地点进行的一次商业交易，到底纳税地点是哪个？可分为两种情况进行分析：

（1）如果要交易的双方都在中国境内。在税源管控的方面，双方是进行了税务登记的纳税人，在哪个地点都能进行税款征收；如果一方登记而在另一方没有登记的情况下，要根据现有的规则在登记方的所在地纳税；如果双方都没有进行登记，那就不能知道交易双方的地点，无法定位纳税主体，纳税地点无法确认，要想办法解决这个问题。

（2）交易者有一方在中国境内，另一方在中国境外。如果是销售的实际物品，可以根据现有的规则，如果是销售数字化的商品，我国境内的商品供应商，可以根据商品的出口规则，不进行征税，不需在意纳税的地点；对于在我国境外的提供方，境外购买，如果购买方登记了，可以进行代扣代缴，如果没有登记的话，出现了监控的盲区无法进行管理。交易双方的定位通过纳税地点的确定，中国的税法还没有具体规定，很多人对此有不同的声音，所以国内和国际的税收发生冲突。

2. 纳税环节受到的冲击

纳税环节是在流转过程中商品按照税法应该缴纳税款的环节。纳税环节是解决征税阶段中的问题，包括确认纳税人、要履行的义务、征收的成本等一系列的问题。其中一些环节作为纳税的节点都是比较容易监控的，比如商品在交易活动下从生产到消费的生产过程、批发零售过程等。通过电子商务交易双方只需要通过网络就可以实现买卖双方的购买、接洽、支付等过程，不需要一些中间商，使交易的隐蔽性更好。税源监控越来越多地面对分散的个体而不是原来的规模化的中介，虽然纳税环节少了，但是监控难度依然很大，一些传统的征收手段无法适应现在的环境。税务机关对新兴的征税代扣代缴的方式缺少法律法规，现有的征管方式无法同步，导致征管成本难度增加。

三、电子商务对税收管辖权的冲击

现行的税制根据个人的住所和时间把纳税人分为两种：居民跟非居民。其中，居民要承担无限的纳税义务，但是非居民仅仅要承担国内所得部分的纳税义务。由于互联网络不受地域的限制，国外的商人不用来到中国，在网络上就可以与在中国的消费者进行交易，但是我国现有的税收制度还不完善，是否按照居民或者非居民来收税还未有全面的解释。中国关于所得税政策的规定还不完善，只有在中国内的企业才进行征税。由于电子商务的快速发展，加快了国际贸易的一体化发展，原来的以登记地、企业机构所在地为基础的征税体系已经无法满足现在的需求，越来越多的网络企业、网络商店都是在网上进行交易联系，这种企业不受地域的限制，无法对其进行征税，目前关于征税管辖权的规定无法满足电子商务的发展。

税收管辖权指的是一个国家的政府在征税上占有的主权，其中包括国家政府要向谁征税、征得什么税以及征税的金额等内容。税收管辖权大概可以分为以下三类：

第一，区域管辖权，也称为来源地的管辖权。

第二，居民管辖权，就是本国根据税法规定征收本国的居民纳税人的税款。

第三，公民管辖权，就是国家征收本国国籍的纳税人的税款。

税收管辖权是一个国家的主要权力，所以各个国家根据本国的不同国情制定了不同的规定。在现在的国际上，大多数的国家实行两种管辖权，居民管辖权、地域管辖权同时实施。

其中一些国家也实行一种管辖权，或者是同时实施三种管辖权。国际签订的税收条例十分重要，在遇到两国在税收上发生冲突时，要根据当时签署的协定来解决。

在国际上，大部分的国家对本国的居民是世界范围上的所得征税；而非居民，就只是在本国的所得来进行征税。现在的电子商务发展迅速，很难确定商品供应商的来源地，加大了对纳税人征税的难度。比如，在电子商务交易中，中国居民可以通过美国的服务器销售商品，韩国的购买者可以通过日本的服务器进行购买，导致难以确定销售以及购买的地域，无法按照正常的征税法律进行征税。通过电子商务交易，无法判断是根据合同签约的地方还是销售方居住的地方来当作他的收入来源地，无法判断双方的合同到底是在买方的居住地签署还是在销售方的居住地签署，这导致很难利用买方地区的税收政策来征收税款。

（一）对居民税收管辖权的冲击

对居民实行的税收管辖权是指纳税人跟征税的国家有着人身隶属的紧密关系的前提下，国家对于本国的居民，有实行征税的权力。隶属关系是指自然人根据其在要征税的境内有没有房产跟居住的地方，或者是有征税的国家的国籍；法人成立的企业在中国境内或者是居住地在中国境内。居住国可以根据居民的税收管辖权向居民征收居民纳税人在境内外的各种收入的税金。国家要按照本国原则对在本国境内的收入进行收税就是来源地的税收管辖权。根据各国的具体国情来看，这种管辖权是对非居民来实行的来源地的管辖权。来源地的管辖权就是对非居民征收本国境内的收入。国际的税收法律在实际的操作中，很多国家两种管辖权同时实行，要优先考虑来源地管辖权。换句话说，一个居民的同一笔收入，首先由所得的来源地的国家先征收以后再由他居住的国家进行税收管理。在国际税收管辖权方面，目前国际上有两个范本供各国参考。一是1977年编制的《关于收入和资本避免重复课税的协定范本》（下面简称 OECD 范本），该范本由发达国家税收专家起草，侧重于居住地征税原则；二是1979年联合国经社理事会提出的，由发达国家和发展中国家的税收专家共同起草的《关于发达国家与发展中国家间避免双重征税的协定范本》（以下简称联合国范本），该范本比较能够兼顾双方国家的税收利益，已被越来越多的国家所采用。

（二）对地方税收管辖权的冲击

国家的税收管理是按照国家的领土为原则基础，将纳税人的义务跟纳税人的经济活动通过企业的常设机构及纳税人的居住地紧密联系起来。然而，在网络空间的电子商务活动中税务机关要想追踪到跨国纳税人经济交易活动的痕迹和找到确定税收管辖权的链接因素是一件非常难的事情，电子商务无形中动摇了现行税制对跨国经济交易的课税基础。随着时代的不断进步，在电子商务活动中，越来越多的国际税收管辖权问题显露出来。下面就这些问题做一下初步的探究。首先，电子商务在跨国劳务所得方面实行的地域税收管辖权约束标准被动摇，现行的地域税收管辖权不能完全适用于电子商务活动中涉及的劳务所得。电子商务贸易中最有潜力的领域是劳务服务活动，最大的劳动服务活动将电子商务在国际贸易上迅速地发展。据推测，在未来的 30 年间大约有 30% 的消费者的消费支出将会通过国际互联网来进行。劳动者可以通过网络不用出门就可以向世界各地的客户提供服务，方便快捷，不用亲自到达客户的所在地进行服务。在这种情况下，电子商务活动可能会影响这种跨国税收的管理与约束。

例如，根据欧洲税法对增值税的规定，要在纳税人的居住地征收应税劳务产生的收入税收，换句话说，欧洲的国家无权征收对其以外的国际征收在互联网上进行电子交易的经济所得税。通过这个例子我们能够看出，传统的对提供应税劳务实行地域税收管辖权来说，网上交易所提供的应税劳务不能单纯地以传统地域税收管辖权来进行限制。目前，电子商务对跨国劳务所得实行地域税收管辖权的约束规范标准已被动摇。

其次，电子商务在跨国营业所得方面对于界定常设机构有很大的难度。常设机构指的是常设机构的固定场所必须是营业场所，此场所的大小规模没有要求，租赁或者是购买都可以，此场所必须是在空间上存在的，此场所必须是有营业的场所，不能是为营业而准备和筹备的场所。在电子商务交易中，看得见摸得着的商店、办公室不见了，取而代之的是虚拟的商店、虚拟的办公室。一个国家在另一个国家销售商品、提供劳务并不一定要在那个国家设立有形的商店，可以通过网络设立虚拟商店在全世界销售货物。由此可见，传统的常设机构概念在今天显得很苍白无力了。那么，该怎样界定电子商务活动中的常设机构呢？现在关于电子商务活动中常设机构的认定主要有三种观点。

1.网址不能构成常设机构

因为网址只是一些计算机软件和一些电子数据的组合，其并不是有形资产，没有场地设备等实际存在，所以网址并不是一个营业场所。但是一些人认为如果此网址是长期存在的，并且是以营利为目的而存在的话，网址可以作为常设机构。

2.服务器能够构成常设机构

因为计算机设备中包括服务器，计算机设备是有固定地点的，所以可以作为企业的营业场所。服务器在有些情况下可以作为企业的营业活动而设立的常设机构。那到底在什么情况下服务器能成为常设机构呢？通常，服务器处于企业的支配之下，而且是固定的，企业的营业全部或部分地通过服务器进行，而且它所进行的活动不属于准备性或辅助性的活动时可以被认作常设机构。

3.企业的代理人不能为其他网络服务的供应商，不能组成常设机构

因为网络服务的供应商是独立存在的有独立地位的一位代理人，在通过他们的服务器向其他企业服务持续网址的营业活动。但他们无权以企业的名义与他人签订合同，因此网络服务提供商不能成为常设机构。

再次，电子商务在跨国投资所得方面实行的地域税收管辖权约束标准也被动摇了，现行的地域税收管辖权不能完全适用于电子商务活动中涉及的投资所得，在国际上，电子商务发

展迅速，跨国企业所拥有的投资在国际经济贸易中占着越来越多的比重。

传统商务下，按照国际惯例对跨国企业的投资收益通常在税务上的解决，投资人要提前缴纳在投资上面所收益的税金。通过网络跨国的投资人不需要来到其他国家就可以通过互联网进行网络付款，方便快捷。因此，各国的税务机关对跨国投资者具体的投资活动内容无法做出判断，对跨国投资所得的来源地在哪里、投资机构在哪里等都无法准确确定，这样就无法适用地域税收管辖权了。

最后，自然人居民判定标准"居所"和法人判定标准"管理中心"的界定在电子商务活动中也被动摇，而变得不再适用。

四、电子商务对税务稽查的冲击

（一）积极影响

税务稽查更快地由不全面的稽查向完整的稽查方向转变。此前的税务稽查是以纳税的申报表格跟发票的使用情况、财务的各种账单以及财务报表等为基础，完成对稽查的人员的确认跟实施。企业不能全面提供可靠充分的涉及税的信息。在电子商务交易普及后，在网络上就可以得到企业的各种信息，包括了涉税的部分信息，让稽查越来越有效率。稽查人员可以通过网络取证，在网络上得到一些法律法规等信息。

现在的网络越来越发达，相关的税务部门都已经与银行联网，可以通过网络来查企业的纳税情况，使税款的进度更快。网上的稽查渐渐取代了传统的查账务，税务部门与政府有关部门联网建立的网络监控，研发了可以在网络上稽查税务的软件，方便调查在电子商务中因为征税而涉嫌非法的案子，加强了依据法律法规整治税务的强度。

大大降低了稽查税务的成本，让一些税务部门能勤廉执法，也使纳税人开始采用网络化的管理方法。税务稽查部门要让纳税人将电子账单和相关单据用邮件发给政府各部门，政府稽查部门可以不用去实地就可以在网络上进行税务稽查工作，不用直接跟纳税人见面，可以减少一系列不必要的问题和成本。

（二）不利影响

相关税务部门实行合理有效的稽查工作，在稽查之前要了解纳税人大量的应税信息，从而作为税务部门确定纳税人货物在申报时单据是否准确，难度困难大。各个国家的税法在规定了纳税人要按照实情如实登记账务跟所有关于交税的资料信息，保留多年，方便税务部门在日后的时候可以方便查账跟追踪，奠定了征税的法律基础。

互联网时代，电子交易的预订跟支付都可以通过网络数字信息来完成，提高了效率，因为买卖双方的各种交易都在网络上进行，合同、销售凭证都是以电子网络数字形式呈现的，现在的网络安全还没有达到更大的程度，电子单据可以被随意更改，还不会被发现，使得没法查找正确的单据。

电子交易的迅速发展使得网上的支付系统更加全面，出现了网络银行和电子货币，在网络上的跨国贸易的成本将与国内贸易的成本降至一致的水平，国际上的大部分银行都在国际避税地开通了网络银行。国际避税地实际上就是一个国家为了吸引更多境外的投资和技术，对境外的人员在自己国家投资设立的企业不采取税收，或是征收少量的税款，让境外的投资人更多地来到本国境内进行投资建厂。网络银行与现实存在的银行相结合已然是税收筹划者的保护工具。税务部门的大部分信息都是从我国的银行那儿得来的，就算税务部门不经常对纳税人的账户进行查看，也能让一些要逃税漏税的不法人员知道其中的危险，起到了震慑的作用。但是要是通过境外的银行了解信息，税务部门就无法对支付方进行管理控制，也就无法起到震慑的作用。

另外，网络上的数字现金也应该让税务部门重视起来。数字现金可以通过网络在网上进行交易，交易双方很难稽查，很难追寻，数字现金有利有弊，虽然方便了结账交易，但是也减少了交易的困难。在传统的交易方式中，使用现金交易可以减少逃税的风险，数字现金的交易逃税的风险比较大。

在计算机网络系统越来越进步的今天，一些可以加密的交易方式慢慢出现，可以隐藏买卖双方的交易信息，同时税务部门还要按照相关法律保护纳税人的知识产权，还有隐私权，同时还要查找更多的纳税人的电子交易信息，税务的稽查工作难度不断增加。现在可能只有企业的某些特定的人员能得到买卖双方的交易单据，因法律对隐私权的保护，税务部门还无权要求企业公开交易信息。所以，网络征税还面临着很大的困难，无法准确监管企业的税收情况。

第二节　国外电子商务税收法律制度及对我国的借鉴意义

一、国外电子商务税收法律制度

（一）部分发达国家的电子商务税收法律制度

1.美国电子商务税收法律制度

网络电子商务的应用最全面的国家是美国。美国早在 1995 年就已经制定了关于电子商务交易的税收政策，建立了相关的电子商务讨论组，明确电子商务贸易的税收政策。其原则为，建立一个适合电子商务贸易发展的不会限制电子商务发展的法律准则。美国在电子商务的发展上做了很多努力，为加大对税收的管理，美国在国会讨论过并通过了《互联网免税法案》。

2.《互联网免税法案》主要内容

（1）在三年内不对互联网征收新的税

在 1998 年 10 月—2001 年 10 月，不允许政府对电子商务征收各种附加税，但是在 1998 年 10 月前已经开始征收的税还可以征收，在此之后的税不能再进行额外的征收，其中通过网络给未成年人带来有害的信息除外。

在三年之内，国内网络供应商的接入服务的使用跟营销费不予征收，只在电商销售的商品不予征收税。

（2）三年之内尽量减少对电子商务贸易税收的歧视

其中包括多重税收，是指在超过一个以上的管辖区内征收税的。还有税收歧视，是指在电子商务以外的交易方式不用承担格外的税款。此法律还规定了不能多个管辖区对买卖双方多次重复交税。

（3）远程销售的一些征税问题

在《互联网免税法案》里面规定，各地区负责各地区的税收，不能干涉其他地区的税收政策，除非卖方与此地建立了相关的税收关联。假如通过网络交易的卖方在买方所在地没有实际销售点，那就是此卖方与此地区没有税收关联，当地政府无权纳税，买方应该向当地税务机关缴纳税款。《互联网免税法案》对电子商务的征收有部分禁止，互联网为免税区。通过法案建立了电子商务的讨论组，其中有三个来自联邦的政府官员，八个州政府官员和八个企业代表。他们的主要责任是，调查使用网络或其他的方式远程交易的税收情况，还要向国会定期提交解决办法。2000年，在国会议员以及电子商务企业的提议下，委员会递交了一份通告给了美国的参议院委员会，并建议《互联网免税法案》延期到2006年。此通告提出网络接入的税和电子交易的以数字形式为产品税，无限期地缓征；提议除了美国联邦政府要求征收的电话附加税以外的其余的电信税种享有优惠的税收政策，企业便会主动减少数字化带来的差距，选择发展网络电子商务；统一各地区的税收法规，简化美国各个地方的税收法制，使其保持统一；《互联网免税法案》中关于税收关联的问题再次明确地定义。在对该通告讨论时，还提出要取消联邦政府征收的高达50亿美元的电话附加税，电话服务也属于电信业务，网络进入税现在不收取，电话附加税也应该不进行征收，有失电信业务对企业的公平。但是还有部分的政府官员和部分传统的企业不赞同上面的议案。在他们眼中，电子商务免于征税和一些远距离销售的税款征收，会将政府的收入降低。其中部分政府官员猜想，等到了2003年，在美国的网络销售额会增加到3 000亿美元，但要是《互联网免税法案》延长至2006年，可能会导致美国各地的政府减少征收300亿美元的税款。对于网络电子商务的销售税的免征，会导致传统贸易商务与电子商务的不平等竞争，税收原则本来就应该公平公正，但明明就违反了。美国政府没有在意反对的意见，在国会决议后，《互联网免税法案》的使用延长了两年。

3.加拿大电子商务税收法律制度

加拿大负责跨境电子商务的政府部门主要有工业部和外交贸易发展部等。其中，工业部负责发展加拿大数码经济战略，推动新技术的采用，外交贸易发展部负责国际贸易谈判中电子商务部分的工作。加拿大政府致力于鼓励电子商务作为一种促进贸易的手段，并为参与电子商务的消费者和企业营造稳定的商业氛围。加拿大也参与经济合作与发展组织（OECD）和亚太经济合作组织（APEC）等国际论坛支持全球数码经济的电子商务规则，加拿大还是联合国国际贸易法委员会（UNCITRAL）的电子商务示范法的参与方。

加拿大的电子商务基本法是《电子认证原则》，法规确保了加拿大在国际市场发展中的兼容性。"数码加拿大"经济政策是政府在2014年确立的，此政策中包含了一些加快电子商务发展的方法，如让更多的家庭连接上高速的互联网络，政府加大力度治理互联网的安全问题，保障互联网络对所有网民是完全开放和绝对安全的。

（1）税收

加拿大税务局（CRA）负责商品及服务税（Goodsand Services Tax，简称 GST）及合并销售税（Harmonized Sales Tax，简称 HST）的征收和管理。GST/HST 是适用于加拿大境内大多数货物和服务消费的税种，包括进口货物和服务（价值低于 20 加元的免于征税）。对于进口服务或无形个人财产，通常需要收件人自行估价后按税率缴纳。除小型公司外，加拿大境内数码产品和服务公司都应按规定登记注册并缴纳 GST/HST。连续四个季度总收入低于 3 万加元的为小型公司。根据现行法律规定，在加拿大境内没有实体店的外国非居民公司一般不需要登记缴税，理由是这些公司提供的数码产品和服务来自境外。但是，如果这些公司选择自愿登记注册，且其提供的数码产品和服务来自加拿大境内，则应按规定纳税。

（2）数据安全

按照加拿大政府对个人隐私保护法律的规定，加拿大的企业有保护个人信息不对外泄的义务，其中也包括跟加拿大政府在电子商务贸易中交易的境外人员的个人信息。里面包含了：在采集使用或披露个人信息之前获得当事人许可，并尽量限制对信息的使用；保护信息不遗失或遭窃，以及未经授权的访问、披露、复制、使用或修改；公开公司的隐私政策和做法，使个人能访问本人的信息；在个人认为适当的情况下限制收集、使用或披露信息。此外，《加拿大反垃圾邮件法案（CASL）》也包含保护个人信息的措施。CASL 禁止未经收件人同意向其发送商业电子信息，包括电子邮件、社交网络账户和手机短信，以及主动安装计算机程序或软件。

（3）外汇管理

根据现行规定，办理 GST/HST 注册的外国供应商向加税务局纳税时应缴纳加元。

（4）竞争秩序

加拿大《竞争法》是一部规范大多数商业行为的联邦法律，包含刑事和民事条款，旨在防止包括电子市场在内的市场反竞争行为。2014 年 7 月，加拿大《竞争法》进行了修订，吸纳了《加拿大反垃圾邮件法案（CASL）》，并调整相关条款，授权加拿大竞争局可以更有效地解决在电子市场实践中可能出现的虚假或误导性陈述和欺骗性营销，包括虚假或误导性的发送者名称或主题信息、电子信息、定位信息、网络链接等。

（5）知识产权

加拿大对知识产权的保护是技术中立的，对于跨境电子商务并无特别规定。无论是数字还是物理环境，加拿大国内法律提供了平等保护。此外，知识产权保护在加拿大属于私法领域，为版权所有者提供了全面的保护机制和工具。

（6）电子签名

近年来随着科技的发展，电子签名的使用越来越常见，加拿大联邦和省级司法管辖区相应地制定与电子商务有关的法律法规规范使用电子签名。在联邦层面，有《个人信息保护和电子文件法（PIPEDA）》和《安全电子签名规定（Secure Electronic Signature Regulations）》，相关法规并未对电子签名本身做出详细规定，交易双方可商定具体细节。

（二）欧盟电子商务税收法律制度

欧盟从 2003 年起开始重视对电子商务税款征收的态度和做法，欧盟的成员国也开始实行对电子商务增值税的新规定。欧盟也是第一个在电子商务上收取增值税的区域，创造了征收电子商务税款的先河。

欧盟电子商务税的主要征收范围：① 网站及程序设备的维护费；② 付费软件安装下载费；③ 网络上的图片的信息提供费；④ 网络上音频视频及游戏的使用费；⑤ 网络上的远程教育费。

欧盟国家征收的电子商务税及电子商务增值税的方式采用类似代扣代缴的管理制度。规定了属于欧盟的国家不在欧洲范围内的再不设立常设机构，但确获取了电子商务收入的企业应该在一个或者以上的欧盟成员国中登记注册，要按照收入来源国计算增值税，注册登记国要负责管理企业的日常活动，然后把所收的税款交给收入来源国。电子商务增值税的规则采用了新的政策，买家的所在地是网络电子商务公司的收入来源地，应该是让收入来源国来征收税款。现在实行的增值税的收入来源地是货物的供应地。网络电子商务的增值税是一种简单的申报，纳税人在网络上可以进行税款申报，不需要通过欧盟的财务企业来进行申报。非欧盟电子商务供应商都在反对欧盟的电子商务增值税规定。反对的重点问题为两个方面：首先要准确界定什么是数字服务，人们认为，实物产品或者服务不能因为是在电子交易下就成为数字产品，这明显不公平。其次，部分国外的企业埋怨要同时面对多个欧盟国家的各自的税务法则，大大增加外国企业的经营成本，使企业发展缓慢，降低在国际上的竞争力。欧盟通过整治法规的方式解决了这一问题，规范了现行的状况。在消费地征收税款增加了欧盟国对境外的电子商务征收增值税的利益，也保证了税收的公正；反之，简化征税制的登记程序减少了纳税人的经营成本；也加强了各个成员国之间征税的方式和创新，可以更好地监管增值税，减少了逃税跟重复征税的情况。欧盟委员会还提出了新的税收政策来支持电子商务的发展，提高优化电子商务公司的增值税税收条例，从而使消费者和公司，特别是初创企业和中小企业更容易在线购买和销售商品及服务。通过引入欧盟单一市场范围的在线增值税的一站式服务，降低了增值税费用，大大节省了欧盟企业的支出。新规则还将确保增值税在最终消费者所在国支付，从而使欧盟国家之间更公平地分配税收。这些建议将有助于成员国收回每年在线销售损失的增值税约 50 亿欧元。如果不采取行动，到 2020 年估计损失可能会达到 70 亿欧元。新规则允许在线销售商品的公司在一个地方轻松处理所有欧盟增值税义务；为了简化在网上销售的创业公司和小型企业的增值税规定，跨境销售增值税在 1 万欧元以下将在国内处理；采取行动遏制欧盟以外的增值税欺诈行为；使成员国能够降低电子出版物如电子书的增值税率。

（三）经济合作与发展组织电子商务税收法律制度

经济合作与发展组织是在国际上有极大影响力的研究组织。经合组织在很久之前就已经在研究网络电子商务征收税款的困难，还专门为此成立了工作组，专门对电子商务的税收问题进行商讨。后来，组织在召开了各种会议后，围绕网络电子商务的征税双方的问题，通过谈判有了以下的共同点：税收要公平公正；最好是使用税务的现有制度，尽量不开征税新的税；不能因为电子商务的征税影响了电子商务向更好的方向发展，与此同时电子商务的快速发展也不能影响税收。在加拿大召开的会议中，会议的参加者为各个国家的部长和各个成员国中部分的消费者。在原有税法的基础上，此次会议再次延伸了电子商务税收政策。通过这次会议与《渥太华框架条件》有了以下共同点：网络电子商务的税收原则为传统的税收政策；让纳税人与非成员国有更多的了解，减少纳税人不必要的负担；不征收关于电子商务的关税；在消费地征收消费税等。

（四）世界贸易组织电子商务税收法律制度

世界贸易组织召开关于发展中国家的电子商务发展问题的商讨，政府要对电子商务的发展起到决定性的作用，对电子商务要进行轻微的干预，也要简化部分的税收程序，不要造成不必要的人员程序浪费。减少没必要的投入，提高工作效率。电子商务的发展不能因为电子商务税收政策的影响，对传统贸易的税收跟电子商务的税收要公平对待，不要增加纳税人不必要的税务负担，电子商务的税收政策最好是采用现有的征收税金的政策，这也是世界贸易组织对于电子商务的税种征收上的基础。他们认为税收牵涉多国家管辖权，这是贸易谈判中最难的，应该在关于税收管辖权和双重收税等问题再次深入讨论。世界贸易组织在很久以前就对电子商务对国际网络贸易的影响进行过研究，其中提出的特殊问题包括课税问题。在该报告之后，WTO 在一次会议上提出了《全球电子商务宣言》，包括了三项基本原则：对于电子商务征税的法规一定不能对电子商务的快速发展产生影响，公平对待传统贸易和电子商务贸易；稽查电子商务的征税流程和程序要简单公开，方便执行操作，减少纳税人不必要的负担；电子商务的征税政策要和税收的基础相结合，可以使用电子付费的方式，双方相结合，制定更适合自己的税收制度。

（五）对国外电子商务税收法律制度的简要评析

电子商务的飞速发展，是先进的网络信息交易代替传统商业贸易的一次重大革命。因为传统的商业形式已经渗透到了社会的各个角落，与我们的生活密不可分，所以推动与发展电子商务是一项巨大的社会工程。因为电子商务是依靠网络发展的，并且网络还不受地域的限制，所以电子商务也将成为一项国际上的重大工程。在这种情况下，在电子商务的不断发展中，各个国家会面临很多困难，如在制定法律法规上、在对企业的管理上或是培养人才等方面上。

世界上每一个国家想要发展电子商务就都必须遵守电子商务贸易准则，但是各个国家都有各自不同的法律制度、不同的经济情况、不同的政治情况、不同的文化差异等，因此想要更好地发展电子商务，各个国家不应该相互竞争，只寻求自己的利益，而是应该互相合作，将各个国家紧密地联系起来。

因为电子商务是世界范围的经济活动，因此对于电子商务的征税问题是一个国际性问题，这就让各个国家要通过互相合作来解决征税问题。电子商务通过网络，对外公开的网络贸易，各个国家的税务部门要相互连接与监督，将纳税人在境内或者境外的各种信息都要掌握，了解世界各个地区的有关信息与收集情报，将纳税人在各个国家的居住点都了解得一清二楚，以防范其逃税。就发展中国家而言，大多数国家都是进口信息技术与电子商务技术的，属于是消费电子商务的，所以很多国家都不赞成免征电子商务税。免征税收跟实行居民各自的管理权不符合税法的基本要求，无法适应电子商务的发展环境。而电子商务和网络经济处于领先的发达国家，希望用宽容的心态来制定电子商务的税收法律，有效地促进电子商务的快速发展。发达国家还分为不同的两类：一类像美国这样的对电子商务免税的，另一类是像欧盟这样征税的。

这两种电子商务征税政策的差异有着深刻的社会背景：各发达国家在科学技术与经济的不平衡发展，还有因为不同国情导致的各个国家在征税方面存在的差异。美国是电子商务交易中的卖方，其在计算机、网络、通信等方面处于绝对领先的地位，加之其实行的是以所得税为主的税制，因此大力提倡电子商务免税，并强调加强居民管辖权，促使自己成为电子商务的最大赢家。欧盟之所以不同意美国的全面免税政策，也是出于自身利益考虑。欧盟在高新技术和电子商务产业方面处于进口国地位，加上其实施的是以流转税为主体的独特的税务制度，要是免征电子商务税会损失大量的财政税收。所以，欧盟等国家希望征收电子商务的增值税，为防止此举动会妨碍网络贸易的发展，所以不征收新的税种。

各个国家选择电子商务的征税涉税的政策有很大的不同，有些不同甚至涉及选择性的问题。不论怎么样，各个国家的税收政策需要拥有下面的几项条件：一是征税的政策要对各个行业公平中立，对传统贸易和电子商务贸易要公平对待，一视同仁，不应该存在特殊对待，对电子商务不征新的税种，不能因此让电子商务的发展降缓。二是要实现公平税负的原则，即传统贸易和电子商务一样的税负，还要规避国家的双重征税。出于便于征管的原则，通过对互联网技术的要求和征税的成本要求制定电子商务的征税政策，降低征税的成本还有纳税人的缴纳成本，提高电子商务征税政策的可实行性。还有就是透明简单公开的原则，这个原则加大了推行税法的实施还有贯彻税收政策的理念，让纳税人更容易明白税收政策，税收政策简单、容易实行，方便纳税人履行他们的纳税义务，大大降低了纳税的成本。

二、国外电子商务税收法律制度对我国的借鉴意义

通过观察各个国家的电子商务征税制度，不难看出，发达国家不论是技术还是经济的发展都要优于发展中国家，所以发达国家跟发展中国家在电子商务的征税上采取了不同的法律政策。就算是在发达国家中，因为国家本身的国情存在不同，也存在着不同的差异。我国也应该在其中找到适合我国的税收。

中国是一个发展中国家，作为电子商务的输出大国，电子商务在中国迅速发展，贸易也是越来越多，政府征收的税款也在增加，现在各个企业也在随着网络经济的不断发展逐渐实现了网络化。截止到 2017 年，我国网民数量已经达到 7.72 亿人。电子商务与征税矛盾加剧。电子商务的快速发展加快了经济的增长，由于电子商务发展迅猛，政府的税收也大大增加。另外，电子商务目前的征收制度和征管的方式还不全面，也流失了一部分的税收。目前，我国还没有对电子商务专门征税，但电子商务的发展已经对我国现有的税收政策提出了严峻的挑战。

关于增值税方面，增值税是对货物在生产和销售及多种服务环节中的提高货物的价值或者是另外征收的流转税，是一种在国际上普遍都在征收的税。由于目前并没有针对电子商务企业缴纳增值税的专门规定，应当结合当前现有的一些条例跟实施细则进行征税。

增值税的征收存在的问题是：企业身份确认困难，难以确定有效的纳税主体。

确认企业的身份，对纳税人的身份的确认和税务部门要征收的增值税的税款尤为重要，税务部门要确认征税的主体之后再进行税收。在以往的传统交易中，经营者要在税务部门登记以后，才能开始接下来的营业活动，只有在登记以后，税务部门才能知道征税的主体和有关的信息资料，这是征税的基本根据。在网络电子商务中，网店在取得网址后便能在网络上进行交易，但是网店和网址并没有实体的存在，两者也没有一定的物理关联，就是说明在网址上税务机关无法确认纳税人的确切位置和身份，造成税款征收困难。尽管《网络商品交易及有关服务行为管理暂行办法》（国家工商行政管理总局令第 49 号）第三条对电子商务登记进行了规定：已经办理了企业营业执照的，要求纳税人在网页上公开证件的照片信息，但是针对此项规定，B2C 的企业为了逃税跟隐藏企业实体的信息的目的，也许能出现以下行为：

第一，部分以个人名义开设的网店开展在 B2C 的企业在网上以淘宝网等众多电子商务的平台用自己或者身边的亲属的名字注册的网店，开展个人对个人的销售业务，从而避免公布实体企业身份信息，利用目前税法个人网店管理的漏洞来逃避缴税。例如，2011 年发生在武汉的全国首单网店征税案例中的淘宝网店"我的百分之一"就是采用了这一方式逃避缴税。该网店实体店为从事生产经营服装业务的增值税小规模纳税人，通过利用个人身份信息注册网店销售女装隐瞒应税收入。

第二，利用不真实信息注册 B2C 网店。在各大电子商务平台上对各个企业注册 B2C 店铺要求各个企业提供各自的营业执照等能证明企业的信息，但是还是有不少 B2C 企业利用假的营业执照或者是已经注销的企业营业执照来注册网店以逃税漏税，税务部门不能了解到企业真正的实际收入。

第三，难以确定销售的收入，难以准确掌握计税依据。在 B2C 电子商务的环境下，由于对网店的监管较困难，企业隐匿销售收入的手段更加简单易操作。

有些为了隐匿销售收入而不开发票。在 B2C 的网络电子商务下，企业把商品直接提供给买方，卖方给买方提供低廉的价格，买方就不要发票。例如，淘宝卖家降低货物的价格来让买家选择不开发票，然而在这种情况下，买家以优惠的价格买到了商品，淘宝卖家也少缴税款，受到损失的则是国家税收收入。

隐匿交给电子商务平台的手续费。电子商务平台往往会从 B2C 企业销售的每一件货物收入上获取各种不同的费用，之后就将余下的货款退还给原来的企业，一些淘宝网站便会收取已经成交的货品交易手续费和一些管理的费用。我国的增值税计算依据是企业的销售总额，企业需要按照实际卖给买方的价格作为货物的申报来进行缴税。但是 B2C 企业在申报缴纳增值税时往往隐匿交给电子商务平台的手续费收入，仅对收到的剩余货款申报缴税，从而达到少缴增值税款的目的。

税务稽查缺乏依据，稽查工作难以有效开展，税收部门按照会计的财务凭证和报表来完成稽查工作，但是现在的电子信息发展迅速，网络交易的电子合同和电子单据取代了过去传统的销售合同和发票，电子交易目前处于无纸化，很多情况下都没有发票，稽查工作没有依据跟稽查方向。此外，只要有交易网站的管理权限，就很简单地更改电子交易中的数据信息，没有痕迹，给稽查税务工作增加了很多的难度。

没法明确数字化产品的征税对象，无法实行管理 B2C，也就是商家对顾客的网络电子商务中的一些数字化产品（苹果应用商店 APP Store 的软件）还没有统一规定的课税类别，由此出现了两个比较严重的问题：其一，对网络上的数字化产品是否要课税；其二，要如何确认这些数字化产品适合的税率。

营业税属于流转税制中的一个主要税种。2011 年 11 月 17 日，财政部、国家税务总局正式公布营业税改征增值税试点方案。营改增的最后三个行业的营改增方案也在 2015 年推出，不排除分行业实施的可能性。其中，建安房地产的增值税税率暂定为 11%，金融保险、生活服务业为 6%。财政部部长楼继伟在全国财政工作会议上表示，2016 年全面推开"营改增"改革，将建筑业、房地产业、金融业和生活服务业纳入试点范围。

财政部、国家税务总局关于嵌入式软件营业税的规定：① 单位和个人将网络游戏的软件创作的权利转给别人的，跟对方无论怎么结算，都要按照相关的文件规定执行。② 一些支持帮助过网络游戏运行和搭建的服务器，和完善了整个游戏的运行的企业及个人取得的能在游戏中使用的消费卡的销售收入，应该按照娱乐业其他游艺税目征收营业税。③ 对单位和个人代售游戏消费卡所取得的代售卡收入，请依照《北京市地方税务局关于对代理业征收营业税问题的补充通知》（京地税营〔2001〕507 号）文件中第二款"代售卡业务"的相关规定执行。

关于印花税方面，印花税是对经济活动和经济交往中书立、领受具有法律效力的凭证的行为所征收的一种税。因采用在应税凭证上粘贴印花税票作为完税的标志而得名。印花税的纳税人包括在中国境内书立、领受规定的经济凭证的企业、行政单位、事业单位、军事单位、社会团体、其他单位、个体工商户和其他个人。

根据 2006 年 11 月 27 日发布的《财政部、国家税务总局关于印花税若干政策的通知》，对纳税人以电子形式签订的各类应税凭证按规定征收印花费。但具体的征收方法，目前尚未有统一的规定。2008 年 9 月 28 日《国家税务总局关于个人通过网络买卖虚拟货币取得收入征收个人所得税问题的批复》（国税函〔2008〕828 号）规定，"对于以电子形式签订的各类印花税应征凭证，纳税人自行编制明细总表，明细汇总表内容应包括：合同编号、合同名称、签订日期、适用税目、合同所载计税金额、应纳税额等。纳税人依据汇总明细表的汇总应纳税额，按月以税收缴款书的方式缴纳印花税，不再贴花完税。缴纳期限为次月的 10 日之内，税收缴款书的复印件应与明细汇总表一同保存，以备税务机关检查"。

国务院发出通知，决定自 2016 年 1 月 1 日起调整证券交易印花税中央与地方分享比例。

国务院通知指出，为妥善处理中央与地方的财政分配关系，国务院决定，从 2016 年 1 月 1 日起，将证券交易印花税由现行按中央 97%、地方 3% 比例分享全部调整为中央收入。国务院通知要求，有关地区和部门要从全局出发，继续做好证券交易印花税的征收管理工作，进一步促进我国证券市场长期稳定健康发展。

第三节 我国电子商务税收法律制度构建对策和建议

随着信息技术的深入发展，电子商务正成为国际贸易往来的主要手段和途径，是 21 世纪全球贸易发展的趋势所在。我国要发展，要与国际接轨，必须顺应这一趋势。电子商务发展中的"灰色地带"是由法律环境不适应、不完善引起的，而良好的法律制度是税收的前提与保障。因此，完善我国的税法体系刻不容缓。从我国的国情来看，由于我国电子商务刚刚处于起步的阶段，所以在未来相当长的一段时间之内，我国在电子商务方面可能都处于消费国的地位。基于此，如何规范电子商务中的交易行为，特别是采取怎样的税收政策对我国税收主权的维护与经济利益的保障都会产生重要影响。现阶段，我国在电子商务税收法律规则方面几乎还处于空白状态，研究与制定电子商务涉税的法律规则，就成为现阶段我国税收立法面临的一项重要任务。电子商务税收立法既涉及国内税法的调整，又涉及国际法的适用；既涉及经济法，又涉及刑法、民法等法律部门；既涉及原有法律规范的完善，又涉及新规则的制定。由于能力有限，笔者只就其中某些方面的问题进行探讨，提出一点自己的看法。

一、明确电子商务税收法律制度构建的原则

法律原则是法律的指导思想，是法律精神的集中体现，任何一部法律都应该首先规定其法律原则，没有法律原则的法律不可能作为法律而存在。税法也不例外，也有自己的法律原则，税法原则是税法精神集中的体现，是指导税法创制和实施的根本规则，对税法立法有指导作用，是促使税法内容协调统一的保障。从电子商务税收规则的角度来看，电子商务税收法律的制定、修改以及完善，将直接影响和制约其自身的发展。而电子商务税收法律制度的构建，必须首先确立其应遵循的原则。国家税务总局提出，我国制定电子商务的税收法律政策应遵守以下原则：以现行税制为基础的原则，不单独开征新税原则，保持中性的原则，税收政策和税务管理相结合的原则，前瞻性原则，维护国家税收利益的原则。

结合以上分析，笔者认为，我国电子商务税收法律制度的构建应当遵循以下原则。

（一）税收公平原则

税收公平强调的是纳税负担在纳税人之间公平分配，禁止不平等对待。就电子商务而言，强调税收公平原则，就是指应保持传统贸易和电子商务的税负一致，做到对电子商务的征税公平合理，以免妨碍电子商务的发展。电子商务虽然是一种数字化商品交易，但是它并没有改变商品交易的本质，仍然具有商品交易的基本内涵。因此，按照横向公平原则的要求，纳税人无论采取电子商务方式还是传统方式，都应该负担同等的税负，适用同样的税法，这样才能营造公平的税收环境，才能符合公平竞争这一社会主义市场经济的本质要求。但我国作为一个电子商务的发展中国家，电子商务仍处于起步阶段，从纵向公平的角度考察，电子商务和传统商务在纳税能力上还存在明显的差别，如同等征税则会延缓或者限制电子商务的发展。

鉴于此，电子商务税收法律制度的构建，应当从税收横向公平和纵向公平两方面考虑。

（二）税收中性原则

这个原则主要基于曾经流行的"看不见的手"市场指导原则，并在20世纪末首先由英国新古典派的马歇尔提出，主要措施是国家收税时，在纳税以外，应该不能把额外的负担强加于人民。从电子商务的角度来说，税收中性原则，就是收取的税不能妨碍电子商务的普及与深度发展。电子商务相比于传统交易，可达到降低成本的目的，体现在税收政策上应给予支持，至少不能设置新的税种。如果那样的话，会造成人们对不同贸易方式的选择产生主观的排斥，因此，一定要保证课税过程的公平。

从前述有关国家和国际经济组织电子商务税收法律制度的分析来看，国际普遍接受税收中性原则。即改善现有的部分规则来适应网络交易，而不加新税，欧盟的"清晰和中性的税收环境"，也认可了美国对电子贸易的看法，更是一再强调税收中性原则在电子商务中的重要性，我国信息产业仍处于起步阶段，网络贸易的普及需要政府的支持，因此国家应给予一些优惠。

（三）税收效率原则

电子商务对税收效率原则提出了更高的要求。电子商务税收制度的制定，应当利用互联网普及型和一些基本属性特征，以加快税收征管体制的进化，以此来提高效率，同时降低成本，更加方便征税。

电子商务的税收立法，应当以易于操作为主要出发点。可以将税务机关、互联网络管理部门、工商部门进行联网办理业务，将登记、纳税申报、转账或现金缴纳税款等环节网络化，既能降低成本，还能提高办事效率。

（四）利用现有税收规则原则

针对传统商务建立的现行税收法律制度虽然受到了网络交易的质疑，但在根本上与传统商务相同，也就是说电子商务涉税规则的制定不需要对现在的制度做大幅度的修改，而应该对不适合的地方做完善。不仅能节约成本，还能与以往的方式连贯起来。当前，国际上对此已经形成了一致的看法，《全球电子商务选择性税收政策》指出，运用现有的规则，对其修改和完善，是可取的方法，欧盟部长理事会也基本持相同看法。针对这种情况和趋势，在制定相关税收政策法律时我国可以予以借鉴。

（五）维护国家税收主权原则

税收是国家主权的一部分，网络交易呈现国际化趋势的交织局面，而税收多国之间一同分享，各国税收交汇于一处，导致了税基的国际性和税收利益分配冲突问题。这就需要在国际层面上建立起协调与合作机制，使各国之间能够公平收税，同时可以避免多重计税，促进电子商务发展和普及。由于网络经济和高新技术相对落后，使得我国在电子商务领域将长期处于完全进口国的地位，在税收方面，目前对我国影响最大的就是税收管辖权问题，这也是直接关系到我国税收利益的核心问题。发达国家，如美国处于电子商务输出国地位，因此大力提倡居民管辖权，这势必会损害发展中国家的利益。作为最大的发展中国家，我国在进行电子商务税收立法时，既要考虑到协调合作，积极参与国际税收规则的谈判，又要维护国家的主权和税收利益，应坚持收入来源地税收管辖权优先的原则，以最大限度地保障本国的税收权益。

二、我国电子商务税收法律制度构建的几点设想

由于电子商务的虚拟化，它把商品交易的各个关节都进行了改变，大大地改变了交易的形式，在税收问题上，它需要对交易场所、单据等进行确认和核对，给税收工作带来相当大的困难。并且与网上支付、网上广告等不同的是，对电子商务运用有效的税收策略，必须同时需要有力的监控和强制性方法，这些又提高了公平税收的难度。但这不是要我们抛弃现有的税收法律制度或者重建一套针对电子交易的税收法。根据对电子商务的以上分析和现实情况，笔者认为未来对于电子商务税收立法的建立与改进重心应当是对现行税法的相关概念、范畴、原则和条款进行修订、补充和调整。

（一）重新界定电子商务中的税法基本要素

（1）电子商务中，由于交易对象的数字化，使得交易对象的性质不易确定，突出地表现为商品交易、劳务提供、特许权交易的区分与认定。这直接导致了征税对象不能确定，导致了不能恰当地使用哪一种税收规则，因为这是税收规则的基本构成要素，是相互区别收税的依据。所以，必须要对征税对象恰当地确认，正确地定性电子商务中数字化的信息，对于税收非常重要。

在电子商务中数字化的交易信息定性方面，美国和欧盟都进行了分析和研究。美国对著作权的基本权利进行了全方位的界定，把计算机软件交易分为两部分：一种情况下是交易著作权，另一种情况下是交易著作。可以看出，对于著作权的贸易应该当作是卖出了特许权，著作视为商品。《范本第十二条的注释关于软件支付的修订》指出，对于网络程序类交易的性质问题，取决于使用人从该交易中获得的权利，使用人所取得的权利是著作权，而这本来仅属于著作本人，所以应定性为使用权的交换。

（2）法律规定，转让无形资产应当向其机构所在地主管税务机关申报纳税。若将计算机程序等商品当作无形资产的交易，那么外国企业销售的软件，则不需要纳税。这会使国内同行业在国际竞争中处于下风。欧盟的"增值税第六指令"中将各种服务性的纳税地点定为使用者所在地。参考这种做法，我们也可将无形资产的交易纳税地点改为劳务接受者所在地，在产品或劳务的消费国征税，也就是说供应方所在的国家征税。

（二）完善电子商务税收征管制度

（1）必须将纳税登记的制度进行改进，才可以消除电子商务中的纳税登记困难。企业开展网上交易的同时到税务主管机关进行专门的税务登记，这就要求国家建立和完善电子商务税务登记制度。通过采用相关的规则，使得企业在电子商务过程中，每笔交易记录都能够自动地处理，税务机关据此收税。同时，为了实时了解企业的电子交易活动的详情，税务机关应设置包含各个企业的贸易信息数据库，加强与网络服务系统和银行系统的信息共享，对电子商务实行有效的和全方位的监控。只有这样，才能完善电子商务经营者的税务登记制度，才能保证税源和打击网上偷税逃税。

（2）由于没有实物凭证，使得电子商务中的传统税收方式失去根基。在电子商务的实际进行中，由于很少有纸质发票，导致收税部门没能得到征税的必要信息，目前应该设立电子发票的跟踪方式。将发票采用电子化的途径，纳税人的电子发票可以网上传递给税务机构，同时国家机关和各个机构也可以通过电子发票对交易实况进行有效的监督，这样可以通过使用电子发票来推进网络交易的普及，同时给传统税收征管的改革提供动力。税务机关对企业申领的电子发票必须加防伪码，任何人交易必须有电子发票，并向银行系统发送邮件，才能进行交易款项的电子结算。除此之外，还应对票据法等相应规则补充，确保电子发票的作用。相应地，统一电子发票的内容标准，普及电子发票能够广泛地使用。对电子商务实行存档制度。在电子商务中，应当对纳税人保存电子账簿和记账凭证做出标准。税务机关应规定一套完整的记账方法，要求电子商务纳税人对网络交易进行会计记录，并将大量的业务记录通过电脑自动保存，包括电子订单、电子合同、发货记录、信用卡使用记录等，纳税人在纳税申报期内将相关资料交予税务机关保存并传送备份，完善税务机关对纳税人进行电子商务交易的资料收集工作。

（3）对税收管辖权中常设机构的重定义是一项重要标准。这是一国对非本国公民在本国交易时采取的收税手段。采用管辖权为标准，来协调跨国营业所得征税权的问题，也避免了重复征税。

（4）电子商务中税务稽查的完善。应当赋予税务机关更多的税务稽查权，并且税务部门应该对网上支付进行适时跟踪，在实际操作中，可以通过银行的业务结算进行。同时，可以对物流进行部分的或者全部的跟踪来保证收税。最终，达到完善《会计法》等相关法律，完善金融和商贸立法的目的。

第十章　网络著作权与知识产权问题

第一节　网络著作权问题

一、网络著作权的概述

（一）版权的概念

版权是对计算机程序、文学著作、音乐作品、照片、电影等的复制权利的合法所有权。除非转让给另一方，版权通常被认为是属于作者的。大多数计算机程序不仅受版权的保护，还受软件许可证的保护。版权只保护思想的表达形式，而不保护思想本身。算法、数学方法、技术或机器的设计均不在保护版权的行动之列。

（二）网络著作权的概述

网络的著作权，指的是网络上，著作权所有人对受著作权法保护的作品，该作者以及作品在网络这个大环境下，该作者所享有的著作权权利。基于这个论述，网络的著作权包含了两个重要的含义：第一层是指，与传统作品相比，被上传至网络的传统作品，该作品的著作权人所应该享有的权利，在这里特指的是"信息网络传播权"。《著作权法》在2001年被修改，这次修改依据的是实践中产生的新的急需解决的问题，增加了十多项规定，这些规定增加在第十条关于著作权的具体的所有权利的形式中，其中有关"信息网络传播权"的规定是第十二项，该项规定认同了传统过程中，传统著作权在电子等网络环境下应该享有的同等的受保护的地位。第二层指的是网上的一些数字作品的著作权人所应该享有的相应的权利，如复制的权力、发表的权力、署名的权力、发行的权力等相关应该拥有的权利。

二、网络著作权主要涉及的法律问题

（一）计算机软件纳入版权保护中，给软件提供更加及时和完善的保护

因为著作权保障的不单是文学作品作者的权益，而是广义的智力劳动成果，而计算机软件是智力劳动成果的一部分，所以对其作者也予以相应的保护。

作为软件的保护最根本的法律形式，著作权法主要拥有以下优势：

（1）计算机的应用软件是具有和传统作品一样的"作品性"，使计算机软件容易成为著作权的保护对象的是因为，计算机软件具有的一些表现的形式以及其易复制性的特性，这些

特性都和传统上的"作品"极为相同，就像侵犯软件所有权利的方法也极为相同，也主要是复制、抄袭等手法，所以计算机软件被大家同意纳入著作权法的保护对象是一件极其合适的、合情合理的事情。

（2）著作权法中保护著作权的法律权利的自动保护原则可以被这些软件主动地获得，这些优势可以使得软件不需要通过申请等法律规定，就可以得到相应的法律保护，这大大地减少了软件的开发者的时间及其成本。

（3）几乎所有的软件都能符合著作权的保护标准而受到保护。著作权法中的著作权对软件的保护范围相对其他保护的范围比较宽，著作权法对软件的保护标准也很松懈，仅要求软件只要具备了形式上的独创性就可以保护，就是只要这个软件由开发者自己创作，即便是和其他人差不多，但这也可以受到著作权保护法保护。这样的要求使得大部分软件都符合要求，这就让著作权保护成为一纸空梦。

在《欧洲共同体关于计算机程序法律保护的指令》（1991）中对软件独创性有明确的规定，就是只要是开发者凭借一己之力开发完成的软件，就可以享受法律的保护，我国也是这么规定的，所以这就体现出著作权保护法的重要性。

（4）利用著作权法保护网络软件，有利于平衡计算机网络软件发展中的各种权利。由于著作权只保护了计算机软件的表达或者表达形式，对软件的内涵、思想以及想法没有保护，这就为开发者借鉴已有思想有了很大的帮助，方便开发者们借鉴前人的思想，有利于软件的创新、优化和发展，同时避免了对计算机软件的"过度"保护。"表达与思想分离的原则"对维护计算机网络软件的健康发展中"保护"与"创新"的平衡起到了很大的作用，对整个软件技术产业的快速发展具有特殊的意义。

（5）伴随着信息全球化趋势的大大增加，著作权保护为了大力适应国际化的趋势，计算机软件也日渐呈现出其国际化的特点。世界上各个国家大多建立了计算机软件的保护制度，如《保护文学艺术作品伯尔尼公约》《世界版权公约》等国际条约吸引了世界上很多国家的加入以及签署。因此，计算机软件比较容易获得国际化的著作权保护。

（二）网络服务商侵权问题

受著作权法保护的有很多，在网络中的许多信息，如果没有著作权人的同意或授权，而将作品放置在网络上展示，都是侵权行为。而在网络中，行为都必须有网络服务商技术方面的支持。这样，网络服务商对于侵权行为是否需要承担法律责任成为一个新的问题。笔者认为，在不同情形下，网络服务商应当承担的法律责任是不相同的。

案例 10-1

纪录片《舌尖上的中国》和电影《寒战》等视频未经著作人的允许，自己将这些视频放在网络上传播。日前，上海市第一中级人民法院就上述两个影视作品与土豆文化传播有限公司之间侵犯互联网信息传播权的两起纠纷，对央视国际网络公司和安乐电影公司做出判决，土豆公司均须支付侵权赔偿金，赔偿央视国际 248 500 元和安乐公司 125 000 元。

香港电影《寒战》在 2012 年上映十余天之后，它赢得了创纪录的 2 亿票房，后来又获得了许多奖项，如第32届香港最佳影片奖。但是这部电影只上映了十几天，并且出现在土豆网上供任意分享。安乐公司，这部电影唯一的国内版权所有者，起诉土豆网络运营商土豆文化传播有限公司。一审法院认定，土豆公司侵权成立，判给经济损失12 000元，合理费用5 000元。

安乐公司不服一审判决，提起上诉。上海一中院在二审时认为，《寒战》一片具有较高的市场价值和知名度，安乐公司在上市前已发出律师信函，而整个土豆公司没有采取相应措施，主观过错程度较大。被指控侵权的影片在影院流行时，在土豆网上传播，这势必会对影片的票房收入产生一定的影响。在播放涉嫌侵权的视频之前和期间，全土豆公司通过播放广告获得了利润。本院原判决土豆公司赔偿经济损失12 000元明显过低，减为经济损失12万元，加上合理费用共计125 000元。

纪录片《舌尖上的中国》共计七集，自2012年中在央视一套开播。央视国际网络有限公司作为这7集纪录片著作权的独占被许可人，享有《舌尖上的中国》的信息网络传播权。然而播出仅一周左右，已能够在土豆网上搜索到播放链接。央视国际区取得证据后，将土豆公司告上法庭，起诉侵权并赔偿85万元，一审判决全土豆公司赔偿央视国际公司经济损失及合理费用24.8万元。

1. 案例分析

上海一中院自两年间审结的三百多件著作权纠纷案件中，信息网络传播权纠纷为一百多件，其中大多涉及视频分享网站，占信息网络传播权纠纷案件总数的八成以上。对于这样一些案件，民事大多由网站的所有者承担。但是，与之相反的是，认为人民法院在赔偿力度上太小，一直存在侵权的代价太小，赔偿以及付出的代价不够大的声音不绝于耳。上海一中院通过分析这些案件发现，人民法院在认定赔偿金额时，赔偿的力度以及付出的代价上不能有效地反映出侵害的程度，法定赔偿没有全面地考虑各种因素；并在视频网站一直作为被告的事情来看，人民法院确定的赔偿金以及代价不能有效地制止侵权的行为。因此，有必要适度提高赔偿数额，以确保真正能弥补版权所有人的各种伤害，又能充分发挥侵权行为法的制裁和指引功能，回应社会各种各样的呼声。

在央视国际就《舌尖上的中国》诉全土豆公司侵权一案中，法院充分评估了此片在独创性、艺术性以及受众影响力等方面的意义和价值。而在安乐影片公司因电影《寒战》诉全土豆公司案中，法院也对该片的市场价值和知名度、土豆网在影片热播期传播的主观过错程度、被控侵权视频在土豆网的较高点击量、80余天的持续时间对影片的票房影响，以及全土豆公司通过广告投播获得收益等给予全面考量，最终在原审基础上大幅提高了赔偿数额，旨在加大对侵犯知识产权行为的司法惩处力度，提高侵权代价，促使视频分享网站规范传播行为，实现影视作品的著作权人、作品的传播者以及社会公众三方的利益平衡。

2. 法律根据

新修改的《著作权法》确立了作者的网络传播权，即赋予了作者对其作品在网络传播中的专有使用权。因此，在视频所有人没有允许的情况下，不允许在网络上随便发布别人的视频。但时事新闻是个例外，因为它涉及公众知情权和公众利益。

根据《著作权法》及《最高人民法院关于审理涉及计算机网络著作权纠纷适用法律若干问题的解释》，对于新闻这种实时性较强的载体，如果在网上转载、摘编，就要向作者支付稿酬并且注明出处，否则构成侵权。网络服务商如果知道这种行为的存在而不加以制止，需要承担连带责任。

根据我国《著作权法》第 32 条规定：作品刊登后，除著作权人声明不得转载、摘编的外，其他作品可以转载，但应当按照规定向著作人支付报酬。互联网可以不经过许可使用，同时要支付报酬。

土豆网作为网络服务商，转载视频资源增加浏览量，未经同意转载《舌尖上的中国》和《寒战》等影视视频作品，吸引了大量的流量，但是没有赋予作者报酬，故要承担相应的责任。

3. 网络服务商侵权出现一般的问题

（1）不明确哪些主体参与了版权保护的组织。目前网络版权保护基本还是个人行为和企业行为，其中企业多出于商业利益考虑，个人维权的成本又太高，使得权力行使太麻烦或花费太大而得不偿失，网络版权的保护效果有限，也不利于尊重版权意识的培养和提高。

（2）网站知识产权侵权多为主动性侵权，即网站转载别的网站或他人的作品既不注明出处和作者，也不向相关的网站和作者支付报酬，这就同时侵犯了著作权人的人身权和财产权，因为大多数网站都是营利性质的经济组织，利用别人的劳动成果为自己牟利而又不支付报酬，其非法性显而易见。

我们可以发现，这种情况大量存在着，很多网站把属于别人的软件、文章、图片、音乐、动画拿过来放在自己网站上供用户浏览、下载，以此向用户收费或者吸引广告主的资金投入。当然，侵权人是否以营利为目的并不影响网络知识产权侵权的构成。

4. 网络环境下著作权侵权的表现形式

从分析来看，侵权行为分为三种典型的形式：① 网络作品著作权被传统媒体侵犯的行为。将网络上的一些内容私自下载到报刊等媒体上发表，而未经所有人的同意，从而网站对传统媒体进行上告。② 网络侵犯网络作品著作权的行为。这类侵权行为多表现为第三方网络转载而没有经过网站等权利所有人的允许，从而导致成为被告。③ 网络侵犯传统媒体作品著作权的行为。比如，私自将出版的载体数字化并上传于网络中，并且没有得到版权所有人的允许，侵犯了版权所有人的权利。

这三种侵权行为分别包含了破坏作品的完整性和违法破解著作权人利用有效技术防止侵权的行为，对具体的情况需要分别对待。对于第一种，如果能证明版权所有人，就可以认定侵权行为，并加以惩罚。而后两种涉及较多的技术方面的问题，通常涉及网络提供商。

5. 网络著作权保护

（1）保护的法律依据

网络作品具有作品的三个构成要件：第一，该著作需要是作者人格的延伸，需要作者输入情感以及汗水；第二，作者独立完成的，具有作者独立性；第三，它能够以固定和表现通过某种物质形式，即任何自由上载到互联网的文件必须输入到服务器的硬盘上。这种固定的结果，能够被网络上很多人自由地上传与下载（或用磁盘拷贝或直接打印到纸张上）的。它不仅具有传统著作权作品的基本特征，也完全符合《著作权法实施条例》第 2 条对受保护作品所做的解释："著作权法所称作品，指文学、艺术和科学领域内具有独创性，并能以某种形式复制的智力创作成果，理应受到法律的保护。同时，这种保护也与国际上对网上作品版权保护的潮流相符"。根据 1996 年年末通过的《世界知识产权组织版权条约》（WCT）的规定，网络上的作品享有著作所有权。

（2）保护措施

① 技术措施。网络作品的很多权利都是保护源于技术，发展于技术，也受制于技术。技术的发展为侵权以及保护提供了理论上的可能性。充分体现技术的保护功能，要加快技术的发展，让技术真正成为权力保护的有效途径。通过开发防火墙技术、信息加密技术、水印加载技术、CA 认证技术等，有效地保护权力所有人的各种权利，保护著作权人的这种权利以及各方面的安全性。

② 法律手段。通过法律手段来加强网络著作权保护是著作权保护的核心。一是加强人们的法律意识，增加法律体系。二是完善现有的体系。三是要增加新的方面，通过快速地增加条款，保护作者的所有权；既可以通过对传统著作权保护做出网络方面的解释，又可以进行互联网作品保护的专门立法。我国先后出台了《计算机信息网络国际互联网管理暂行规定》《关于制作数字化制品的著作权规定》，修改了著作权法，最高人民法院也做出了相应的司法解释，为网络各种权利的保护提供了有效的依据。四是要加强网络执法，提升法律地位，维护法律权威。增加网络侵权的打击力度，采取审查准入制度，实施跟踪监督，制止侵权行为的发生。同时，要依法规范网络主体的责、权、利，确保涉网各方的利益平衡与作品的合理使用。在网络空间中，作品权利人、网络服务商、传统媒体、网络用户都是网络主体。著作权人要求拥有作品的绝对专有权，而权利的相对性又不能容许它无限扩大。法律在保护著作权人的各种权利的同时，也要"为权利的行使设置边界，为权利人的行为划定篱笆"，调节网络之间的各种矛盾，合理使用网络作品。

当网络作品著作权受到侵犯时，我们还可以采用行政救济、仲裁救济和司法救济三种途径对其损害予以补救。

（三）网络链接侵权问题

1. 网络链接行为是否构成侵权

网络上的作品只要具有原创性就要受到法律的保护，但是，超链接是否侵权还有很大的争议。

持网络链接行为不构成侵权这一观点的人认为，首先，从实际效果上看，链接大多是开放的，为用户提供了一种便捷的途径去获得一定的内容。另外，对于被链接网站而言，他们也希望很多人访问自己的网站，不然自己的网站也是没有价值的。链接只是提供了一种途径，并没有真正地复制网页，用户进入链接后，网页是否有价值，是否值得复制，是用户本身的问题，所以设置者也就没有真正地侵犯被链接网站的任何权利。其次，从技术上来分析，链接是否复制了原网页，服务器上是否具有原网页的内容，并且用户可以复制。用户浏览的信息并不经过链接者网页所在的服务器而直接传达到用户终端，链接只是提供了一条通向被链网页的通道。因此，链接像是一个通道，就像马路一样，任何人都可以通过，所以链接不应该受到著作权的约束。

持网络链接行为构成侵权这一观点的人应从这几个方面来认定侵权：首先，从链接行为上，设置者虽然没有复制别人的东西，但是用户可以通过服务器观看到其他网站的内容，这就是一种变相的复制情况；其次，虽然设置者拥有该内容的观看权利，但是通过设置链接，从中牟利，侵犯了网页所有者的利益，至少原来的网页广告观看量是减少的，从而损害被链网页著作权人经济收入；最后，设置者通常是故意设置该链接的，这种行为对设置者来说，明知道设置链接侵犯了原网页所有者的利益，但是依旧这么做，在法律上这是禁止的。

总之，网络链接作为网络的核心技术，使人们能够快速地得到想要的内容，而那些认定一切链接行为都为侵权的观点非常错误。同时，也应当认识到，我们生活在法律世界里，我们的一切行为包括链接都应该受到法律的约束。为此，在判定链接是否侵权时，应综合分析被链接对广大群众的意义，链接设定的目的以及各个方面综合考虑。

2. 网络超链接侵权问题的技术方面解决对策

网站所有者可以运用一定防范链接的技术措施，来保护自己的权益。

（1）合法的用户才可进入并访问的技术

实行 VIP 会员制度，网站主人可以将主页以外的位置设为会员制度，付费会员才可以进入。除此之外，第三方链接进来的用户会要求注册。使用密码技术，对于某些特定的网页，必须输入密码才能访问。

（2）地址控制技术

使用 IP 控制，该技术可以有效地控制进入的用户是否是需要的用户，这种方法常常用在文献数据库中，并且保证想要来的人能进来，非法的入侵是不可能的。使用动态的电子地址，这种方法就是底层的代码一定时间内更换一次，这种方法常常应用于一些网站中。

现死链的现象，增加了深层链接的难度。

（3）保证网站完整性的技术

.使用 ASP 技术，这项技术让所有的超链接都链接到主页上之后，再传送到固定的链接上，这就大大保证了主页的完整性，保护了著作权。

使用数字水印技术，这一项技术最基本的功能就是让用户知道某个东西的根本来源，也是应用最广泛的技术。这项技术一定程度上可以有效地防止盗版的出现。

（4）秘钥配送技术

这是一种销售数据信息的平台，秘钥可以将一切的商品信息变为密码形式展示出来，并安全稳定地送到已付费的用户手中，用户利用互联网将钥匙接收并且复原回原来的样子。

第二节　专利权

一、专利权的概述

（一）专利权含义

专利权（Patent Right），简称"专利"，是发明或者制造人或其权利受让人对特定的发明创造，这些人群在一定期限内依法享有的发明创造占有的实施权，是传统知识产权的一种。这些权利包括专利产品的生产、使用和销售等权利，专利通常包括三个含义：① 专利权以法律的形式保护发明人在一定期限内享有对其发明创造的专有权；② 受到专利权保护法所保护的发明和创造等行为；③ 专利文献专利法中所说的专利主要是指专利权。

（二）专利权的法律特征

1.专有性或独占性

专利权人对其获得专利的发明创造，享有专有或独占的权利。除了法律有其他规定的情况以外，没有经过专利所有权人的认同，任何人不得以生产经营目的生产、利用、许诺销售、销售、进口这些未经许可的专利的产品，或者使用其他的专利方法以及使用、销售、进口依照该专利方法直接获得的未经许可的专利产品。否则，就侵犯他人专利权，应依法承担侵权的法律责任。

2.地域性

在某一国家依照该国专利法取得的专利权，仅在该国法律管辖的范围内有效，受该国法律的保护，在其他国家没有法律约束力，不能得到他国的保护。要想在其他国家也得到专利保护，必须依照该国的法律向该国申请专利，取得该国的专利权。

3.时间性

专利权仅在法律规定的期限内有效。一旦期限届满或者因出现法律规定的提前终止事由而被公告终止，专利权人对其发明创造享有的专有权即行消灭，该项发明创造即成为社会公共财产，任何人均可无偿利用。

4.法定授权性

专利权不是基于发明创造的事实自动产生的，而是由国家专利主管机关依法批准授予的。发明人或者设计人须向法定的国家专利主管机关提出申请，经专利主管机关依法审查合格后，授予其专利权。

二、专利权主要涉及的法律问题

（一）计算机软件能否成为专利制度保护的客体

● 案例 10-2

2014 年起搜狗两次起诉百度输入法侵权

第一次诉讼涉及 8 项专利，第二次诉讼涉及 9 项专利，前后两次系列诉讼的涉案专利数量多达 17 项之多，搜狗要求百度赔偿 2.6 亿元，其中就一种向应用程序输入艺术字／图形的方法及系统的专利向百度索要 1 亿元的天价赔偿。百度方面已经对两次诉讼涉及的 17 项专利提出无效请求。据了解，国家知识产权局对于部分涉案专利做出了明确判定，其中大部分专利为无效专利，但是判定名为一种中文词库更新系统及方法、一种输入过程中删除信息的方法及装置、一种用户参与智能组词输入的方法及一种输入法系统、在中文输入法中回复候选词顺序的方法及系统的专利四项技术专利均为搜狗公司的有效专利，百度输入法涉嫌侵权。

但是其中的大部分专利为无效专利，其中就包括一种向应用程序输入艺术字／图形的方法及系统的专利。这就意味着百度将不必面临天价赔偿。

1. 案例分析

（1）计算机软件能否成为专利制度保护的客体。我国《专利法》第二十五条规定，有关智力方面活动的规则条款没有专利的权力以及第二条款。"发明是一种产品的创新、对技术进行优化改进方案"，计算机程序包括智力和技术属性，但在我国法律规定中却缺乏对"技术"进行一个明确的定义。这导致需要申请专利的计算机软件会受到专利保护的待遇。在 2006 年 7 月 1 日起生效的中国专利《审查指南》中明确将计算机软件列为保护的客体。所以，首先要明确的是搜狗输入法中所包含的技术是受我国专利制度保护的客体，百度输入法盗用了搜狗的技术，属于侵权行为。

（2）计算机软件专利化存在的问题。虽然百度的确存在侵权行为，但是需要注意的是搜狗虽然声称百度侵犯了其多达 17 项的专利，但是其中大部分被国家知识产权局判定为无效的专利，只有四项专利被判为有效专利，究其原因有以下几点：首先，搜狗涉案专利的新颖性和创造性存在问题，就拿其中一项专利来说，一种用于将艺术字／图形输入到应用程序的方法和系统，用于显示专利已通过输入方法平台将应用程序中的一个或多个艺术字符／图形公开地输入到应用程序中，这种属于应用程序。

对于这方面的知识来说，这代表着专利人（搜狗）的声音。专利侵权案件中所需要安排解决的技术方面问题，就是利用在申请日前公布的现有技术来解决的。专利权并不会具有专利法意义上的新颖性与创造性。此外，在试用时，要注意是不是已经有其他的输入法在 2006 年之前就已经有了类似的特点，这已经成了检验搜狗输入法专利是不是在新颖方面有所创新的新的标准。百度在法庭上说，在申请日期之前，紫光等输入法在文字输入方面已经有了一部分的运用。另外，百度还说，在关于输入法这一方面领域当中，将艺术字符／图形输入到应用程序这种输入方法，在相关平台上其实是特别常见的一门技术。这样的专利，如果继续保持的话，将会阻碍整个输入法产业的改进与发展。

其次，涉案专利文件的撰写影响了专利的有效性，还是以"一种向应用程序输入艺术字／图形的方法及系统"专利来说明。

① 修改超范围。专利权利人在权利要求以及说明书中均增加了"通过输入法平台进行以下步骤"及"接收到键盘的按键消息后"技术特征，但是上述的技术特征均没有在原始权利要求书及说明书文字记载的内容以及说明书附图中能直接地、毫无疑义地确定出来，因此这样的修改是不允许的。

② 缺少必要技术特征。其中要求建立键盘消息编码与艺术字样式的映射关系，但是未限定实现艺术字样式是如何获得的具体技术手段；"接收到键盘的按键消息后"之间的步骤是如何实现的具体技术手段，因此缺少解决涉案专利发明目的所不可缺少的必要技术特征。

③ 得不到说明书支持。专利权利要求书中有多项存在权利要求得不到说明书支持的问题，其中一项限定技术方案为"所述艺术字样式通过预存储方式获得或者通过预置算法获得"，所述预存储方式及预置算法均为功能性限定，本领域技术人员不能明了此功能，还可以采用说明书未提到的其他替代方式来完成，并达到相同的技术效果。

④ 权利要求保护范围不清楚。其中一个权利要求中未限定存储单元、编码接收单元、艺术字匹配单元以及输出单元之间的连接关系，导致本领域的技术人员也不能清楚界定权利要求的保护范围。涉案专利的专利文件在形式上存在严重缺陷，而且通过以上分析，涉案专利也不符合授予专利权的实质性条件。根据专利法的规定，权利要求书是发明和实用新型专利申请文件里面最重要的一部分，而权利要求书的质量将会对能否受到专利法的保护以及受专利授予的专利保护的程度产生很大的影响，两者关系紧密相连。

2.法律完善之处

（1）建立科学的专利审查标准

受计算机软件在"三个特点"考试中面临困难的影响，法律在建立科学的有秩序的相关标准方面应该特别注重。首先，有关方面的审查与监督应该落到实处，同时落实比较宽松柔和的考试标准。尽管对于判断软件是否可以投入使用并不容易，但所能做的就是放宽专利，而不是减少其理念所造成的不必要的损失，从而达到良好的效果。因此，只要软件在将来有一段时间需要在现实中投入使用，并且具有较大的可能性，那么就可以进行检查。从创造性和新颖性方面来看，能够很清楚地看出实践性考试的缺点。将中国专利审查指南定义的创新发明与现有的技术相比，该发明明显有了实质性的进步，并有了自己显著的特点。计算机软件的创造性应该采用较高的标准。首先，发明专利的前提是一定要富有创造性。这一基本前提不能轻易改变，否则不会成为专利法。其次，专利保护权所指的是保护核心技术，而不是相关领域的所有技术。换句话说，专利保护与技术的"质量"有关，而不是"数量"的积累。为了降低专利保护方面的创造性标准，计算机软件会放宽限制，从而导致专利保护失去了原有的意义，同时也阻碍了专利保护门外的浑水摸鱼。

（2）要建立灵活的保护范围

具有技术特征的计算机程序应纳入专利保护范围。计算机软件与算法是不一样的，不能分为智能规则，只要计算机软件具有技术特征就应该是专利保护的对象；还要确认计算机软件的哪些部分和组合是受保护的对象，应该建立一个标准体系。不同的软件程序段可以根据重要性和独创性的程度划分为优先级，相应的结构系统可以划分为优先级。根据优先级的比较，需要对软件进行识别和保护，并根据范围对软件进行保护。该标准比较了其他软件的侵权或专利申报。

（3）缩短审查周期

计算机软件的升级优化速度非常快。短短几年的时间，它可以从峰值直接降低到底端，直到被淘汰。

在时间限制内，专利的审查时间太过于繁重复杂。如果审查时间太长，会使专利方面的保护失去效果。所以，可以提前利用计算机软件对相关资源进行审核统计，形成一个数据整齐的文件，然后减少审查的时间，提高效率，从而获得盈利和效益。

（4）为了减少计算机软件的专利保护时间，它的专利保护期需要与生命周期相互匹配

专利权的期限在中国是设为20年。然而，20年很明显地超过了它的生命周期。这种长期的保护，不但使失去生命力的计算机软件仍然处于专利保护中，造成社会资源浪费的局面，也会使真正的核心软件技术没有办法与公共领域相融合，这对公共图书馆的长期发展造成不利影响。同时会损失集成电路的利益。所以，设立一个特殊的保护期来适应其生命周期非常重要，从而达到灵活的保护效果。系统软件的生命周期一般在 5 ～ 10 年左右，笔者认为，系统软件的保护期可以设为 10 ～ 12 年，相关应用软件的保护期限可以设置为 3 ～ 5 年。

（二）互联网的广泛性和开放性对专利"三性"（新颖性、创造性、实用性）中的"新颖性"特点提出了挑战

专利的新颖性是指该发明或实用新型不属于现有技术，也没有任何人就同样的发明在申请日前向专利局提出申请，专利局应该在申请之后及时地对申请内容和文件进行记录。满足新颖性成为被授予发明创造专利权的基本要求。伴随着互联网的普及和推广，其广泛性和开放性形成资源的共享和互动，使得人们可以方便地通过网络传播信息或检索信息，这对专利的新颖性特点提出了挑战。部分国家已经在互联网上发布了他们的专利文件，并进行内容阐述，许多科学论文已经在相关互联网上发表并可供检查和借鉴。另外，大量的文章资料利用互联网这个平台传播。这对专利搜索会形成无法避免的影响。换句话说，因特网上的信息可以被当成第一技术并且有权利对专利申请进行否定。而如果在申请专利之前在互联网上的披露会使其应用的发明失去其新颖性。

将网络信息作为判断专利是否具有新颖性的标准和条件所具有的现实困境：尽管中国已经确定了开放的网络信息发布建立在对专利的新颖性的基础上，但是，在对专利新颖性进行审核时，要考虑因特网上公布信息内容的实际问题。它必须以技术和法律为基础和前提来进行解决。

（1）由于网络上的信息数量太过庞大，专利审查人员没有办法对其进行全面查询。尽管

在过去的检查过程中使用了互联网检索等新的方法，然而由于互联网上的信息量巨大，专利局审查人员还是很难对其在有限时间内进行全面搜索。

（2）网络通信具有交互性的特点。任何网络用户都拥有接收机和发射机两个身份。网络用户不但可以接收外界的相关信息，而且还可以进行修改、删除和破坏所接受的信息完整性。而使用这种方法，专利审查具有不稳定性，是不准确的。我们必须对网络信息进行规范化，防止对网络信息的破坏和随机修改。与此同时，专利审查的程序和内容也应该给予规定。

（3）从法律方面看，各国的专利法没有不承认互联网检查带来新办法所带来的影响，但是它并没有安排具体的实际措施。这导致了当条件不可用时，审查人员可以使用手段和方法用来逃避。

（三）专利的电子申请方式中涉及的法律问题

专利电子申请是以电子文件为形式，以国家知识产权行政机关作为对象，向上提交专利申请的。而传统的实践以纸质文献为基础进行工作。

俗话说，一流企业以标准为靠山，二流企业以技术为基础，三流企业以产品为主打，而上一代企业是以劳动力为基础。在美国、日本、欧盟等专利大国或地区，大型的企业不仅参与制定行业标准和游戏规则，而且还从事专利许可交易。虽然我国企业的专利许可量逐年增加，但对于大多数中国企业来说，专利权仍然是一个陌生而遥远的领域。不管是电子专利还是传统的专利，所面对的问题其实一样，主要还是以下几个风险：第一个是专利许可边界模糊，埋下争议隐患；第二个是专利许可合同未登记，引发效力争议；第三个是收费计算约定不明，引发收费争议；第四个是许可条款过于苛刻，导致约定无效。下面我们就通过几个案例一一说明这几种风险的具体情况，以及在利用电子方式申请专利时要如何应对这些问题，让我们更加了解专利的电子申请方式相关的法律问题。

2012 年 4 月 12 日，浙江省高级人民法院公布了 2011 年度"十大知识产权案件"。对发明专利权的侵权案件是由敖情平，菲尔普斯上市（中国）投资有限公司、深圳香港实业有限公司发明 patenholder 案中，敖情平作为原告。宁波中央法院审判决定被指控侵犯权力的菲尔普斯（中国）投资有限公司和赔偿损失的责任。而浙江省高等专科学校二审时驳回了敖情平的诉讼请求。这一案件在当时引起了国内媒体的广泛关注。中国的知识产权行业也由此对其展开了广泛的激烈辩论和讨论。本文从专利权人的角度出发，讨论了专利权人在识别和防范专利许可中的法律风险方面的问题。

1.专利许可边界模糊，埋下争议隐患

专利许可的范围包括以下几个方面：许可证的期限、对象、方式，许可的范围以及许可证的内容等。这些都是关于专利许可证方面的核心问题。如果没有达成共同的观点或形成协议，将会导致专利许可边界的模糊和对争端造成潜在危险。

（1）许可期限。专利许可的期限包括起始期和终止期两个。许可证的期限从来没有具体地规定某年某月开始到某年某月结束。对于被许可方而言，开始日期并不一定代表着被许可方被允许实行计划。在某些情况下，尽管专利所公开的技术方案以及协议没有办法得到最大的效益，然而在披露权利持有人的一些细节和技巧的情况下仍然需要实现。对于许可方来说，到达期限的日子通常不是不懂得变通的固定日期。在到达许可期限时，许可方会设置几个时间节点来停止生产、包装以及停止销售。被许可人何时需要停止生产、是否需要销毁半成品、工厂库存商品是否可以继续销售、门店库存商品是否可以继续销售、在售后服务过程中是否可以实施许可专利、权利人是否回购剩余库存产品、是否销毁何时销毁生产模具，这些问题都是许可期限所涉及的问题。一般而言，如果权利人采取提成浮动方式收取专利许可费的，往往先设定一个停止生产的明确期限，同时设定一个停止销售的明确期限，允许被许可人在停止生产后的一定期限（例如半年）内继续将库存产品进行销售，但不得进行生产，根据总体销售额度结算专利许可费。一旦约定不明，许可人难以有效地及时制止被许可人实施专利技术或者销售专利产品，作为导火索也容易引发许可费结算的争议。

（2）许可证的对象应当对被许可人的范围做出明确的规定，明确被许可人是否属于债权人。如子公司、母公司、兄弟公司等。有的公司拥有一套情况下两个牌子的人马，有的公司有复杂的结构内容，有的集团有不同的分工，有的负责销售，有的负责生产。如果许可对象都不太清楚所负责的版块，那么就可以同时生产和销售多个许可证。权利持有人很难对监督许可合同进行实时监督，或者竞争对手可以通过控制被许可方的权益或与被许可方合作而间接获得许可的情形。损害债权人利益，侵害债权人的初衷。

（3）按照许可证的性质划分，其中许可包括独占许可、专有许可和普通许可。所谓独占许可证是除了被许可人以外，第三方（包括债权人）都不得在期限内实施专利。所谓"许可证"，是指除许可人或许可人之外，任何第三方不得在许可期间内实施专利。所谓普通许可，是指被许可人有权力在许可期限之内实施专利。许可方可以在许可期限内自行实施专利，也有权许可第三方在许可期间内实施专利。如果协议是未知的，它被视为普通许可证。明确授权的方式对于明确债权人的权利义务具有重要意义。

另外，权利持有人是否被允许被许可人实施转让许可证或不允许许可人再次转让许可证，是权利人需要提前思考的问题。消极的方面，允许被许可人转让许可，代表着被许可人可以通过转让许可证获得许可费收入，并可能在转让许可证过程中超出原许可证的范围，这会对以后埋下隐患。当被许可方获得许可证后，市场上将发明出更多的专利产品，这会导致专利产品在市场上泛滥成灾。一部分人对外国许可的收费能力会有所降低。而从积极的一面来看，鼓励专利产品更快更好地进入市场，会使权利持有人的利益得到提高。

在对菲尔普斯的专利侵权案件的专利侵权案件中，（中国）投资有限公司、深圳市宏实业有限公司、权利人，敖情平，让"宏公司许可第三方使用的在 OEM 和 ODM 方式专利技术的授权表达的情况下，核心就是被许可人是否与香港公司有权接受菲尔普斯的委托加工和使用涉案产品有关。被许可人实施专利，如果以自己的名义生产的话，自行生产或外包给第三方是被允许的；如果以另一个人的名义生产，被许可人可以作为承包商生产或外包给第三方。在第二种情况下，被许可人已经实施了专利，但第三方尽管未被权利持有人许可，但仍然可以出售自有品牌的专利产品，绕过专利许可壁垒。如果被许可人被允许为他人工作，这与被许可人有权转让许可证相同。因此，笔者更倾向于一审法院的意见，即宏观公司本身有权自行生产，或者委托人委托第三人的生产，没有作为承揽人接受第三方的权利，来介绍专利产品。

（4）许可区的专利权是指在登记注册国的法律保护范围内的区域主义、所拥有的专有权。权利持有人不能超过授权国家范围内的许可，不能授权他人在受法律保护的区域以外来得知和实施专利技术计划，否则的话，可能会造成被许可人侵犯第三个国家他人的专利权。如果债权人不合理地限制被许可人的专利申请的位置，也会使合同限制条款不具有法律效应。中国最高人民法院在对技术合同纠纷案件法律适用第十条中，明确禁止了权利人限制销售渠道和出口市场的持牌人无理。从中可以看出，权利人既不能够扩大许可证的范围，也不能够任意限制许可证的面积，否则将会有法律风险。

2. 专利许可合同未登记，引发效力争议

在诉讼的实践过程中，如果被许可人是在未经专利许可合同登记的情况下来进行主张所做的合同，那么合同无效。根据《专利法》和《专利许可合同登记管理办法》的规定，我们应该对专利许可合同相关内容和规定进行记录。专利许可合同备案管理的第五条规定："当事人所做的一切行为应当自己承担。备案程序应该在专利合同生效之后起 3 个月内完成。"

我们为何要对合同进行备案呢？如果不是为了记录的话，又有什么缺陷？对于专有专利许可合同来说，如果没有进行备案登记，权利人违背了再次许可给第三方的协议的原则，那么第三方就可以善意地保护第三方，而不是单方面地追究侵权方面的责任，而权利人如果违约的话也要对其负责；没有经过事先允许的，不会对其进行备案登记。如果权利持有人再次向第三方放弃专有许可，并以在备案后为前提，前专有许可方可以抵制先前的被许可方，从而禁止先前被许可方实施专利技术方案，而被许可方可以通过调查的方式来获得救济。追究债权人的违约责任。所以，笔者认为，权利人和被许可人及时地处理合同登记，在很大程度上对于保护双方当事人的合法权益有利。

3. 收费计算约定不明，引发收费争议

专利许可人主要靠收许可证费来实现收益，而普通收费有一定的固定时间。

它分为两种模式，分别是一次性付款以及分期付款和浮动抵押。在浮动收费的模式中，有一种是百分百完全浮动的，还有一种是预付费和浮动抵押相互结合改进。所谓的前期收费，是指先收取许可费的人。所谓的浮动抵押，是指利用持牌人的数量、销售金额等可变因素，来计算出持牌人计算许可费的方式。而对生产量和销售量的监控记录成了合同履行签约过程中的一个难点。因为收费计算方法并不明确，而且诉讼纠纷一定程度上有点多，所以，权利人必须明确确定使用合同中的含有可操作性和可验证性的收费模式。

打个比方，以填写鸡的生产方法的专利许可为例，权利持有人通过将预付费与浮动费用相结合的方式来收取获得许可证费用收益。在收取固定费用之后，根据产量和销售价格，两者相结合来计算许可费。而如何计算被许可方的实际产出以及如何监控被许可方的实际销售价格成为合同履行中的难点。也为此持有人同意了在被许可方的生产设备上安装设备电子计数器，以电子计数器所计数的生产量作为双方结算许可费的基础前提；另外，双方共同选择五家超市。IC 品牌会将零售价格的平均价格公开，然后在这些超市中公开购买，作为双方共同的结算，将其作为费用的基础。为了解决这两个问题，在合同执行过程中，双方所产生的结算费用不再具有争议，这能够更好地保护权利人的利益。

4.许可条款过于苛刻，导致约定无效

我国《合同法》第三百二十九条规定，"非法垄断技术、对技术进步造成阻碍或侵害他人技术成果，专利权将会是没有意义和效果的。"最高人民法院对法律的审判技术应用案例第十篇对于"非法垄断技术，阻碍技术进步"的方面做了详细的说明，对 CAL 合同纠纷进行合理的解释。其中主要包括以下内容：

为了达到限制再开发的目的，也即债权人限制被许可人进行相关的新的研究技术开发，抑或是限制被许可人以专利技术为前提，来使用改进之后优化的新技术。

强制性的反馈，也就是在双方之间相互交换改进之后的技术的条件。例如，要求被许可方不能向所有者提供技术、非互惠向权利持有人转移、未支付的独占或智力支柱，并不具有技术改进的权利。

阻止使用替代技术，即不允许被许可方从其他不明确的来源来获得与专利技术相似或与其具有竞争性的技术。

不允许被许可人以市场需求为依据，合理地实施许可的专利技术，其中包括受许可证明确的不合理的限制被许可方的数量、品种、价格、销售渠道和出口市场的要求，以及未被持牌人所做的非法搭售。其中专利技术的必要条件包括购买非必需的技术、原材料、产品、设备、服务和非必要人员的接待与服务。

限制交易，即不合理地限制被许可人获取原材料、零部件、产品或设备。

禁止有效性是禁止被许可人反对许可专利技术的有效性或者对其提出不同意见提出不合理的要求。

对于部分条款来说是无效的，比如对重新发展的相关限制，进行强制性的教学，防止技术的抄袭，对其进行非法捆绑，以及禁止有效性。而有些许可条款是拥有软弹性的，并且具有一定程度上的"不合理性"。所以，权利人在限制或行使相关权利的时候，必须要讲诚信，实事求是，如果因为市场需求行使被禁止的专利权，那么禁止采购的渠道。如果权利人在许可合同中拥有上述法律不被允许的禁止的要求条款，那么合同将很有可能无效。如果上述无效条款没有对合同其他部分产生影响，那么其他部分是有效的，仅对上述法律所禁止不被允许的苛刻条款无效。

第三节　域名和商标

一、域名的概述

域名的概念在学术界具有争议性。一些学者将域名定义为"对应于互联网上的数字地址的字母数字字符"，这是 WIPO 对域名的相关说明；有些则被陈述为"用于识别和定位因特网上的计算机的地址结构"；一些则被说明为"指定"。代表互联网用户和其他计算机所有者在互联网上。"网络地址的名称对应来说是机器 IP 地址；而其他人则觉得域名不再仅指的是互联网地址。对于那些刚刚接触网站的人来说，它同时会在一定程度上代表着网站标志，这更多的会代表一个特定公司的名字。"根据中国《互联网络域名管理办法》第三条，我国对域名的基本定义是以字符标识为基础展开的，域名的作用是在互联网络对计算机的层次结构进行相关的识别和定位，计算机的互联网协议（IP）地址与域名有着紧密的联系。中文域名是指含有中文文字的域名。

域名的组成包括服务器名、网站名称、类别和国家。命名域名有一定的要求，它通常只能包括英文字母、阿拉伯数字或者短横线三种，名字长度包括后缀在内字符不得超过67个，名字里面不区分大小写，22个字母时命名之中每个层次的极限个数，由"."分隔成几部分，没有重复的域名。以不同的后缀结尾，表示了不同用途，.com用于商业公司，.org用于组织、协会等，.net用于网络服务，.edu用于教育机构，.gov用于政府部门，.mil用于军事领域。

域名有多种多样，主要包括三个级别的域名，分别为顶级、二级、三级和国家代码域名。顶级域名有国家级（nTLDs）和国际级（iTDs）两种顶级域名，ISO3166标准是多数国家采用的，如cn，us，jp分别代表的是中国、美国和日本的国家级顶级域名；同样的.com，.net和.org分别代表工商企业、网络供应商和不营利的机构。二级域名指的是个人注册的网络名字。例如，ibm，yahoo，microsoft等类似的名称。我国的二级域名又分为类别域名和行政域名，类别域名共6个，行政域名有34个，这些不同类型的域名分别为我们国家不同级别的行政区域。

国家代码域名是指国家代码由两个字母组成的顶级域名，如.cn，.uk，.de等。

二、域名的管理及注册

（一）域名注册与管理体系

域名注册与管理目前已经发展成为一种体系，它们具有多层次操作特点。域名注册管理有一个专门的机构负责，域名系统需要相应地维护与运行，管理域名建议的数据库，域名注册的授权的工作是这个机构的主要职责。Registry是唯一确定的，因为这样可以保证域名重复。想要获得一个Registry必须经过该机构的授权和认可。

互联网信息中心（NIC）一般负责各自国家及地区的地理顶级域名。例如，中国的.CN就由中国的NIC的CNNIC来管理。同样，.KR由韩国的KRNIC的负责管理。像.COM，.NET这样的类别顶级域名，这些都是由ICANN授权给其他机构经营管理。此外，申请注册这样的业务不由这些机构来管。

（二）域名的管理

CNNIC管理我们国家的互联网域名的大部分事物。只要是通过中国这个地区的网络注册，就应该按照中国网络管理的相关规定进行，不能够违反相关规定。CNNIC对中国的CN及CN进行相关的管理，这个下面的二级域名也是CNNIC的管理范围之内的，接下来的三级域名他们会授权相关的单位进行一定的管理。

CNNIC对于域名申请人有一定的要求，这个申请者申请的时候要依法进行，并且他能够独立地承担民事责任。域名申请者必须一番办事，同时承担他的域名的一切责任，不能够对其他人造成利益的损害。域名注册规则是秉承着"先申请先注册"的原则，域名的注册不接受预留。

（三）域名的注册

互联网中为了解决地址的问题，于是提出域名注册的概念。先申请先注册是注册域名的一个基本原则，对于是否违反其他人的权利，管理的结构是不进行任何审查的。上文也提到了域名的注册只有一个，不能重复。域名是一个有限的资源，由于注册规则的限制性，这些对于越来越多的企业先要注册一个合适的域名难度会越来越大。

.com/.net 是大家常用的注册名，它们受 ICANN 机构的管理，但是这个机构并不管理它的注册方面业务，Versig 公司就是专门域名注册的，但是注册成功之后要受到 ICANN 的管理。

注册域名时应注意以下问题：① 域名的选择。域名应选择简短、好记，与企业的产品服务相关，或与公司名称、品牌相关。② 域名注册前应首先查询域名是否已经别人注册。③ 选择存放网站的服务商。网站的运行速度、稳定性、安全性与网络服务商、提供商有密切关系，应该选择大型的、有知名度的、服务好的服务商。

实施注册互联网的域名已经成为普遍情况，相比于之前的非实时注册结算更加快捷、方便。抢注域名现象在以前很难控制，自从出现了实时注册，这种现象得到了很好的解决。域名注册都是以填写的订单为准的，成功注册 24h 后，就可以在各大管理机构上面查询域名所有者的信息。值得一提的是，国内域名的注册不能以个人名义注册，以公司注册是可以的，为了避免域名所有权的问题，所以公司的全名在填写订单的时候必须要清楚地写出来。

（四）域名管理与注册的特点

知识产权不受这个管理机构的保护，因为它们披的是一层私营的面纱。这些是一种服务性的机构，它们顺应着互联网的发展而产生，对于知识产权的保护缺乏相应能力。这些机构同样也没有保护知识产权的义务。制定某种政策，也是为了解决出现的一些争执问题。

三、域名纠纷及其法律保护

（一）域名保护的重要性和必要性

➕ **案例 10-3**

2014 年 5 月 14 日，前瞻网运营经理微博称主域名（qianzhan.com）在国内顶级域名服务器商新网被盗，被泛解析各种博彩站点，百万流量全部被窃取。下午 2 点，前瞻网官网微博发表声明，确定域名。由于新网漏洞已经失去自主控制权，被转移美国域名服务商 enom，对新网安全监控能力和服务态度发出质疑。

此次事件起因为新网系统严重的漏洞导致前瞻网域名被盗。5 月 14 日凌晨，域名被泛解析，添加了许多非法博彩三级域名。例如，前瞻网就出现了跳转现象，前瞻网适时启用了根域名。紧接着根域名被篡改，直接导致网站瘫痪。可是下午 5 点左右，神奇的域名解析又回到了前瞻网站点解析，并且大量博彩三级域名。同时指向首页，造成前瞻网过亿元的损失。短短 3 天时间，从前瞻网的域名注册信息被篡改，到域名被转移到国外，而域名注册信息修改和转移新网系统没有任何通知，内幕消息称同账号还有其他同类型域名丝毫未损。最后，前瞻网域名解析改回 30 小时没有再次改动痕迹，网站可以正常访问，但是域名显示依旧在 enom 公司，非法分子依旧控制着域名。时隔 3 个多月，被黑客盗走的官网域名终于"重见天日"。再次发生这种事情会对社会造成巨大的负面影响，因此前瞻网进行广泛的呼吁，号召大家积极地修复自己的漏洞，弥补自己的缺陷，减少攻击带来的消极影响。

【案例分析】

（1）域名的法律意义

在本案例中，前瞻网在新网注册了域名，域名受到新网的保护和管理，前瞻网就是该域名的所用权。在域名被盗期间，由谁来承担其中的损失，盗域名者是否违反法律，新网作为域名注册管理下属机构承担着怎样的责任，在法律上，域名存在的意义究竟是什么，是我们首先要了解的问题。

樊清华在"域名与商标权冲突解决浅议"一文中指出：域名权不应当是知识产权，域名权也不应当是物权。域名是一个固定的，具有单一性，别人无法重复，因此它有一定的名称权。个人和组织均有权利选择自己喜欢的名称作为域名。

杨立新教授在《中华人民共和国侵犯责任法草案专家建议稿》中，把侵害网络域名的行为列为"侵害其他财产权"中的"侵害网络域名专用权"行为，从而与"侵害知识产权"的行为区别开来。

网络域名侵权指的是，在没有经过注册人同意的情况下，擅自使用他人的域名。在本案中，盗域名者显然违背了网络域名侵权，但是在国内没有专门的法律，现行法律中也没有明确具体的条文规定，新网也发表前瞻网域名被盗事件的调查声明，承认自己的过失，但是否定自身的责任，声称自己也是"受害人"。最后，这一损失惨重的域名被盗事件不了了之。

（2）域名的作用

通过本案例可以清楚地了解，域名对于其所有的公司有着重大的意义，域名在一定程度上就代表着公司在互联网上的所在地。

域名一共有四大特点。① 标识性。域名说白了就是一个地址，标记着一个网址的位置，就像是我们生活中单元号等，浏览者可以通过域名来区分不同网址。域名具有标志性，如企业的名字和标志等，也正是这些原因导致了域名具有一定的价值。② 唯一性。域名是不可重复的，按照注册的原则先到先得，每一个域名都对应着一个固定的 ip，它与企业的标志性是相互联系的。③ 稀缺性。域名注册的供求关系之间的矛盾导致了域名注册的稀缺性。其中最主要的原因就是域名的唯一性，是不能够复制的。现如今，随着互联网的不断壮大，对于域名的需求也越来越多。④ 价值性。物以稀为贵，域名不可重复性决定了它的稀缺性，因此域名就具有了一定的商业价值。域名具有特定的标记，对于某一个企业或者商家会很重要，因此对于某些固定的人具有一定的价值和吸引力。正是经济作用的驱使，才造成了现如今大量流量网站域名被盗。

（3）域名被盗的危害

前瞻网域名在被盗的短短 3 天里，损失过亿元，造成了大量的流量流失。前瞻网认为，黑客正是看中其网站日均 PV 浏览量达到几百万。而互联网企业域名被盗后，如果通过一般途径，往往几个月也不一定能拿回来；而私下联系盗域名者，估计要花费价格不菲的赎金。域名被盗的三大危害包括：① 黑客盗走了域名，很有可能将创建多个二级域名，并将这些二级域名指向到博彩、色情、私服等非法内容的网站上，而这些会使网站权重大大降低；② 知名网站的域名容易被黑客直接倒卖，若更换域名，网站的人气和知名度将大打折扣；③ 域名被盗用户的信息也随时有可能泄露。

（4）防止域名被盗的措施

域名是整个网站的重点问题，域名一旦被盗的话，这样会给所有人带来极大的经济财产损失，一旦被盗，域名再次要回来的困难相当大。为了防止域名被盗，我们提出以下几点防止措施。

① 注册域名时就写上自己的真实信息，个人填写自己的实际情况，企业则是按照营业执照的真实内容进行填写。这样，一旦自己的域名被盗以后可以提供真实的信息来索回自己的域名。

② 设置独立的注册邮箱，自己注册的邮箱以及密码不要随意地使用到其他未知的网站，这样可能遭到黑客的攻击，会泄露自己的密码，同时适当地增加密码的难度，也会极大地提高安全系数。定期更换密码也可以避免长期使用相同密码造成密码的泄漏问题。

③ 通常情况下，域名被黑都是通过电子邮箱的形式进行，一旦电子邮箱黑客攻击，那么，他们可以随时地更改你的密码或域名的密码，进而攻破域名的设置，因此邮箱的安全性至关重要。

④ 锁定域名可以消除在未知的情况下区域名被改的情况，区域名的锁定可以在账号里面进行设置，一旦域名处于锁定状态时，其他的注册商就无法将别人的更改成自己的，则对域名的防黑非常有利。域名的锁定不会影响其他的功能。

（二）商标法目前只保护"文字、图案或其组合"等标识，对于那些动态的网络标识目前缺少相应的法律来保护

什么是动态的商标？它标记的是商品或者是某些服务的特定的动作等。动态商标的概念与静态商标是对应的。动态商标的特征包含运动或者是动态元素。需要保护的东西看起来应是动态的。表达动态商标需要使用电子视频进行。动态商标是一种新出来的商标，它的出现与科技的发展密切相关，如网络和电视等。

通常有三种类型的动态图标：

一是手势商标，就是默写特定的人的一些手势或者是肢体语言表达出的，如 MarsB.V. 公司注册了"两只手指做出相剪的动作"的手势商标，注册成功之后，这个手势商标被广泛地用在了咖啡、巧克力等食品上面。

二是活动影像商标，就是将综合要素考虑进去，包括图文影像在内的动态的区别其他类似的。动态的画面可以更加吸引人的注意力，能够瞬间抓住人的眼球，让人们瞬间产生浓厚的兴趣。这种功能很适合现代的网络时代，方便在电视、网络上面展示自己的服务，如美国哥伦比亚电影公司就是采用这种方式，借助于自由女神像做成商标，运用在每一个电影的片头，在电影的制作与发行过程中均起到了很大的作用。

三是商品运动的标志，就是用出售的商品来设定一系列的动作，与其他的产品形成区别，这样可以直观地表现出商品的特色。比如，亚马哈快艇公司在推出自己的商标的时候，采用的就是行驶的快艇尾部喷射的喷雾的特点，这种新颖的商标特点通常会使得自己的商品在同行之中更具有优势，同样也会存在一定的问题，如商标的设计与自己的实际情况不符合，产品无法达到设定的功能。每种商标都有一定的特色，要根据企业的产品和服务具体去进行选择。

+ 案例 10-4

兰博基尼"剪刀式车门"动态商标注册案

意大利著名的汽车公司兰博基尼公司在 20 世纪末就开始着手申请动态商标，向 OHIM 内部提出了动态商标的申请。兰博基尼公司申请商标的时候明确地说明，这个商标表示的就是一个车门的结构，与常规不同的是这个门绕着一个轴上下打开，这就是他的独特之处。同时，兰博基尼公司提供了几张商标设计的样图。但不幸的是这个商标在审核的时候被拒绝了，主要有两个方面的原因：第一，标志的独到特征不是很明显；第二，标志的形状特别地单一化。这个被拒绝的理由为，在其他同行业中也发现了类似的技术，因此它的车门开启方式不是特别的，不具有代表性，是不能作为商标的，它的这个特征每个跑车都具备，并不是兰博基尼公司的。与此同时，这种标志由三维模型构成，由于这个产品的生产是有限的，从技术角度出发，这个上下开门的技术是必需的。

兰博基尼公司对自己的商标具有一定的保留，他们认为自己的商标具有显著特点，并说明了自己的特点：兰博基尼将自己设计的车门打开方式与传统汽车是不相同的，他们将垂直的开门方式变换成为平行于车身的开门方式。奔驰公司出了一款相似的产品，但是兰博基尼公司是首先提出来这一技术的，因为奔驰公司出的这款产品是延后于兰博基尼公司的申请。兰博基尼强调设计的目的是"创造一个有特定识别价值的全新的车门构造，展现一个准确识别兰博基尼的标志。"在申诉中，兰博基尼公司认为，OHIM 使用法律错误，不能选择《欧洲商标条例》第 7 条（1）（e）（ii）款作为拒绝的理由，因为该条款适用于产品的形状，而兰博基尼公司重新设计的是产品运动本身的，不局限于产品的形状提出申请。但非常不幸，2003 年 9 月，OHIM 对于兰博基尼的剪刀式车门还是给拒绝了，它不能成为欧盟的动态商标。拒绝的理由是这样的，他们认为兰博基尼对动作和形状的区分不是很明显。主要原因就是这个商标设计技术层面的事情。兰博基尼公司设计的这个标志其实是一个技术型的，只是一形状为基础的一个机械性的运动。因此，"剪刀式车门"根据专家的判断是不能成为动态标志的。

【案例解读】

动态商标已经引起了国内外企业的重视，因为它具有梳理企业形象的作用，同时还能够区别自己的产品和其他人的不同，这就是它受欢迎的主要原因，在全球大部分地区，动态商标能够得到大家认可，在一定程度内是可以注册的。但是动态商标的注册需要满足许多特定的条件，它不像静态等图标，只是一个简单的图形，不涉及一些动态的链接过程，对于该动态过程的显著性要求，从各国商标法到国际公约，只有拥有明显的不同之处，才能够进行商标的注册，否则不能通过。在实践中，排除商标的功能性指标来对商标的显著性进行相关的评价，即产品实现这项功能是否原则上要有这个动态过程，兰博基尼的"剪刀式车门"就是因为不符合显著性要求才被商标管理局驳回。除此之外，如果该动作不是自己原创的，还需要获得动作原创者的认可，才能用该动作进行商标的注册。

（三）"域名注册"与商标权的冲突

或者说是恶意抢注域名，在法律上难以禁止，没有明显的保护措施，同时域名具有一定的商业上面的价值，能够产生极大的利益。

当一个域名注册成功之后，同时一个相似的商标也出现，它们都是合法的，但是它们分属于不同部分，与此同时，两个同时使用的情况下会造成一定的利益冲突，它们两个都是商业性质的，本身都具有一定的价值，全部可以用来代表某一个公司的利益，所以两者的冲突就会产生带来利益之间的相互影响。一般的企业都会采用相关的域名来在网络上标注自己的公司，使其他的用户可以通过在网络上搜索域名来查找到自己公司相关的信息与服务，一个企业的域名在网上代表的一个地址，这个域名能够充分地展现出他的经营项目类型、服务的特点，这是区别于实体经营的。从某些意义上来讲，域名的注册很具有商业价值。

域名和商标由于一个比较偏线上，一个比较偏线下，而造成了两者的不同时性与同时存在的不必要性，这样就会有域名和商标只注册其中一项的现象，而后续会有其他主体再去使用这个未被注册的商标或者域名，当之后两个主体需要同时用一个商标或者域名时，就会造成侵权的现象，如果不是因为依靠一定的知名度而恶意注册的话，就需要依据在先的原则。所以无论是从法律上还是企业主体自身，都要尽可能地去规避这种现象的出现。

案例 10-5

深圳市长江连接器有限公司恶意注册并使用域名侵犯注册商标权

美国莫莱克斯公司是注册于美国的独一法人，它是一个具有跨国性质的公司，在中国也有它的一部分市场，生产电子产品与销售业务。莫莱克斯公司于 20 世纪末注册了"MOLEX"商标，是在中国地区进行的，这个商品被定性为第九类里面的，即互换接插、开关等器材，莫莱克斯公司的商标号为 344511 号。该公司后来又注册了中国的顶级域名，在中国销售它就采用这个域名。

而深圳的长江公司，以独立的企业法人名义注册了自己的公司，其经营范围是以电子产品为主要的对象。长江公司为了扩大市场，2003 年它们在中国管理的网络区域内注册了顶级域名为"molex"的".cn"域名。之后它们使用该域名在市场上宣传自己的产品，并且进行相关的销售任务。

以上所述就是莫莱克斯公司与长江之间发生的一些纠纷，于 2007 年初，长江公司被起诉，原告莫莱克斯公司认为，长江公司注册的域名从事的电子商务侵犯了莫莱克斯公司的商标专有的权利，并且对莫莱克斯公司产生了不正当的竞争关系，莫莱克斯公司起诉长江公司应该立即停止侵权，并且承担莫莱克斯公司的一切损失。长江公司称自己在注册商标的时候是 2003 年，此时的莫莱克斯公司在中国地区内并没有达到人们熟知的程度，因此长江公司并不是进行了侵权行为。长江公司是在莫莱克斯代理商允许的情况下才注册的商标，长江公司是购买莫莱克斯公司的产品之后，然后再进行销售，所以长江公司的注册商标是不存在恶意行为。长江公司使用"molex.cn"域名接近五年的时间，中国互联网中心对于域名的争执中规定了注册起超过两年的，域名的争议机构就不再受理了，相关的法院就驳回了莫莱克斯公司的起诉。

深圳中院经审理得出观点，莫莱克斯公司注册的"MOLEX"商标是经过依法注册的，目前也受我国法律保护。"MOLEX"这个商标的单词是自己想出来的，长江公司注册的域名与莫莱克斯公司的名字单词没有大的差异，只是区分了大小写而已，而网络上是不区分大小的，并且这两个公司出售的产品也相同，因此长江公司注册域名足以让一些误会产生。

【案例解读】

如果企业注册域名与他人的商标相同，该行为可能会使人们产生混淆。莫莱克斯公司事先已经注册过"MOLEX"商标，而后长江公司再注册"molex"的域名，并且随后一直用该域名的网页来宣传其公司及产品，这两家公司都主营电子连接器产品，这对这一项产品的使用者以及购买者必然会产生一个误会，也会对莫莱克斯公司的业务造成一定的影响，也即造成了侵权的行为。

目前主要采取将冲突域名清除方法解决域名与商标利益冲突，在界定恶意注册行为时，要说明形成恶意注册的要件。可以依据最高法的相关法律，其将条件分为三点：① 争议与商标权人的商标相同或具有误导性的近似域名；② 域名注册人不存在注册域名的合法权利或利益；③ 域名是恶意注册或使用。当涉及以上三点时，就有可能造成侵权的行为。

案例 10-6

域名与商标注册在先且不涉及恶意原则

孔网时代科技有限公司持有"kongfz"域名，而北京老派农计算机技术有限公司持有"kongfz"商标，为此，老派农公司将孔网公司诉至法院，请求判令孔网公司停止将"kongfz"作为网站名称，并赔偿其费用 500 余万元。而法院认为，我国域名采用实行"先申请先注册"原则，孔网公司分别于 2002 年和 2003 年注册了以"kongfz"的域名，而原告的"kongfz"商标于 2011 年被核准注册，不能认定孔网公司对相关域名的注册使用存在商标侵权恶意。

【案例解读】

老派农公司若其商标在孔网公司的域名登记前注册，将会是另一种审判结果。不管是域名还是商标都涉及一个时间的问题，无论是域名还是商标，哪个主体先注册就拥有相应的使用权。商标与域名冲突的解决原则就是保护在先权利，同时考察在后权利是否恶意，这有可能导致商标权和域名共存的情形，也需要注册的个体事先了解自己所想要注册的商标或者是域名有没有被其他主体提前注册过，这样可以证明自己没有恶意，同时也不会对他人应有的权利造成侵害。

现如今，随着网络的不断发展，企业为扩大宣传，通常会建设网站开展网络营销，但建网站后产生的域名、字号等企业标识应同时注册为商标，使自己获得一体化全面的保护，从自身来说，是为了避免出现日后被侵权的现象发生。

第四节　知识产权的管辖权问题

一、我国关于互联网侵权案件管辖权的现状

对于网络侵权的管辖权问题，我国目前没有相关的系统的法律，而在网络侵权案的司法实践中，依据《民事诉讼法》和《民诉意见》规定的相关规定进行管辖权的确认。

瑞得公司诉东方公司的网页版权案，被称为此类问题的经典。在审理中，法院采用了在普通民事案中的管辖规则。

原告瑞得公司在诉讼中指出，被告东方公司的主页照抄、变造瑞得在线的首页行为造成侵权。在诉讼中，东方公司所在地为四川不是北京，原告没能证明侵权行为的各个环节在北京市，因此认为有案件管辖权问题。同时还认为，互联网网页著作不同于传统的媒体，目前我国法律没有明确规定以往的法律此时的适用性情况。法院驳回被告的管辖权异议，有下面几个理由：

首先，主页制作方瑞得公司，将制成网页储存于硬盘上，使用自己的服务器向网络推送，任何情况下通过主机接触，必须经过瑞得公司的服务器，海淀区是这起案件的结果发生地。

其次，瑞得公司指出，东方公司主页在网络上被浏览过。而客户集中在海淀区，可以当作结果发生地。

最后，东方公司没能证明取得的主页内容是否是临时的。法院对以往的管辖权进行了些许延伸，以此来解决网络规则。这种做法是在确定互联网案件管辖权的一个好的尝试。

《最高人民法院关于修改〈最高人民法院关于审理涉及计算机网络著作权纠纷案件适用法律若干问题的解释〉的决定（二）》第一条规定："网络著作权侵权纠纷案件由侵权行为地或者被告住所地人民法院管辖。侵权行为地包括实施被诉侵权行为的网络服务器、计算机终端等设备所在地。对难以确定侵权行为地和被告住所地的，原告发现侵权内容的计算机终端等设备所在地可以视为侵权行为地"，即被告和侵权行为地管辖为一般原则，这一做法当前有可操作性的意义。不过仍然有缺点，如其规则面过窄等，且将服务器所在地认定为侵权行为地，这会加大难度。通常普通人难以知道服务器，而且，计算机终端实际中比较多，不易全部查到。所以，笔者认为，这个解释应该是在当前暂时的解释。

网络空间不是独立于物理空间的，尽管是一个虚拟的环境，但是传统的管辖规则在改善之后依然可以加以使用。我们不排斥新规则，但其与网络技术的承受度分不开，所以应该重视网络和传统规则之间的联系，依据已有规则基础上改造与发展，让其在网络时代更适用。

二、互联网对传统管辖权的冲击

随着网络的发展，其逐渐改变了我们的社会形态，而不仅是传送方式的改变。当然，互联网对传统法治的影响必将是巨大而且深远的。

网络空间国际性使管辖权变得难以区分。

传统中，法院的管辖区域是明确的，而网络空间是国际性的系统，无法分割成某些物理区域。要在网络空间划定接线，这是传统法院面临的问题，在网络空间侵权案件里，被告人可能从来没有与法院地有任何物理性接触，因此传统的法院管辖规则在互联网侵权案中无法使用。当事人的国籍、住所所在地与某管辖区有紧密联系，因此作为管辖地。但是在网络里很难确定其关联。

在网络中，怎样确认侵权行为地一直是一个大难题。地域表现了法律义务存在本质的关联。但在网络中，IP 地址却不能作为用户地址的依据。

新主权理论和非中心化倾向认为，国家司法管辖权不适应于网络空间，网络空间有自己的形式价值和规则的全球性市民社会，并且能够独立地自治。如果有纠纷也是活动者之间的，他们对法院持否定态度的话，法院也无权管辖。

三、我国对网络侵权规则的探索

网络知识产权侵权地域管辖对以往的原则提出来挑战，但目前来看，《民事诉讼法》相关规定依然使用于网络侵权纠纷管辖问题。在实践中，对于一些复杂的网络产权侵权问题，采用被告所在地为主、原告所在地为辅的原则，在难以判断时，将引入网络技术终端等参照。目前的案件，基本可以依据这类标准来判断。

对于网络侵权纠纷的立法方面，目前世界各国中，至今还没有一个能适应于一切网络纠纷的规则，也没有一个得到大家普遍认可的管辖规则，笔者认为，我国在建立相关规则时，应在已有的管辖规则上进行局部的完善。① 应坚持与网络侵权案件有最密切联系地的法院拥有管辖权。② 在当前的网络侵权案件中，"原告就被告"原则不利于保护受害人，因为侵权行为会随着网络的散播不断地扩大，而原告住所地的侵权的影响通常最大，而且侵权案件常常有其他国家的被告，为了维护受害者和国家主权，原告住所地可以成为网络侵权管辖地。③ 案件处理过程对结构有很大影响，所以在确定管辖权时，应当考虑审理法院是否有网络技术上的问题，而我国现阶段网络技术发展不平衡，部分法院不具备此类条件，为此应该在审级上应有条件，由一些有能力处理有网络技术问题的法院使用管辖权。④ 当前，为了解决各国之间此类案件管辖权的冲突问题，国际各国之间应该在管辖权立法问题上加强合作，遇到问题采取协商的方式，这样才能更好地解决网络交易的纠纷。

随着电子贸易的发展与普及，以往的国际法律中的管辖权正面临着越来越大的挑战，但是绝不能让网络空间放任自流，目前传统的相关法律还比较适用并且能够发挥作用，因此需要在原有的原则上进行完善和修改。随着网络技术的日新月异，这些新问题一定能得到合理的解决。

第十一章　电子证据和电子商务争议

第一节　在线争议解决机制的概述

一、在线争议解决机制

（一）研究现状

电子商务是一把双刃剑，它在让人们轻松享受网上交易的同时，也引发了诸多的由网络交易而产生的虚假广告、网络欺诈、域名争议等网络纠纷和法律问题。然而，传统司法机制在解决网络纠纷中显得颇为捉襟见肘：首先，传统的纠纷解决机制容易受空间距离的限制，电子商务纠纷的当事人可能相隔万里，因此倘若在一方当事人所在地提起诉讼，成本高昂；其次，在网络交易纠纷解决中，由于网络地域的模糊性，加之各国的法律规定不同，仅依靠传统司法机制将会衍生管辖权冲突，选择有管辖权的法院以及执行判决都是回避不了的话题；此外，电子商务活动中会产生的大量纠纷，而这些纠纷对法院的人力物力而言都是沉重的负担。

为了适应电子商务发展的需要，解决网络纠纷，弥补传统司法的不足，一种全新的在线争议解决机制应运而生，并迅速开始了商业化运作。截至今日，在线争议解决机制已经成为网络争议重要解决途径。

在线争议解决机制，简称 ODR（Online Dispute Resolution）。从广义上看，ODR 是指利用计算机技术、网络技术以及通信技术，采取除司法诉讼和仲裁以外的形式来解决各种争议的方式总称。从狭义上看，ODR 是由专业的第三方主持纠纷解决方法的总称。ODR 宗旨是通过在线信息交换平台，公平、公正、高效地解决电子商务活动中引发的争议，增强电子商务的可信性、安全性和稳定性，大力推进电子商务的发展。

传统的争议解决机制同样适用于电子商务活动中的法律纠纷，但由于电子商务的特殊性，在线争议解决机制具有显而易见的优点：

（1）ODR 具有开放性，使纠纷解决机制不再受地域的限制。从争议的提交到解决争议的过程，再到最后的和解或裁决，都是在互联网这一平台上进行的，信息的交换、获取、更新可以随时随地进行，从而克服了地理上的距离所带来的障碍。

（2）较诉讼程序而言，ODR 可以缩短谈判和诉讼时间，降低解决争议的成本和费用。

在线争议解决程序中所有的文件都保存在特定的服务器上，这样，参加者可以随时随地调用和查阅案件内容，不必做书面的笔录，这不但减少了交易的隐性成本，也提高了文件的管理效率。

（3）ODR方式灵活多样，能够综合应用调解和仲裁两种手段来解决纠纷，这种综合手段的运用可以使当事人自主表达立场，并获得最佳的解决效果，增强了电子商务的可信性。

（4）ODR使组织集团或者个人声誉得到了更好的维护。这种在线争议的解决机制可以更好地维护有名誉、有地位的人或机构的形象，毕竟与他人进行诉讼是件有损形象的事情，便利的解决机制使得私下解决成为可能。

简而言之，ODR机制集当事人合意性、程序的简便性、灵活性和保密性等优势于一体，并成为网络争议的重要解决手段。

（二）建立在线争议解决机制的意义

网络技术和电子商务的发展催生了在线争议解决机制。经过几年的发展，ODR在解决网络争议方面已经初见成效，但仍不够健全，探讨ODR显得尤为重要。据笔者看来，探讨ODR机制的必要性应从狭义和广义的角度分析。

从狭义的层面上，ODR有利于保障当事人的合法权益，维护个人或组织集团的声誉，避免个人或当事人因纠纷声誉上受损，这凸显了ODR机制保密性的优势和价值，并有助于双方当事人在争议发生后继续保持合作关系。

从广义上讲，ODR机制将情理道德因素引入纠纷解决，有利于提高审判质量，改善司法的社会效果，增加司法的亲和力。此外，ODR的建立和完善不仅有利于营造和谐诚信的网上交易环境、维护电子商务的诚信安全形象，推进网上交易和谐稳定发展，从而能促进电子商务的稳定快速发展。

二、在线纠纷解决机制

（一）相关机制

1.在线清算

在线清算拥有一种专门的系统，通过这一系统，争议双方各自报价，但无从知晓对方的出价。如果双方的报价适合事先约定的某一公式，则系统会自动以中间价成交。在线清算既可以降低解决争议过程中的费用，又可以使谈判和公诉时间大大缩短。

2.在线协商

在线协商是指交易双方在提交争议后，在第三方的主持下通过在线聊天室或者视频会议的方式在网络线上协商，也可以互发电子邮件。这种协商方式可以代替传统协商方式必须面对面交流的不便利性，因为网上购物很难确认纠纷主体，就算有时纠纷主体明确但却天南海北，毕竟网络交易是全球化交易。利用调解的灵活性和自主性，通过第三方的主持，争议各方可以同时在线进行协商，在自己方便时随时上网了解案件的进展情况并做出回应，至于能否达成一致，都是争议双方自主选择。

3. 在线调解

在线调解是指使用经过加密的电子邮件进行调节，或通过加密的聊天室进行沟通的方式。申请人提出申请、登记案件相关信息、选择调解员、在线调解、达成调解书和履行调解书是在线调解流程的 6 个阶段。这 6 个阶段都通过在线的方式进行，调解员通过双方当事人在随机创设的调解室里阐述的申辩内容进行调解，并介绍相关法律，双方陈述的事实和出示的证据都是以网上文字的形式发布出来，调解员根据这些内容提出解决方案后，若双方接受则调解成功，达成调解协议。除了以上提到的调解方式外，还存在在线调解论坛、贸易通、即时在线交流工具等辅助工具。

4. 在线仲裁

在线仲裁是在网络环境下运用离线状态下 ADR 的服务，使得争议当事人在这个虚拟的调解或仲裁场所，通过网络会议、视频会议、电子邮件或者聊天室等方式进行调解，所有的程序基本都在网上进行，这是与传统仲裁最大的不同之处，也算是一种较为正式的纠纷解决方式。

网上仲裁可以根据仲裁裁决对当事人法律上的终局性约束效力的有无，划分为约束性网上仲裁和非约束性网上仲裁。网上仲裁的最佳理想形态是约束性网上仲裁。但是原调整常规仲裁的法律不太适用于网上仲裁，因为调整常规仲裁的国际、国内法律体系是网上仲裁之前出现的，已经失去了实时性，所以全球提供的网上仲裁服务少之又少。

在没有国家权力机关执行和干预的情况下，非约束性网上仲裁裁决也可以由特定机构根据特定体系执行。而且在世界范围内，非约束性仲裁还占有很大的比重。非约束性仲裁可以由私人机构执行仲裁，在其特定的体系对双方当事人具有强制性。从现有的非约束性仲裁机构来看，可将非约束性仲裁的自我执行的方式划分为两类：自我执行控制机制和自我执行激励机制。第一种是在事发前进行约束和控制，将当事人的执行表和金钱控制起来，以便事后进行裁决。如交易保险机制、发卡人优先支付、第三者保存服务、裁决执行基金和特定技术控制手段等。第二种是指通过对败诉方施加压力，督促败诉方自主执行仲裁，如禁止市场参与和商家信任标志等。

加拿大的 eResolution 是目前最主要的在线仲裁提供者，主要是解决域名争议，争议的解决以 ICANN 的《统一域名纠纷处理规则》为依据。当事人可以通过填写安全网页上的申请表或者电子邮件提出解决域名争议的请求。仲裁委员会在听取当事人双方的陈述后，根据 ICANN 的规则、实施细则以及 eResolution 自定的补充规则进行审理，做出具有约束力的裁决。现在在线仲裁中运用的技术形式有：会议系统、自动化程序、密码保护交谈屋、邮寄名单服务程序及电子邮件。

5. 在线诉讼

在线诉讼指以在线的方式处理消费者投诉，最为典型的是更佳商业局在线（BBBOnline）。消费者可以以在线方式提交投诉，在收到投诉后，BBBOnline 首先会与公司内部的有关人员联系争取和解，和解不成，则会采取电子邮件和电话进行简易的调解。倘若这些非正式的、部分利用在线方式的努力都不成功，BBBOnline 会提供更加正式的离线争议解决方式，包括面对面的调解和仲裁。目前，这种在线消费者投诉处理尚不成熟，部分仍需使用离线方式。

由于纠纷当事人可能存在地域差距，会导致案件的拖延，这使得当事人的利益长期处于不稳定状态，大量耗费诉讼资源，而网络庭审可以克服这一不利因素。笔者认为，网络庭审是一种利益视频语音系统实现网络开庭的方式，它提高了诉讼效率、缩减了诉讼成本，克服了传统诉讼程序的形式主义，真正体现了司法为民的价值取向，但是网络庭审也面临诉讼程序安全以及对法官审判能力的挑战。

（二）主要优点

1.纠纷解决的成本较低

在线纠纷解决机制解决网上购物争议可以通过诉讼解决很多难题，如管辖范围受限、实体法的执行和适用等，这样就大大提高了纠纷的解决效率。网上购物纠纷所涉及的标的额一般较小，而纠纷各方基本不在一处，在线纠纷解决机制恰恰提供了这种比较经济、便利、迅速地解决纠纷的程序，通过互联网来运行解决了地域不同问题，而且还不受时间的限制，纠纷各方可以异地同时或者异地异时解决纠纷，在这种虚拟的互联网环境里进行面对面的协商，和传统仲裁相比，这就大大降低了解决纠纷的成本，甚至有时候还完全免费。

2.纠纷解决方式灵活

提供在线争议解决服务的网站不仅提供一种方案，一般都提供多种方式供当事人选择，而且当事人也不止可以选择一种方式，还可以自由选择其中几种方式结合起来使用，而一种自由灵活的解决方式在传统的纠纷解决机制中几乎无法做到。

3.纠纷解决过程中的对抗性相对较弱

由于在线争议解决方式是在网上进行，争议双方通过电子邮件、聊天室、网络会议、视频会议等进行沟通，这就避免了当事人面对面的接触，私下里多了更多思考的时间，来表达更为慎重和恰当的意见，大大降低了双方直接对抗的可能性，以免撕破脸影响后续的合作，同时也有助于更好地解决争议。

第二节　电子商务纠纷的管辖权

一、法院的管辖权

法院对案件有权利或权限进行审理和裁判，这便是法院的管辖权（Jurisdiction）。法院必须同时满足两个条件才对案件具有管辖权，即法院对所涉案件具有"标的物管辖权"，即法院具有审理该类型的案件的权力，同时法院还需对案件当事人具有"个人管辖权"，即法院具有对诉讼中涉及的当事人做出影响其权利义务的裁决的权力。它还是主权国家的基本权利之一，即国家对其领域内的一切人和物进行管辖的权利。法院除管辖权外，还具有独立权、平等权和自卫权。

独立权是指他国无权干涉和控制国内政处外交事务，国家完全按照自己的意志处理。平等权，即一切国家在国际法上地位一律平等的权利。自卫权，即国家保卫自己生存和独立的权利。国家在享有基本权利的同时，也负有不侵犯别国、不干涉他国内政、外交以及和平解决国家之间争端的义务。

管辖权除了包括国家对其领土内的一切人、物和所发生的事件进行管辖，对其领域外的本国人也具有管辖权。管辖权一般情况下包括以下四个方面：① 属人管辖权。这是指各国对具有本国国籍的公民实行管辖的权利。② 属地管辖权。这是指国家对领域内的一切人（除享有外交豁免者外）、物和发生的事件具有的管辖权。③ 保护性管辖权。这是指一旦有外国人侵犯到该国和该国公民的重大利益时，对于此种犯罪行为有权行使管辖。④ 普遍性管辖权。根据国际法，国家对于国际犯罪的治理，根据国际法有关规定，无论犯罪人是哪里的国籍，也不管他犯罪的地点在何处，国家均有权实行管辖。

二、传统纠纷管辖权的确立

管辖可分为级别管辖和地域管辖。下面将对两者进行概述。

（一）级别管辖

级别管辖就是分级管理，将各级法院对受理第一审民事案件的分工和权限划分上下级。我国共有四级法院，从上到下可分为：最高人民法院、高级人民法院、中级人民法院和基层人民法院。这四级法院都可以受理第一审民事案件，具体的受理范围如下：

1. 最高人民法院

对于全国范围内有重大影响的案件或者认为应该由自己审理的案件都属于最高人民法院管辖范围。例如，影响恶劣的案件或者案情比较复杂的案件，还有案件性质比较严重的案件都属于全国范围内有重大影响的案件，但是这类案件的发生还是相对较少的；那些最高人民法院认为应当由自己审理的案件是指不论哪一级或者哪一个法院管辖的，只要是最高人民法院认为应当由它审理的案件，它就能获得对案件的管辖权，将案件提上来自己审，这就是在管辖上法律赋予最高审判机关的特殊权力。还有应当注意的是最高人民法院作为第一审管辖的民事案件经判定后，不得上诉，实行一审终审的原则。

2. 高级人民法院

对于本辖区内有重大影响的第一审民事案件通常由高级人民法院高级管辖。

3. 中级人民法院

中级人民法院管辖下列第一审民事案件：

第一，重大涉外案件（包括涉港、澳、台地区的案件）。涉外案件是指牵扯国外因素的案件，如所涉及的纠纷财产在国外，或者当事人双方有一方是外国人。对于重大涉外案件指的是案情复杂和争议标的额较大，或者有众多当事人居住在国外以及分属多国国籍的涉外案件。

第二，在本辖区有重大影响的案件。包括政治上或经济上有重大影响的案件，都属于在本辖区有重大影响的案件。在政治上有重大影响的案件是指诉讼当事人或诉讼标的及标的物涉及在政治上有重大影响的人或事，如当事人是人大代表或党、政、军界要员等。在经济上有重大影响的案件是指诉讼标的金额较大、争议的法律关系涉及国家经济政策的贯彻等类案件。

第三,最高人民法院确定由中级人民法院管辖的案件。包括专利纠纷案件、商标侵权案件、海事和海商案件。其中海事、海商案件只能由海事法院管辖(海事法院与普通中级人民法院同级),其他法院不能管辖;专利纠纷案件只能由省级政府所在地的中级人民法院以及青岛、大连和各经济特区的中级人民法院管辖,其他法院没有管辖权。

4.基层人民法院

基层人民法院(指县级、不设区的市级、市辖区的法院)管辖法律另有规定的除外的第一审民事案件。也即除了有法律规定,要求第一民事案件由中级人民法院、高级人民法院、最高人民法院,基层法院管辖剩余的一切民事案件。

5.不同案件中的级别管辖

行政案件的级别管辖:① 在现行法中,由各级人民法院行政审判庭审理行政案件和审查行政机关申请执行其具体行政行为的案件。专门法院、人民法庭不审理行政案件,也不审查和执行行政机关申请执行其具体行政行为的案件。② 凡不属上级法院管辖的第一审行政案件,均由基层人民法院管辖。

(二)地域管辖

地域管辖是指在审理第一审经济案件时,不同地区的同级法院有不同的分工和权限。一般分为两种形式,包括特殊地域管辖和一般地域管辖。与级别管辖不同的是地域管辖权限和分工的划分是从横向来划分的,然后确定出由哪个法院管理具体的民事案件。而对于应由哪一级人民法院解决哪一民事案件的问题,级别管辖是从纵向划分的,确定出上、下级人民法院之间受理第一审民事案件的权限和分工。二者虽然有区别,但也有联系,是递进关系,即必须先确定级别管辖,才能划分地域管辖。也即地域管辖是在级别管辖的基础之上进行划分的。所以,当确定某一案件最终由哪个法院受理时,要先根据案件类型判断出由某级法院受理,再根据诉讼标的物和当事人所在地或者法律事实所在地的地域管辖的要求确定某家法院受理。即当事人住所地、诉讼标的或者法律事实的发生地、结果地在哪个法院辖区,案件就由该地方人民法院受诉。

地域管辖根据《民事诉讼法》的规定划分为一般地域管辖、特殊地域管辖、专属管辖、共同管辖和协议管辖。以下是具体的介绍。

1.一般地域管辖

一般地域管辖就是以诉讼当事人住所所在地为标准来确定管辖的管辖方式,又可称"普通管辖"或"一般管辖"。

2.特殊地域管辖

特殊地域管辖是指民事案件以作为诉讼的特定法律关系或者标的物所在地为标准而确定的管辖。

3.专属管辖

专属管辖,顾名思义就是指某些民事案件依照法律规定必须由特定的人民法院管辖。

4. 协议管辖

协议管辖是指当事人可就第一审民事案件，在争议发生前或发生后，通过协议，选择在某一人民法院进行诉讼而产生的管辖。

5. 选择管辖

我国《民事诉讼法》第22条第3款有关一般地域管辖的规定：同一诉讼的几个被告的住所地、经常居住地在两个以上人民法院管区内，各人民法院均有管辖权，第23条至33条在特殊地域管辖中给有关案件规定了两个甚至两个以上的有管辖权的人民法院。这种情况下就有多个人民法院都有权管辖，所以有关民事诉讼法中规定，原告可以向任何一个人民法院诉讼，若两个法院都接到原告的诉讼，则由最先立案的人民法院受理此案，行使管辖权。这就是所谓的选择管辖。

6. 共同管辖

共同管辖是指两个以上的法院对同一个诉讼案件都有合法的管辖权的情况。

7. 合并管辖

合并管辖是指人民法院在受理一件案件时，有权审理和此案件相关联的其他案件，又称牵连管辖。因为其他案件与主要受理案件有关联，为了弄清案件事实，处于判决的公允性必须要连同其他案件一同审理，这就是法院的合并管辖权。例如，被告提出反诉，第三人提出与本案有关的诉讼请求，原告增加诉讼请求时，合并管辖就要被人民法院所应用。

✛ 案例 11-1

2015年甲区的 A 公司与乙区的王某在甲区签订了一份买卖合同。合同约定："王某从 A 公司提取货物，提货后3日内付款，发生纠纷由 C 区法院管辖。"王某提货后未能如约支付货款，A 公司作为原告按照合同的约定向 C 区人民法院提起诉讼。

对于本案的管辖，法院有两种不同的意见：第一种意见认为，该案协议约定管辖无效，应由被告住所地乙区人民法院或合同履行地甲区人民法院管辖。其理由是：我国《民事诉讼法》第三十四条规定，"合同或者其他财产权益纠纷的当事人可以书面协议选择被告住所地、合同履行地、合同签订地、原告住所地、标的物所在地等与争议有实际联系的地点的人民法院管辖，但不得违反本法对级别管辖和专属管辖的规定。"本案中，被告住所地、合同履行地、合同签订地、原告住所地、标的物所在地均不在 C 区，本案纠纷与 C 区没有实际联系，故本案双方当事人约定 C 区法院管辖无效。据此，本案应由被告住所地乙区或合同履行地甲区人民法院管辖。

第二种意见认为，该案应由双方约定的 C 区人民法院管辖。其理由是：根据《最高人民法院关于适用〈中华人民共和国民事诉讼法〉的解释》(以下简称《解释》) 第三十条第一款的规定，"根据管辖协议，起诉时能够确定管辖法院的，从其约定；不能确定的，依照民事诉讼法的相关规定确定管辖。"本案中，根据 A 公司与王某签订的合同，起诉时能确定 C 区人民法院管辖，应遵从当事人的约定。据此，该案应由双方约定的 C 区人民法院管辖。

【分析】

我国《民事诉讼法》第三十四条规定的是当事人可以书面协议选择管辖法院的问题，而《解释》第三十条规定的是关于协议管辖的效力问题。《民事诉讼法》虽明确赋予当事人对于合同诉争纠纷中法院管辖的选择权，且充分尊重双方当事人意愿。然而，协议管辖成立的形式要件为双方当事人必须签订书面协议，并且必须是在实际联系点确定同时不得违反《民事诉讼法》规定的级别管辖和专属管辖。协议管辖充分尊重当事人的意愿，同时也规定了不能无限扩大当事人协议管辖的自由，在实际联系点的基础上，能够确定管辖法院的，从其约定。

综上，本案买卖合同纠纷与 C 区法院没有实际联系，双方当事人协议管辖的约定应属无效，甲区 A 公司应向被告住所地乙区人民法院或合同履行地甲区人民法院起诉。

三、网络纠纷管辖权遇到的法律障碍

主要分为难以确认地点和是否实名制，下面对两者进行阐述。

（一）难以确认地点

（1）当事人所在地。

（2）合同履行地。

（3）侵权所在地。

协议管辖是指合同纠纷由合同签订地或被告住所地人民法院管辖，这个限制原则就是协议管辖。合同履行地、合同签订地、被告住所地、标的物所在地、原告住所地的人民法院都是协议可以选择的管辖法院。如何确定合同签订地，在传统的合同纠纷中是这样规定的：如果在书面合同中写明了合同签订地点，那么写明的地点就是合同签订地点；如果合同中未写明合同签订地点，则合同签订地点为双方在合同上签字和盖章的地点；如果双方签字盖章的地点还不一样，则最后一方的签订地点为合同签订地点。对于在网络交易中，现行的有关规则还不能适用，也没有明确的法律规定，所以对于双方在电子合同中约定有合同签订地点的，就要具体问题具体分析。

根据目前的情况，一些跟签订在网络购物的合同的地点的相关问题，也可以适用于普遍合同的制定条款。但还是要在符合现在的网络环境的情况下，判断这个合同生效的地点。要根据签订合同的双方可能使用的互联网络。所以像这种通过网络签订的合同，关于这种合同的成立地点的问题应该根据签订合同双方到底使用的是哪种类型的网络：以交互性网络为基础签订的合同，这个合同适合于一些有关表示对话性的意思，这种合同就好比通过电话或者通过双方面对面沟通签订的合同，这种合同是根据双方承诺的时间作为双方签订合同的有效时间，合同的成立地点是双方约定的所在地；合同通过非交互性网络为基础签订，因为这种合同跟其他不是通过对话的形式签订的合同基本相同，所以成立这种合同的地点，可以根据非对话形式签订的合同，也就是双方承诺的要约人要到达的所在地作为双方签订合同的成立地。

在大多数的条件下，我们所说的要约人的所在地就是他企业的营业地；签订合同的一方要有不止一个的营业地址，这种情况下我们应该根据他们最重要的营业场所所在地或者是签订合同的双方交易最紧密的地点来作为合同最终的成立地；在如果签订合同的一方没有营业

地的情况下，可以选择他们很长时间居住的地方来作为他们双方签订的合同成立地。

我们国家的有关法律规定：一个合同成立地就是承诺生效地。如果是通过数据电子的方式订立的合同，合同成立地就是收件人的主要营业地；要是在没有营业地的情况下，合同成立的地点就是一方经常居住的地点；但是要是当事人有约定的，要按照他们之间的约定。我国的法律还规定了：如果作为发件人的主要经营地是电子数据的发送地，那么收件人的主要经营地就是电子数据的接收地；如果没有主要经营地的情况下，经常居住的地点就是发送的地点。当事人对电子数据的发送地、接收地如果有其他的约定，就要根据他们之间的约定来执行。

根据我们国家现有的法律法规，在我们国家的立法基本上是将之前的法律用于通过在网络交易的情况上，如果在电子商务中出现纠纷的问题，在无法确定合同签订地，还没有固定的网络系统，而且是在法院审理方便、当事人诉讼方便、法院在执行立法精神是方便的，签订合同的双方之间存在着密切关系的主要经营场所的地点作为合同签订地，这是他们的关联。所以，在判断双方签订合同的地点时可以使用以下几种方法：如果在双方签订的合同中已经在合同中表明了合同的签订地点，要按照合同中的地点；如果合同中没有写明签约地，要根据在合同上共同签章的地点就是这个合同的签订地；如果双方没有在同一个地方签字盖章，这种情况下，要按照最后一方在合同上签章的地点作为双方签订的这份合同的最终签订地。现在网络发展越来越迅速，电子商务发展也越来越快，在网络贸易中，两个当事人签订了维护协议的电子合同，这种电子合同代替了原来传统意义上在纸质合同上签字盖章，这种电子合同中要在上面进行数字签名，通过这种方式进行数字签名的两个当事人经常不能在同一时间签字，所以两个当事人在签字时肯定是一前一后的，在这种情况下，合同最后一个签字的一方的主要经营的地方或者是一方经常居住的地方就是签订这个合同的最终地方。而对于签订合同的两位当事人来说，不管是当事人的主要经营的地方或者是当事人的常住地，这两个地点与签订的合同纠纷的关系密不可分。

对于质疑以网址来进行管辖权的基本原则，虽然对于鉴定网络空间的主权还是很模糊，但是无论是哪个国家都会争夺在这个管辖这个领域的权利。如果继续扩大管辖本国的权利，这种做法可能会产生比以往更多的关于管辖权的矛盾，也可能会影响执行在他国裁决的案件。在目前的国际法律上规定，在美国所使用的网络管辖权的规则，只能适合美国各州的使用，世界上其他国家根本不会接受这种规则。与此同时，还让法院承担的工作量增加。这种交易方式与原来传统的交易方式相比较，互联网的发展为我们的贸易发展提供了更多的便利条件和贸易机会，网络的发展也为我们的交易节省了更多的时间，方便又快捷；与此同时，因为网络的特点有弥散性，所以在网络上侵权的问题会比传统的贸易更容易产生这个问题。也即在一定的时间内，违约交易的情况比以往更容易发生，所以也会有更多的纠纷问题。我们现在就可以想象到，可能在以后，使用了传统的管辖权，按照其规则来执行，即使是这样也会增加各个国家法院的工作量。

这种将网址规则作为这种管辖的权利，改变了原来传统的"原告就被告"的情况，在这种原则下，对于各个国家法院分配管辖案件的数量，这种情况将在网络纠纷中原告所在的法院管辖的权力扩大了。但是我们法院的规模在短时间内是不可能扩大得那么快，所以肯定会导致案件的积存，使存在的纠纷问题没有得到及时处理和解决，还有浪费经济资源。法院负重了超量的工作量这个问题一直以来都是等待解决问题，所以只将管辖权扩大，国家法院的能力负担不了的这种行为是不被支持的。通过网络进行购物的纠纷问题跟传统的购物的纠纷问题的差异很大，但是我们不能因为这样就把在网络购物中产生的纠纷问题作为一个新领域，要把它当作是在现实中延伸的物理空间。所以，对网络购物中产生的纠纷来确定的管辖权，应该以传统规则为基础，还要按照网络的特点慢慢探讨。虽然网络的特点有全球性和非中心性，但是它们都不能形成一个法律体系，平行网络空间跟现实空间之间的关系，在网络空间上，仍然可以使用在物理空间中使用的一些法律规则，但是也要进行调整，不能完全搬过来使用。物理空间在通过网络电子为平台进行延伸的就是网络空间，所以就认为在网络空间中发生的行为的本质仍然可以适用物理空间中使用的法律。网址的存在只能说明这个案件产生的纠纷涉及了网络，这不能证明其中决定的因素就是网址。在现实的案件中，如何确定网络案件的管辖权？这个时候我们应该结合现实中存在的因素来综合考虑如何管理。

（二）是否实名制

实际上，网络只在一定程度上改变了传统的交易手段和交易环境，只是导致适用管辖标准的模糊和不确定性，并没有改变交易合同的实质。在网络购物交易纠纷首问责任制以及即将启动的网购实名制的前提下，我们要做的不是无意义地大张旗鼓地呼吁立法改进，一是因为改进不是纸上谈兵就能解决的问题，二是不是谁想改进就能改得了的。关键是如何利用现有条件解决新的问题，利用现有法律解决网络购物纠纷的管辖问题。

我国工商总局颁布的《关于管理在网络中进行交易中存在的问题的办法》已经开始生效并使用，开始要求网购要使用真实的姓名。这个规定解决了如何确定被告住所地，也确定了被告是谁，也能知道他的居住地。就算在网购中没有使用自己真实的姓名，不知道被告的真实居住地等其他真实的资料信息，根据线索找到被告人来确认他的居住地址也还是可以的，但是这样会增加诉讼的成本，这个问题还是有办法可以解决的。换句话说，确定被告身份这个问题跟法律无关，需要靠更多的技术支持。通过网络交易的全过程，虽然双方各自都不知道对方真实居住的地方，但是能通过网络知道交易网站的地址，网络上我们每台电脑都有各自不同的 IP 地址，可以证明自己的身份地址，因为这个 IP 是唯一的、固定的，就算是一方使用虚拟的服务器，这种方法不会影响确定当事人的 IP 地址。换句话说，也就是我们的 IP 地址是很稳定的，在网络空间中包括了网址，所以它的位置是准确的，它的改变是要让服务网络的提供商按照规定的程序。所以，确定被告的姓名和居住地可以通过网址来进行，这种方式是准确的。

✚ 案例 11-2

第一起案件是瑞得集团对东方信息公司提起了诉讼。关于这次案件，瑞得集团作为原告，瑞得在线是他下属企业，他按照自己企业的发展情况，创建了符合自己企业形象的，有自己企业特色的网络主页。后来，原告在浏览网页的时候，看到被告公司在网上的主页跟他们公司的主页大致一样，因此对被告提起诉讼，并且要求被告撤掉在网上发布的主页信息，全面停止这种侵权行为，并且要向他们进行公开道歉，还要支付他们制作网页的费用以及他们在名誉信誉上的各种损失。东方信息公司接受了起诉以后，在后来提出他们公司的全名是"宜宾市翠屏区东方信息服务有限公司"这个理由来提出异议，之后原告公司向法院申请撤销起诉，得到了法院的允许。在进行研究整理以后，瑞得公司再次向法院起诉，对宜宾市翠屏区东方信息服务有限公司进行起诉，起诉的理由和诉讼的最后要求跟上一次的一样。被告回应，也向法院的管辖权提出了不同的想法，存在异议。在法院审理调查之后，法院最终驳回被告对法院管辖权的异议这个上诉。被告因此再次提起了诉讼，二审依据维持原判。后来在法院的审理后，判定被告对原告造成了侵权。最终判决的结果是，被告要在《计算机世界报》的主页上登出说明，还要对原告进行道歉，并且向原告进行经济赔偿。这个判决结束以后，双方都没有再进行上诉。

在上面这个案件中，被告认为，他们公司和发生侵权的地点都不在海淀区，因此他们觉得此案海淀区法院不能受理，但海淀区的法院就此不是这么理解的，原告瑞得公司在网络上制作完成后的主页储存在制定的硬盘上，还在自己拥有的服务器上进行网络发布，如果有人想要浏览这个主页，就必须通过这个服务器和硬盘。这个案件起始于原告的网络主页被被告公司侵权才进行上诉，由于海淀区是瑞得公司的所在地，海淀区就是侵权行为实施地点。还有就是由于这种侵权行为的直接后果是东方公司的主页被访问者所接触，在目前我国互联网络中，大部分主机和用户基本上都在海淀区，因此海淀区可以作为侵权结果的最终发生的地点。根据以上的描述中，这个案件的管辖权属于海淀区法院。在这个案件中，法院就管辖权得出的裁定遭到了大部分人们的怀疑，这种把互联网用户看到的网页当作是发生了侵权的结果，以此来将接触了这个页面的用户所在地作为是最终发生侵权结果的地点，这种判决会让互联网存在的地方遍及了管辖权，因此法院可以管辖任何与网络相关的案件。所以根据我国的法律规定，被告的居住地和侵权的实施地，使用服务器的所在地，终端所在地只是发生侵权行为的一种补充。

四、中国网络纠纷管辖权的确定

（一）网络纠纷管辖权的确定

在以往物理空间的世界里，指定的法院确定其管辖权的办法是通过跟合同有关系的范围地域。在网络中，它的空间没有界限。人们通过网络能在各个国家的网络上来回往返，能跨越各个国家，自己却不用在空间上有任何变化。所以，我们不能把网络空间跟物理空间一样，分成不同的区域。究竟要如何确定网络空间的管辖权呢？这个问题必须要解决。因网络自身的特点，使得网络购物中发生的纠纷问题中关于确定被告居住的地方、双方签订合同的地方，还有执行这个合同的地方要比传统合同发生的纠纷问题更难以解决，在这里要建议我们国家要保持原来的法律，在接着发展新的法律相结合的办法来解决这些问题。

（二）网络合同纠纷管辖权

网络购物通常说的是狭义上的在网络上的消费情况，它仅说的是在一些购物网站上，通过网络购买到有形的实际的商品，其中不包括在网络进行的在线教育、在网络上观看影视、在玩网络游戏中等的任何消费。在线交易中，交易的双方通常是根据邮件或者是交换虚拟数字信息等形式来签订合同的，我们把这种合同叫作电子合同。这种合同的实际意义是，这种电子合同跟传统合同几乎相同，它的签订、更改、结束都由双方约定好，需要各自履行义务，这种合同特殊的地方就是跟原来传统的合同相比，它用电子的形式存在，传统的合同可能是写在纸质的文件中，但是电子的合同是存在于虚拟的网络中。在美国，管理电子合同和管理传统合同没有任何区别，电子合同还是使用买方住所场所的基本原则；在加拿大，他们国家的工业协会提交了一份关于如何保护消费者在电子贸易中的权益的报告，这个报告提出电子消费者合同还是可以在传统的消费者住所地管辖中使用的原则，还对现在的法律进行了简单的调整，把签订这种电子合同的地方作为买方的居住地，以方便做到对这种电子合同跟传统的合同中将消费者的居住地点同样管辖的原则；在巴西，虽然这个国家还没有对管辖这种电子合同做出任何其他的规定，但是在他们国家关于消费者保护法中已经有了明确的规定，就是电子合同也同样适用传统的买家居住地管辖原则。以上可以看出，目前的法律在处理电子贸易中的纠纷问题还是可以的。

在关于合同纠纷中的问题，被告的居住地点或者是执行合同的地点，关于对传统民事诉讼的管辖权的一般原则是通过人民法院进行管辖。在一般的民事诉讼案件里，都使用的是原告就被告的基础原则，其目的是，减少被告因为诉讼而四处奔走的辛苦，让原告跟被告的权益相同，保证了公平；同时也方便了法院就此案件的调查搜集证据，传唤被告，提高法院的执行力；这种原则也避免了原告滥诉的情况，同时也保护被告的合法权利不被侵害。在通过网络贸易的纠纷问题的案件里，交易的两个人可能没有使用自己的姓名和真实的地址，这个会很难确定被告的身份，也不是所有的这种情况都没法确定出被告的真实身份，我国法律规定，如果想要起诉，就一定要满足以下条件中的描述：① 原告是与本案有直接利害关系的公民法人其他组织；② 有明确的被告；③ 原告有详细的诉讼要求和实际存在、正当的理由。

这个诉讼包含在人民法院能受理的民事案件范围以内，并且这个法院还有管辖的权力。换句话说，就是原告要明确被告人的身份，才能提起诉讼，如果确定了被告的身份，就可以确定被告的住所地。执行合同的地点是按照合同的规定来进行义务的执行，还有就是接收到这些义务的具体地址，指的是合同中的标的物移交的地址。在确定关于执行合同地，我国《合同法》中就有这样的要求：在合同正式开始使用以后，在没有约定或者是没有明确约定当事人可以关于质量问题、价格问题、佣金问题或者是执行地点的问题等内容的情况下，双方可以对协议进行补充；如果没有达成协议补充的情况下，它的确定可以根据合同中规定的有关规定或者是以往的交易习惯。我国的《合同法》还要求：在当事人没有明确约定的情况下，通过我国法律还是没有办法确定的情况下，可以使用下面的规定来确定：不明确履行地点的，交付货款的，执行地可以确定为在接收货款其中一方所在地；如果是交付了不动产的情况下，执行地确定为不动产的所在地。按照以上条款，双方通过网络执行合同的当事人也能通过约定执行合同的地点；如果双方当事人没有明确约定的情况下，这种情况下，双方能进行协议约定；如果是两个当事人都进行了交付，不论是信息产品还是服务的情况下，也就是有两个地点包括信息发送地和接收地，这种管辖地就应该确定为信息接收地。

五、国际公约关于网络纠纷管辖权的规定

在国际上，根据以往的传统贸易，没有统一地制定关于管辖权的规则。目前存在的规则，如《布鲁塞尔公约》和洛加诺也只是适合于欧洲使用。其中关于对确定管辖权的方法在这两个公约中主要通过签订合同的一方是否在另一方的国家有住所。

在一些国家使用普通法，被告的居住地不是欧盟国，或者是有部分因素，《布鲁塞尔公约》不适合使用，然后可以使用有些部分关于管辖的普通法。

关于对电子合同中产生的纠纷问题的管辖法院的确定，要征求合同当事人的意见，就是一方在签订的合同中已经约定了管辖的法院。如果当事人没有约定好，管辖法院的确定是根据相关的国际法规。但是要是其中一方产生的国家是国际公约国的情况下，这种纠纷的管辖法院的确定就可以根据这个国际公约。还有就是各个国家的各自独特的管辖权应该受到国际上其他国家的尊重。

如何确定签订的电子合同的执行地呢？在通常的电子贸易中，不履行自己应该承担的义务，通常情况下是没有支付得到的商品之后的各种货款。我国的普通法规定："一般规则是，在没有明示或默示地规定付款地时，债务人必须找出他的债权人。"在这种情况下，如果买方通过网络在线支付时，那么卖方的所在地就是这个合同的履行地。如果买方不能支付货款，卖方可以在自己的所在地起诉买方。英国的客户跟外国的卖家进行网络交易，但是这个外国卖家违反了约定，英国买家有可能由于被告的居住地和执行的地点是在国外，导致他不能在英国法院对这个外国买家起诉。除此之外，另一个例外是消费者构成的合同中被告的居住地点原则。在《布鲁塞尔公约》中有明确的要求，买方是可以在被告的居住地点或者是买方的居住地点起诉违反约定的卖方。买方只能是被起诉在自己的居住地点，这一个规定使买方起诉问题减少，承担的应诉问题也大大减少。但是这个公约还要求，双方约定的关于买方的合同中都应该做出这种规定，并且提供这种服务的合同中要有以下的条件：商人是否对居住在他的住所地中的买家进行了诱导，如像一些邮寄广告或推销的，要求买家签订合同中的所有程序都要在买家居住的地方。在我们国家的法律上，对于这种合同的执行地点有不同的理解和实践。

如何确定对于买家签订的合同的管辖法院呢？在电子交易中，占了很大比例的是买方合同，如何确定签订电子合同中产生的纠纷问题的管辖权呢？在欧洲的各个国家的法律规定是把保护消费者的利益作为重点。在欧盟国家中实行的《布鲁塞尔公约》，使用并执行管辖权的一套新的规章制度，就是我们所说的布鲁塞尔规则 44/2001，该规则已于 2002 年 3 月 1 日起正式有效。这个规则可以让各自的买家在各自的国家起诉在其他成员国的网络卖家，欧盟中的欧洲委员会里就有人提出来，买家对卖家还有电子贸易的不信任，直接影响了电子商务的迅速发展。这种将几个国家纠缠在一起的电子网络问题的管辖权让买方国际的法院来审理，这个规定能激发消费者在网上购物欲望，提高网络购物的效益。这个规则还规定，要是这个网站中没有指明是存在哪一个国家的，就可以认定这个在线公司的目标是做世界各地的

生意。如何确定管辖权的规则的规定和原来有关的一样，企业是可以通过签订的合同中存在的条款来选择某个国家的当地法院来进行管辖。

网站和发送的电子邮件是不是引诱了消费者进行购物呢？按照其中部分国家的想法跟做法，卖方在进行服务时，对潜在的消费者是否做出了一些引诱的行为，这对于确定管辖权原则是不同的。例如，一些服务会在网上发布一些品牌广告，后来签订的合同会不会受到消费者保护法的保护呢？《布鲁塞尔公约》中通过关于欧洲调整管辖权的问题中有明确的规定，引诱指的是买方居住的国家，在双方还没有签订合同的时候，看到了符合他要求的这样一则广告或者是邀请。按照这个规定的要求，买方收到的电子邮件引诱这种情况可以归到是一种对买家的邀请，这种引诱是有针对性的，但是网页上出现的广告的位置没有那么不清楚。

现在对于网络服务器在其中的地位如何呢？企业把其网络服务器可以放在世界任何不同的角落，这些地方跟企业实际经营场所都不同。那么网络服务器所在地能不能作为在线卖家的营业地点呢？关于这个问题，得到的比较相同的观点是：营业所在地跟网络服务器所在地不同，网络所在地不能是营业的地点。

因为在电子商务中的网络服务器的地点跟实际签订合同地没有任何关系；与此同时，假如营业所在地就是网络服务器的所在地，这种情况下会减少法院的权力，减少了法院对这种电子合同管辖的权力。普通法国家的对人管辖以能够对被告进行送达作为主张管辖权的基础。我们在网络贸易交易下，部分人提出了他们的意见，如果一个公司建立网络服务器在任何一个外国的国家，如果这种服务是提供给外国的买方时，这个时候企业的网络服务器有可能会成为这个企业的营业所在地，所以可以在此地进行一些实际的广告宣传和一些现实中的商业活动。一些专家学者提出，营业所在地要求有持久性和可承诺性，这些要求被网络服务器满足了。所以，一些专家认为，可以在网站上进行送达令状，做到了这些，其他的法院可以根据这个来获得对其的管辖权。普通法国家对人进行管辖的基础不是在网络上进行的令状送达。

六、目前我国关于网络交易纠纷管辖问题的规定及发展方向

在目前的中国，还没有任何一部法律法规来调整这个网络。我国在处理一般的民事纠纷问题，中国的法院可以实行权力的空间范围包括：对级别的管辖、对地域的管辖、对裁定的管辖、对专属地域的管辖，还有对部分协议的管辖。我国规定的对于一般的地域管辖的基础，就是以当事人居住的地方和当事人所在地的法院之间的关系来处理管辖的办法。我国民事诉讼法律中有这样的规定，公民在住所地向被告人提起民事诉讼，则需要在被告人的住所地的法院进行处理；如果诉讼一方他的住所和居住地不是同一个的话，由诉讼人长时间居住的人民法院处理解决。关于对特殊地域进行管辖的规定的标准是根据诉讼的所在地，法律规定的事实所在地进行管理。我国法律规定的关于民事诉讼法的，在对关于诉讼合同的问题，这个管辖是由被告的住所地和双方签订的合同履行的当地法院。我国的法律还规定，对于诉讼侵权行为的问题，在发生侵权行为的地点或者是在被告者所居住的地点所属的人民法院来进行管辖。除此之外，我国的法律法规对诉求问题还提出了其他规定，这种我们说的侵权的

行为地应该是包括了以下两点：这种侵权行为实行的地点和进行侵权最终发生的地点。1997年，人民法院关于如何规范知识产权的问题特别召开了一次讨论会：最终发生侵权的地点，指的是一种行为是侵权的，这种行为直接发生的地点。在这种情况下，如果原告受到了损害，不能将原告所在地作为最终侵权的发生地。

2000年11月22日，最高人民法院审委会1144次会议通过《关于审理涉及计算机网络著作权案件适用法律解释》第一条规定："侵犯网络著作权的案件，由侵权人或者被告住所地人民法院管辖。"解释还规定了网络服务器、计算机终端和其他侵权行为的设备的位置，难以确定侵权行为。原告发现计算机终端，如侵权内容的地方可视为侵权场所。此外，人民法院处理了涉及知识产权、域名、网上电子商务、涉及互联网的不正当竞争案件。在司法实践中，一个案件的管辖权应当采用什么样的标准来确定？有些法官以接触理论的观点作为管辖权的接触点，有的则主张将网站作为管辖权的连接点。

网络侵权的管辖权尚未得到解决。现有的法律和司法解释可以作为确定计算机信息网络纠纷管辖权的依据。然而，各种情况下的解决方案在实际应用中还需要进一步探索，迫切需要调整一套相应的规则。在笔者看来，一是进一步确认管辖权规则应避免对互联网的不正当限制，这样才真正有利于它的发展。运用原有相关的国内法律、司法解释，使之适用于网络案件是一种必然的选择。二是协议管辖与法定管辖相结合。第三，由于互联网本身具有较高的科技含量，必然会带来证据的证明、证据的认定、法院制裁的可行性等技术问题，所以要加大对技术方面的了解，并寻求这方面技术人员的帮助。在有关全球互联网统一规则的制定，中国应重视国际交流与合作，寻求制定统一的国际公约，并引入科技手段为民事管辖权。第四，借鉴发达国家网络法律的先进经验，加快建立专门的网络商法，解决现实生活中存在的问题，促进网络经济的健康发展。

七、管辖权法律风险的防范

（一）司法管辖权

1.与居住地的关系

根据《布鲁塞尔公约》，对会员国的居民提起诉讼的，应当在居民住所内，不分国籍。因此，如果一个比利时客户想对Buzzware公司提起诉讼，只有德国法院有权受理他们。当事人的居住地是否属于一个会员国，由法院根据其国内法确定。然而，为了确定所在地，法院必须运用其国际司法规则。因此，在这种情况下，案件的审理应根据比利时当事人的诉讼国的国内法律来决定。以上只是一般原则，但是也有例外。在特殊情况下，这些例外也影响原告对被告的诉讼选择。居住在一个成员国的当事人也可以在另一个国家就合同有关的事项，即当时所在的国家、合同的所在地进行起诉。也即合同的执行地点决定了案件的管辖权。这样，地方法院对案件有管辖权。就上述情况而言，如果Buzzware未能交付比利时客户，客户可以选择在德国法院或比利时法院提起诉讼。

2.与消费者的关系

《布鲁塞尔公约》以消费者权益保护为基础，规定消费者可以在居住地提起诉讼，或在卖方所在地提起诉讼。如果卖方想起诉消费者，它只能放在消费者住所所在的国家法院。如果是消费者，比利时法院对他们之间的争端具有专属管辖权。

3. 优先管辖权

根据《布鲁塞尔公约》，当争端发生时，合同当事人有权同意法院的管辖权。根据本协议，其他法院无权行使管辖权，只有当一方当事人不同意法院的管辖权时，法院才能阻止法院行使管辖权。如果 Buzzware 在其网页上声明，一旦交易当事人提起了合同纠纷的诉讼，就应该被德国法院受理。类似这样的声明只有符合《布鲁塞尔公约》规定的正式要求时才有效，也即它们应符合下列形式之一：① 协议以书面形式做出，可以提供书面证据；② 协议符合当事人之间的惯例；③ 在国际贸易或国际贸易中，与某些惯例相一致。当然，书面形式不仅在纸上写，而且还根据网页中规定的条件。在许多其他情况下，有必要确定书面形式的功能要求，以便在电子商务环境中获得可接受的解决方案。

（二）约定管辖权

1. 选择的自由

《罗马公约》规定，合同受合同双方规定的法律管辖。协议必须在合同条款中公平地表达，也可以根据案件的具体情况清楚地解释。所以，这一要求必须根据不同的互联网环境来解释。

2. 最密切联系

在没有法律适用的情况下，《罗马公约》规定了合同应遵守与合同最密切相关的法律的原则。一般认为，当事人在合同缔结时处于国家永久居留地，管理中心在 C 国，最能反映合同特征的国家与合同关系最密切。总公司根据这一原则，德国法律应适用于 Buzzware 和比利时买家之间的合同，因为合同的主要特点是交货。

3. 某些消费合同

即使在与消费者有关的合同中，根据《罗马公约》，合同当事人也有选择适用法律的自由。但是，由于消费者所在地的消费者保护条例是一项强有力的规章制度，当事人之间的协议并不剥夺消费者应依法获得保护。这样，如果比利时买方是消费者，即使合同的其他部分适用于德国法律，他应受到比利时强制性规范的保护。

（1）立法管辖权。对于德国方面，它有权利规定，向德国人提供纳粹宣传是犯罪行为，即使是通过互联网进行的，这也是国家主权的问题。它还认为，德国有权制定法律，使德国的在线服务提供商对其用户的行为负责。只有两种情况下，德国可能会失去这一权利，一个是加入一个国际协议或公约，限制国家对这些问题的立法限制，一个是遵守国际惯例的相同内容。

（2）司法管辖权。

（3）执行管辖权。我们都知道，一个国家不能采取措施侵犯其他国家的主权。如果一国向另一国派人逮捕涉嫌犯罪嫌疑人，则违反国际法。在另一国家领土上没收财产也是违反国际法的行为。唯一可行的办法是获得外国政府的同意和合作，以使国家能够做出自己的判断。目前，有关引渡的国际公约已有若干。多边或双边条约的缔结也是解决管辖权问题的手段之一。

4.要点提示

按照中国民事诉讼法的有关规定，民事诉讼由被告住所地法院，居住的地方，或者法人营业场所；对合同当事人也可以选择居住的地方，被告在书面合同中向被告住所地法院管辖或者执行合同。法院对履行地、合同签订地、原告住所、标的所在地和争议所在地有管辖权。通过区域因素来确定管辖权的方式需要区域稳定性。然而，电子商务载体网络的开放性、多样性和快速性使得所有的决定因素都不确定。

第一，网络的开放性使得任何人在没有任何审查的情况下获得交易资格，如果事先没有申报，当事人很难知道对方是谁，更不用说公司的组织和信誉的进一步信息。

第二，现代高科技网络的便利性是使人们能够快速进入网络，在任何时间、任何地点从事交易活动，并使用一些笔记本电脑建立移动电子交易领域，不需要固定和稳定的营业场所。通常用于确定传统规则的管辖权。

第三，网络为人们提供了一个快速交流的平台，双方不必与没有旅行的人打交道。它使传统的谈判形成了历史，也使得承包地的概念难以在电子商务中应用。

第四，网络的虚拟甚至在一些交易中体现为交易物品商务虚拟性，使得所谓的物品存放在何处、在何处交付了物品等根本无从谈起。

案例 11-3

原告 A 集团提出被告的 B 主页侵犯原告主页的版权，并呼吁北京海淀区人民法院判定被告有侵权责任。B 提出了对案件管辖权的管辖异议。由于其在宜宾、四川、北京、海淀区等地的住所，A 组没有提供证据证明其涉嫌"侵犯"海淀区、北京、海淀区人民法院、北京市。在没有司法管辖权的情况下，他要求判决将此案移送至四川省宜宾中级人民法院审理。被告进一步指出，该案件是由互联网网页版权所引起的诉讼，而互联网不同于传统媒体，有其自身的特点。过去，关于侵权诉讼案件管辖权的法律规定在这类案件中没有明确的法律规定。被告人的怀疑显然使法院不得不面对网络诉讼管辖权的问题。

北京海淀区人民法院驳回被告的司法管辖权异议。原因主要有三点：第一，它必须设置在 A 组的家庭服务器和硬盘中，鉴于 A 组给其主页复制侵权的原因。因此，该地区应被视为侵权行为发生地。第二，A 组不仅抱怨 B 复制者主页的具体行为，而且抱怨直接的后行动。

这是 B 公司的访客主页。事实上，中国目前的网络主机和用户都集中在一些特定领域，如本地区来看，该地区应视为侵权结果发生地的地方。

第三，当 B 提出对管辖权的异议时，并没有证明 A 组主页的内容是瞬时的或不稳定的状态。

【分析】

从法院的判决来看，法院首先将传统的法律规定直接应用于网络空间，而不是试图直接将传统法律适用于网络空间，也即它不回答 ACCU 问题。其次，法院对侵权行为实施地的解释和侵权结果的发生，体现了法院对网络特征的理解，以及法院享有司法管辖权和扩大司法管辖权的努力。这是一种法律解释技巧。

目前，在电子商务的背景下，传统的管辖权确定规则正在受到冲击。例如，居住地、营业地、住所地的不确定性及其与电子商务活动的联系、合同地点的不重要、虚拟物品的挑战定位规则,管辖权也属于难以捉摸的情况。在司法实践当中,有以下几个问题需要引起电子商务企业的注意:

1.司法实践中并没有严格区分传统商务合同与电子商务合同

在处理电子商务合同纠纷时,我国法院没有区别于传统的商务合同纠纷,法院的管辖权由被告的法院或合同的法院管辖。首先,这是一种非常落后的做法,这是一种无奈,它消除了电子商务领域中消费者合同纠纷的特殊性,不利于电子商务的发展。其次,在地域较远的电子商务交易合同纠纷中,虽然电子商务带来了交易的便利性,但是依据传统的管辖权规则,一旦发生纠纷,电子商务企业可能会在繁重的诉讼负担面前望而止步,而放弃跨地诉讼,其合法权利也得不到应有的保护。

2.目前大多数电子商务管辖权通过格式合同来确定,带来了一定的倾向性

电子商务合同中一般都含有管辖权条款,而这些条款甚至是整个合同纠纷往往没有通过协商,通过乙方当事人单独起草,属于格式合同。而由于电子商务纠纷管辖权可以多元确定。管辖地选择范围非常广,因此合同起草方指定的管辖协议往往对其自身绝对有利。

3.缺乏相关的电子商务合同纠纷管辖权的立法规定

我国《消费者权益保护法》和《合同法》并未对网络交易安全的管辖问题做出明确的规定。随着网络的飞速发展,我国相继出台了《互联网 IP 地址备案管理办法》《电子签名法》《网络交易平台服务规范》《互联网安全保护技术措施规定》等多部有关电子商务和互联网服务的法律规范。遗憾的是,这些法律法规对于网络关系问题都还是默示适用《民事诉讼法》和《民法通则》的相关规定。

第三节　电子商务诉讼中的电子证据应用

一、请求国家机构给予协助的措施(公权力救济措施)

(一)电子文书公证

1.现场见证公证

公证机构将采取图纸、摄影、录像、复印、封印、非专业鉴定、检查等方法和措施,根据具体情况进行记录并制作详细的工作记录。在保全证据的过程中,有关专业技术鉴定和鉴定的事项应当由当事人或者公证机构委托当事人处理。

当事人在下列照片、录像中申请证据证明公证,公证机构可以接受:

(1)人民法院等机关依职权申请以照相、录像方式对财产、行为办理保全证据公证。

(2)当事人申请以照相、录像方式在公共场所(包括营业场所)对财产、行为办理保全证据公证。

(3)当事人申请与他人谈话录音录像,公证保全证据。公证机关应当根据当事人的要求

和被保险人的不同特点，对侵权物证的保全进行公证。

通过记录当事人购买或索取物品（包括发票、凭证）、摄影、录像、询问证人，客观地记录现场的实际情况。为了方便申请人取得证据，公证人可能无法做出公开身份，但必须在现场，进行现场记录或及时补充现场记录，记录时间、地点、证据的名称、证据的数量。申请人或者目前的性质，以及取得证据过程中获得的票据、文件和其他凭证。如果原件可以保存，原件不能合法保留，并由公证处保留，以核实正确的副本。

✚ 案例 11-5

杨女士是扬州一所中学的音乐老师。今年6月底，高考成绩出来时，一些人在新浪微博上发表问题，质疑扬州一所著名中学的教学质量。为此，网民不断受到不同意见的攻击。杨女士还转发微博并发表讲话，支持那些受到质疑的人。那些意见不同的朋友开始攻击她。

这一事件持续了好几天。后来，甚至一些人注册了几个"背心"，并改变他们的模式虐待和殴打她和她的家人。让杨女士难以接受的是，幼儿园的女儿成了被责骂的对象。甚至有些人也会把她和女儿的照片、真实姓名、联系方式发送给互联网，并做出威胁和辱骂。

为了避免操作系统对特定电子设备、对微博的证据保全的不利影响，公证人要求当事人使用办公计算机和办公网络进行操作，以避免一些恶意的技术手段干扰。在保存过程中，公证员通过现场记录和打印，对整个保存过程进行综合监控。为了防止可能出现的缺陷，公证员采取丝网印刷和实时打印相结合的方式，使微博信息的保存更为全面。

2. 在线公证

在线公证主要采用数字签名和电子签名技术。

（二）证据保全

证据保全，是指法院在起诉前或在对证据进行调查前，依据利害关系人、当事人的请求，或依职权对可能灭失或今后难以取得的证据，予以调查收集和固定保存的行为。

1. 申请

公证机构不能积极处理电子证据的保全。必须按照申请人的申请进行。本申请在诉讼开始前不得被法律禁止。但是，如果申请电子证据后申请公证保全，则应当向法院提交公证。

2. 审查

电子证据的保护应遵循合法性原则，这样有利于公审公正。公证机构应核实申请人的信息是否符合公证程序规则第十九条的规定，以及电子数据是否为预先规定的。服务他人的合法权益受到侵害。公证法第二十五条规定："自然人、法人或者其他组织申请公证，可以向居住地、诉讼地点或者公证机关公证机构提交公证。"但是，电子证据很容易复制，并且可以通过网络和移动存储设备在很短的时间内无限地传递。这导致了原始存储、发送者的位置、接收方的位置和公证机构的位置，因此公证人接受电子数据的安全性。它不应局限于领土和行为管辖权的问题，而应从电子数据的及时、合法和完全保存的角度全面审查，只要它可以合法获得和保存。

3.操作程序

由于电子数据只是作为法定证据，电子证据保全的操作程序还没有系统的规定，主要是在公证法、公证程序规则和对公证的公证指导等方面。依照上述法律、法规和行业规定的规定，电子证据保全公证应当按照下列程序操作：公证机构使用计算机；公证机构应当办理公证；根据申请人提供的书面程序，公证人应按照顺序记录网络、输入 URL、下载和打印网络；保存证据的整个过程和使用名词和版本的操作软件；公证审核内容是否与网页内容一致；生产电子证据保全公证；公证人；当公证申请人的电子数据主动或保存电子数据时，应受到保护；视频录像和电子证据保存数据的录像和存档。

二、电子证据的收集的技术和方法

（一）原则

1.依法取证原则

计算机取证和司法鉴定不仅保证了理论和司法鉴定实体的合法性，而且保证了取证和法医学鉴定的合法性。证据的合法性和可采性取决于证据的客观性、与案件事实的相关性以及法医和司法活动的合法性，不然会起到将问题恶化的效果。证据的构成和司法鉴定活动是指参与司法鉴定和司法鉴定活动的全部过程。司法鉴定和法医鉴定的主体、客体、手段和程序四个要素，可以通过保证证据和"四要素"的同时确认，保证证据的有效性。

（1）主体合法

司法鉴定和司法鉴定的主体是案件证据的主要提交。在举证责任的地位不同的情况下，取证主体与司法鉴定主体将不同。中国的《民事诉讼法》和《行政诉讼法》对证据收集的主体没有严格的规定，电子证据的取证与司法鉴定方法的特殊性，使取证与司法鉴定主体必须有资格完成依法取证和保存电子证据的取证工作活动。法医学鉴定必须首先具备司法鉴定的资格。

为了进行相应的司法鉴定和法医鉴定活动，我们必须有法律证据的调查和法医鉴定。由于计算机取证和法医鉴定是一门技术性很强的交叉科学，因此要求调查人员拥有相当的信息技术。因此，利用法律认证和法医专家协助侦查和取证是弥补这一缺陷的有效途径。所以，应在需要的领域寻求一些专业的人士来考虑这些问题，而不是用一些其他的不当方法做这些，如取证与司法鉴定专家探寻可能存在的电子证据，寻找途径，根据获取电子证据的困难指数和最终的所有结果的分设备，证据的可靠性与整体性是有技术保证的；电子证据经过复原、分析、辨别；由于电子证据具有可靠的分析与采集，还可以阐释相关技术问题，电子证据可以作为专家证人出庭作证——计算机取证与司法鉴定的主体专门鉴定电子证据并监督取证与司法鉴定过程。合法的调查人员和具有法定资格、"有案在册"的计算机取证与司法鉴定专家是计算机取证与司法鉴定的主体。

（2）对象合法

保证不侵犯所有人、权利人的隐私的前提是对象合法，这些对象包括受袭击、被侵犯、被利用实施犯罪行为的计算机、网络系统或电子设备，但是并不是所有情况下的计算机系统、网络环境、数码相机等电子设备中的信息都能作为调查取证的对象，作为调查取证对象的前提是与被怀疑对象有关。此外，通过确定电子信息储存的地点、状态、方法等确定取证与司法鉴定的对象范围，从而使与案件无关的人员的权利得到保护。还有，电子设备的所有人、权利人需要目击调查取证，必须在硬盘、光盘等储存介质中辨别出哪些是与证明案件事实有联系的信息以及无关数据，哪些是犯罪者的犯罪记录。不能随意地使用与案件事实无关的数据，这样会侵犯所有人或权利人的贸私权、商业秘密等合法权益。

（3）手段合法

手工直接取证（即物理取证）和特制的信息系统（即工具取证）手段是合法计算机取证与司法鉴定的主要手段。传统的物理取证对取证人员技术操作规范要求十分严格，由于电子证据的技术特性，需要对物理取证补充。工具取证所使用的工具和程序必须通过国家有关主管部门的评测取证与司法鉴定。在计算机取证与司法鉴定过程中，不得采取窃录、非法定位、非法监听、非法搜查、扣押等，不得使用未经审核验证合格的程序获取证据，不得通过非法软件验证电子证据，否则势必导致电子证据的可信度大大降低。必须保证取证与司法鉴定活动的过程以及采取的手段符合法律要求。

（4）过程合法

取证与司法鉴定活动需要遵守一定的规矩。获取证据不能对原有证物进行改动和损害；所获得的证据需要证明和原有的数据相差不大；对证据分析不能改变数据。验证电子证据的合法性的方式有：人证、书证和音像资料等传统证据形式。及时将一些电子信息转换为书证是必要的，保证有效性。

要对取证与司法鉴定过程进行全程记录，记录方式通常采用传统音频采集工具，同时保证两个合法的取证人员在场。只有通过合法的鉴定机构对电子证据进行鉴定，才能使之转换为合法的证据。此外，为了使取证与司法鉴定合法，鉴定过程应该受到监督。

2. 无损取证原则

要使证据材料成为有效的诉讼证据，材料必须客观、真实。我国诉讼法规定，如果提交原证有问题，可以提交物证、书证的复制品或副本。由于存储介质中的电子信息的虚拟特点，不存在直观可视的"原件"，目前在司法实践过程中通常采用存储介质中电子信息的"克隆"形式。

保证电子证据的无损状态是取证与司法鉴定活动的必要前提。例如，在收集存储介质中的电子证据时，通常采用字符流镜像的方式对存储介质的所有数据信息进行备份，所用工具通常为镜像工具（如 Safeback、SnapBack、DatArret 等）。在以后的分析、鉴定等取证与司法鉴定环节中，只能对备份数据进行操作，为了保证分析、鉴定的结果的可信性与电子证据的客观性，将备份的数据恢复到原始状态，作为分析、鉴定数据的原始参考标准。

由于电子证据是电磁信息，所以可能因外界磁场的影响消磁损失信息。为了保证电子证据的客观完整状态，电子证据应远离高磁场、高温环境，避免静电、潮湿、灰尘和挤压等。

计算机取证与司法鉴定的各个环节中，无损取证与司法鉴定原则是重中之重，必须确保获取的证据的可采性。

3. 全面取证原则

调查机关必须全面调查取证与司法鉴定保证获取的证据相互印证，形成完整的证据链条，这个过程中体现了全面取证与司法鉴定原则。通常，案件包含多个不同的层面与案件具有某种关联用以诉讼的电子证据，如嫌疑人可以通过账户、密码确定；作案时间可以通过系统日志证明等，案件的全部事实通过这些电子证据组成的证据链表现出来。在计算机取证与司法鉴定时，必须要分析电子证据的来源并进行各种角度、层次的取证与司法鉴定。要想达到胜诉的目的，必须确保证据与案件事实关联，排除矛盾的电子证据，最终组成完整的证据链。

4. 及时取证原则

信息系统运行过程中自动、实时生成电子证据，系统经过一段时间的运行很可能会造成信息系统网络的审核记录、系统日志、进程通信的变化，则这些数据信息不再可以保证案件的真实性。因而，电子证据的获取具有一定的时效性。必须保证其没有受到任何破坏和损失，才能进行司法鉴定。例如，经常使用 IP 地址来确定涉案计算机设备的方位，但这种"网络号码"却不与所有者存在固定的标识关系。又如，某一计算机连接网络后被分配了一个 IP 地址，此 IP 地址极有可能在计算机退出后被分配给新连接网络的其他计算机。因此，及时取证与司法鉴定可以保证电子数据作为证据的客观性，维持电子数据与案件事实的关联性。

（1）流程

取证准备阶段—事件检测—事件初步响应—制定响应策略—数据采集—数据分析—报告阶段。

（2）一般方法

由于电子证据表现形式具有多样性的特征，应区别对待：

①手机短信形式电子证据的收集。近年来，手机短信联络方式中所占比重越来越高。由于其具有便捷性和隐蔽性，犯罪分子使用手机作为重要的犯罪手段和犯罪主要工具。

如利用短信指挥犯罪活动或者直接进行诈骗。在这类案件中，因为每个手机用户的手机号码中入网证号都是唯一的，若能收集该类证据，对证实案件往往起到一锤定音的作用。接收者手机能在短信发出后显示对方的手机号码，从而确定发送者是谁，从而证实案件的事实。可以采取以下方法收集该类证据：在短信未被删除的情况下，直接将此信息以及手机予以封存，用来最终审判。可以通过手机短信运营商来调取被删除的短信内容。在收集时，当通过工作人员签字盖章证实后，将对应的手机短信的发送时间、双方手机号及内容打印出来以供侦查和审判使用。

②电子邮件形式电子证据的收集。电子邮件具有的特征是它可以把人们表达的意思转化为数字信号，它是基于因特网而产生的通过网络传输呈现在对方电脑屏幕上的一种新型通信方式。在民事诉讼中，电子邮件已经得到确认。我国《合同法》规定，电子数据邮件形式可以作为合同的书面形式。电子邮件在刑事诉讼领域，司法机关的解释中也有所体现，但未规定如何收集。电子邮件的区别于其他形式电子证据的特点是每个电子邮件使用者必有一个电

子信箱，而每个电子信箱其用户名、账户名以及密码是唯一的，纯电子邮件的信头都带有收发件人、网址及收发时间。任何人掌握了某注册用户的用户名、账户名、密码，就可以收发或删除邮件。当然，对于一般人来说，直接在收件箱中修改文件是很困难的事，因为收件箱中的文件是拒绝删除的只读文件，只能改变其储存位置。

由于电子邮件具有上述特点，在收集过程中必须保证，邮件所存在的计算机硬件运行系统必须保持安全，病毒或黑客没有侵袭电子邮件，如果不能做到上述几点，收集到的证据材料是没有意义的，不能作为材料使用。要保证收集到的材料有意义，收集的人员必须具备一定的计算机和网络技术先进的硬件设备。在民事诉讼中，专家出庭作证的有关规定在《关于民事诉讼证据的若干规定》中提到，在国外这种做法被称为技术顾问制度。专门技术人员在收集电子证据中被聘请，技术人员在出庭时说明收集情况。专业人员收集证据时，采取打印或拷贝的措施将其固定起来，在法庭上电子邮件的内容及用户名通过多媒体示证的方式直接显示出来。

③网络聊天形式电子证据材料的收集。随着网络技术的发展，出现了及时双向沟通的通信方式，如聊天室聊天和QQ聊天。通过网站上开设的聊天室，聊天室聊天可以进行"一人对多人"的公聊，"一对一的私聊"是指QQ聊天，相对于电子邮件来讲，它的特点是存在的环境开放，收集起来困难。在收集网络聊天证据，要有三类证据需要被收集：一是聊天内容证据，包括聊天对话的内容以及聊天者简单的个人信息，须借助收集到的网上IP地址及上网使用的网络进行佐证才能保证信息的真实性；第二类是系统环境证据，即判断计算机硬件和软件数据是否合乎常理，网络聊天证据的可靠性可以用其辅助证明；第三类是附属信息证据，如IP地址、所借助的服务器、上网账号、信息传递的路径等，聊天者与某个特定的行为人可以通过其联系起来。可以通过网络服务商以拷贝、打印的方式收集聊天内容，在网络服务商未储存的情况下，聊天内容可以在双方电脑记录中收集到，并将其以拷贝或打印的方式固定下来。可以聘请专门技术人员恢复被修改的聊天记录，当前的技术可以恢复硬盘的擦写记录，删除或覆盖文件与计算机对文件的修改有很大区别。我们可以由相关专家出具此类证据的鉴定结论并固定这类证据。在使用方面，可以作为再生证据加以运用。

（二）搜集技术

1.物理检查内部信息

计算机系统的许多领域都存在有价值的证据，只能被训练有素的计算机专家发现。如果有迹象表明文档可能被删除或被近期删除，那么即属于可能毁灭或难以取得的情形。被删除的文档只有在有限的时间内才能被找回。在这种情形下，必须立即检查，否则有可能遭受严重损害或处于不利地位。对他人计算机系统的检查涉及许多法律问题，如个人隐私、商业秘密的保护问题，甚至是否有权检查的问题。因此，这种检查一般得通过法院或其他公权机关进行，或者由他们的授权专业机构进行。这时当事人可以运用的公权利救济途径有诉前证据保全和请求法院调取证据手段。应当说，对计算机进行物理检查存在一定难度，这种难度不仅是技术上的，而且更多是法律上的。

2.计算机日志、审计记录和访问列表

计算机日志、审计记录和访问列表能够提供非常有用的信息。几乎所有的网络软件都会自动地记录系统使用的所有信息。日志或审计记录表明什么时间、在什么地点和谁进入了系统的信息。详细程度可能包括雇员在特定的日期和时间使用哪一台计算机，包括谁最后修改了文档的信息，以及是什么时候修改的。

在某些情形下，相关的审计记录可能由第三人维护。使用 EDI 的公司通常通过第三人拥有的 VANs（Value Added Networks）传输他们的文档。VANs 操作人员提供的一项服务即是关于交易的审计记录（audittrails）的记录。这一记录确认什么时间和由谁发送了文件。另外，VANs 本身包括每一份发送的文件拷贝。另一个重要领域是访问控制记录，也叫访问控制列表（Access Contorl Eist，ACL），它包含网络各种项目的记录。ACL 给予雇员以访问和编辑服务器上的文档的权限，这些权利往往依工作部门或工作组不同而不同。例如，会计文档限于财务部门和上级管理者，其他雇员不得访问。关键性的研究和开发文档限于少数工作人员。如果某个文档在诉讼中有争议，检查一下 ACL 中的该文档，将会发现哪位雇员访问过它。

（三）库克软件记录

在多数情形下，库克软件不被用户知晓而装载于互联网上。用户浏览时，浏览器会自动生成审计记录，记录用户访问互联网的地址。审计记录的目的，是帮助用户轻易地找到以前访问过的网站。如果他们没有被删除，使用库克软件可以提供用户完整的网页记录，库克软件可以弄清负责人，确认其雇员是否登录过某个网站或进入过某个新闻组。网站通常装有小型数据卡片，存储从用户硬盘传给网站的信息。网站可以重新访问库克，以阅读、了解用户感兴趣的领域。包含库克信息的计算机文档可以揭示用户在互联网上活动的信息。但是，寻求调查的当事人应当知道，可能会有新的软件可以擦掉库克信息，因此要避免这种新软件存储于其硬盘或自动地擦掉存储的信息。

（四）计算机技术专家的采用

电子证据具有高科技性和隐蔽性的特征。对于专业的律师来说，电子证据的调查工作也具有很大的困难。因此，选择专门的机构调查证据或委托专门机构鉴定证据的真伪等便成为必然选择。例如，美国有一家公司（Computer Forensics INC）专门从事计算机证据调查事务，它是信息时代诉讼纠纷的有用助手。这些专业公司或专家可以提供适当的调查清单、履行责任人计算机系统现场检查工作。他们计算机硬件中以前删除的文档可以通过专门的软件检测。即使其他文件覆盖了被删除的部分，剩余的部分也可以被专家发现。一定时间所发生的事件可以通过调整探测软件扫描出来。通过使用这种软件，可以节省大量的审查时间。比如，专家几分钟就可以辨识某个人在硬盘每一时刻的行动轨迹。我国目前尚未有这样的专业公司或者鉴定机构从事调查和鉴定电子证据。

三、我国电子证据的现状

（一）立法现状

信息技术的迅猛发展，带动着电子证据取证在司法实践中的应用越来越多，浸透到各行业不同的领域；但是，我国有关电子证据取证方面的法律规定相对于信息技术发展严重滞后。虽然我国已经推出了有关电子证据的法律规定，但近年来经过对电子证据的研究，电子证据的法律定位有很大问题，诸如"书证说""物证说""视听资料说"等多种关于电子证据应如何归类的学说相继面世，对于电子证据取证的研究文章却是寥寥无几。而在法律实务界，电子证据取证在各地司法机关因缺乏法律具体规范发展迟缓，甚至因为其困难性，在面临需要采用电子证据取证的案件时拒绝使用，继续使用传统方式办案。因此，法律实务界和学界必须及早完善现有取证规范，应对电子证据取证新诉求。

随着我国陆续推出的新《刑事诉讼法》和新《民事诉讼法》，持续了很久的关于电子证据如何归类的争议最终解决，电子证据具备了独立的法律证据地位，但是刚刚开始电子证据取证的研究，需要解决很多有关问题，如取证对象范围的确定、取证主体分工问题、取证程序具体规范及取证方式规定问题等。证据法在我国没有单行，各诉讼法、司法解释和其他法律法规等规范都有有关电子证据取证的规定。

因为电子证据取证的应用范围更加广泛、深入，从司法解释、行政法规到部门规章、地方性法规渐渐开始推出一些新的解释、规范，其中北京、上海、广东、大连及海南等信息技术较为发达的地区主要出台地方性的法规。显而易见，一些信息技术发达地区，现有的法律法规与本地需求严重脱轨，出台新的规范要结合本地实际情况。其他内地城市电子证据取证的司法运用也在迅速发展之中。

（二）应用现状

1996年北京大学某学生顶替上学的侵权一案应用了电子证据。案件的关键证据是涉案的一封电子邮件，但是该电子邮件的真实性难以被判断，其原因是以前从未遇到电子证据取证这种全新课题；电子邮件打印出来的复制件被呈献给法庭，证据的原始来源及形成过程无法被证实真实性，是否应该被采纳、能否证明原告所诉事实等是个需要解决的问题，如果该电子邮件无法证明其真实性，则原告面临败诉的可能性非常大。虽然双方当事人最终调解，但司法实践中，伴随电子证据的问题却是刚刚开始，电子证据用来判定越来越多的案件。例如，"陈卫华起诉成都一家商情报社侵权纠纷案"，最终在法庭上对电子证据进行现场取证；又如，"搜狐网涉嫌侵犯刘京著作权一案"，表现出"网络公证"这一电子证据取证方式的优缺点；再如，轰动全国的"马加爵杀人案"，对其电脑进行电子证据取证分析其逃跑方向，为抓获马加爵发挥了重要作用。下面笔者将举例说明电子证据是如何在案情中发挥作用的。

案例 11-6

我国首例采纳电子邮件作为证据的案件

原告王××原是被告某投资公司人事服务部经理。1999年冬天，被告进行了年度减员，裁减公司58名员工的计划表已经制订出来。但在此期间，部门经理们下发的续签劳动合同征询表被发到了部分计划内被裁员工手中，员工们毫无疑问签字续约。当公司宣布裁减计划时，员工们因为刚签完续约合同十分不解并因此而上访。公司通过增加经济补偿金和加发工资安抚了员工。事后经过公司调查，原告违反公司操作监督程序导致这件事故发生，续签劳动合同征询表格被原告下发给了不知情的部门经理们。当有关人员提出异议时，原告仍不改变主意。原告被以严重失职为由解雇。被告要求原告返还公司购房资助款人民币 23.4 万元。原告在上海市某区劳动争议仲裁委员会提起仲裁，被告被仲裁委员会支持。原告不服诉至法院。

这其中也有一段争议。原告称，公司关于人事经理的工作程序并未制定明确的章程，没有规定，自己也就谈不上违反，和失职也就没有关系。被告认为，公司虽没有制定明确的规章，但有关程序事实上已在过去的工作中形成惯例，原告应当清楚。为此，被告提交了从 1998 年 10 月至 1999 年 10 月原告在工作中接收和发送的多份电子邮件打印件。被告认为，这些电子邮件能充分证明续签合同的程序的流程，是先将名单交给制造总监审阅，然后由制造总监与部门经理们讨论通过，原告违反了规定。原告认为，这些邮件不具有真实性、客观性。被告提交了浦东新区公安局公共信息网络安全监察处出具的一份意见书，来证明这些电子邮件打印件的真实性。法院采信了公安局的意见书，并在综合认定其他证据基础上，一审判决原告败诉。

✚ 案例 11-7

我国首例案件以 QQ 聊天记录作为证据

在 2007 年夏天，上海许女士的丈夫赵某死于工作办公室。由于丈夫的去世，没有了经济来源，对这个原本经济不是很宽裕的家庭造成了沉重的打击。6 月 20 日，赵某的亲人在整理遗物时发现，2007 年 3 月 7 日，赵某曾将 40 万元汇至家住杭州滨江区长河街道王某的账户中。后赵某妻子许女士在 msn 上联系到了王某，王某说自己有钱就会还钱的。但当其得知赵某已过世，王某就表现出了不想还钱的态度。不久之后，王某就离开了上海的工作单位从人间"蒸发"了。

唯一的线索就是一张 40 万元的汇款单和有限的 msn 聊天记录，里面记录着王某如何向赵某借钱，赵某应允的过程。2007 年 10 月 29 日，许女士通过法律途径解决这个问题，将诉状递到了杭州法院。此后，被告王某在上海的账户被法院冻结。可王某依然不出现，法院经过一系列波折后开庭审理了此案，王某没有到庭。庭上，被告律师一口咬定"这 40 万是赵某向王某借的，借条已归还赵某"。至于具体的借款日期和归还地点，都声称不记得。2008 年 8 月 15 日，法院对此案做出判决。法院认为：尽管缺少书面借款协议，但原告提供了划款凭证，被告亦承认收到这 40 万元，原告已尽到举证义务，被告应归还此笔款项 40 万元。在 2008 年年底，原告就此案请求强制执行，仅十天之后，许女士一家就拿回了属于丈夫的 40 万元，给了逝者一个完满的告慰，也给全家今后的生活提供了保障。

【分析】

当人们日常使用的短信、微信、电子邮件等电子数据符合客观性、关联性、合法性的要求时可以作为证据使用。其关键在于，该电子数据本身的真实性必须得到保证，还有数据收发主体的真实身份必须满足案件关联性要求。